파고다
HSK

3급
종합서

PAGODA Books

파고다
HSK 3급 종합서

초판 1쇄 인쇄 2017년 6월 23일
초판 1쇄 발행 2017년 6월 23일
초판 7쇄 발행 2025년 9월 12일

지 은 이 | 김미나, 파고다교육그룹 언어교육연구소
펴 낸 이 | 박서진
펴 낸 곳 | PAGODA Books 파고다북스
출판등록 | 2005년 5월 27일 제 300-2005-90호
주　　소 | 06614 서울특별시 서초구 강남대로 419, 19층(서초동, 파고다타워)
전　　화 | (02) 6940-4070
팩　　스 | (02) 536-0660
홈페이지 | www.pagodabook.com

저작권자 | ⓒ 2017 김미나, 파고다 아카데미

이 책의 저작권은 출판사에 있습니다. 서면에 의한 저작권자와 출판사의 허락 없이
내용의 일부 혹은 전부를 인용 및 복제하거나 발췌하는 것을 금합니다.

Copyright © 2017 by Mi-Na Kim, Pagoda Academy

All rights reserved. No part of this publication may be reproduced, stored
in a retrieval system, or transmitted, in any form, or by any means, electronic,
mechanical, photocopying, recording or otherwise, without the prior written
permission of the copyright holder and the publisher.

ISBN 978-89-6281-797-3(13720)

파고다북스　　www.pagodabook.com
파고다 어학원　www.pagoda21.com
파고다 인강　　www.pagodastar.com
테스트 클리닉　www.testclinic.com

| 낙장 및 파본은 구매처에서 교환해 드립니다.

인사말

"중국어 밑에 병음이 없어. 과연 내가 할 수 있을까?"

시험지에 빼곡하게 채워진 중국어, 기초·초급 단계보다 훨씬 많은 양의 어휘, 이미 배웠지만 적용하기엔 어려운 여러 문법들이 HSK 3급 시험을 준비하는 학생들에게 가장 큰 부담으로 느껴질 것입니다. 그 때 누군가 여러분에게 시험에 자주 출제되는 빈출 어휘, 문법 포인트 그리고 기출 문제들을 한번에 정리하여 알려준다면 더 이상 HSK 3급 시험이 어렵게 느껴지지 않을 것입니다.

"파고다 HSK 3급 종합서가 있으니 할 수 있다!"

HSK 10년 강의의 베테랑 강사들과 파고다교육그룹 언어교육연구소의 전문가들이 함께 수험생의 입장에서 가장 필요한 부분을 집중적으로 연구하여 집필한 파고다 HSK 3급 종합서가 여러분의 합격에 큰 도움이 되기를 바랍니다.

본서는 학습자가 혼자서도 단시간에 공부할 수 있도록 구성되어 있습니다. 부분별 핵심 전략을 제시하여 문제에 접근하는 방법과 풀이 방법을 알려주었고, 시험에 자주 출제되는 유형을 통해 감을 익힐 수 있도록 하였습니다. 감을 익힌 학습자들이 실전테스트를 풀며 배운 것을 다지고 익힐 수 있도록 체계적으로 구성된 종합서입니다.

HSK 3급 시험은 비단 급수를 취득하는 것만이 아니라, HSK 4~6급을 공부하는 데 있어 탄탄한 토대가 될 중요한 시험입니다. 중요한 시험을 앞둔 수험생의 마음을 누구보다 잘 알기에, 시험장으로 향하는 발걸음이 가벼울 수 있도록 노하우와 콘텐츠를 한 데 모아 책으로 만들었습니다. 파고다 HSK 3급 종합서가 조력자이자 길잡이로 학습자들의 힘이 되어 줄 것이라 확신합니다.

마지막으로 좋은 환경과 여건에서 연구할 수 있도록 지원해주신 박경실 회장님과 고루다 사장님, 언제나 올바른 방향으로 갈 수 있도록 등대가 되어주시는 이재호 실장님과 김혜영 고문님께 진심으로 감사드립니다. 또 사랑하는 가족들과 본서가 나오기까지 함께 땀 흘린 파트너 선생님에게도 감사의 마음을 함께 전합니다.

2017. 06
저자 김미나, R&D 연구진 일동

파고다 HSK 3급
그것이 알고 싶다!

Q 3급의 구성과 시험시간은 어떻게 되나요?

A HSK 3급은 총 80문항으로 듣기, 독해, 쓰기 3부분으로 나뉘며, 80문항을 약 85분 동안 풀게 됩니다. 듣기 시험을 마치고 나면 답안 작성 시간이 5분 주어집니다.

시험구성		문항 수		배점	시험시간
듣기	제1부분	10	40 문항	100점	약 35분
	제2부분	10			
	제3부분	10			
	제4부분	10			
듣기 답안지 작성 시간					5분
독해	제1부분	10	30문항	100점	30분
	제2부분	10			
	제3부분	10			
쓰기	제1부분	5	10문항	100점	15분
	제2부분	5			
총계		80문항		300점	약 85분

- 듣기 시험 시작 전, 응시자 개인 정보를 작성하는 시간(5분)이 주어진다.
- 응시자 개인 정보를 작성을 포함한 시험 시간은 총 90분이다.

Q 몇 점이면 합격인가요?

A 총 300점 만점에서 180점 이상이면 합격입니다. 영역별 과락 없이 총점만 180점을 넘으면 급수를 획득할 수가 있지만, 성적표에는 영역별로 성적이 모두 표기되기 때문에 점수가 현저히 낮은 영역이 있는 것은 좋지 않습니다.

Q 영역별 배점은 어떻게 되나요?

A 영역별 배점은 아래와 같습니다. 쓰기영역은 문제 당 배점이 큰 영역인 만큼 정확하게 쓰는 연습이 필요합니다.

영역별		문항 수	한 문제당 점수 배점	총점	
듣기		40문항	2.5점	100점	
독해		30문항	3.3점	100점	
쓰기	제1부분	5문항	12점	60점	100점
	제2부분	5문항	8점	40점	

Q 얼마나 공부하면 3급을 받을 수 있나요?

A 학습자 개개인의 수준과 공부하는 태도에 따라 속도의 차이는 있겠지만, 본서는 총 35강으로 학습자가 20일을 공부하면 HSK 3급 시험에 합격할 수 있도록 구성하였습니다. 앞서 말씀드렸듯이 가장 중요한 것은 학습자의 학습 태도입니다. 공략 비법을 중심으로 전략적으로 공부하되, 문장에서 어휘가 어떻게 쓰이는지 자주 봐야 하고, 빈출 어휘는 반드시 암기해야 합니다. 단순히 문제를 풀고 채점하는 방식보다는 왜 그게 정답인지 이해하고 넘어가는 태도로 임할 때, 20일에도 충분히 합격할 수 있다고 생각합니다.

Q 기출문제가 중요하나요?

A 막연하게 중국어를 열심히 공부해서 HSK시험에 합격하기는 어렵습니다. 기출문제를 통해 시험에서 어떤 유형으로 문제가 나오는 지 제대로 파악하고 전략적으로 공부해야 합니다. 그런 의미로 볼 때 기출문제는 중국어라는 망망대해에서 정확한 방향을 제시해주는 나침반의 역할을 한다고 볼 수 있습니다.

Q 3급 시험 난이도는 어떤가요?

A HSK 3급 시험은 기존 4~6급 시험에 비해 난이도의 변동이 없는 편입니다. 최근 1~2년 간의 기출문제를 분석해 보았을 때, 본서에서 제공하는 문제를 풀고 그에 해당하는 3급 어휘를 암기한 수험생 이라면 무난하게 합격할 수 있는 난이도입니다. 본서는 최신 기출문제를 반영하고 변형하여 합격뿐만 아니라 고득점에 이를 수 있도록 수준 높은 문제만을 선별하였습니다. 따라서 시험 당일 당황하지 않고 무사히 시험을 마칠 수 있을 것이라 확신합니다.

목차 3급

듣기 听力

제1부분 대화 듣고 일치하는 사진 고르기

- 문제 형식
- 출제 경향 및 문제 풀이 전략

① 이름을 알아야 정답이 보인다.
공략 비법 01 | 사물 및 동물 관련 문제 • 30

② 음식과 세 가지 맛!
공략 비법 02 | 음식과 맛 관련 문제 • 35

③ 장소와 관련된 다양한 어휘를 익혀라.
공략 비법 03 | 장소 및 관련 어휘 문제 • 39

④ 사진으로 대화 내용을 예측하라.
공략 비법 04 | 동작과 감정을 통한 대화 추론 • 46

제2부분 녹음 내용과 제시된 문장의 일치·불일치 판단하기

- 문제 형식
- 출제 경향 및 문제 풀이 전략

⑤ 어휘의 함정에 빠지지 마라.
공략 비법 05 | 유의어, 반의어 • 58

⑥ 주제 파악이 관건이다.
공략 비법 06 | 주제 파악 • 63

⑦ 정보 획득의 관건은 메모이다.
공략 비법 07 | 정보 획득 • 66

제3, 4부분 대화 듣고 질문에 답하기

- 문제 형식
- 출제 경향 및 문제 풀이 전략

⑧ 대화형은 암기만이 유일한 길!
공략 비법 08 | 장소 관련 문제 • 76
공략 비법 09 | 인물 관련 문제 • 80
공략 비법 10 | 시간과 돈 관련 문제 • 85
공략 비법 11 | 행동 관련 문제 • 90
공략 비법 12 | 감정과 태도 관련 문제 • 95
공략 비법 13 | 사람의 특징 • 100
공략 비법 14 | 사물의 특징 • 104
공략 비법 15 | 교통수단 관련 문제 • 108

- 미니테스트 • 112

독해

제1부분 ㅣ 상응하는 문장 고르기

- 문제 형식
- 출제 경향 및 문제 풀이 전략

❶ 키워드를 파악하라!
- 공략 비법 01 ㅣ 의문형 문제 • 124
- 공략 비법 02 ㅣ 제안·청유형 문제 • 127
- 공략 비법 03 ㅣ 단문형 문제 • 131

제2부분 ㅣ 빈칸에 들어갈 알맞은 어휘 고르기

- 문제 형식
- 출제 경향 및 문제 풀이 전략

❷ 어휘 문제는 품사 파악이 기본이다.
- 공략 비법 04 ㅣ 명사 문제 • 140
- 공략 비법 05 ㅣ 동사 문제 • 149
- 공략 비법 06 ㅣ 형용사 문제 • 156
- 공략 비법 07 ㅣ 부사, 접속사 문제 • 164
- 공략 비법 08 ㅣ 전치사, 양사 문제 • 176

제3부분 ㅣ 지문 읽고 질문에 답하기

- 문제 형식
- 출제 경향 및 문제 풀이 전략

❸ 유사한 표현을 보기에서 찾아라.
- 공략 비법 09 ㅣ 정보 탐색 문제 • 194

❹ 주제는 처음과 끝에 있다.
- 공략 비법 10 ㅣ 주제 파악 문제 • 197

- 미니테스트 • 202

쓰기

제1부분   제시된 어휘로 문장 완성하기

- 문제 형식
- 출제 경향 및 문제 풀이 전략

① 중국어의 문장성분과 다양한 술어문을 익혀라!
- 공략 비법 01 | 중국어 기본 어순 • 214
- 공략 비법 02 | 다양한 형태의 술어문 • 221
- 공략 비법 03 | 술어 앞에 오는 부사어 • 228
- 공략 비법 04 | 술어 뒤에 오는 보어 • 240

② 간단한 규칙만 익혀도 정답이 보인다!
- 공략 비법 05 | 把자문 • 248
- 공략 비법 06 | 被자문 • 253
- 공략 비법 07 | 비교문 • 257
- 공략 비법 08 | 연동문, 겸어문 • 264

제2부분   빈칸에 들어갈 한자 쓰기

- 문제 형식
- 출제 경향 및 문제 풀이 전략

③ 생김이 비슷한 한자에 주의하자!
- 공략 비법 09 | 생김이 비슷한 한자 • 274

④ 발음이 비슷한 한자에 주의하자!
- 공략 비법 10 | 발음이 비슷한 한자&다음자 • 286

- 미니테스트 • 306

- **실전모의고사1** • 314
- **실전모의고사2** • 330
- **해설서**

HSK 시험 소개

HSK란 무엇인가?

汉语水平考试(중국어 능력시험)의 한어병음인 Hànyǔ Shuǐpíng Kǎoshì의 앞 글자를 딴 것으로, 중국어가 제1언어가 아닌 사람이 중국어 능력을 측정하기 위해 만든 표준어 시험이다.

HSK 용도

- 중국·한국 대학(원) 입학·졸업 시 평가 기준
- 한국 특목고 입학 시 평가 기준
- 각 기업체 및 기관의 채용, 승진을 위한 기준
- 중국 정부 장학생 선발 기준
- 교양 중국어 학력 평가 기준

HSK 각 급수 구성

HSK는 필기시험(HSK 1급 ~ 6급)과 회화시험(HSK 초급·중급·고급)으로 나뉘며, 필기시험과 회화시험은 각각 독립적으로 실시하고 있다. 필기시험은 급수별로, 회화시험은 등급별로 각각 응시할 수 있다.

등급		어휘량
HSK 6급	기존 고등 HSK에 해당	5,000개 이상
HSK 5급	기존 초중등 HSK에 해당	2,500개
HSK 4급	기존 기초 HSK에 해당	1,200개
HSK 3급	중국어 입문자를 위해 신설된 시험	600개
HSK 2급		300개
HSK 1급		150개

HSK 시험 접수

❶ 인터넷 접수 HSK 한국사무국 홈페이지(http://www.hsk.or.kr) 에서 접수

❷ 우편 접수 **구비 서류** | 응시원서(반명함판 사진 1장 부착) 및 별도 사진 1장, 응시비 입금 영수증

❸ 방문 접수 **준비물** | 응시원서, 사진 3장
접수처 | 서울 공자 아카데미(서울 강남구 테헤란로 5길 24 장연빌딩 2층)
접수 시간 | 평일 오전 9시 30분 ~ 12시
평일 오후 1시 ~ 5시 30분
토요일 오전 9시 30분 ~ 12시

HSK 시험 당일 준비물

수험표, 신분증, 2B 연필, 지우개

HSK 시험 성적 확인

① 성적 조회

시험 본 당일로부터 1개월 후 HSK 한국사무국 홈페이지(http://www.hsk.or.kr) 우측의
QUICK MENU에서 성적조회 ➡ 중국 고시 센터 성적조회 GO 에서 조회가 가능하다.
입력 정보 | 수험증 번호, 성명, 인증번호

② 성적표 수령 방법

HSK 성적표는 시험일로부터 45일 이후 발송된다.
우편 수령 신청자의 경우, 등기우편으로 성적표가 발송된다.
방문 수령 신청자의 경우, 홈페이지에서 해당 시험일 성적표 발송 공지문을 확인한 후,
신분증을 지참하여 HSK 한국사무국으로 방문하여 수령한다.

③ 성적의 유효기간

증서 및 성적은 시험일로부터 2년간 유효하다.

HSK 3급 영역별 공략법

듣기

	제1부분(第一部分)	제2부분(第二部分)	제3부분(第三部分)	제4부분(第四部分)
문제 형식	남녀의 대화를 듣고 보기에 제시된 사진 중 대화의 내용과 관련된 사진 고르기	녹음 내용을 듣고 녹음 내용과 제시된 문장의 일치, 불일치 판단하기	두 문장으로 구성된 대화를 듣고 질문에 대한 정답을 고르기	4~5문장으로 구성된 대화를 듣고 질문에 대한 정답을 고르기
시험 목적	대화를 듣고 대화 내용 혹은 대화 속의 어휘와 관련된 사진을 고를 수 있는지를 테스트	녹음 내용을 듣고 녹음 내용과 제시된 문장의 일치 여부를 파악했는지를 테스트	남녀의 대화를 통해 장소, 인물, 시간, 감정, 태도 등을 파악했는지를 테스트	
문항 수	10문항(1~10번)	10문항(11~20번)	10문항(21~30번)	10문항(31~40번)
시험 시간	약 35분			

문제는 이렇게 풀어라!

제1부분

Step 1 녹음을 듣기 전 제시된 사진을 보고 각 사진 별 풀이 공략을 세우자.
- 사물, 동물, 음식: 중국어 명칭 떠올리기
- 동작, 감정, 표정: 상황을 유추하여 관련 어휘 떠올리기

Step 2 문제는 총 두 번씩 들려주므로 정답을 서둘러 선택하지 말고 끝까지 다 들은 후에 정답을 선택하자.

제2부분

Step 1 녹음을 듣기 전 시험지에 제시된 문장을 미리 읽어두자.

Step 2 제시된 문장의 핵심어를 찾아 문장의 내용을 정확하게 파악해두자.

Step 3 녹음 내용과 제시된 문장의 일치·불일치 여부를 체크하며 듣자.

제3, 4부분

Step 1 보기를 먼저 살펴보자.

Step 2 보기 어휘를 통해 질문을 예측하자.

Step 3 보기를 보고 남녀의 대화 중 들리는 어휘들을 체크하며 듣자.

Step 4 어떤 사람에 대한 질문인지 주의하며 듣자.

독해 阅读

	제1부분(第一部分)	제2부분(第二部分)	제3부분(第三部分)
문제 형식	보기 중 제시된 문장과 호응하는 문장을 연결하기	제시된 어휘들 중에서 빈칸에 들어갈 알맞은 어휘를 선택하기	지문을 읽고 질문에 알맞은 정답을 보기에서 선택하기
시험 목적	문장 간의 호응관계를 파악하여 연결시킬 수 있는지를 테스트	문장의 의미와 빈칸에 들어갈 어휘의 품사와 쓰임을 파악했느지를 테스트	단문을 읽고 글의 주제를 파악하거나, 세부적인 정보를 구별해 낼 수 있는지를 테스트
문항 수	10문항(41~50번)	서술문 5문항(51~55번) 대화문 5문항(56~60번)	10문항(61~70번)
시험 시간	30분		

문제는 이렇게 풀어라!

제1부분

Step 1 제시된 문제와 보기 중 먼저 물음표가 있는 의문문을 찾아 표시하고, 그 질문에 호응하는 답변 문장을 찾아 하나의 완벽한 대화문을 완성한다.

> 예 너는 영화 보는 것을 좋아하니? ➡ 정말 좋아해, 특히 중국 영화.

Step 2 의문형 문제를 제외한 나머지 문장들은 각각 주어 간의 호응 관계, 동일한 주제와의 상관관계 등을 파악하여 연결해준다.

> 예 샤오왕은 매우 부지런하다. ➡ 그는 지금까지 한 번도 지각한 적이 없다.
> 나와 내 여동생의 취미는 같다. ➡ 우리는 모두 그림 그리는 것을 좋아한다.

* 편의상 한글 해석으로 표기함.

Step 3 선택한 보기와 문제가 문맥상 자연스럽게 연결되는지 다시 한번 확인하자.

제2부분

Step 1 문제 예시에 이미 사용된 보기 어휘를 먼저 삭제한 후, 나머지 보기 어휘의 품사와 뜻을 파악하자.

Step 2 빈칸의 앞, 뒤 어휘들을 살펴보고 빈칸에 들어가야 할 어휘의 품사를 파악하자.

Step 3 문맥상 가장 잘 어울리는 어휘를 선택하자.

제3부분

Step 1 지문을 보기 전에 질문 유형부터 파악하자.

Step 2 ─ 정보 탐색 문제: 보기에서 핵심 어구를 찾아 체크하고 지문과 대조해보자.
└ 주제 찾기 문제: 글의 처음과 마지막 부분을 주의 깊게 살펴보자.

	제1부분(第一部分)	제2부분(第二部分)
문제 형식	4~5개의 제시된 어휘를 어순에 맞게 배열하여 하나의 문장을 완성하기	빈칸 위의 병음을 보고 빈칸에 들어갈 알맞은 한자 쓰기
시험 목적	중국어의 어순과 기본적인 어법 내용, 중국어 문장부호의 이해 여부와 정확하게 한자를 쓸 수 있는지를 테스트	단어의 병음과 성조를 제대로 이해하고, 한자를 정확하게 쓸 수 있는지를 테스트
문항 수	5문항(71~75번)	5문항(76~80번)
시험 시간	15분	

문제는 이렇게 풀어라!

제1부분

Step 1 문제에 제시된 어휘 중 먼저 술어를 찾는다.

Step 2 술어 별 특징을 파악한다.
- 동사 술어: 동사와 호응하는 목적어를 찾아 배열한다.
- 형용사 술어: 형용사를 꾸며주는 정도부사를 찾아 배열한다.

Step 3 주어, 술어, 목적어를 꾸며주는 기타 관형어, 부사어, 보어를 배열한다.

Step 4 특수 문형 把자문, 被자문, 비교문 등은 기본 배열 순서와 특징을 기억하여 배열한다.

Step 5 문장의 마지막에는 반드시 마침표(。) 또는 물음표(？)와 같은 문장 부호를 붙여 완성한다.

제2부분

Step 1 빈칸에 제시된 병음을 확인한다.

Step 2 빈칸의 앞 뒤 글자를 보고 호응하는 어휘 또는 어구를 파악한다.

Step 3 모양이 비슷한 한자나 병음이 비슷한 한자와 혼동하지 않도록 주의하여 빈칸을 채운다.

내게 맞는 맞춤 학습 진도표

HSK 20일 프로젝트

각 영역별로 DAY 별 20일 학습 진도표에 따라 학습하기를 권장합니다.

	1일	2일	3일	4일	5일
1주	듣기 공략 비법 01 독해 공략 비법 01	듣기 공략 비법 02 독해 공략 비법 02	듣기 공략 비법 03 독해 공략 비법 03	듣기 공략 비법 04 독해 공략 비법 04	듣기 공략 비법 05 독해 공략 비법 05
2주	듣기 공략 비법 06 독해 공략 비법 06	듣기 공략 비법 07 독해 공략 비법 07	듣기 공략 비법 08 독해 공략 비법 08	듣기 공략 비법 09 독해 공략 비법 09	듣기 공략 비법 10 독해 공략 비법 10
3주	듣기 공략 비법 11 쓰기 공략 비법 01	듣기 공략 비법 12 쓰기 공략 비법 02	듣기 공략 비법 13 쓰기 공략 비법 03	듣기 공략 비법 14 쓰기 공략 비법 04	듣기 공략 비법 15 쓰기 공략 비법 05
4주	쓰기 공략 비법 06 듣기 미니 테스트	쓰기 공략 비법 07 독해 미니 테스트	쓰기 공략 비법 08 쓰기 미니 테스트	쓰기 공략 비법 09 실전모의고사1	쓰기 공략 비법 10 실전모의고사2

★ 각 영역별로 번갈아 가며 학습도 가능합니다.
★ DAY 01~DAY 20으로 구성된 HSK 3급 필수 어휘 노트(PDF) 에 정리된 어휘들을 병행하며 학습하세요.

이 책의 특장점

이 책은 HSK 3급을 준비하는 학습자가 20일 동안 '듣기, 독해, 쓰기' 영역을 개념 학습부터 실전 문제까지 종합적이고 효과적으로 한 권에 끝낼 수 있도록 구성한 교재이다. 한국 및 중국에서 실시된 최신 시험에 대한 경향 분석을 토대로 꼼꼼한 유형 설명, 적중률 높은 실전 연습, 시험에 정답으로 출제되는 빈출 어휘 노트까지 합격을 위한 출제 가능한 모든 포인트를 한 권에 담았다.

특장점 1
**중국어 1위!
파고다가 제시하는
HSK 3급 합격 핵심 비법**

파고다 어학원의 스타강사가 직접 개발한 합격 보장 영역별 공략 비법을 교재 내 모든 학습 내용에 반영하였으며, 이 분석을 근거로 3급 합격에 최적화된 적중률 높은 문제를 수록했다.

특장점 2
**HSK 3급 최신 경향
완벽 반영**

최근 1~2년 시험에 나온 기출 데이터를 근거로 정확하고 철저한 분석을 통해서 최신 출제 경향 및 시험 전망을 수록했으며, 이를 통해 학습자들이 본 교재를 학습하면서 HSK 3급의 최신 경향을 익히고 실전에 완벽하게 대비할 수 있도록 구성했다.

특장점 3
**HSK 3급 개념 학습부터
실전까지 단번에 합격**

HSK 3급의 듣기, 독해, 쓰기 영역 기본 개념부터 실전 유형까지 체계적으로 단 기간에 완성할 수 있도록 20일 맞춤 진도표를 제공하였다. 학습자들이 진도표에 맞춰 매일 학습을 진행한다면 모든 영역에 대한 준비를 체계적으로 완성할 수 있을 것이다.

특장점 4

최근 1~2년 기출 문제를 100% 활용 가공한 따끈따끈한 실전 문제 수록

실전 테스트를 비롯하여 실전모의고사 2회분에 이르기까지 최근 출제된 기출문제들을 100% 활용 가공해 최신 트렌드에 맞는 다양한 유형의 예상 문제를 수록하여 완벽하게 실전에 대비할 수 있도록 구성했다.

특장점 5

고득점의 완성은 어휘! HSK 3급 필수 어휘 노트 제공(PDF)

HSK 시험에서 절반은 어휘력이다. 하지만 그 많은 어휘를 억지로 다 외우려고 한다면 금방 지치게 될 뿐만 아니라, 외운 어휘도 쉽게 잊어버릴 것이다. 파고다 중국어 HSK는 '시험에 잘 나오는 어휘 랭킹 10'과 '빈출 어휘 내공 쌓기' 등으로 복잡하고 어려운 어휘를 다 외울 필요 없이 시험에 정답으로 출제되는 빈출 어휘만 익혀도 충분히 시험에 도움이 될 수 있도록 구성했다.

특히, 3급 필수 어휘 600개를 20일 동안 체계적으로 외울 수 있도록 '필수 어휘 노트'를 제작하여 학습자들이 휴대하며 간편하게 어휘를 암기 할 수 있도록 했다. (www.pagodabook.com에서 PDF 다운로드)

이 책의 구성

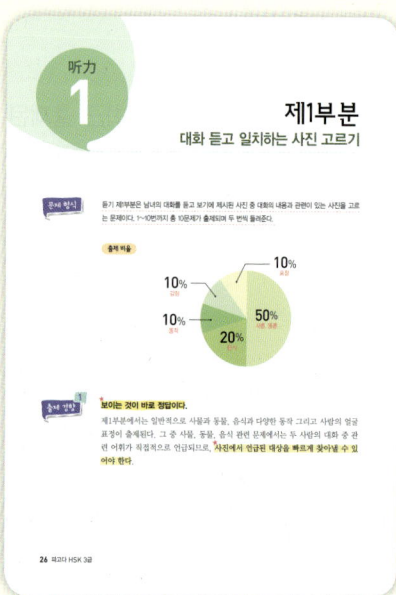

문제 형식 및 출제 경향
수험생에게 학습 전 충분한 정보를 제공하기 위하여 다년간의 기출문제를 철저하게 분석하였고, 시험에 자주 출제되는 문제들의 유형과 최신 출제 경향을 한눈에 알아볼 수 있도록 정리하였다.

공략 비법
각 부분에서 문제 별로 출제 형식 및 핵심 전략을 엄선하여 공략 비법으로 정리하였다. 또한 유형 맛보기를 통해 어떤 유형의 문제가 어떻게 출제되었는지 쉽게 파악할 수 있게 구성하였다.

시험에 잘 나오는 빈출 어휘 랭킹 10
시험에 정답으로 잘 나오는 빈출 어휘 10을 랭킹으로 정리하여 복잡하고 많은 어휘를 다 외우지 않아도 충분히 시험에 대비할 수 있도록 구성하여 학습자들의 어휘 학습에 대한 부담감을 최소화시켰다.

내공 쌓기
공략별로 꼭 알아두어야 할 학습 내용을 일목요연하게 정리하였다. 시험 문제에 자주 등장하는 어휘 및 어법 내용을 깔끔하게 보여줌으로써 쉽고 편리하게 학습할 수 있도록 하였으며, 듣기영역의 경우, 해당하는 학습 내용을 MP3로 제공하여 학습에 도움이 될 수 있도록 구성하였다.

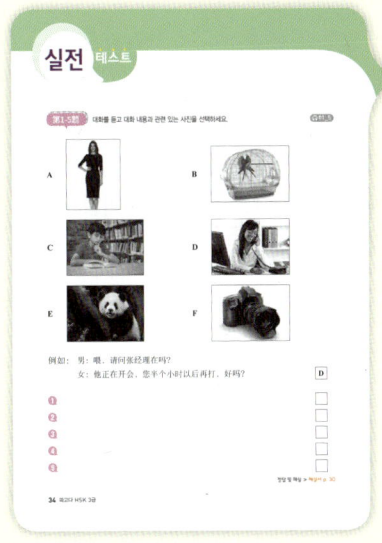

실전 테스트
각 공략 비법에서 학습한 내용을 실전 테스트로 풀어 봄으로써 실전에 대비할 수 있도록 하였으며, 자신의 실력을 정확히 파악하고 예측할 수 있도록 하였다. 실전 테스트에 수록되어 있는 문제는 기출 문제를 100% 활용·가공한 문제들로 구성하여 탄탄하게 복습하고 연습할 수 있도록 하였다.

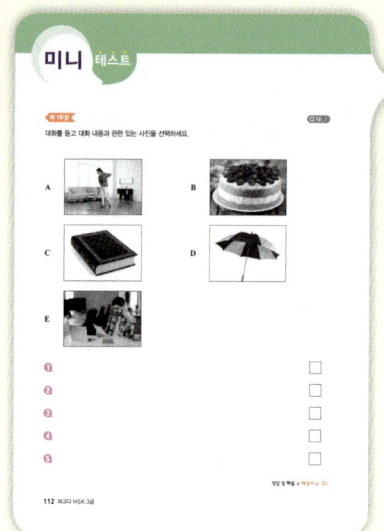

미니 테스트
실전모의고사를 풀기 전 학생들의 학습 부담을 덜어주기 위해 각 영역별로 미니 테스트를 수록하였다. 실제 시험과 유사한 난이도의 최신 기출 문제를 수록하여 시험에 대한 적응력을 높일 수 있도록 하였다.

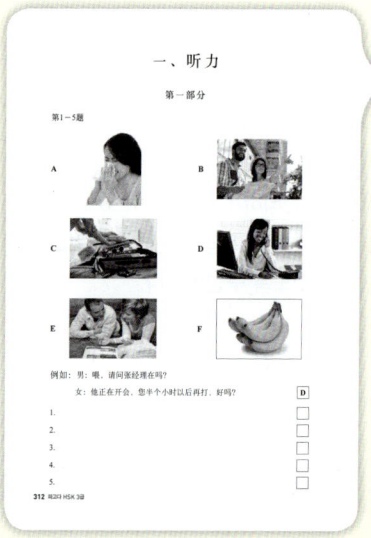

실전모의고사 2회분
파고다 종합서로 기본 실력을 쌓고, 실전모의고사로 실력 점검! 실전모의고사 2회분을 풀어봄으로써 실전에 완벽 대비할 수 있도록 하였다. 실제 시험과 유사한 환경에서 문제를 풀어보고 해설집을 통해 부족한 부분을 확인하고 정리할 수 있도록 하였다.

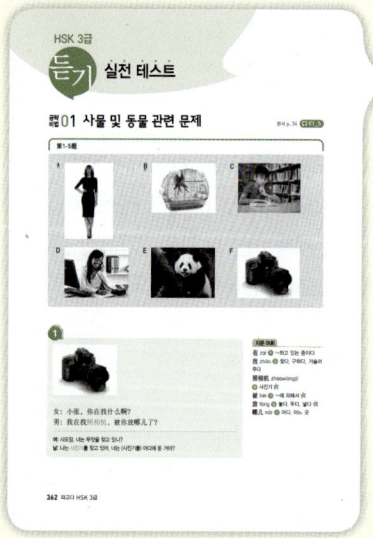

군더더기 없는 깔끔한 해설서
해설서는 정답, 해석, 해설로 나누어 구성하였으며, 학습자들이 확인하고 학습하기 쉽도록 지문 어휘, 보기 어휘를 나누어 정리하였다. 본서에서 학습한 내용을 문제에 어떻게 적용하여 풀어나갈지 방법을 짚어줌으로써 학습자의 편의를 도모하였다.

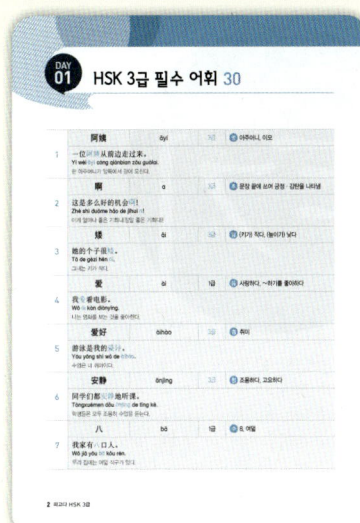

HSK 3급 필수 어휘 노트(PDF)

3급에 출제되는 필수 어휘 600개를 20일에 걸쳐 체계적으로 암기할 수 있도록 DAY별로 구성하였으며, 필수 어휘 노트속에 TEST를 추가하여 완벽하게 암기가 되었는지 확인할 수 있다. 어휘 노트에 해당하는 MP3 음원 파일을 제공하여 때와 장소를 가리지 않고 학습할 수 있도록 하였다.

- 본서에 해당하는 PDF, MP3 음원 파일은 파고다북스 홈페이지에서 무료로 다운받을 수 있습니다.
  [파고다북스: www.pagodabook.com]

제1부분
대화 듣고 일치하는 사진 고르기

제2부분
녹음 내용과 제시된 문장의 일치·불일치 판단하기

제3, 4부분
대화 듣고 질문에 답하기

听力 ①

제1부분
대화 듣고 일치하는 사진 고르기

1 이름을 알아야 정답이 보인다.
   공략 비법 01 사물 및 동물 관련 문제

2 음식과 세 가지 맛!
   공략 비법 02 음식과 맛 관련 문제

3 장소와 관련된 다양한 어휘를 익혀라.
   공략 비법 03 장소 및 관련 어휘 문제

4 사진으로 대화 내용을 예측하라.
   공략 비법 04 동작과 감정을 통한 대화 추론

제1부분
대화 듣고 일치하는 사진 고르기

문제 형식

듣기 제1부분은 남녀의 대화를 듣고 보기에 제시된 사진 중 대화의 내용과 관련이 있는 사진을 고르는 문제이다. 1~10번까지 총 10문제가 출제되며 두 번씩 들려준다.

출제 비율

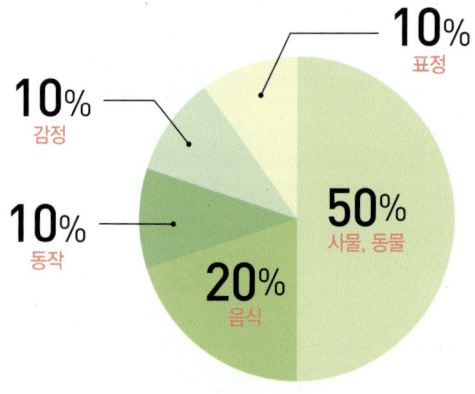

출제 경향 1

★ **보이는 것이 바로 정답이다.**

제1부분에서는 일반적으로 사물과 동물, 음식과 다양한 동작 그리고 사람의 얼굴 표정이 출제된다. 그 중 사물, 동물, 음식 관련 문제에서는 두 사람의 대화 중 관련 어휘가 직접적으로 언급되므로, ★ 사진에서 언급된 대상을 빠르게 찾아낼 수 있어야 한다.

문제 유형 1

男: 这个箱子太大了，我帮你搬吧。
女: 谢谢你。

남: 이 상자는 너무 크니까, 내가 너를 도와 옮겨 줄게.
여: 고마워.

箱子 xiāngzi 명 상자 | 搬 bān 동 옮기다, 운반하다

과일과 동물 사진은 반드시 출제된다.

제1부분에서 과일, 동물과 관련된 문제는 매 시험마다 출제되고 있다. 3급 시험에 자주 출제되는 과일은 '苹果 píngguǒ 사과', '西瓜 xīguā 수박', '香蕉 xiāngjiāo 바나나' 등이 있고, 동물은 '猫 māo 고양이', '狗 gǒu 개', '大熊猫 dàxióngmāo 판다', '鸟 niǎo 새', '马 mǎ 말', '鱼 yú 물고기' 등이 있다.

문제 유형 2

男: 今天下午你打算做什么?
女: 我想带我家小狗一起去公园玩儿。

남: 오늘 오후에 너는 무엇을 할 예정이니?
여: 나는 우리 집 강아지를 데리고 함께 공원에 가서 놀거야.

今天 jīntiān 명 오늘 | 下午 xiàwǔ 명 오후 | 打算 dǎsuan 동 ~할 예정이다, ~할 생각이다 ★|
带 dài 동 데리다, 인솔하다 ★ | 小狗 xiǎogǒu 명 강아지 | 一起 yìqǐ 부 함께 | 公园 gōngyuán 명 공원

얼굴 표정이 나왔다면 상황을 유추하라.

사람의 얼굴 표정이 담긴 사진이 출제될 경우, 그 사람의 감정을 직접적으로 묻기보다는 그러한 표정을 짓게 된 상황을 유추하는 문제가 출제되므로, 사진 속 표정을 통해 다양한 상황을 떠올려야 한다.

문제 유형 3

我找到工作了! 나는 일자리를 찾았어(취직했어)!
这次比赛成绩很好。 이번 경기 성적이 매우 좋아.

找 zhǎo 동 찾다 | 比赛 bǐsài 명 경기, 시합 ⭐ | 成绩 chéngjì 명 성적 ⭐

经理不同意。 사장님이 동의하지 않아.
快考试了, 我复习得不好。 곧 시험인데, 복습을 제대로 못 했어.

经理 jīnglǐ 명 사장, 지배인 ⭐ | 同意 tóngyì 동 동의하다 | 快~了 kuài~le 곧 ~이다, 곧 ~할 것이다 | 考试 kǎoshì 동 시험을 치다 명 시험 | 复习 fùxí 동 복습하다 ⭐

 **문제는 이렇게 풀어라!**

Step 1 녹음을 듣기 전 제시된 사진을 보고 각 사진 별 풀이 공략을 세우자.
- 사물, 동물, 음식: 중국어 명칭 떠올리기
- 동작, 감정, 표정: 상황을 유추하여 관련 어휘 떠올리기

Step 2 문제는 총 두 번씩 들려주므로 정답을 서둘러 선택하지 말고 끝까지 다 들은 후에 정답을 선택하자.

DAY 01

1 이름을 알아야 정답이 보인다.

공략비법 01 사물 및 동물 관련 문제

출제 형식

제1부분에서는 사진 속의 사물과 동물의 중국어 명칭을 정확하게 알고 있는지 확인하는 유형이 가장 많이 출제된다. 이 유형의 경우 사진 속의 사물이나 동물의 명칭을 대화 속에서 그대로 언급하기 때문에 평소에 사물과 동물 빈출 어휘들을 확실하게 암기해두어야 한다.

핵심 전략

1 ★사물의 명칭을 정확한 발음으로 익혀라.

제1부분의 사물 관련 문제는 대화에서 언급하는 사물의 명칭을 듣고 정답을 고르는 유형이다. 대화 속에서 관련 어휘는 1~2번 정도 언급되는데, 만일 이 어휘를 놓친다면 정답을 찾기 힘들다. 따라서 반드시 평소 사물의 명칭을 정확한 발음으로 익혀두어야 정답을 쉽게 찾을 수 있다.

2 ★6가지 동물만 기억하라.

3급 시험에 출제되는 동물은 그다지 많지 않다. 주로 '猫 고양이', '狗 개', '大熊猫 판다', '鸟 새', '马 말', '鱼 물고기' 이렇게 6가지 동물이 출제되므로 이 동물들의 이름만 정확히 기억한다면 쉽게 해결할 수 있다.

유형맛보기 1 🎧 01_1

女: 我的作业还没完成, 你有铅笔吗? 借我用一下可以吗?
男: 在桌子上, 你自己拿吧。

여: 내 숙제가 아직 끝나지 않았거든, 너는 연필이 있니? 내가 좀 쓰게 빌려줄 수 있어?
남: 탁자 위에 있어, 네가 직접 가져가.

作业 zuòyè 명 숙제, 과제 ★
还 hái 부 아직, 여전히, 또
完成 wánchéng 동 완성하다, (예정대로) 끝내다, 완수하다 ★
铅笔 qiānbǐ 명 연필
借 jiè 동 빌리다, 빌려주다 ★
用 yòng 동 쓰다, 사용하다 ★
一下 yíxià 양 (동사 뒤에 놓여) 한번 (좀) ~하다
可以 kěyǐ 조동 ~할 수 있다, ~해도 된다
桌子 zhuōzi 명 탁자, 테이블
自己 zìjǐ 대 자기, 자신, 스스로
拿 ná 동 (손으로) 쥐다, 잡다, 가지다 ★

| 정답 | C |

| 해설 | 사물 명칭을 묻는 대표적인 문제이다. 대화 중 여자가 '铅笔 연필'을 언급하며, 남자에게 연필이 있는지 물었으므로 정답은 C이다.

유형맛보기 2 🎧 01_2

女：你家 小猫 真可爱！
男：这是我过生日时，奶奶送我的礼物。

여: 너희 집 새끼 고양이 정말 귀엽다!
남: 이 고양이는 내 생일 때, 할머니께서 나에게 주신 선물이야.

小猫 xiǎomāo 명 새끼 고양이
真 zhēn 부 정말, 진짜
可爱 kě'ài 형 귀엽다, 사랑스럽다
过生日 guò shēngrì
생일을 보내다
~时 ~shí 명 ~일 때, ~할 때
奶奶 nǎinai 명 할머니
送 sòng 동 선물하다, 보내다,
배웅하다 ⭐
礼物 lǐwù 명 선물 ⭐

| 정답 | B |

| 해설 | 3급에서 자주 출제되는 동물 어휘인 '猫 고양이'를 언급하며, 새끼 고양이가 정말 귀엽다고 말했으므로 정답은 B이다.

BEST 10 시험에 잘 나오는
빈도수 높은 사물 및 동물 어휘 🎧 01_3

1. 照相机 zhàoxiàngjī 명 사진기 ⭐
2. 手表 shǒubiǎo 명 손목시계
3. 猫 māo 명 고양이
4. 狗 gǒu 명 개
5. 铅笔 qiānbǐ 명 연필
6. 冰箱 bīngxiāng 명 냉장고 ⭐
7. 行李箱 xínglixiāng 명 여행용 가방, 캐리어 ⭐
8. 衬衫 chènshān 명 셔츠, 블라우스 ⭐
9. 飞机 fēijī 명 비행기
10. 大熊猫 dàxióngmāo 명 판다

공략 비법 01 사물 및 동물 관련 문제

출제 빈도수 높은
사물 및 동물 어휘 내공 쌓기

🎧 01_4

생활 용품

杯子 bēizi 명 잔, 컵	筷子 kuàizi 명 젓가락 ⭐
盘子 pánzi 명 접시, 쟁반	瓶子 píngzi 명 병 ⭐
箱子 xiāngzi 명 상자	

사무·학습

书 shū 명 책	笔记本 bǐjìběn 명 노트, 공책
词典 cídiǎn 명 사전 ⭐	铅笔 qiānbǐ 명 연필
报纸 bàozhǐ 명 신문	地图 dìtú 명 지도 ⭐
护照 hùzhào 명 여권 ⭐	桌子 zhuōzi 명 탁자, 테이블

전자 제품·기계

冰箱 bīngxiāng 명 냉장고 ⭐	电脑 diànnǎo 명 컴퓨터
电视 diànshì 명 텔레비전, TV	空调 kōngtiáo 명 에어컨 ⭐
手机 shǒujī 명 휴대폰	照相机 zhàoxiàngjī 명 사진기 ⭐
电梯 diàntī 명 엘리베이터 ⭐	

의류·신발

衣服 yīfu 명 옷	衬衫 chènshān 명 셔츠, 블라우스 ⭐
裙子 qúnzi 명 치마 ⭐	裤子 kùzi 명 바지 ⭐
鞋 xié 명 신발	皮鞋 píxié 명 가죽 구두

교통수단

飞机 fēijī 명 비행기	**公共汽车** gōnggòngqìchē 명 버스
地铁 dìtiě 명 지하철 ★	**出租车** chūzūchē 명 택시
自行车 zìxíngchē 명 자전거 ★	**火车** huǒchē 명 기차

쇼핑·잡화

礼物 lǐwù 명 선물 ★	**钱** qián 명 돈
信用卡 xìnyòngkǎ 명 신용카드	**帽子** màozi 명 모자
伞 sǎn 명 우산 ★	**手表** shǒubiǎo 명 손목시계
行李箱 xínglixiāng 명 여행용 가방, 캐리어 ★	

주요 동물

动物 dòngwù 명 동물	**猫** māo 명 고양이
狗 gǒu 명 개	**大熊猫** dàxióngmāo 명 판다
鸟 niǎo 명 새	**马** mǎ 명 말
鱼 yú 명 물고기	

실전 테스트

第1-5题 대화를 듣고 대화 내용과 관련 있는 사진을 선택하세요. 🎧 01_5

A

B

C

D

E

F

例如： 男：喂，请问张经理在吗?
　　　女：他正在开会，您半个小时以后再打，好吗?　　　D

1.
2.
3.
4.
5.

정답 및 해설 ≫ 해설서 p. 20

DAY 02

2 음식과 세 가지 맛!

공략 비법 02 음식과 맛 관련 문제

출제 형식

HSK 3급 시험은 600개의 필수 어휘를 바탕으로 문제가 출제되므로, 600개의 어휘 중 음식, 과일, 맛 표현과 관련된 어휘만 익힌다면 문제를 쉽게 해결할 수 있다.

핵심 전략

1 기본적인 음식만 출제된다.

중국의 음식 종류는 셀 수 없이 많다. 하지만 3급 시험에 출제되는 음식 관련 어휘로는 '蛋糕 케이크', '面条 국수', '香蕉 바나나', '牛奶 우유' 등 아주 기본적인 간식, 보편적인 과일과 음료가 주를 이룬다. 이 어휘들만 제대로 익힌다면 바로 정답을 찾을 수 있으므로 3급에 자주 출제되는 음식 관련 어휘를 꼭 내 것으로 만들자.

2 맛과 관련된 표현은 세 가지만 기억하자.

3급 시험에서 맛과 관련된 문제의 출제율은 다소 낮은 편이지만, 정답을 빠르게 찾기 위해 반드시 알아두어야 한다. 3급에서 주로 다루는 맛 표현으로는 '好吃 (음식, 요리 등이) 맛있다', '好喝 (음료, 국, 탕 등이) 맛있다', '甜 달다'뿐이므로 여러 번 소리 내 읽으면서 외워두자.

유형맛보기 1 🎧 02_1

女: 做面包很简单，先放面粉和鸡蛋，然后再放牛奶。
男: 那什么时候放糖呢?

여: 빵 만드는 것은 매우 간단해. 먼저 밀가루와 계란을 넣고, 그 다음에 우유를 넣으면 돼.
남: 그럼 설탕은 언제 넣는 거야?

做 zuò 동 만들다, 하다
面包 miànbāo 명 빵 ⭐
简单 jiǎndān 형 간단하다, 쉽다 ⭐
先 xiān 부 먼저 ⭐
放 fàng 동 놓다, 두다, 넣다 ⭐
面粉 miànfěn 명 밀가루
鸡蛋 jīdàn 명 계란
然后 ránhòu 접 그런 후에, 그 다음에 ⭐
再 zài 부 다시, 재차, 또
牛奶 niúnǎi 명 우유
那(么) nà(me) 접 그러면, 그렇다면
什么时候 shénme shíhou 언제
糖 táng 명 설탕

정답 A

해설 3급에서 자주 출제되는 음식 '面包 빵'을 언급하였으므로 빵을 만들고 있는 사진인 A가 정답이다.

유형맛보기 2 🎧 02_2

男: 这是什么水果? 非常甜。
女: 我也不知道，邻居送的。

남: 이건 무슨 과일이야? 아주 달다.
여: 나도 잘 모르겠어, 이웃이 준거야.

水果 shuǐguǒ 명 과일
甜 tián 형 달다 ⭐
邻居 línjū 명 이웃 ⭐
送 sòng 동 선물하다, 보내다 ⭐

정답 D

해설 명사 '水果 과일'과 3급에서 자주 출제되는 맛 표현인 '甜 달다'를 들었다면 과일 사진인 D를 정답으로 찾을 수 있다.

BEST 10 시험에 잘 나오는 빈도수 높은 음식 및 맛 어휘 🎧 02_3

1 蛋糕 dàngāo 명 케이크 ⭐
2 鸡蛋 jīdàn 명 계란
3 苹果 píngguǒ 명 사과
4 香蕉 xiāngjiāo 명 바나나 ⭐
5 面条(儿) miàntiáo(r) 명 국수
6 牛奶 niúnǎi 명 우유
7 甜 tián 형 달다 ⭐
8 啤酒 píjiǔ 명 맥주 ⭐
9 茶 chá 명 차
10 西瓜 xīguā 명 수박

출제 빈도수 높은
음식 및 맛 관련 어휘 내공 쌓기

🎧 02_4

주요 과일

水果 shuǐguǒ 명 과일	苹果 píngguǒ 명 사과
西瓜 xīguā 명 수박	香蕉 xiāngjiāo 명 바나나 ⭐
葡萄 pútáo 명 포도	

주요 음식·음료

米饭 mǐfàn 명 쌀밥	面条(儿) miàntiáo(r) 명 국수
面包 miànbāo 명 빵 ⭐	蛋糕 dàngāo 명 케이크 ⭐
鸡蛋 jīdàn 명 계란	鱼 yú 명 생선
羊肉 yángròu 명 양고기	茶 chá 명 차
牛奶 niúnǎi 명 우유	啤酒 píjiǔ 명 맥주 ⭐
果汁 guǒzhī 명 과일 주스	

기본적인 맛

好吃 hǎochī 형 (음식, 요리 등이) 맛있다	好喝 hǎohē 형 (음료, 국, 탕 등이) 맛있다
甜 tián 형 달다 ⭐	味道 wèidao 명 맛, 냄새

실전 테스트

第1-5题 대화를 듣고 대화 내용과 관련 있는 사진을 선택하세요. 🎧 02_5

A

B

C

D

E

F

例如： 男：喂，请问张经理在吗?
　　　 女：他正在开会，您半个小时以后再打，好吗?　　　　　　D

1.
2.
3.
4.
5.

정답 및 해설 ≫ 해설서 p. 23

3 장소와 관련된 다양한 어휘를 익혀라.

공략비법 03 장소 및 관련 어휘 문제

출제 형식

3급 듣기 영역에서 가장 자주 출제되는 장소는 우리의 생활과 밀접하게 연관된 가정, 학교, 회사, 상점 등이다. 각각의 장소마다 그 장소와 관련된 대표 동작이나 사물, 사람이 출제되므로 각 장소와 그에 관련된 어휘를 함께 연결하여 정리해야 한다.

핵심 전략

1 각 장소에 관련된 대표 동작을 떠올려라.

장소 관련 문제의 경우 대화 내용을 통해 해당 장소를 미루어 짐작할 수 있다. 일반적으로 학교에서는 공부하는 내용이, 상점에서는 물건을 사는 내용이, 병원에서는 의사에게 진료받는 내용이 출제된다. 따라서 장소 별로 정해진 대표 동작을 기억해 둔다면 쉽게 문제를 풀 수 있다.

2 사람과 사물을 통해 장소를 유추하라.

각각의 장소에는 그 장소를 대표하는 사람 또한 사물이 있다. 예를 들면 공항의 경우 여권이나 여행용 가방, 커피숍은 케이크나 커피잔, 식당의 경우엔 종업원, 메뉴판 등이 있다. 이처럼 사람, 사물 사진을 통해 대화의 장소를 충분히 유추할 수 있으므로 정답을 찾는 힌트로 활용하자.

유형맛보기 1 🎧 03_1

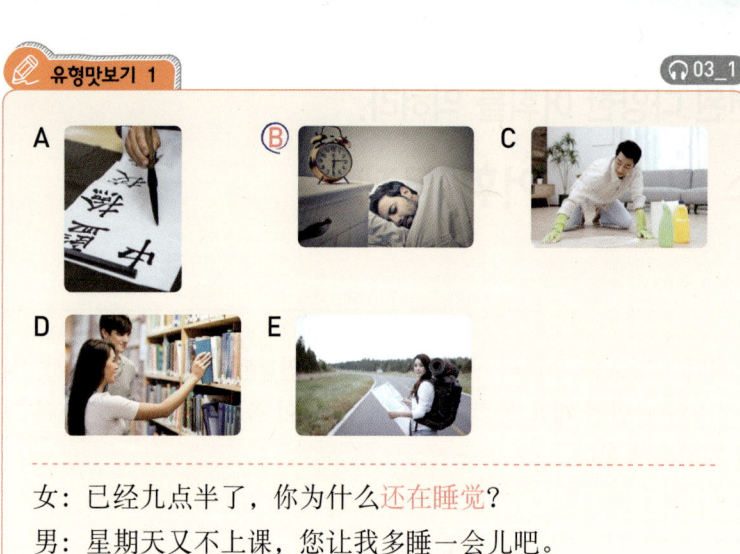

女: 已经九点半了, 你为什么还在睡觉?
男: 星期天又不上课, 您让我多睡一会儿吧。

여: 벌써 9시 반이나 되었는데, 너는 왜 아직도 잠을 자고 있니?
남: 일요일이라 수업도 안 하잖아요, 저 좀 더 자게 해주세요.

已经 yǐjing 🔵 이미, 벌써
半 bàn 🔵 절반, 30분
在 zài 🔵 ~하고 있는 중이다
睡觉 shuì jiào 🔵 잠을 자다
星期天 xīngqītiān 일요일
又 yòu 🔵 또, 게다가 (의미가 더해짐을 나타냄) ⭐
上课 shàng kè 🔵 수업을 듣다(하다)
让 ràng 🔵 ~에게 ~하게 하다(시키다)
一会儿 yíhuìr 🔵 잠시, 잠깐 동안 🔵 잠시 후에 ⭐

정답 B

해설 여자의 '还在睡觉? 아직도 잠을 자고 있어?'라는 말을 통해 남자가 아직도 자고 있는 상황임을 알 수 있다. 따라서 침대에서 자고 있는 사진인 B가 정답이다.

유형맛보기 2 🎧 03_2

男: 您好, 欢迎您, 请问你们几位?
女: 我们只有三个人。

남: 안녕하세요, 환영합니다. 실례지만 몇 분 이신가요?
여: 저희는 세 명뿐이에요.

欢迎 huānyíng 🔵 환영하다 ⭐
几 jǐ 🔵 몇, 얼마
位 wèi 🔵 분, 명(공경의 뜻을 내포함) ⭐
只 zhǐ 🔵 오직, 단지 ⭐

정답 A

해설 남자의 '请问你们几位? 실례지만 몇 분 이신가요?'라는 말을 통해 남자는 종업원인 것을 알 수 있다. 따라서 웨이터가 있는 사진인 A가 정답이다.

BEST 10 시험에 잘 나오는 빈도수 높은 주요 장소 및 관련 어휘

🎧 03_3

1
家 (집)
照顾 zhàogù 동 보살피다, 돌보다 ⭐

2
家 (집)
讲故事 jiǎng gùshi 이야기를 들려주다 ⭐

3
学校 (학교)
考试 kǎoshì 명 시험 동 시험을 치다

4
学校 (학교)
体育 tǐyù 명 체육, 스포츠 ⭐

5
公司 (회사)
请假 qǐng jià 동 휴가를 신청하다, 휴가를 내다 ⭐

6
公司 (회사)
会议 huìyì 명 회의

7
超市 (슈퍼마켓) ⭐
水果 shuǐguǒ 명 과일

8
商店 (상점)
东西 dōngxi 명 (구체적인 혹은 추상적인) 것, 물건

9
饭店 (식당)
菜单 càidān 명 메뉴, 메뉴판 ⭐

10
饭店 (식당)
服务员 fúwùyuán 명 종업원 ⭐

출제 빈도수 높은
주요 장소 및 관련 어휘 내공 쌓기

🎧 03_4

주요 장소

地方 dìfang 명 장소, 곳 ⭐		城市 chéngshì 명 도시 ⭐	
机场 jīchǎng 명 공항 ⭐		火车站 huǒchēzhàn 명 기차역	
地铁站 dìtiězhàn 명 지하철역 ⭐		家 jiā 명 집	
房间 fángjiān 명 방		学校 xuéxiào 명 학교	
教室 jiàoshì 명 교실		图书馆 túshūguǎn 명 도서관 ⭐	
洗手间 xǐshǒujiān 명 화장실 ⭐		公司 gōngsī 명 회사	
办公室 bàngōngshì 명 사무실		商店 shāngdiàn 명 상점, 가게	
楼 lóu 명 건물, 층		超市 chāoshì 명 슈퍼마켓, 마트 ⭐	
茶馆(儿) cháguǎn(r) 명 찻집		咖啡馆 kāfēiguǎn 명 커피숍	
公园 gōngyuán 명 공원		医院 yīyuàn 명 병원	
银行 yínháng 명 은행 ⭐		宾馆 bīnguǎn 명 호텔	
饭店 fàndiàn 명 식당, 호텔		前面 qiánmian 명 앞, 앞쪽	
后面 hòumian 명 뒤, 뒤쪽		楼下 lóuxià 명 아래층, 아랫집, 건물 아래	
花园 huāyuán 명 화원			

상점·기계 관련 어휘

东西 dōngxi 명 물건		水果 shuǐguǒ 명 과일	
衣服 yīfu 명 옷		鞋(子) xié(zi) 명 신발	
手表 shǒubiǎo 명 손목시계		帽子 màozi 명 모자	
花钱 huā qián 돈을 쓰다 ⭐		信用卡 xìnyòngkǎ 명 신용카드	

학교 관련 어휘

考试 kǎoshì 명 시험 동 시험을 치다	上课 shàng kè 동 수업을 듣다(하다)
借铅笔 jiè qiānbǐ 연필을 빌리다	查词典 chá cídiǎn 사전을 검색하다 ⭐
参加 cānjiā 동 참가하다 ⭐	唱歌 chàng gē 동 노래 부르다 ⭐
成绩 chéngjì 명 성적 ⭐	复习 fùxí 동 복습하다 ⭐
汉语 Hànyǔ 명 중국어	黑板 hēibǎn 명 칠판
回答 huídá 동 대답하다 ⭐	教 jiāo 동 가르치다 ⭐
句子 jùzi 명 문장	解决 jiějué 동 해결하다 ⭐
了解 liǎojiě 동 이해하다 ⭐	老师 lǎoshī 명 선생님
年级 niánjí 명 학년 ⭐	水平 shuǐpíng 명 수준, 능력 ⭐
踢足球 tī zúqiú 축구하다	体育 tǐyù 명 체육, 스포츠 ⭐
问题 wèntí 명 문제, 질문	问 wèn 동 묻다
学生 xuésheng 명 학생	校长 xiàozhǎng 명 학교장 ⭐
游泳 yóu yǒng 동 수영하다	学习 xuéxí 동 공부하다
数学 shùxué 명 수학	音乐 yīnyuè 명 음악
历史 lìshǐ 명 역사	运动 yùndòng 명 운동 동 운동하다

회사 관련 어휘

上班 shàng bān 동 출근하다	下班 xià bān 동 퇴근하다
上网 shàng wǎng 동 인터넷을 하다 ⭐	请假 qǐng jià 동 휴가를 신청하다, 휴가를 내다 ⭐
帮忙 bāng máng 동 일을 돕다 ⭐	电脑 diànnǎo 명 컴퓨터
发电子邮件 fā diànzǐ yóujiàn 이메일을 보내다	会议 huìyì 명 회의
开会 kāi huì 동 회의를 하다	准备会议 zhǔnbèi huìyì 회의를 준비하다

집 관련 어휘

起床 qǐ chuáng 동 일어나다, 기상하다		刷牙 shuā yá 동 이를 닦다 ⭐	
睡觉 shuì jiào 동 잠을 자다		洗澡 xǐ zǎo 동 목욕하다 ⭐	
打扫 dǎsǎo 동 청소하다 ⭐		打扫干净 dǎsǎo gānjìng 깨끗이 청소하다	
搬箱子 bān xiāngzi 상자를 옮기다		照顾 zhàogù 동 보살피다, 돌보다 ⭐	
看新闻 kàn xīnwén 뉴스를 보다 ⭐		讲故事 jiǎng gùshi 이야기를 들려주다 ⭐	
看报纸 kàn bàozhǐ 신문을 보다		搬家 bān jiā 동 이사하다 ⭐	
做饭 zuò fàn 동 밥을 하다		做菜 zuò cài 요리를 하다	
玩儿游戏 wánr yóuxì 게임을 하다			

식당 관련 어휘

菜单 càidān 명 메뉴, 메뉴판 ⭐		服务员 fúwùyuán 명 종업원 ⭐	
欢迎 huānyíng 동 환영하다 ⭐		客人 kèrén 명 손님	
点菜 diǎn cài 음식을 주문하다		菜 cài 명 음식, 채소	

실전 테스트

第1-5题 대화를 듣고 대화 내용과 관련 있는 사진을 선택하세요.

A
B
C
D
E
F

例如： 男：喂，请问张经理在吗？
　　　女：他正在开会，您半个小时以后再打，好吗？　　D

1.
2.
3.
4.
5.

4 사진으로 대화 내용을 예측하라.

공략비법 04 동작과 감정을 통한 대화 추론

출제 형식

제1부분에서 가장 난이도가 높은 유형은 바로 사진을 보고 대화의 내용을 추측하여 정답을 찾는 문제이다. 이 유형의 경우 다른 문제들과 달리 대화 속에서 직접적인 사물이나 사람에 대한 언급이 없으므로, 사진 속 다양한 동작이나 인물들의 표정 등을 참고하여 정답을 유추해야 한다.

핵심 전략

1 동작을 통해 다양한 스토리를 예측하라.

문제에 제시되는 동작 관련 사진 한 장으로도 다양한 상황을 예측할 수 있다. 가령 청소를 하는 사진이 출제된다면 손님이 집에 방문한다든지, 계절이 바뀌어서 짐을 정리한다든지, 새집으로 이사를 왔다든지 여러가지 상황으로 예측이 가능하다. 따라서 사진과 직접적인 연관성이 있는 어휘를 익히는 것 이외에도 사진 속 동작을 보고 스토리를 유추해내는 연습도 해야한다.

2 사람의 감정을 읽어라.

감정과 관련된 문제의 경우 사람의 감정을 직접적으로 묻기보다는 각 감정과 연관된 상황들이 대화에 언급된다. 예를 들어 환하게 웃고 있는 여자의 사진이 제시되었다면 녹음 내용에 여자가 직장을 찾았거나, 선물을 받았거나 혹은 칭찬을 받는 등의 긍정적인 상황이 나온다. 따라서 구체적인 동작이 아닌 사람의 표정이 부각된 사진이 출제된다면 사진 속 사람의 감정을 파악하고, 그 감정에 상응하는 다양한 상황들을 미리 예측하는 연습을 해야 한다.

유형맛보기 1

A 　B 　C

D 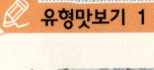　E

女: 都几点了? 你怎么还在看书呢?
男: 明天有历史考试, 我要复习复习。

여: 벌써 몇 시니? 너 왜 아직도 책을 보고 있어?
남: 내일 역사시험이 있어서, 복습을 좀 해야 해요.

都 dōu (부) 벌써, 이미
怎么 zěnme (대) 어째서, 왜, 어떻게
明天 míngtiān (명) 내일
历史 lìshǐ (명) 역사
考试 kǎoshì (명) 시험 (동) 시험을 치다
要 yào (조동) ~해야 한다, ~할 것이다
　　　(동) 원하다
复习 fùxí (동) 복습하다 ⭐

정답 D

해설 대화 중 '看书 책을 보다', '考试 시험', '复习 복습하다' 등의 어휘를 통해 공부하고 있는 상황임을 알 수 있다. 따라서 D가 정답이다.

유형맛보기 2

A 　B 　C

D 　E

男: 祝你生日快乐, 这是我送给你的礼物。
女: 谢谢你, 你怎么知道今天是我的生日啊?

남: 생일 축하해, 이건 내가 너에게 주는 선물이야.
여: 고마워, 오늘이 내 생일인거 어떻게 알았어?

祝 zhù (동) 기원하다, 축복하다
生日 shēngrì (명) 생일
快乐 kuàilè (형) 즐겁다, 유쾌하다
礼物 lǐwù (명) 선물 ⭐
今天 jīntiān (명) 오늘

정답 A

해설 대화 중 '祝你生日快乐 생일 축하해'와 '礼物 선물', '我的生日 내 생일' 등의 표현을 통해 여자의 생일인 것을 알 수 있다. 따라서 선물을 받고 기뻐하는 모습인 A가 정답이다.

BEST 10 시험에 잘 나오는 빈도수 높은 사진 별 주요 동작 및 감정 어휘

🎧 04_3

1  迟到 chídào 동 지각하다 ⭐

2  复习 fùxí 동 복습하다 ⭐

3  参加比赛 cānjiā bǐsài 경기에 참가하다

4  搬家 bān jiā 동 이사하다 ⭐

5  牙疼 yá téng 형 이가 아프다

6  担心 dān xīn 동 걱정하다, 염려하다 ⭐

7  找到工作 zhǎo dào gōngzuò 일자리를 찾다(취직하다)

8  发电子邮件 fā diànzǐ yóujiàn 이메일을 보내다

9  准备会议 zhǔnbèi huìyì 회의를 준비하다

10  身体健康 shēntǐ jiànkāng 몸이 건강하다

출제 빈도수 높은 사진 별 주요 동작 내공 쌓기

🎧 04_4

책 보는 사진

看书	kàn shū 동	책을 보다, 독서하다, 공부하다
查词典	chá cídiǎn	사전을 찾다
复习	fùxí 동	복습하다 ⭐
准备考试	zhǔnbèi kǎoshì	시험을 준비하다
做题	zuò tí 동	문제를 풀다
做作业	zuò zuòyè	숙제를 하다
担心	dān xīn 동	걱정하다, 염려하다 ⭐
放心	fàng xīn 동	안심하다 ⭐

물건 나르는 사진

搬家	bān jiā 동	이사하다 ⭐
帮助	bāngzhù 동	돕다
搬东西	bān dōngxi	물건을 나르다
打扫	dǎsǎo 동	청소하다 ⭐
来客人	lái kèrén	손님이 오다

기뻐하는 사진

找到工作	zhǎo dào gōngzuò	일자리를 찾다(취직하다)
成绩提高了	chéngjì tígāo le	성적이 올랐다
祝你生日快乐	zhù nǐ shēngrì kuàilè	생일 축하합니다
送礼物	sòng lǐwù	선물을 주다
高兴	gāoxìng 형	기쁘다
满意	mǎnyì 형	만족하다
喜欢	xǐhuan 동	좋아하다, 마음에 들다

시계보는 사진

迟到	chídào 동	지각하다 ⭐
等	děng 동	기다리다
对不起	duìbuqǐ 동	미안하다
着急	zháo jí 형	조급해하다, 초조해하다 ⭐
没关系	méiguānxi	괜찮다
生气	shēng qì 동	화내다
会议	huìyì 명	회의

인상쓰는 사진

牙疼	yá téng 형	이가 아프다
头疼	tóu téng 형	머리가 아프다
身体不舒服	shēntǐ bù shūfu	몸이 안 좋다(아프다)
吃药	chī yào 동	약을 먹다
去医院	qù yīyuàn	병원에 가다
难过	nánguò 형	괴롭다, 슬프다

실전 테스트

第1-5题 대화를 듣고 대화 내용과 관련 있는 사진을 선택하세요. 🎧 04_5

A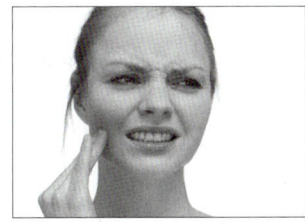

B

C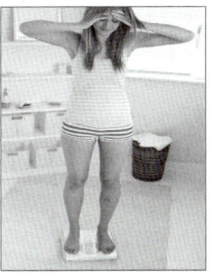

D

E

F

例如: 男：喂，请问张经理在吗？
女：他正在开会，您半个小时以后再打，好吗？　D

1. ☐
2. ☐
3. ☐
4. ☐
5. ☐

정답 및 해설 » 해설서 p. 29

听力 ①

제2부분
녹음 내용과 제시된 문장의 일치 · 불일치 판단하기

5 어휘의 함정에 빠지지 마라.
　공략 비법 05　유의어, 반의어

6 주제 파악이 관건이다.
　공략 비법 06　주제 파악

7 정보 획득의 관건은 메모이다.
　공략 비법 07　정보 획득

听力 1

제2부분
녹음 내용과 제시된 문장의 일치·불일치 판단하기

문제 형식 듣기 제2부분은 녹음 내용을 듣고 녹음 내용과 제시된 문장이 일치하는지 판단하는 유형으로 일치하면 [√], 일치하지 않으면 [X]를 선택한다. 11~20번까지 총 10문제가 출제되며 각각 두 번씩 들려준다.

출제 비율

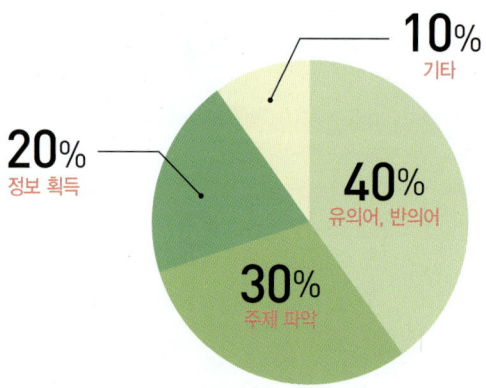

- 10% 기타
- 40% 유의어, 반의어
- 30% 주제 파악
- 20% 정보 획득

유의어, 반의어 문제가 주로 출제된다.

제2부분에서는 정답 선택에 혼란을 주기 위해 문장의 키포인트가 될 수 있는 핵심어를 유사한 어휘나, 상반된 어휘로 바꾸어 지문에 노출하는 경우가 대다수이다. 따라서 시험에 자주 출제되는 유의어, 반의어 관계의 어휘들을 익혀둔다면 빠르게 문제를 해결할 수 있다.

유사한 표현

迟到 chídào 동 지각하다 = 来晚了 lái wǎn le 늦게 왔다
打算 dǎsuan 동 ~할 예정이다, ~할 생각이다 = 准备 zhǔnbèi 동 ~할 예정이다, 준비하다
简单 jiǎndān 형 간단하다, 쉽다 = 容易 róngyì 형 쉽다 = 不难 bù nán 어렵지 않다
希望 xīwàng 동 희망하다, 바라다 = 愿意 yuànyì 동 바라다, 희망하다

상반된 표현

高 gāo 형 (키가) 크다, 높다 ↔ 矮 ǎi 형 (키가) 작다, 낮다
好 hǎo 형 좋다 ↔ 差 chà 형 나쁘다
高兴 gāoxìng 형 기쁘다, 즐겁다 ↔ 难过 nánguò 형 괴롭다, 슬프다
开始 kāishǐ 동 시작하다 ↔ 结束 jiéshù 동 끝나다

주제는 주로 첫 문장이나 마지막 문장에 나온다.

주제 관련 문제의 경우 주로 도입부나 맺음말 부분에서 정답이 언급되므로 처음과 마지막을 놓치지 않도록 집중하여 들어야 한다.

문제 유형 1

中国的茶非常有名，去中国旅游的人一般都会买些回来送给朋友。
★ 中国的茶很有名。(✓)

중국의 차는 매우 유명하다. 중국으로 여행가는 사람들은 보통 조금씩 사와서 친구들에게 선물로 준다.
★ 중국의 차는 매우 유명하다. (✓)

茶 chá 명 차 | 有名 yǒumíng 형 유명하다 | 旅游 lǚyóu 동 여행하다 | 一般 yìbān 형 일반적이다, 보통이다
(一)些 (yì)xiē 양 조금, 약간, 몇 | 送 sòng 동 선물하다, 보내다, 배웅하다

★ 다양한 정보를 분석하는 능력을 묻는다.

정보 획득 문제의 경우 본문 속에 특정 대상에 대한 다양한 정보가 쏟아져 나온다. 본 유형의 문제는 <mark>다양한 정보 가운데 선택적으로 필요한 내용을 찾아낼 수 있는지</mark>가 핵심이므로, <mark>간단한 메모를 하며 듣는 것이 중요</mark>하다.

문제 유형 2

这件蓝色的衬衫很漂亮，但是太贵了，要五百块钱，我们去别的商店看看吧。
이 파란색 셔츠는 예쁘지만, 너무 비싸, 500위안이나 달래. 우리 다른 상점에도 좀 가보자.

블라우스의 색깔을 묻는 경우:
★ 衬衫是红色的。(X) 셔츠는 빨간색이다.

블라우스의 가격을 묻는 경우:
★ 这件衬衫不便宜。(√) 셔츠는 저렴하지 않다.

블라우스의 구매 여부를 묻는 경우:
★ 他买了这件衬衫。(X) 그는 이 셔츠를 샀다.

件 jiàn 양 옷, 일, 사건 등을 세는 단위 | 蓝色 lánsè 명 파란색 | 衬衫 chènshān 명 셔츠, 블라우스 ★
但是 dànshì 접 그러나 | 商店 shāngdiàn 명 상점, 가게 | 红色 hóngsè 명 빨간색

문제는 이렇게 풀어라!

Step 1 녹음을 듣기 전 시험지에 제시된 문장을 미리 읽어두자.

Step 2 제시된 문장의 핵심어를 찾아 문장의 내용을 정확하게 파악해두자.

Step 3 녹음 내용과 제시된 문장의 일치·불일치 여부를 체크하며 듣자.

5 어휘의 함정에 빠지지 마라.

공략비법 05 유의어, 반의어

출제 형식

제2부분에서 학습자들이 가장 어려워하는 부분이 바로 어휘 함정 문제이다. 다른 부분을 정확히 들었을지라도 유의어나 반의어의 표현을 모른다면 정답을 선택하기 어렵고, 일부 함정 어휘는 정답을 선택하는데 큰 혼란을 준다. 따라서 평소 시험에 자주 출제되는 표현들의 정확한 의미와 용법을 반드시 숙지해야 한다.

핵심 전략

1 유사한 표현을 익혀라.

제2부분에서는 유의어 표현을 많이 익혀두는 것이 좋다. 예를 들어 '많다'라는 표현을 직접적으로 '很多 많다'라고도 할 수 있지만 '不少 적지 않다' 혹은 '比较多 비교적 많다' 등과 같이 다양하게 표현할 수 있다. 최근 이러한 문제들이 HSK 듣기 시험에 자주 출제되고 있기 때문에 평소에 서로 비슷하게 쓰이는 표현들을 많이 숙지해두어야 한다.

2 상반된 표현을 익혀라.

다양한 반의어를 사용한 문제들이 많이 출제된다. 예를 들어 녹음에서 '他经常去踢足球。 그는 자주 축구를 하러 간다.'라는 표현이 나온다면 제시된 문장에서는 '他很少去踢足球。 그는 드물게 축구를 하러 간다.'라고 출제된다. 위와 같은 문제의 경우 두 문장 속에서 '经常'과 '很少'를 제외한 부분의 내용이 완벽하게 일치하기 때문에 만일 이 두 표현이 상반된 의미라는 것을 모른다면 오답을 선택할 수 있다. 그러므로 주요 반의어 표현들을 반드시 정리해두어야 한다.

유형맛보기 1 🎧 05_1

★ 哥哥准备搬家。(✓)

哥哥打算下个星期六搬家。他新找的房子离超市很近，不到500米，走路五分钟就到了，买东西非常方便。

★ 형은 이사할 계획이다. (✓)

형은 다음주 토요일에 이사 갈 예정이다. 그가 새로 구한 집은 슈퍼마켓에서 가깝고, 500미터도 되지 않는다. 걸어서 5분만 가면 바로 도착하며, 물건을 사기에 아주 편리하다.

准备 zhǔnbèi 동 ~할 예정이다, 준비하다
搬家 bān jiā 동 이사하다 ⭐
打算 dǎsuan 동 ~할 예정이다, ~할 생각이다 ⭐
星期六 xīngqīliù 명 토요일
找 zhǎo 동 찾다, 구하다
房子 fángzi 명 집
离 lí 전 ~로부터
超市 chāoshì 명 슈퍼마켓, 마트 ⭐
米 mǐ 양 미터
走路 zǒu lù 동 길을 걷다

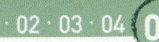

정답	✓
해설	제시된 문장의 '准备搬家 이사할 계획이다'와 녹음 내용의 '打算搬家 이사 갈 예정이다'는 유사한 의미로 제시된 문장과 녹음 내용은 일치한다.

分钟 fēnzhōng 명 분
东西 dōngxi 명 물건, (구체적인 혹은 추상적인) 것
方便 fāngbiàn 동 편리하다 ⭐

유형맛보기 2   🎧 05_2

★ 行李箱和书包很新。(✗)

我们需要新的行李箱和书包，这些太旧了。你什么时候可以跟我一起去商店看看?

★ 여행용 가방과 책가방은 새 것이다. (✗)

우리는 새 여행용 가방과 책가방이 필요해. 이것들은 너무 낡았어. 너는 언제 나와 함께 상점에 가서 볼 수 있어?

行李箱 xínglixiāng 명 여행용 가방, 캐리어 ⭐
书包 shūbāo 명 책가방
需要 xūyào 동 필요하다 ⭐
这些 zhè xiē 대 이것들, 이런 것들
旧 jiù 형 오래 되다, 낡다 ⭐
什么时候 shénme shíhou 언제
跟 gēn 전 ~와(과) ⭐
一起 yìqǐ 부 함께
商店 shāngdiàn 명 상점, 가게

정답	✗
해설	제시된 문장의 '很新 새 것이다'와 녹음 내용의 '太旧了 너무 낡았다'는 상반된 의미로 제시된 문장과 녹음 내용은 일치하지 않는다.

BEST 10 시험에 잘 나오는 빈도수 높은 유의어(1~5)와 반의어(6~10)   🎧 05_3

1. **感兴趣** gǎn xìngqù 관심이 있다, 흥미를 느끼다 ⭐
   = **喜欢** xǐhuan 동 좋아하다

2. **努力** nǔlì 형 열심이다 동 노력하다 ⭐
   = **认真** rènzhēn 형 성실하다, 진지하다 ⭐

3. **打算** dǎsuan 동 ~할 예정이다, ~할 생각이다 ⭐
   = **准备** zhǔnbèi 동 ~할 예정이다, 준비하다

4. **锻炼** duànliàn 동 단련하다 ⭐
   = **运动** yùndòng 동 운동하다 명 운동

5. **希望** xīwàng 동 희망하다 = **愿意** yuànyì 동 바라다, 희망하다 ⭐

6. **长** cháng 형 길다 ↔ **短** duǎn 형 짧다

7. **好** hǎo 형 좋다 ↔ **差** chà 형 나쁘다 ⭐

8. **放心** fàng xīn 동 안심하다 ⭐ ↔ **担心** dān xīn 동 걱정하다, 염려하다 ⭐

9. **容易** róngyì 형 쉽다 ⭐ ↔ **难** nán 형 어렵다 ⭐

10. **近** jìn 형 가깝다 ↔ **远** yuǎn 형 멀다

출제 빈도수 높은 유의어와 반의어 내공 쌓기

주요 유사한 표현

迟到 chídào 동 지각하다 ★	=	来晚了 lái wǎn le 늦게 왔다	
打算 dǎsuan 동 ~할 예정이다, ~할 생각이다 ★	=	准备 zhǔnbèi 동 ~할 예정이다, 준비하다	
锻炼 duànliàn 동 단련하다 ★	=	运动 yùndòng 명 운동 동 운동하다	
感兴趣 gǎn xìngqù 관심이 있다, 흥미를 느끼다 ★	=	喜欢 xǐhuan 동 좋아하다	
常常 chángcháng 부 자주	=	经常 jīngcháng 부 자주 几乎每天 jīhū měitiān 거의 매일	
简单 jiǎndān 형 간단하다, 쉽다 ★	=	容易 róngyì 형 쉽다 ★ 不难 bù nán 어렵지 않다	
努力 nǔlì 형 열심이다 동 노력하다 ★	=	认真 rènzhēn 형 성실하다, 진지하다 ★	
选择 xuǎnzé 동 선택하다, 고르다 ★	=	决定 juédìng 동 결정하다, 결심하다 ★	
希望 xīwàng 동 희망하다	=	愿意 yuànyì 동 바라다, 희망하다 ★	

주요 상반된 표현

高 gāo 형 (키가) 크다, 높다	↔	矮 ǎi 형 (키가) 작다, 낮다 ★
好 hǎo 형 좋다	↔	差 chà 형 나쁘다 ★ 坏 huài 형 나쁘다
对 duì 형 맞다	↔	错 cuò 형 틀리다
大 dà 형 (크기가) 크다, (나이가) 많다	↔	小 xiǎo 형 (크기가) 작다, (나이가) 어리다
放心 fàng xīn 동 안심하다 ★	↔	担心 dān xīn 동 걱정하다, 염려하다 ★
多 duō 형 많다	↔	少 shǎo 형 적다
长 cháng 형 길다	↔	短 duǎn 형 짧다
笑 xiào 동 웃다	↔	哭 kū 동 울다 ★

高兴 gāoxìng 형 기쁘다, 즐겁다	⇔	难过 nánguò 형 괴롭다, 슬프다 ⭐
容易 róngyì 형 쉽다 ⭐	⇔	难 nán 형 어렵다 ⭐
开始 kāishǐ 동 시작하다	⇔	结束 jiéshù 동 끝나다 ⭐
借 jiè 동 빌리다, 빌려주다 ⭐	⇔	还 huán 동 돌려주다 ⭐
近 jìn 형 가깝다	⇔	远 yuǎn 형 멀다
快 kuài 형 빠르다	⇔	慢 màn 형 느리다
开 kāi 동 열다	⇔	关 guān 동 닫다
胖 pàng 형 뚱뚱하다	⇔	瘦 shòu 형 마르다
贵 guì 형 (값이) 비싸다	⇔	便宜 piányi 형 (값이) 싸다
很好 hěn hǎo 형 좋다	⇔	一般 yìbān 형 보통이다, 평범하다 ⭐

(*'一般'은 '很好'의 정확한 반의어는 아니지만 의미상 긍정적인 뜻이 아니므로 상반된 표현으로 볼 수 있다.)

실전 테스트

第1-5题 녹음을 듣고 제시된 문장이 녹음 내용과 일치하면 [√], 일치하지 않으면 [X]를 체크하세요. 🎧 05_5

① ★ 他经常去商店买东西。　　　　　　　　　　（　　　）

② ★ 他觉得这本书很一般。　　　　　　　　　　（　　　）

③ ★ 爷爷爱看报纸。　　　　　　　　　　　　　（　　　）

④ ★ 数学好的人都很聪明。　　　　　　　　　　（　　　）

⑤ ★ 他觉得儿子还小。　　　　　　　　　　　　（　　　）

정답 및 해설 ≫ 해설서 p. 32

6 주제 파악이 관건이다.

공략비법 06 주제 파악

> **출제 형식**

주제란 이야기의 핵심 내용이다. 제2부분의 주제 파악을 요하는 문제에서는 주로 문제에 제시된 주제 내용이 녹음에서 그대로 언급되는 형태로 출제된다. 만약 그대로 언급하지 않는 경우에는 반복되는 어휘나 표현에 집중하며 듣도록 하자.

> **핵심 전략**

1 첫 문장과 마지막 문장에 귀를 기울여라.
주제는 일반적으로 녹음 내용의 첫 부분이나 마지막 부분에 위치한다. 3급의 경우 제2부분에서 가장 쉽게 정답을 찾을 수 있는 유형은 바로 문제에 제시된 주제 내용이 녹음에서 그대로 들리는 것이다. 이 유형의 경우 간혹 한 두 개의 어휘를 함정으로 넣기도 하지만, 일반적으로는 내용상 큰 변화를 주지 않기 때문에 만약 녹음 내용의 첫 문장이나 마지막 문장이 제시된 문장과 거의 동일하다면 바로 정답으로 선택해도 좋다.

2 반복되는 어휘에 주목하라.
반복해서 언급되는 어휘나 표현이 있다면, 전체 이야기를 이끌어 가는 주제 어휘나 표현이라 간주하고 집중하여 들어야 한다.

유형맛보기 1 🎧 06_1

★ 小马最近经常迟到。(✓)

奇怪，小马最近经常迟到，他以前不是这样的，他家里可能有什么事吧。你们两个人是好朋友，你知道是怎么回事吗？

★ 샤오마는 최근에 자주 지각한다. (✓)

이상하네, 샤오마가 요즘 자주 지각해, 예전에는 이렇지 않았는데, 그의 집에 아마도 무슨 일이 있는 것 같아. 너희 둘이 친하잖아, 너는 어떻게 된 일인지 알고 있니?

最近 zuìjìn 명 최근, 요즘
经常 jīngcháng 부 자주
迟到 chídào 동 지각하다 ★
奇怪 qíguài 형 이상하다, 희한하다 ★
以前 yǐqián 명 이전에
这样 zhèyàng 대 이렇다, 이러하다
可能 kěnéng 부 아마도
怎么回事 zěnme huíshì
어떻게 된 거야?

정답 ✓

해설 샤오마가 요즘 자주 지각하는지 집중하여 들어야 한다. 녹음 내용의 첫 문장에서 샤오마가 요즘 자주 지각한다고 그대로 언급했으므로 제시된 문장은 녹음 내용과 일치한다.

유형맛보기 2 🎧 06_2

★ 哥哥最喜欢画画。(✓)

画画是哥哥最大的爱好。他从小就开始学习画画，到现在快十年了。

★ 오빠는 그림 그리는 것을 제일 좋아한다. (✓)

그림 그리는 것은 오빠의 가장 큰 취미이다. 그는 어렸을 때부터 그림을 배우기 시작해서, 지금까지 10년이 다 되어간다.

画画 huà huà 동 그림을 그리다
爱好 àihào 명 취미 ★
从小 cóng xiǎo 부 어렸을 때부터
开始 kāishǐ 동 시작하다 명 처음
现在 xiànzài 명 지금, 현재
快~了 kuài~le 곧 ~이다

정답 ✓

해설 오빠가 그림 그리는 것을 제일 좋아하는지 집중하여 들어야 한다. 녹음 내용에서 '画画 그림을 그리다'라는 어휘가 반복적으로 출현하고 있고, 첫 문장에서 그림 그리는 것이 오빠의 가장 큰 취미라고 했으므로 제시된 문장과 일치한다.

실전 테스트

第1-5题 녹음을 듣고 제시된 문장이 녹음 내용과 일치하면 [√], 일치하지 않으면 [X]를 체크하세요.

1. ★ 爱有很多种。　　　　　　　　　　　　　　（　　）

2. ★ 他每天走路去学校。　　　　　　　　　　　（　　）

3. ★ 妹妹难过地哭了。　　　　　　　　　　　　（　　）

4. ★ 他认为手机作用不大。　　　　　　　　　　（　　）

5. ★ 很多年轻人不愿意在咖啡馆学习。　　　　　（　　）

7 정보 획득의 관건은 메모이다.

공략비법 07 정보 획득

출제 형식

정보 획득 문제에서는 인물이나 사물과 같은 어떠한 대상에 대한 다양한 정보가 쏟아져 나온다. 본 유형은 시험 응시자에게 다양한 정보 가운데에서도 정답의 단서가 되는 내용을 얼마나 선택적으로 빠르게 찾을 수 있는지 묻는 것이 포인트이다.

핵심 전략

1 다양한 정보를 메모하라.

만일 '그가 어제 친구와 상점에서 옷을 샀는데 색이 마음에 들지 않아 환불했다.'라는 문장을 토대로 문제를 낸다면 '누구와 갔는가?', '어디에서 샀는가?', '무엇을 샀는가?', '왜 환불했는가?' 등 다양한 내용으로 문제를 출제할 수 있다. 따라서 많은 정보들이 쏟아져 나오는 문제들의 경우 '친구', '상점', '옷', '색이 마음에 들지 않아서'처럼 들리는 내용을 바로 메모하는 것이 중요하다.

2 문제를 미리 확인하라.

녹음을 듣기 전 우리는 재빨리 문제에 제시된 문장부터 읽어야 한다. 제시된 문장을 통해 인물, 행동, 상황, 상태 등 어떤 것을 물을 것인지 예측할 수 있으므로 제시된 문장을 미리 파악한다면 선택적 집중이 용이해진다.

유형맛보기 1 🎧 07_1

★ 奶奶家附近有苹果树。(✓)

奶奶家附近有一条小河，河边有很多苹果树，河里还有很多小鱼。我和奶奶经常去那儿散步。

★ 할머니 댁 근처에는 사과 나무가 있다. (✓)

할머니 댁 근처에는 작은 강이 하나 있는데, 강가에는 사과 나무가 많이 있고, 또한 강에는 작은 물고기들이 많이 있다. 나는 할머니와 자주 그 곳에 가서 산책한다.

奶奶 nǎinai 명 할머니
附近 fùjìn 명 부근, 근처
苹果树 píngguǒ shù 사과 나무
条 tiáo 양 치마, 바지, 강 등의 가늘고 긴 것을 세는 단위 ⭐
小河 xiǎo hé 명 작은 강, 개울
河边 hébiān 명 강변, 강가
经常 jīngcháng 부 자주
散步 sàn bù 동 산책하다

정답 ✓

해설 할머니 댁 근처에 사과 나무가 있는지 주의 깊게 들어야 한다. 녹음 내용에서 할머니 댁 근처에 작은 강이 있고, 그 강가에는 사과 나무가 많이 있다고 했으므로 제시된 문장은 녹음 내용과 일치한다.

유형맛보기 2 🎧 07_2

★ 现在还是秋天。(✗)

换季的时候，天气变化很大，人们容易感冒。虽然现在已经是春天了，但是早晚还是很冷，所以穿衣服要注意一点儿。

★ 지금은 여전히 가을이다. (✗)

환절기에는 날씨 변화가 커서 사람들이 쉽게 감기에 걸린다. 비록 지금은 이미 봄이 되었지만, 아침 저녁으로 여전히 춥기 때문에 옷 입는 것을 주의해야 한다.

秋天 qiūtiān 명 가을
换季 huàn jì 동 계절이 바뀌다
变化 biànhuà 명 변화 동 변화하다 ⭐
容易 róngyì 형 ~하기 쉽다, 쉽다 ⭐
感冒 gǎnmào 동 감기에 걸리다 명 감기 ⭐
虽然~，但是~ suīrán~, dànshì~ 비록 ~이지만, 그러나 ~하다
已经 yǐjīng 부 이미, 벌써
春天 chūntiān 명 봄
早晚 zǎowǎn 명 아침과 저녁
注意 zhùyì 동 주의하다, 조심하다 ⭐

정답 ✗

해설 지금이 여전히 가을인지 주의 깊게 들어야 한다. 녹음 내용에서 지금은 이미 봄이 되었다고 했으므로 제시된 문장은 녹음 내용과 일치하지 않는다.

실전 테스트

第1-5题 녹음을 듣고 제시된 문장이 녹음 내용과 일치하면 [✓], 일치하지 않으면 [X]를 체크하세요. 🎧 07_3

1. ★ 今天儿子穿了条蓝裤子。　　　　　　　　（　　　）

2. ★ 蛋糕在桌子上。　　　　　　　　　　　　（　　　）

3. ★ 南方人更爱吃面条。　　　　　　　　　　（　　　）

4. ★ 他是教音乐的。　　　　　　　　　　　　（　　　）

5. ★ 他每天早上七点起床。　　　　　　　　　（　　　）

정답 및 해설 ≫ 해설서 p. 36

听力 ①

제3, 4부분
대화 듣고 질문에 답하기

8 **대화형은 암기만이 유일한 길!**

공략 비법 08 장소 관련 문제
공략 비법 09 인물 관련 문제
공략 비법 10 시간과 돈 관련 문제
공략 비법 11 행동 관련 문제
공략 비법 12 감정과 태도 관련 문제
공략 비법 13 사람의 특징
공략 비법 14 사물의 특징
공략 비법 15 교통수단 관련 문제

听力

제3, 4부분
대화 듣고 질문에 답하기

문제 형식

듣기 제3, 4부분은 짧거나 긴 남녀간의 대화를 듣고 A, B, C 세 개의 보기 중 질문에 대한 정답을 선택하는 유형이다. 제3부분에서 총 10문제(21~30번), 제4부분에서 총 10문제(31~40번)가 출제되며 각각 두 번씩 들려준다.

출제 비율

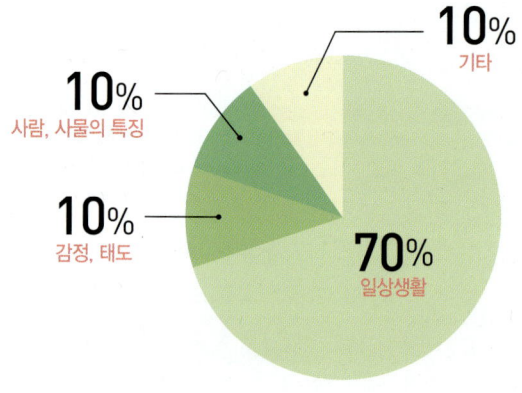

- 10% 기타
- 10% 사람, 사물의 특징
- 10% 감정, 태도
- 70% 일상생활

출제 경향 1

일상생활 관련 문제가 70%이상이다.

제3, 4부분의 대화형 문제에서는 일반적으로 장소, 직업과 관계, 시간과 돈, 행동과 교통수단 등 일상생활을 소재로 한 다양한 내용들이 주로 출제된다.

문제 유형 1

男：这位是?
女：对不起，我忘了向你们介绍，这是我姐姐。
问：女的在介绍谁?
　　A 姐姐　　　B 妹妹　　　C 妈妈

남: 이분은 누구야?
여: 미안해, 너희에게 소개하는 걸 잊었어. 이쪽은(이 사람은) 우리 언니야.
질문: 여자는 누구를 소개하고 있는가?
　　A 언니　　　B 여동생　　　C 엄마

位 wèi 양 분, 명(공경의 뜻을 내포함) ★ | 向 xiàng 전 ~에게, ~을 향하여 | 介绍 jièshào 동 소개하다 |
姐姐 jiějie 명 언니, 누나 | 妹妹 mèimei 명 여동생

출제 경향 2

보기를 통해 문제를 유추할 수 있다.

제3, 4부분은 A, B, C 세 개의 보기가 주어지며 세 개의 보기는 주로 같은 범주에 속한다. 따라서 보기를 통해 문제에서 묻고자 하는 내용을 대략적으로 유추할 수 있다.

보기 유형 1 (교통수단 관련 문제)

　　A 出租车　　　B 船　　　C 飞机

出租车 chūzūchē 명 택시 | 船 chuán 명 배 | 飞机 fēijī 명 비행기

보기 유형 2 (장소 관련 문제)

　　A 公园　　　B 商店　　　C 洗手间

公园 gōngyuán 명 공원 ★ | 商店 shāngdiàn 명 상점, 가게 | 洗手间 xǐshǒujiān 명 화장실 ★

보기 유형 3 (운동 관련 문제)

A 踢足球   B 游泳   C 打篮球

踢足球 tī zúqiú 축구하다 | 游泳 yóu yǒng 동 수영하다 | 打篮球 dǎ lánqiú 농구하다

보기 유형 4 (직업 관련 문제)

A 服务员   B 校长   C 医生

服务员 fúwùyuán 명 종업원 ★ | 校长 xiàozhǎng 명 학교장 ★ | 医生 yīshēng 명 의사

감정, 태도 관련 문제는 주로 대화 중 정답을 직접적으로 언급한다.

감정이나 태도를 묻는 문제에서는 두 사람의 대화 중 감정, 태도를 그대로 언급하는 문제가 80%이상 출제된다. 시험에 자주 출제되는 '喜欢 좋아하다', '感兴趣 관심이 있다'와 같은 긍정적인 어휘와 '担心 걱정하다', '生气 화내다'와 같은 부정적 감정 및 태도를 나타내는 어휘들을 함께 정리하여 익혀두도록 하자.

긍정적인 감정 및 태도

放心 fàng xīn 동 안심하다 ★
感兴趣 gǎn xìngqù 관심이 있다, 흥미를 느끼다 ★
欢迎 huānyíng 동 환영하다 ★
满意 mǎnyì 형 만족하다 ★

부정적인 감정 및 태도

担心 dān xīn 동 걱정하다, 염려하다 ★
难过 nánguò 형 괴롭다, 슬프다 ★
生气 shēng qì 동 화내다
着急 zháo jí 형 조급해하다, 초조해하다 ★

문제는 이렇게 풀어라!

Step 1 보기를 먼저 살펴보자.

Step 2 보기 어휘를 통해 질문을 예측하자.

Step 3 보기를 보고 남녀의 대화 중 들리는 어휘들을 체크하며 듣자.

Step 4 어떤 사람에 대한 질문인지 주의하며 듣자.

DAY 08

8 대화형은 암기만이 유일한 길!

공략비법 08 장소 관련 문제

출제 형식

대화형 문제의 경우 주로 녹음에서 들리는 어휘 그대로가 정답으로 출제될 확률이 매우 높다. 장소 관련 문제 역시 두 사람의 대화 중 언급되는 장소가 바로 정답일 가능성이 크다. 장소 관련 문제는 보기에 모두 장소 명사가 출제되기 때문에 장소를 묻는 문제라는 것을 미리 파악할 수 있다. 간혹 문제의 난이도를 높이기 위해 방위사 관련 문제가 출제되기도 하므로 고득점을 원한다면 방위사 문제에 대한 대비가 필요하다.

핵심 전략

1 다양한 장소를 암기하라.

장소 문제는 일반적으로 사람이나 사물이 위치하는 곳, 혹은 어떤 사람이 가거나 갔던 곳을 묻는 문제가 가장 많이 출제되는데 <mark>두 사람의 대화 중 장소를 그대로 언급하는 문제 유형이 전체의 90% 이상을 차지</mark>한다. 따라서 평소에 다양한 장소들을 암기해 둔다면 쉽게 정답을 선택할 수 있다.

2 방위사도 장소에 포함된다.

'桌子 책상'은 사물이지만 '桌子上 책상 위'는 장소이다. 이와 같이 문제의 난이도를 높이기 위해 <mark>직접적인 장소 명사 외에 '사람/사물 명사+방위사' 혹은 '장소 명사+방위사' 문제를 출제</mark>하는 경우도 많다. 그러므로 다양한 방위사를 익혀서 관련 문제에 대비해야 한다.

유형맛보기 1　🎧 08_1

A 动物园　　　B 办公室　　　C 医院

女: 小高, 你以前来过这个动物园吗?
男: 当然来过, 两年前来过一次, 但是那个时候大熊猫馆还没开呢。
问: 他们最可能在哪儿?

A 동물원　　　B 사무실　　　C 병원

여: 샤오가오, 너는 예전에 이 동물원 와본 적 있어?
남: 당연히 와봤지, 2년 전에 한 번 와본 적이 있어. 하지만 그때는 판다관을 열지 않았어.
질문: 그들은 어디에 있을 가능성이 가장 큰가?

보기 어휘

动物园 dòngwùyuán 명 동물원
办公室 bàngōngshì 명 사무실 ⭐
医院 yīyuàn 명 병원

지문 어휘

以前 yǐqián 명 이전에
当然 dāngrán 부 당연히, 물론
　　　　　　 형 당연하다, 물론이다 ⭐
次 cì 양 번, 차례(동작을 세는 단위)
但是 dànshì 접 그러나
时候 shíhou 명 때, 시각
大熊猫馆 dàxióngmāo guǎn
판다관
还 hái 부 아직, 여전히, 또, 더

01 · 02 · 03 · 04 · 05 · 06 · 07 · **08** · 09 · 10 · 11 · 12 · 13 · 14 · 15 · 16 · 17 · 18 · 19 · 20

정답 **A**

해설 보기를 통해 장소 관련 문제임을 알 수 있다. 여자가 남자에게 이 동물원에 와본 적이 있는지 물었으므로 그들은 현재 동물원에 있음을 알 수 있다. 따라서 정답은 A이다.

유형맛보기 2 🎧 08_2

A 行李箱里　　　B 床上　　　C 椅子上

男：我的那件蓝衬衫在哪儿？我今天要参加很重要的会议。
女：在椅子上呢，我去帮你拿吧。
问：那件蓝衬衫在哪儿？

A 캐리어 안　　　B 침대 위　　　C 의자 위

남: 내 그 파란색 셔츠 어디에 있어? 내가 오늘 중요한 회의에 참석해야 하거든.
여: 의자 위에 있잖아요. 제가 당신을 도와 가져다 줄게요.
질문: 그 파란색 셔츠는 어디에 있는가?

보기 어휘

行李箱 xínglixiāng 명 캐리어, 여행용 가방 ⭐
床 chuáng 명 침대
椅子 yǐzi 명 의자

지문 어휘

件 jiàn 양 옷, 일, 사건 등을 세는 단위
衬衫 chènshān 명 셔츠, 블라우스 ⭐
参加 cānjiā 동 참가하다, 참석하다 ⭐
重要 zhòngyào 형 중요하다 ⭐
会议 huìyì 명 회의
帮 bāng 동 돕다
拿 ná 동 (손으로) 쥐다, 잡다, 가지다 ⭐

정답 **C**

해설 '사물 명사 + 방위사'도 장소를 나타낼 수 있다. 남자가 여자에게 파란색 셔츠가 어디에 있는지 묻자 여자는 의자 위에 있다고 대답했으므로 정답은 C이다.

BEST 10 시험에 잘 나오는 빈도수 높은 주요 장소 어휘 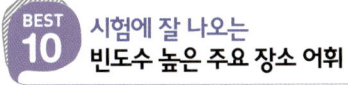 🎧 08_3

1 超市 chāoshì 명 슈퍼마켓, 마트 ⭐
2 公园 gōngyuán 명 공원 ⭐
3 洗手间 xǐshǒujiān 명 화장실 ⭐
4 教室 jiàoshì 명 교실
5 办公室 bàngōngshì 명 사무실 ⭐
6 机场 jīchǎng 명 공항 ⭐
7 商店 shāngdiàn 명 상점, 가게
8 动物园 dòngwùyuán 명 동물원
9 医院 yīyuàn 명 병원
10 城市 chéngshì 명 도시 ⭐

공략 비법 08 장소 관련 문제

출제 빈도수 높은
☆ 주요 장소 어휘 내공 쌓기

🎧 08_4

家 jiā 명 집		学校 xuéxiào 명 학교
教室 jiàoshì 명 교실		图书馆 túshūguǎn 명 도서관 ☆
洗手间 xǐshǒujiān 명 화장실 ☆		公司 gōngsī 명 회사
办公室 bàngōngshì 명 사무실 ☆		宾馆 bīnguǎn 명 호텔
饭店 fàndiàn 명 호텔, 식당		商店 shāngdiàn 명 상점, 가게
超市 chāoshì 명 슈퍼마켓, 마트 ☆		医院 yīyuàn 명 병원
银行 yínháng 명 은행 ☆		电影院 diànyǐngyuàn 명 영화관
眼镜店 yǎnjìngdiàn 명 안경점		公园 gōngyuán 명 공원 ☆
动物园 dòngwùyuán 명 동물원		机场 jīchǎng 명 공항 ☆
火车站 huǒchēzhàn 명 기차역		城市 chéngshì 명 도시 ☆
北京 Běijīng 고유 베이징		北方 běifāng 명 북방, 북부
南方 nánfāng 명 남방, 남부		楼 lóu 명 건물, 층
街道 jiēdào 명 거리 ☆		左边 zuǒbian 명 좌측, 왼쪽
右边 yòubian 명 우측, 오른쪽		旁边 pángbiān 명 옆, 옆쪽
中间 zhōngjiān 명 중간, 가운데		前面 qiánmian 명 앞, 앞쪽
后面 hòumian 명 뒤, 뒤쪽		河边 hébiān 명 강변, 강가

실전 테스트

第1-5题 대화를 듣고 질문에 알맞은 보기를 선택하세요.

1. A 教室　　　　B 洗手间　　　　C 宾馆

2. A 电梯旁边　　B 公园附近　　　C 火车站西边

3. A 超市　　　　B 图书馆　　　　C 办公室

4. A 机场　　　　B 学校　　　　　C 饭店

5. A 超市里　　　B 房间里　　　　C 电梯里

8 대화형은 암기만이 유일한 길!
공략비법 09 인물 관련 문제

출제 형식

인물 관련 문제에서는 두 사람의 관계 또는 직업을 묻는 문제가 가장 많이 출제된다. 두 사람의 관계를 묻는 경우 가족, 이웃, 직장동료 등을 소재로 한 내용이 주를 이루고, 직업을 묻는 경우 학교, 회사, 식당 등 일상적인 공간을 배경으로 한 내용이 주를 이룬다.

핵심 전략

1 ★친가 친척 위주로 어휘를 외우자.

5급 시험에는 친가나 외가의 구분 없이 다양한 어휘들이 출제되지만, 3, 4급은 '阿姨 이모'를 제외하고는 친가 친척들 중심으로 문제가 출제된다. 가족 관계를 묻는 문제는 매번 꾸준히 등장하므로 관련 어휘를 꼭 암기해 놓아야 한다.

2 ★일상적인 장소와 연관된 직업 명칭을 꼭 외우자.

일반적으로 학교에서는 선생님과 친구, 직장에서는 상사와 직장 동료, 식당에서는 종업원, 택시를 타면 운전 기사를 만나게 된다. 3급은 이처럼 일상에서 자주 볼 수 있는 직업 군이 출제되므로 관련 어휘만 잘 암기해 놓으면 쉽게 정답을 찾을 수 있다.

유형맛보기 1 🎧 09_1

A 爷爷　　　　B 邻居　　　　C 哥哥

女: 你上个星期买的那件衬衫呢? 怎么没见你穿?
男: 那件衬衫我穿着有点儿大, 给我哥哥了。
问: 男的把那件衬衫给谁了?

A 할아버지　　B 이웃　　C 형

여: 지난주에 산 그 셔츠요? 왜 당신이 입은 걸 못 봤죠(왜 안 입어요)?
남: 그 셔츠는 내가 입기엔 조금 커서 형에게 줬어요.
질문: 남자는 그 셔츠를 누구에게 주었는가?

보기 어휘

爷爷 yéye 명 할아버지 ★
邻居 línjū 명 이웃 ★

지문 어휘

上个星期 shàng ge xīngqī 지난주
件 jiàn 양 옷, 일, 사건 등을 세는 단위
衬衫 chènshān 명 셔츠, 블라우스 ★
有点儿 yǒu diǎnr 부 조금, 약간
把 bǎ 전 ~을(를) ★

정답	C
해설	보기를 통해 인물 관련 문제임을 알 수 있다. 여자가 남자에게 지난주에 산 셔츠를 입는 것을 못 봤다고 하자 남자는 옷이 조금 커서 형에게 줬다고 대답했으므로 정답은 C이다.

유형맛보기 2 🎧 09_2

A 服务员　　　B 邻居　　　C 医生

男: 您好，给您菜单，您现在点菜吗?
女: 一会儿再点吧，我们有两个朋友还没到，先拿瓶啤酒吧。
问: 男的最可能是做什么的?

A 종업원　　　B 이웃　　　C 의사

남: 안녕하세요. 메뉴판 드릴게요. 지금 주문하시겠어요?
여: 잠시 후에 주문할게요. 친구 두 명이 아직 도착하지 않았어요. 먼저 맥주 한 병 주세요.
질문: 남자는 무슨 일을 할 가능성이 가장 큰가?

보기 어휘

服务员 fúwùyuán 명 종업원 ⭐
邻居 línjū 명 이웃 ⭐
医生 yīshēng 명 의사

지문 어휘

菜单 càidān 명 메뉴, 메뉴판 ⭐
点菜 diǎn cài 동 음식을 주문하다
一会儿 yíhuìr 부 잠시 후에
　　　　　 명 잠시, 잠깐 동안 ⭐
还 hái 부 아직, 또
到 dào 동 도착하다, 도달하다, 이르다
拿 ná 동 (손으로) 쥐다, 가지다 ⭐
瓶 píng 양 병을 세는 단위
啤酒 píjiǔ 명 맥주 ⭐

정답	A
해설	보기를 통해 인물 관련 문제임을 알 수 있다. 남자가 여자에게 메뉴판을 주며 주문할 것인지 묻는 말을 통해 남자는 종업원인 것을 알 수 있다. 따라서 정답은 A이다.

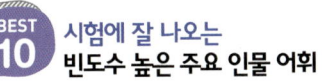
시험에 잘 나오는 빈도수 높은 주요 인물 어휘 🎧 09_3

1　孩子 háizi 명 아이, 자녀
2　丈夫 zhàngfu 명 남편
3　妻子 qīzi 명 아내
4　叔叔 shūshu 명 삼촌, 숙부, 아저씨
5　阿姨 āyí 명 아주머니, 이모 ⭐
6　同学 tóngxué 명 학우, 동창
7　校长 xiàozhǎng 명 학교장
8　司机 sījī 명 운전 기사 ⭐
9　邻居 línjū 명 이웃 ⭐
10　服务员 fúwùyuán 명 종업원

출제 빈도수 높은
주요 인물 어휘 내공 쌓기

🎧 09_4

가족

爸爸 bàba 명 아빠		妈妈 māma 명 엄마	
哥哥 gēge 명 형, 오빠		弟弟 dìdi 명 남동생	
姐姐 jiějie 명 누나, 언니		妹妹 mèimei 명 여동생	
丈夫 zhàngfu 명 남편		妻子 qīzi 명 아내	
孩子 háizi 명 아이, 자녀		爷爷 yéye 명 할아버지	
奶奶 nǎinai 명 할머니		叔叔 shūshu 명 숙부, 삼촌, 아저씨	
阿姨 āyí 명 아주머니, 이모 ⭐		女儿 nǚ'ér 명 딸	
儿子 érzi 명 아들			

직업 · 직위

校长 xiàozhǎng 명 학교장 ⭐		老师 lǎoshī 명 선생님	
经理 jīnglǐ 명 사장, 지배인, 매니저 ⭐		医生 yīshēng 명 의사	
司机 sījī 명 운전 기사 ⭐		服务员 fúwùyuán 명 종업원 ⭐	

기타 명칭

同学 tóngxué 명 학우, 동창		同事 tóngshì 명 직장 동료	
先生 xiānsheng 명 선생님, 씨(성인 남성에 대한 경칭)		小姐 xiǎojiě 명 아가씨, 미스, 양	
邻居 línjū 명 이웃 ⭐		客人 kèrén 명 손님	
北方人 běifāngrén 명 북방 사람		南方人 nánfāngrén 명 남방 사람	

자주 출제되는 주요 성씨

老张 Lǎo Zhāng	인명 라오장	小马 Xiǎo Mǎ	인명 샤오마
老王 Lǎo Wáng	인명 라오왕	小高 Xiǎo Gāo	인명 샤오가오
		小红 Xiǎo Hóng	인명 샤오홍

★ '老+성씨'는 친근감이나 존중의 뜻을 나타냄

★ '小+성, 이름'은 자신보다 어린 사람에 대한 친근감을 나타냄

王校长 Wáng xiàozhǎng 왕 교장   黄老师 Huáng lǎoshī 황 선생님

실전 테스트

第1-5题 대화를 듣고 질문에 알맞은 보기를 선택하세요.

1. A 夫妻　　　　B 同事　　　　C 师生

2. A 同学　　　　B 同事　　　　C 邻居

3. A 北京人　　　B 南方人　　　C 东北人

4. A 马经理　　　B 王校长　　　C 张医生

5. A 同事　　　　B 校长　　　　C 儿子

DAY 10

8 대화형은 암기만이 유일한 길!

공략비법 10 시간과 돈 관련 문제

출제 형식

시간 또는 돈을 소재로 한 문제에서는 숫자에 대한 이해가 가장 중요하다. 특히 시간과 관련된 문제에서는 단순한 숫자보다는 시간을 나타내는 특정 표현을 다루는 문제가 주를 이루고, 돈과 관련된 문제에서는 '块', '毛' 등과 같은 화폐 단위를 묻는 문제가 자주 출제된다. 따라서 시간을 나타내는 특정 표현 및 화폐 단위에 대해서 꼼꼼히 익혀야 한다.

핵심 전략

1 시간을 꼭 숫자로만 나타낼 수 있는 것은 아니다.

시간 관련 문제에서는 '一刻 15분', '半 30분', '三刻 45분', '差 ~(분)전' 등의 의미를 묻는 유형이 가장 큰 비중을 차지한다. 숫자를 직접 사용하지 않고 이런 특정 표현으로 언급할 수 있으므로 그 의미를 정확히 알고 있다면 정답을 쉽게 찾을 수 있다.

2 다양한 화폐 단위를 익혀두자.

중국 화폐의 기본 단위는 '元 yuán 위안'이고, 중국의 화폐를 '위안화'라고 한다. '元' 이외에도 '元'의 10분의 1인 '角 jiǎo 자오'와, 100분의 1인 '分 fēn 펀'이 있는데, 중국인들이 일상생활에서 화폐 단위를 말할 때는 주로 '元'보다는 '块 kuài'를, '角'보다는 '毛 máo'를 더 많이 사용한다.

돈 관련 문제에서는 간혹 간단한 계산 문제가 출제되는 경우도 있는데 이때는 메모를 하며 숫자를 집중해서 들어야 한다.

유형맛보기 1   🎧 10_1

A 10:45   B 11:10   C 10:50

女: 今天的会议几点开始?
男: 十一点, 还没到时间, 现在差十分十一点。
问: 现在几点了?

A 10:45   B 11:10   C 10:50

여: 오늘의 회의는 몇 시에 시작해요?
남: 11시인데 아직 시간이 되지 않았어요. 지금은 11시 10분 전(10시 50분)이에요.
질문: 지금은 몇 시인가?

지문 어휘

会议 huìyì 명 회의
开始 kāishǐ 동 시작하다 명 처음, 시작
差 chà 동 부족하다, 모자라다[시간을 나타낼 때는 '~(분) 전'의 의미로 쓰임] 형 나쁘다, 다르다 ⭐

정답 C

해설 보기를 통해 시간을 묻는 문제임을 알 수 있다. '差'는 '부족하다, 모자라다'라는 의미를 나타내는 어휘로 시간을 나타낼 때는 '~(분) 전'의 의미로 쓰인다. 따라서 '差十分十一点'은 '11시 10분 전'이라는 뜻으로 정답은 C 10시 50분이다.

유형맛보기 2 🎧 10_2

A 7元5角　　　B 7元零5分　　　C 9元5角

男: 这种面包多少钱一个?
女: 七块五一个, 很好吃, 你要几个?
问: 面包多少钱一个?

A 7.5위안　　　B 7.05위안　　　C 9.5위안

남: 이런 종류의 빵은 한 개에 얼마예요?
여: 한 개에 7.5위안이에요, 정말 맛있어요, 몇 개 드릴까요?
질문: 빵은 한 개에 얼마인가?

보기 어휘

元 yuán 양 위안(중국의 화폐 단위)
角 jiǎo 양 자오(1위안의 10분의 1에 해당, 구어로는 '毛 máo'라고 함)
分 fēn 양 펀(1위안의 100분의 1에 해당)

지문 어휘

种 zhǒng 양 종류, 부류, 가지
面包 miànbāo 명 빵 ⭐
好吃 hǎochī 형 (음식, 요리 등이) 맛있다
要 yào 동 원하다 조동 ~해야 한다, 할 것이다

정답 A

해설 보기를 통해 가격을 묻는 문제임을 알 수 있다. 중국어에서 가격을 말할 때 중간에 단위가 빠지지 않고 차례로 나올 경우 마지막 단위를 생략할 수 있다. 즉 대화의 '七块五'는 마지막 단위인 '毛'가 생략된 형태이다. '块'와 '元', '毛'와 '角'는 같은 단위를 나타내므로 정답은 A 7元 5角이다.

BEST 10 시험에 잘 나오는
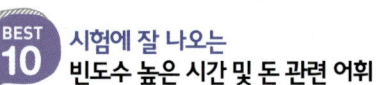
빈도수 높은 시간 및 돈 관련 어휘　🎧 10_3

1 一会儿 yíhuìr 명 잠시, 잠깐 동안 부 잠시 후에 ⭐
2 半 bàn 수 절반, 30분
3 刻 kè 양 15분의 단위를 나타냄 ⭐
4 差 chà 동 부족하다, 모자라다[시간을 나타낼 때는 '~(분) 전'의 의미로 쓰임] ⭐
5 元 yuán 양 위안(중국의 화폐 단위)
6 块 kuài 양 위안(중국의 화폐 단위, '元 yuán'과 같은 의미)
7 角 jiǎo 양 자오(1위안의 10분의 1에 해당)
8 冬季 dōngjì 명 겨울
9 春天 chūntiān 명 봄
10 去年 qùnián 명 작년

출제 빈도수 높은 시간(계절) 및 돈 관련 어휘 내공 쌓기

🎧 10_4

시간 관련 어휘

半 bàn 〔수〕 절반, 30분		刻 kè 〔양〕 15분의 단위를 나타냄(一刻: 15분, 三刻: 45분) ⭐	
久 jiǔ 〔형〕 (시간이) 오래다		差 chà 〔동〕 부족하다, 모자라다[시간을 나타낼 때는 '~(분) 전'의 의미로 쓰임] ⭐	
昨天 zuótiān 〔명〕 어제		一会儿 yíhuìr 〔명〕 잠시, 잠깐 동안 〔부〕 잠시 후에 ⭐	
明天 míngtiān 〔명〕 내일		今天 jīntiān 〔명〕 오늘	
今年 jīnnián 〔명〕 올해		去年 qùnián 〔명〕 작년	
早上 zǎoshang 〔명〕 아침		明年 míngnián 〔명〕 내년	
上午 shàngwǔ 〔명〕 오전		晚上 wǎnshang 〔명〕 저녁	
下午 xiàwǔ 〔명〕 오후		中午 zhōngwǔ 〔명〕 정오	
时候 shíhou 〔명〕 때, 시각		以前 yǐqián 〔명〕 이전	
过去 guòqù 〔명〕 과거		时间 shíjiān 〔명〕 시간	
白天 báitiān 〔명〕 낮, 대낮			

계절 및 날씨 관련 어휘

季节 jìjié 명 계절 ★	春天 chūntiān / 春季 chūnjì 명 봄
夏天 xiàtiān / 夏季 xiàjì 명 여름	秋天 qiūtiān / 秋季 qiūjì 명 가을
冬天 dōngtiān / 冬季 dōngjì 명 겨울	下雪 xià xuě 동 눈이 내리다
下雨 xià yǔ 동 비가 내리다	晴天 qíngtiān 명 맑은 날씨
刮风 guā fēng 동 바람이 불다	蓝天 lántiān 명 파란 하늘
阴天 yīntiān 명 흐린 날씨	不冷也不热 bù lěng yě bú rè 춥지도 않고 덥지도 않다
白云 báiyún 명 흰 구름	变热了 biàn rè le 더워졌다
天阴了 tiān yīn le 날씨가 흐려졌다	太阳出来了 tàiyáng chū lai le 해가 떴다
雨下得真突然 yǔ xià de zhēn tūrán 비가 갑자기 내린다	忘了带雨伞 wàng le dài yǔsǎn 우산을 챙겨 오는 것을 잊었다

돈 관련 어휘

	위안	위안의 10분의 1	위안의 100분의 1
문어체	元 yuán	角 jiǎo	分 fēn
구어체	块 kuài	毛 máo	分 fēn

실전 테스트

第1-5题 대화를 듣고 질문에 알맞은 보기를 선택하세요. 🎧 10_5

1. A 7:30　　　　　B 7:45　　　　　C 7:55

2. A 5月9号　　　　B 9月15号　　　C 9月18号

3. A 40块　　　　　B 60块　　　　　C 80块

4. A 10:15　　　　 B 9:05　　　　　C 9:45

5. A 3元　　　　　 B 20元　　　　　C 60元

8 대화형은 암기만이 유일한 길!

공략비법 11 행동 관련 문제

출제 형식

행동 관련 문제에서는 일상생활, 학습, 업무, 여가활동 등에 대한 내용이 골고루 출제되며 어떠한 행동을 하는 시점(과거, 현재, 미래)이나 그 행동을 하는 사람이 누구인지(남자, 여자, 제3자)를 정확하게 파악할 수 있어야 한다. 듣기 3, 4부분에서는 행동 문제가 다수 출제되므로 다양한 표현들을 익혀두는 것이 좋다.

핵심 전략

1 일상생활과 관련된 다양한 행동을 익혀라.

행동을 묻는 문제에서는 일상생활과 관련된 다양한 행동 어휘를 알고 있어야 문제를 쉽게 해결할 수 있다. 예를 들어 일·학습에 관한 내용이면 '做作业 숙제를 하다', '复习 복습하다', '开会 회의를 하다' 등과 같은 어휘를 기본적으로 알고 있어야 하고, 취미·여가활동에 관한 내용이면 '旅游 여행하다', '画画 그림을 그리다', '爬山 등산하다' 등의 어휘를 반드시 익혀두어야 한다.

2 대표적인 스포츠 종목을 익혀라.

스포츠는 대표적인 여가활동 중의 하나이다. 스포츠를 소재로 한 문제들은 3급 듣기뿐만 아니라 독해 부분에서도 자주 출제되고 있으므로 대중적인 스포츠 종목은 반드시 알아두어야 한다. 3급 시험에서는 주로 '踢足球 축구를 하다', '打篮球 농구를 하다', '游泳 수영을 하다', '跑步 달리기 하다, 조깅하다'와 같은 일상적이면서도 대중적인 스포츠 종목들이 출제된다. 또한 '운동, 운동하다'를 뜻하는 중국어 '运动'과 '단련하다'라는 의미의 동사 '锻炼'도 출제 빈도가 높으니 함께 익혀두도록 하자.

유형맛보기 1 🎧 11_1

A 买皮鞋   B 画画   C 游泳

女: 你的皮鞋太旧了, 该换双新的了。
男: 是, 我打算星期天去商店买双新皮鞋, 你和我一起去吗?
问: 星期天男的想做什么?

A 가죽 구두를 산다　　B 그림을 그린다　　C 수영을 한다

보기 어휘

皮鞋 píxié 명 가죽 구두
画画 huà huà 동 그림을 그리다
游泳 yóu yǒng 동 수영하다

지문 어휘

旧 jiù 형 낡다, 오래 되다 ⭐
该~了 gāi~le ~할 때가 되었다, ~할 차례이다

01 · 02 · 03 · 04 · 05 · 06 · 07 · 08 · 09 · 10 · **11** · 12 · 13 · 14 · 15 · 16 · 17 · 18 · 19 · 20

여: 당신 가죽 구두가 너무 낡았어요, 새로 바꿀 때가 되었어요.
남: 응, 나는 일요일에 상점에 가서 새 가죽 구두를 사려고 해. 나랑 같이 갈래?
질문: 일요일에 남자는 무엇을 하려고 하는가?

정답 A

해설 보기를 통해 행동 관련 문제임을 알 수 있다. 여자가 남자에게 신발이 너무 낡았다고 하자 남자는 이번 주 일요일에 상점에 가서 새 가죽 구두를 사려한다고 했으므로 정답은 A이다.

유형맛보기 2 🎧 11_2

A 踢足球   B 爬山   C 打篮球

女：你平时怎么锻炼身体呢?
男：我每天早上去体育馆打一个小时的篮球。
问：他怎么锻炼身体?

A 축구를 한다   B 등산을 한다   C 농구를 한다

여: 너는 평소에 어떻게 몸을 단련하니?
남: 나는 매일 아침 체육관에 가서 한 시간씩 농구를 해.
질문: 그는 어떻게 몸을 단련하는가?

보기 어휘

换 huàn 동 바꾸다, 교환하다 ⭐
双 shuāng 양 쌍, 켤레(쌍이나 짝을 이룬 물건을 세는 단위)
打算 dǎsuan 동 ~할 예정이다, ~할 생각이다 ⭐
商店 shāngdiàn 명 상점, 가게
一起 yìqǐ 부 함께

보기 어휘

踢足球 tī zúqiú 축구를 하다
爬山 pá shān 동 산을 오르다, 등산하다
打篮球 dǎ lánqiú 농구를 하다

지문 어휘

平时 píngshí 명 평소
锻炼 duànliàn 동 단련하다 ⭐
体育馆 tǐyùguǎn 명 체육관

정답 C

해설 보기를 통해 운동 관련 문제임을 알 수 있다. 여자가 남자에게 평소 어떻게 몸을 단련하는지 묻자 남자는 매일 체육관에 가서 한 시간씩 농구를 한다고 했으므로 정답은 C이다.

BEST 10 시험에 잘 나오는 빈도수 높은 주요 동작 어휘 🎧 11_3

1 讲故事 jiǎng gùshi 이야기를 들려주다 ⭐
2 照照片 zhào zhàopiàn 사진을 찍다
3 洗碗 xǐ wǎn 동 설거지를 하다
4 踢足球 tī zúqiú 축구를 하다
5 聊天 liáo tiān 동 수다 떨다, 이야기를 나누다 ⭐
6 请假 qǐng jià 동 휴가를 신청하다, 휴가를 내다 ⭐
7 打扫 dǎsǎo 동 청소하다 ⭐
8 打篮球 dǎ lánqiú 농구를 하다
9 开会 kāi huì 동 회의를 하다
10 办护照 bàn hùzhào 여권을 발급하다

출제 빈도수 높은
주요 동작 내공 쌓기

🎧 11_4

일상생활

起床 qǐ chuáng 동 일어나다		睡觉 shuì jiào 동 잠을 자다	
洗手 xǐ shǒu 동 손을 씻다		洗脸 xǐ liǎn 동 세수하다	
洗澡 xǐ zǎo 동 목욕을 하다 ★		刷牙 shuā yá 동 이를 닦다 ★	
看新闻 kàn xīnwén 뉴스를 보다 ★		看报纸 kàn bàozhǐ 신문을 보다	
喝咖啡 hē kāfēi 커피를 마시다		喝茶 hē chá 차를 마시다	

집안일

做菜 zuò cài 동 요리를 하다		打扫 dǎsǎo 동 청소하다 ★	
洗碗 xǐ wǎn 동 설거지를 하다		搬箱子 bān xiāngzi 상자를 옮기다	
照顾 zhàogù 동 돌보다 ★		搬家 bān jiā 동 이사하다	

여가 활동

唱歌 chàng gē 동 노래를 부르다		听音乐 tīng yīnyuè 음악을 듣다	
跳舞 tiào wǔ 동 춤을 추다		旅游 lǚ yóu 동 여행하다	
画画 huà huà 동 그림을 그리다		看电影 kàn diànyǐng 영화를 보다	
玩儿游戏 wánr yóuxì 게임을 하다		照照片 zhào zhàopiàn 사진을 찍다	
买机票 mǎi jīpiào 비행기 표를 사다		买东西 mǎi dōngxi 물건을 사다	
试 shì 동 시험 삼아 해 보다 ★		换 huàn 동 교환하다, 바꾸다 ★	

운동

体育 tǐyù	명 체육, 스포츠 ★	锻炼 duànliàn	동 단련하다 ★
运动 yùndòng	명 운동 동 운동하다	打篮球 dǎ lánqiú	농구를 하다
踢足球 tī zúqiú	축구를 하다	跑步 pǎo bù	동 달리기하다, 조깅하다
爬山 pá shān	동 산을 오르다, 등산하다	游泳 yóu yǒng	동 수영하다

인간 관계

借 jiè	동 빌리다, 빌려주다 ★	还 huán	동 돌려주다 ★
接 jiē	동 맞이하다, 마중하다 ★	送 sòng	동 보내다, 배웅하다, 선물하다 ★
送礼物 sòng lǐwù	선물을 주다 ★	帮忙 bāng máng	일을 돕다 ★
帮助 bāngzhù	동 돕다	见面 jiàn miàn	동 만나다
介绍 jièshào	동 소개하다	认识 rènshi	동 (사람, 글자 등을) 알다, 인식하다
打电话 dǎ diànhuà	전화를 걸다	聊天(儿) liáo tiān(r)	동 수다 떨다, 이야기를 나누다 ★

학업 · 업무

做作业 zuò zuòyè	숙제를 하다	考试 kǎoshì	명 시험 동 시험을 치다
复习 fùxí	동 복습하다 ★	读 dú	동 읽다, 공부하다, 학교를 다니다
写 xiě	동 (글씨를) 쓰다	回答 huídá	동 대답하다 ★
练习 liànxí	동 연습하다	努力 nǔlì	동 노력하다 형 열심이다 ★
上网 shàng wǎng	동 인터넷을 하다 ★	上班 shàng bān	동 출근하다
下班 xià bān	동 퇴근하다	请假 qǐng jià	동 휴가를 신청하다, 휴가를 내다 ★
准备 zhǔnbèi	동 준비하다 ★	开会 kāi huì	동 회의를 하다
发现问题 fāxiàn wèntí	문제를 발견하다	发电子邮件 fā diànzǐ yóujiàn	이메일을 보내다 ★

기타

花钱 huā qián	돈을 쓰다 ★	办护照 bàn hùzhào	여권을 발급하다
办银行卡 bàn yínhángkǎ	은행카드를 발급하다	讲故事 jiǎng gùshi	이야기를 들려주다 ★

실전 테스트

第1-5题 대화를 듣고 질문에 알맞은 보기를 선택하세요. 🎧 11_5

1. A 跑步　　　　B 游泳　　　　C 踢足球

2. A 看比赛　　　B 睡觉　　　　C 准备上班

3. A 洗碗　　　　B 发照片　　　C 讲故事

4. A 想办银行卡　B 想办护照　　C 打算去旅游

5. A 少喝酒　　　B 早点儿上班　C 快点儿完成

8 대화형은 암기만이 유일한 길!

공략비법 12 감정과 태도 관련 문제

출제 형식

사람의 감정이나 태도를 묻는 유형은 크게 두 가지로 나뉜다. 첫 번째는 대화 속에 자신의 감정이나 태도를 직접적으로 나타내는 유형이고, 두 번째는 '觉得 ~라고 느끼다, ~라고 생각하다', '认为 여기다, 생각하다'와 같은 판단 동사를 사용하여 간접적으로 나타내는 유형이다. 이때에는 문맥의 의미를 잘 파악하여 보기에서 정답을 골라야 한다.

핵심 전략

1 기본적인 감정과 태도를 나타내는 어휘를 외우자.

3급에 출제되는 감정과 태도 관련 어휘는 일반적으로 긍정적 어휘와 부정적 어휘를 기본으로 한다. 긍정적 감정·태도를 나타내는 대표적 표현으로는 '爱 ~하기를 좋아하다, 사랑하다', '感兴趣 관심이 있다, 흥미를 느끼다', '高兴 기쁘다' 등이 있고, 부정적 감정·태도를 나타내는 대표적 표현으로는 '担心 걱정하다, 염려하다'와 '难过 괴롭다, 슬프다'가 있다. 이와 같이 시험 속에 등장하는 감정과 태도 관련 어휘는 많지 않으므로 관련 어휘를 미리 암기해놓는다면 쉽게 문제를 해결할 수 있다.

2 생각 또는 판단을 나타내는 어휘를 익혀라.

'热 덥다'는 감정이 아니지만 '我觉得热 나는 덥다고 느낀다'는 사람의 생각을 담고 있다. 이처럼 '觉得 ~라고 느끼다, ~라고 생각하다', '想 ~라 생각하다', '认为 여기다, 생각하다'와 같이 생각 또는 판단을 나타내는 동사가 쓰이면 사람의 생각이나 감정을 나타내는 표현이 될 수 있으므로 주의를 기울여야 한다.

유형맛보기 1 🎧 12_1

A 担心 　　　B 高兴 　　　C 舒服

女：你女儿的身体怎么样了？好点儿了吗？
男：还是发烧。我很担心，打算下午带她去医院。
问：男的现在心情怎么样？

A 걱정하다　　　B 기쁘다　　　C 편안하다

여: 네 딸의 건강은 어때? 좀 좋아졌어?
남: 여전히 열이 나. 나는 너무 걱정돼서, 오후에 딸을 데리고 병원에 좀 가보려고.
질문: 남자의 현재 심정은 어떠한가?

정답 A

해설 보기를 통해 감정 및 태도를 묻는 문제임을 알 수 있다. 딸의 건강을 묻는 여자의 물음에 남자는 딸이 여전히 열이 나서 걱정된다고 했으므로 정답은 A이다.

보기 어휘
担心 dān xīn 동 걱정하다, 염려하다 ⭐
舒服 shūfu 형 편안하다 ⭐

지문 어휘
女儿 nǚ'ér 명 딸
还是 háishi 부 여전히, 아직도, ~하는 편이 낫다 ⭐
发烧 fā shāo 동 열이 나다 ⭐
打算 dǎsuan 동 ~할 예정이다, ~할 생각이다 ⭐
带 dài 동 인솔하다, 데리다, (몸에) 지니다, 휴대하다 ⭐
医院 yīyuàn 명 병원
心情 xīnqíng 명 심정, 기분, 마음

유형맛보기 2 🎧 12_2

A 不感兴趣　　B 不太关心　　C 比较满意

男：你看这件红色的怎么样？
女：不错，我觉得比那件蓝色的好看。
问：女的觉得红色的怎么样？

A 흥미가 없다　　B 별로 관심이 없다　　C 비교적 만족한다

남: 네가 보기에 이 빨간 것(옷)은 어떠니?
여: 괜찮네, 내 생각에 저 파란 것(옷)보다 예쁜 것 같아.
질문: 여자는 빨간 것(옷)이 어떻다고 생각하는가?

정답 C

해설 보기를 통해 감정 및 태도를 묻는 문제임을 알 수 있다. 빨간 것이 어떠한지 묻는 남자의 질문에 여자는 파란 것 보다 예쁘다고 했으므로 정답은 C이다.

보기 어휘
感兴趣 gǎn xìngqù 관심이 있다, 흥미를 느끼다 ⭐
关心 guānxīn 동 관심을 갖다 ⭐
比较 bǐjiào 부 비교적 동 비교하다
满意 mǎnyì 형 만족하다 ⭐

지문 어휘
件 jiàn 양 옷, 일, 사건 등을 세는 단위
不错 búcuò 형 좋다, 괜찮다
比 bǐ 전 ~보다, ~에 비해
蓝色 lánsè 명 파란색
好看 hǎokàn 형 보기 좋다, 근사하다

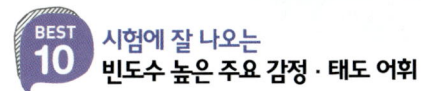

시험에 잘 나오는 빈도수 높은 주요 감정·태도 어휘

🎧 12_3

1. 感兴趣 gǎn xìngqù 관심이 있다, 흥미를 느끼다 ⭐
2. 放心 fàng xīn 동 안심하다 ⭐
3. 没关系 méi guānxi 괜찮다
4. 着急 zháo jí 형 조급해하다, 초조해하다 ⭐
5. 需要 xūyào 동 필요하다 ⭐
6. 担心 dān xīn 동 걱정하다, 염려하다 ⭐
7. 难过 nánguò 형 괴롭다, 슬프다 ⭐
8. 满意 mǎnyì 형 만족하다 ⭐
9. 热情 rèqíng 형 친절하다 ⭐
10. 舒服 shūfu 형 편안하다 ⭐

출제 빈도수 높은
주요 감정 내공 쌓기

🎧 12_4

긍정적 감정·태도

爱 ài 동 ~하기를 좋아하다, 사랑하다		放心 fàng xīn 동 안심하다 ⭐
感兴趣 gǎn xìngqù 관심이 있다, 흥미를 느끼다 ⭐		高兴 gāoxìng 형 기쁘다
关心 guānxīn 동 관심을 갖다 ⭐		欢迎 huānyíng 동 환영하다 ⭐
满意 mǎnyì 형 만족하다 ⭐		没关系 méi guānxi 괜찮다
热情 rèqíng 형 친절하다 ⭐		舒服 shūfu 형 편안하다 ⭐
喜欢 xǐhuan 동 좋아하다		需要 xūyào 동 필요하다 ⭐
愿意 yuànyì 동 바라다, 희망하다 ⭐		

부정적 감정·태도

担心 dān xīn 동 걱정하다, 염려하다 ⭐		难过 nánguò 형 괴롭다, 슬프다 ⭐
生气 shēng qì 동 화내다		着急 zháo jí 형 조급해하다, 초조해하다 ⭐
不敢相信 bù gǎn xiāngxìn 도저히 믿어지지 않는다		害怕 hàipà 명 겁내다, 두려워하다 ⭐
奇怪 qíguài 형 이상하다, 희한하다 ⭐		

판단 동사

觉得 juéde 동 ~라고 느끼다, ~라고 생각하다		认为 rènwéi 동 여기다, 생각하다
想 xiǎng 동 생각하다, ~라 생각하다		

실전 테스트

第1-5题 대화를 듣고 질문에 알맞은 보기를 선택하세요.

1. A 别害怕　　B 认真些　　C 不要难过

2. A 对小米感兴趣　　B 对人热情　　C 对她不满意

3. A 着急　　B 满意　　C 放心

4. A 很有意思　　B 很奇怪　　C 非常清楚

5. A 有意思　　B 担心　　C 舒服

8 대화형은 암기만이 유일한 길!

공략비법 13 사람의 특징

출제 형식

사람의 특징을 묻는 문제는 주로 그 사람의 외모, 성격 또는 심리 상태에 관한 것들이 주를 이룬다. 외모는 주로 키, 얼굴 생김새, 신체적 특징 등이 자주 언급되며, 성격이나 심리 상태는 인물 또는 상황·상태에 따라 정해진 어휘가 있으므로 자주 출제되는 어휘를 중심으로 정리해두도록 하자.

핵심 전략

1 외모를 형용하는 기본 어휘를 익혀라.

3급 시험에는 '漂亮 예쁘다', '可爱 귀엽다, 사랑스럽다', '长 길다', '短 짧다', '胖 뚱뚱하다', '瘦 마르다' 등 사람의 외모를 형용하는 기본 어휘가 자주 출제되므로 반드시 기억해두어야 한다.

2 인물 또는 상황·상태에 따라 자주 쓰이는 어휘를 외워라.

3급 시험에 출제되는 상황이나 상태는 거의 정해져 있고 여기에 쓰이는 어휘 역시 비교적 한정적이다. 예를 들어 아이에 대한 내용이라면 '聪明 똑똑하다', 음식을 찾는 상황이라면 '饿 배고프다', 상점 또는 식당에서 일하는 종업원에 대한 설명이라면 '热情 친절하다' 등이 주로 출제된다. 따라서 인물 또는 상황·상태 별로 자주 쓰이는 어휘들을 함께 외워두면 정답을 쉽게 찾을 수 있다.

유형맛보기 1 🎧 13_1

A 很矮   B 很聪明   C 很健康

女: 我记得你小时候个子比较矮, 现在长这么高了啊!
男: 我妈每天都让我去运动, 我的个子就越来越高了。
问: 男的小时候怎么样?

A 키가 작았다   B 똑똑했다   C 건강했다

여: 내 기억에 네가 어렸을 때는 키가 비교적 작았었는데, 지금은 이렇게나 컸구나!
남: 우리 엄마가 매일 나에게 운동하러 가라고 시켰었는데, 내 키가 점점 크더라고.
질문: 남자는 어릴 때 어떠했는가?

보기 어휘

矮 ǎi 형 (키가) 작다, 낮다 ⭐
聪明 cōngming 형 똑똑하다
健康 jiànkāng 형 건강하다

지문 어휘

记得 jìde 동 기억하고 있다, 잊지 않고 있다 ⭐
小时候 xiǎoshíhou 명 어렸을 때
个子 gèzi 명 (사람의) 키, 체격
比较 bǐjiào 부 비교적 동 비교하다
长 zhǎng 동 자라다, 성장하다
高 gāo 형 (키가) 크다, 높다

| 정답 | A |

해설 보기를 통해 특정 인물의 특징을 묻는 문제임을 알 수 있다. 여자는 남자가 어렸을 때는 키가 비교적 작았다고 회상했으므로 정답은 A이다.

让 ràng 동 ~에게 ~하게 하다(시키다)
运动 yùndòng 동 운동하다 명 운동
越来越 yuèláiyuè 부 점점, 갈수록

유형맛보기 2 🎧 13_2

A 很忙　　　　B 饿了　　　　C 害怕

男: 妈, 家里有什么吃的吗? 我很饿。
女: 冰箱里还有昨天剩的蛋糕, 你自己去拿。
问: 关于男的, 可以知道什么?

A 바쁘다　　　　B 배가 고프다　　　　C 두려워한다

남: 엄마, 집에 먹을 것 좀 있어요? 배고파요.
여: 냉장고에 어제 (먹다) 남은 케이크가 있으니, 네가 직접 가져다 먹으렴.
질문: 남자에 관하여 무엇을 알 수 있는가?

보기 어휘
饿 è 형 배고프다
害怕 hàipà 동 겁내다, 두려워하다 ⭐

지문 어휘
冰箱 bīngxiāng 명 냉장고 ⭐
剩 shèng 동 남다
蛋糕 dàngāo 명 케이크 ⭐
拿 ná 동 (손으로) 쥐다, 가지다 ⭐

| 정답 | B |

해설 보기를 통해 인물과 관련된 상황을 묻는 문제임을 알 수 있다. 남자는 여자에게 먹을 것이 있는지 물으며 배고프다고 했으므로 정답은 B이다.

BEST 10 시험에 잘 나오는 빈도수 높은 사람의 특징 및 상태 어휘 🎧 13_3

1. 聪明 cōngming 형 똑똑하다
2. 饿 è 형 배고프다
3. 累 lèi 형 힘들다, 피곤하다
4. 漂亮 piàoliang 형 예쁘다
5. 瘦 shòu 형 마르다
6. 像 xiàng 동 비슷하다, 닮다 ⭐
7. 疼 téng 형 아프다 ⭐
8. 可爱 kě'ài 형 귀엽다, 사랑스럽다
9. 矮 ǎi 형 (키가) 작다 ⭐
10. 短 duǎn 형 짧다

출제 빈도수 높은
사람의 특징 및 상태 내공 쌓기

🎧 13_4

大 dà	형 (신체 부위가) 크다, (나이가) 많다		小 xiǎo	형 (신체 부위가) 작다, (나이가) 어리다
高 gāo	형 (키가) 크다, 높다		矮 ǎi	형 (키가) 작다, 낮다 ⭐
老 lǎo	형 늙다		年轻 niánqīng	형 젊다 ⭐
胖 pàng	형 뚱뚱하다		瘦 shòu	형 마르다
漂亮 piàoliang	형 예쁘다		可爱 kě'ài	형 귀엽다, 사랑스럽다
聪明 cōngming	형 똑똑하다		热情 rèqíng	형 친절하다 ⭐
健康 jiànkāng	형 건강하다		饿 è	형 배고프다
疼 téng	형 아프다 ⭐		累 lèi	형 힘들다, 피곤하다
像 xiàng	동 비슷하다, 닮다 ⭐		困 kùn	형 졸리다

실전 테스트

第1-5题 대화를 듣고 질문에 알맞은 보기를 선택하세요. 🎧 13_5

1. A 想喝啤酒   B 腿不舒服   C 想看新闻

2. A 漂亮   B 胖   C 热情

3. A 头很疼   B 口渴   C 哭了

4. A 想请假   B 头发长   C 很热情

5. A 个子高了   B 工作很忙   C 变瘦了

8 대화형은 암기만이 유일한 길!

공략비법 14 사물의 특징

출제 형식

사물의 특징과 관련된 문제는 주로 그것의 모양, 색깔 및 상태를 묻는 문제가 주를 이룬다. 뿐만 아니라 특정 사물에 대한 사람의 주관적 또는 객관적인 생각 및 판단 역시 시험에 자주 출제되므로 관련 어휘를 잘 익혀 두어야 문제를 쉽게 풀 수 있다.

핵심 전략

1 다섯 가지 색은 꼭 외워두자.

우리 주변의 사물에는 각각 고유의 색이 있다. 3급 시험에 자주 출제되는 색은 '白色 흰색', '黑色 검은색', '红色 빨간색', '蓝色 파란색', '绿色 녹색' 등이 있는데, 색을 묻는 문제의 경우 보기에 여러 종류의 색이 나올 수 있으므로 정확한 발음으로 익혀두어야 혼동을 막을 수 있다.

2 사물의 구체적인 성질, 냉정한 평가 등의 어휘를 익히자.

어떠한 사물에 대한 성질 또는 특징 묘사나 사물에 대한 직접적이고 냉정한 평가 등을 언급하는 문제가 출제된다. 따라서 '新鲜 신선하다', '旧 오래되다, 낡다', '难 어렵다', '容易 쉽다' 등과 같이 상태나 상황을 묘사하고 평가하는 표현을 많이 암기해 두는 것이 중요하다.

유형맛보기 1

🎧 14_1

A 在洗手间里   B 是黑色的   C 是王老师送的

女: 小李, 教室里的那个黑包是你的吗?
男: 不是, 可能是王老师的吧。
问: 关于那个包, 可以知道什么?

A 화장실 안에 있다   B 검은색이다   C 왕 선생님이 선물한 것이다

여: 샤오리, 교실 안에 있는 그 검은색 가방은 네 것이니?
남: 아니, 아마도 왕 선생님 것일 거야.
질문: 그 가방에 관하여 무엇을 알 수 있는가?

보기 어휘

洗手间 xǐshǒujiān 명 화장실 ⭐
黑色 hēisè 명 검은색
送 sòng 동 선물하다, 보내다 ⭐

지문 어휘

教室 jiàoshì 명 교실
包 bāo 명 가방
可能 kěnéng 부 아마도

| 정답 | B |

해설 : 사물의 특징 중 색깔과 관련된 문제임을 알 수 있다. 여자는 남자에게 교실에 있는 검은색 가방이 남자의 것인지 물었으므로 정답은 B이다.

유형맛보기 2 🎧 14_2

A 很好吃　　　B 太贵了　　　C 很新鲜

男：阿姨，这条鱼怎么卖？新鲜吗？
女：非常新鲜，一斤十块，如果你买两条的话，就再给你便宜点儿。
问：关于那条鱼，可以知道什么？

A 매우 맛있다　　B 너무 비싸다　　C 매우 신선하다

남: 아주머니, 이 생선 어떻게 팔아요? 신선한가요?
여: 아주 신선해요. 한 근에 10위안입니다. 만약 두 마리 사시면 좀 더 싸게 해 드릴게요.
질문: 그 생선에 관하여 무엇을 알 수 있는가?

보기 어휘
新鲜 xīnxiān 형 신선하다 ★

지문 어휘
阿姨 āyí 명 아주머니, 이모 ★
条 tiáo 양 생선, 치마, 바지 등의 가늘고 긴 것을 세는 단위 ★
斤 jīn 양 근, 500g(무게를 세는 단위)
如果~的话，就~
rúguǒ~de huà, jiù~
만약 ~한다면, 곧 ~하다 ★

| 정답 | C |

해설 : 사물의 구체적인 성질을 묻는 문제임을 알 수 있다. 생선이 신선한지 묻는 남자의 질문에 여자는 생선이 매우 신선하다고 했으므로 정답은 C이다.

BEST 10 시험에 잘 나오는 빈도수 높은 사물의 특징 및 상태 어휘 🎧 14_3

1　红 hóng 형 붉다
2　蓝 lán 형 푸르다
3　差 chà 형 나쁘다, 다르다 동 부족하다, 모자라다 ★
4　坏 huài 동 고장 나다, 상하다 형 나쁘다 ★
5　干净 gānjìng 형 깨끗하다 ★
6　便宜 piányi 형 싸다
7　新鲜 xīnxiān 형 신선하다 ★
8　有名 yǒumíng 형 유명하다
9　快 kuài 형 빠르다
10　简单 jiǎndān 형 간단하다, 쉽다 ★

출제 빈도수 높은
★ 사물의 특징 및 상태 내공 쌓기

🎧 14_4

白色 báisè 명 흰색	黑色 hēisè 명 검은색
红色 hóngsè 명 빨간색	蓝色 lánsè 명 파란색
绿色 lǜsè 명 초록색, 녹색	长 cháng 형 (길이가) 길다
短 duǎn 형 (길이가) 짧다	快 kuài 형 빠르다
慢 màn 형 느리다	便宜 piányi 형 (값이) 싸다
贵 guì 형 (값이) 비싸다	对 duì 형 맞다
差 chà 형 나쁘다, 다르다 동 부족하다, 모자라다 ★	坏 huài 형 나쁘다 동 고장 나다, 상하다 ★
方便 fāngbiàn 형 편리하다 ★	简单 jiǎndān 형 간단하다, 쉽다 ★
容易 róngyì 형 쉽다 ★	干净 gānjìng 형 깨끗하다 ★
旧 jiù 형 오래 되다, 낡다 ★	好吃 hǎochī (음식, 요리 등이) 맛있다
好喝 hǎohē (음료, 국, 탕 등이) 맛있다	漂亮 piàoliang 형 예쁘다
可爱 kě'ài 형 귀엽다, 사랑스럽다	清楚 qīngchu 형 분명하다 ★
舒服 shūfu 형 편안하다 ★	新鲜 xīnxiān 형 신선하다 ★
有名 yǒumíng 형 유명하다	奇怪 qíguài 형 이상하다, 희한하다 ★

실전 테스트

第1-5题 대화를 듣고 질문에 알맞은 보기를 선택하세요. 🎧 14_5

1. A 旧了　　　　　B 干净　　　　　C 好看

2. A 红色　　　　　B 绿色　　　　　C 蓝色

3. A 很奇怪　　　　B 很可爱　　　　C 男的自己做的

4. A 便宜　　　　　B 快　　　　　　C 方便

5. A 很难打车　　　B 很安静　　　　C 需要检查

DAY 15

8 대화형은 암기만이 유일한 길!

공략비법 15 교통수단 관련 문제

출제 형식

교통수단과 관련된 문제는 3급 듣기에서 자주 출제되는 유형으로 상황 별로 자주 등장하는 교통수단들을 꼼꼼히 익혀두어야 한다. 또한 교통수단과 함께 쓰이는 '坐', '打', '骑'와 같은 다양한 동사들도 함께 연결하여 익힌다면 문제를 빠르게 해결할 수 있다.

핵심 전략

1 교통수단 관련 어휘를 완벽하게 익히자.

3급 듣기에서는 우리가 흔히 알고 있는 교통수단인 '自行车 자전거', '地铁 지하철', '公共汽车 버스', '出租车 택시', '船 배', '火车 기차', '飞机 비행기'가 주로 출제된다. 교통수단 문제는 대부분 어렵게 출제되지 않으므로 가장 기본적인 교통수단만 외워 둔다면 정답을 쉽게 찾을 수 있다.

2 교통수단 별로 함께 쓰이는 동사를 외우자.

중국어에서는 교통수단에 따라 함께 쓰이는 동사가 달라진다. 예를 들어 '地铁', '公共汽车', '出租车', '飞机'는 동사 '坐'와 함께 쓰이고, '自行车'는 '骑'와 함께 쓰인다. 이 밖에도 '开车 차를 몰다, 운전하다', '打车 택시를 타다' 등과 같이 상황에 따라 다르게 쓰이는 동사도 있으므로 마치 한 단어처럼 짝을 지어 암기해두는 것이 좋다.

유형맛보기 1 🎧 15_1

A 走路   **B 坐公共汽车**   C 骑自行车

女: 你每天上班需要多长时间?
男: 我早上六点半就出门, 路上车不多, 坐公共汽车只要20分钟。
问: 男的怎么上班?

A 길을 걸어서   **B 버스를 타고**   C 자전거를 타고

여: 너는 매일 출근하는데 얼마나 걸리니?
남: 나는 아침 6시 반에 나가는데, 도로에 차가 많지 않아서, 버스를 타면 20분 밖에 안 걸려.
질문: 남자는 어떻게 출근하는가?

보기 어휘

走路 zǒu lù 동 길을 걷다
坐 zuò 동 (교통수단을) 타다, 앉다
公共汽车 gōnggòngqìchē 명 버스
骑 qí 동 (동물이나 자전거 등에) 타다 ⭐
自行车 zìxíngchē 명 자전거 ⭐

지문 어휘

上班 shàng bān 동 출근하다
需要 xūyào 동 필요하다 명 요구 ⭐
早上 zǎoshang 명 아침

| 정답 | **B** |

해설: 보기를 통해 교통수단 관련 문제임을 알 수 있다. 여자가 남자에게 매일 어떻게 출근하는지 묻자 남자는 버스를 타면 20분이면 도착한다고 대답했으므로 정답은 B이다.

半 bàn ㈜ 30분, 절반
出门 chū mén ⑧ 집을 나서다, 외출하다
路上 lù shang ⑲ 도로, 길 위
只 zhǐ ⑼ 오직, 겨우 ★
要 yào ⑧ 걸리다, 들다, 필요로 하다

유형맛보기 2 🎧 15_2

A 打车　　　　B 坐地铁　　　　C 开车

男: 机场离这儿很远, 我开车送你去吧。
女: 不用了, 谢谢叔叔, 我还是自己坐出租车去吧。
问: 女的打算怎么去机场?

A 택시를 타고　　　B 지하철을 타고　　　C 차를 운전해서

남: 공항이 여기에서 머니까, 내가 운전해서 바래다 줄게.
여: 괜찮아요, 감사합니다 삼촌. 저는 아무래도 직접 택시 타고 가는 게 좋겠어요.
질문: 여자는 공항에 어떻게 갈 계획인가?

| 정답 | **A** |

해설: 보기를 통해 교통수단 관련 문제임을 알 수 있다. 남자가 여자에게 공항까지 데려다 준다고 말하자 여자는 혼자 택시를 타고 가겠다고 했으므로 정답은 A이다. 중국어로 '택시를 타다'는 '坐出租车'이외에도 '打出租车', '打车' 등으로 표현할 수 있다는 것을 함께 기억해두도록 하자.

보기 어휘

打车 dǎ chē ⑧ 택시를 타다
(= 打的 dǎ dī)
地铁 dìtiě ⑲ 지하철 ★
开车 kāi chē ⑧ 차를 몰다, 운전하다

지문 어휘

机场 jīchǎng ⑲ 공항 ★
离 lí ㉠ ~로부터
远 yuǎn ⑱ 멀다
送 sòng ⑧ 배웅하다, 보내다 ★
叔叔 shūshu ⑲ 숙부, 삼촌, 아저씨
还是 háishi ⑼ ~하는 편이 낫다, 아직도, 여전히 ★
出租车 chūzūchē ⑲ 택시

BEST 10 시험에 잘 나오는 빈도수 높은 교통수단 어휘 🎧 15_3

1 出租车 chūzūchē ⑲ 택시
2 火车 huǒchē ⑲ 기차
3 地铁 dìtiě ⑲ 지하철 ★
4 飞机 fēijī ⑲ 비행기
5 公共汽车 gōnggòngqìchē ⑲ 버스
6 开车 kāi chē ⑲ 차를 몰다, 운전하다
7 骑自行车 qí zìxíngchē 자전거를 타다 (= 骑车 qí chē) ★
8 船 chuán ⑲ 배
9 打车 dǎ chē ⑧ 택시를 타다 (= 打的 dǎ dī)
10 坐车 zuò chē 차를 타다

출제 빈도수 높은
교통 수단 내공 쌓기

坐公共汽车 zuò gōnggòngqìchē 버스를 타다	坐出租车 zuò chūzūchē 택시를 타다
坐地铁 zuò dìtiě 지하철을 타다 ★	坐火车 zuò huǒchē 기차를 타다
坐船 zuò chuán 배를 타다	坐飞机 zuò fēijī 비행기를 타다
骑自行车 qí zìxíngchē 자전거를 타다 (= 骑车 qí chē) ★	开车 kāi chē 동 차를 몰다, 운전하다
打车 dǎ chē 동 택시를 타다 (= 打的 dǎ dī)	坐车 zuò chē 차를 타다
路 lù 명 (교통수단의) 노선	车票 chēpiào 명 차표, 승차권
机票 jīpiào 명 비행기표, 항공권	车站 chē zhàn 명 정류장(정거장), 역
司机 sījī 명 운전 기사 ★	师傅 shīfu 명 기사님, 선생님(기능을 가진 사람에 대한 존칭)
座位 zuòwèi 명 좌석	上车 shàng chē 동 차에 오르다, 승차하다
下车 xià chē 동 차에서 내리다, 하차하다	换车 huàn chē 동 (차를) 갈아타다

실전 테스트

第1-5题 대화를 듣고 질문에 알맞은 보기를 선택하세요. 🎧 15_5

1. A 坐公共汽车　　B 骑自行车　　C 坐船

2. A 走路　　　　　B 坐地铁　　　C 开车

3. A 坐火车　　　　B 开车　　　　C 坐飞机

4. A 骑车　　　　　B 坐出租车　　C 开车

5. A 走路　　　　　B 开车　　　　C 骑车

미니 테스트

제 1부분 🎧 16_1

대화를 듣고 대화 내용과 관련 있는 사진을 선택하세요.

A

B

C

D

E

1. ☐
2. ☐
3. ☐
4. ☐
5. ☐

정답 및 해설 ≫ 해설서 p. 58~60

제 2부분 🎧 16_2

녹음을 듣고 제시된 문장이 녹음 내용과 일치하면 [✓] 일치하지 않으면 [X]를 체크하세요.

6 ★ 年轻人喜欢去商店买东西。 (　　)

7 ★ 儿子在准备去上课。 (　　)

8 ★ 天气变冷了。 (　　)

9 ★ 他喜欢中国历史。 (　　)

10 ★ 他觉得小时候最快乐。 (　　)

미니 테스트

제 3부분

🎧 16_3

대화를 듣고 질문에 알맞은 보기를 선택하세요.

⑪ A 图书馆　　　　B 教室　　　　　C 超市

⑫ A 老师和学生　　B 丈夫和妻子　　C 妈妈和儿子

⑬ A 今天　　　　　B 明天　　　　　C 周末

⑭ A 吃东西　　　　B 看电视　　　　C 刷牙

⑮ A 很安静　　　　B 很干净　　　　C 很漂亮

제 4부분

대화를 듣고 질문에 알맞은 보기를 선택하세요.

16 A 灯坏了　　　　B 没有空调　　　　C 冰箱坏了

17 A 开车　　　　　B 坐火车　　　　　C 坐飞机

18 A 书店　　　　　B 学校　　　　　　C 地铁站

19 A 桌子　　　　　B 电视　　　　　　C 电脑

20 A 晴天　　　　　B 阴天　　　　　　C 下雪

독해
阅读

제1부분
상응하는 문장 고르기

제2부분
빈칸에 들어갈 알맞은 어휘 고르기

제3부분
지문 읽고 질문에 답하기

제1부분
상응하는 문장 고르기

① 키워드를 파악하라!

- **공략 비법 01** 의문형 문제
- **공략 비법 02** 제안 · 청유형 문제
- **공략 비법 03** 단문형 문제

阅读

2

제1부분
상응하는 문장 고르기

독해 제1부분은 5개의 보기 중 제시된 문장과 호응하는 문장을 선택하는 유형으로 41~45번, 46~50번으로 나뉘어 총 10문제가 출제된다.

출제 비율

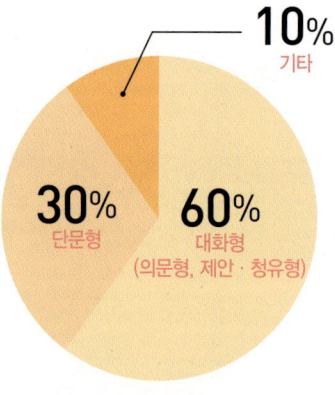

10% 기타
30% 단문형
60% 대화형 (의문형, 제안·청유형)

★ 대화형 문제가 절반 이상이다.

상응하는 문장을 고르는 제1부분은 두 사람이 주고 받는 대화형 문제와 두 문장을 연결하여 하나의 단문을 완성하는 단문형 문제로 나눌 수 있다. 이중 대화형 문제가 가장 많이 출제되고, 질답형식의 문제가 주를 이룬다.

문제 유형 1

(보기)
A 最左边的这个人就是我弟弟。
B 我买了些水果，你来吃点儿吧。
C 给一年级学生上数学课。
D 电脑还是有问题。
E 当然。我们先坐公共汽车，然后换地铁。
F 不用了，冰箱里还有呢。

例如：你知道怎么去那儿吗？（ E ）

(문제)
41. 小王，现在可以上网了吗？（ D ）

(보기)
A 제일 왼쪽에 있는 이 사람이 바로 내 남동생이야.
B 내가 약간의 과일을 샀어. 와서 좀 먹어.
C 1학년 학생들에게 수학을 가르친다.
D 컴퓨터에 여전히 문제가 있어.
E 당연하죠. 우리는 먼저 버스를 타고, 그 다음에 지하철로 갈아타면 돼요.
F 괜찮아. 냉장고에 아직 있어.

예제: 당신은 거기에 어떻게 가는지 아세요? (E)

(문제)
41. 샤오왕, 이제 인터넷 할 수 있어? (D)

左边 zuǒbian 명 좌측, 왼쪽 | 水果 shuǐguǒ 명 과일 | 年级 niánjí 명 학년 ★ | 数学 shùxué 명 수학 |
电脑 diànnǎo 명 컴퓨터 | 还是 háishi 부 아직도, 여전히 ★ | 问题 wèntí 명 문제 |
当然 dāngrán 형 당연하다, 물론이다 ★ | 公共汽车 gōnggòngqìchē 명 버스 | 地铁 dìtiě 명 지하철 ★ |
冰箱 bīngxiāng 명 냉장고 ★ | 可以 kěyǐ 동 ~할 수 있다, ~해도 된다 |
上网 shàng wǎng 동 인터넷을 하다 ★

★ 단문형 문제는 관련 어휘를 찾는 능력을 묻는다.

단문형 문제는 제시된 문제의 핵심 키워드를 찾아 보기 중 같은 주제로 연결되는 문장을 고르는 문제이다. 서로 호응하는 두 문장은 하나의 동일한 대상이나 상황에 대해 이야기하므로 각각의 문장에서 핵심 키워드를 찾아 관련있는 어휘들을 빠르게 연결하는 능력이 필요하다.

문제 유형 2

(보기)
A 最左边的这个人就是我弟弟。
B 我买了些水果，你来吃点儿吧。
C 给一年级学生上数学课。
D 电脑还是有问题。
E 当然。我们先坐公共汽车，然后换地铁。
F 不用了，冰箱里还有呢。

例如: 你知道怎么去那儿吗? (E)

(문제)
42. 王阿姨是我们学校的老师。(C)

(보기)
A 제일 왼쪽에 있는 이 사람이 바로 내 남동생이야.
B 내가 과일 좀 샀어. 와서 좀 먹어.
C 1학년 학생에게 수학을 가르친다.
D 컴퓨터에 여전히 문제가 있어.
E 당연하죠. 우리는 먼저 버스를 타고, 그 다음에 지하철로 갈아타면 돼요.
F 괜찮아, 냉장고에 아직 있어.

예제: 당신은 거기에 어떻게 가는지 아세요? (E)

(문제)
42. 왕씨 아주머니는 우리 학교 선생님이다. (C)

핵심 키워드

보기 → 学生(학생), 上课(수업하다), 数学(수학)
문제 → 学校(학교), 老师(선생님)

문제 풀이 전략

문제는 이렇게 풀어라!

Step 1 제시된 문제와 보기 중 먼저 물음표가 있는 의문문을 찾아 표시하고, 그 질문에 호응하는 답변 문장을 찾아 하나의 완벽한 대화문을 완성한다.

> 예 너는 영화 보는 것을 좋아하니? ➡ 정말 좋아해. 특히 중국 영화.

Step 2 의문형 문제를 제외한 나머지 문장들은 각각 주어 간의 호응 관계, 동일한 주제와의 상관 관계 등을 파악하여 연결해준다.

> 예 샤오왕은 매우 부지런하다. ➡ 그는 지금까지 한 번도 지각한 적이 없다.
>   나와 내 여동생의 취미는 같다. ➡ 우리는 모두 그림 그리는 것을 좋아한다.

* 편의상 한글 해석으로 표기함.

Step 3 선택한 보기와 문제가 문맥상 자연스럽게 연결되는지 다시 한번 확인하자.

1 키워드를 파악하라!

공략비법 01 의문형 문제

출제 형식

제1부분에서는 두 사람이 대화하는 형태의 대화형 문제가 가장 많이 출제되는데, 그중 한 문장은 질문을 하고 다른 한 문장은 대답을 하는 형식의 의문형 문제가 주로 출제된다. 이때 대화의 연관성을 잘 파악하는 것이 중요하다.

핵심 전략

1 물음표가 있는 문장을 먼저 주목하라.

제1부분은 문제와 보기의 대화 순서가 일정하지 않다. 이때 물음표는 '이것이 질문이다'라는 큰 힌트가 되므로 물음표가 있는 문장을 먼저 읽고, 그 문장과 문맥상 호응하는 문장을 선택한다면 문제 푸는 시간을 절약할 수 있다.

2 질문의 핵심은 의문사에 있다.

의문문은 주로 문장 맨 끝에 의문조사 '吗'가 붙거나 문장 안에 의문사가 쓰인다. '吗 의문문'의 경우 문장의 핵심 키워드를 찾아 연관성 있는 문장끼리 연결해야 하고, '의문사 의문문'의 경우에는 의문사가 가리키는 것이 무엇인지 파악하여 그에 해당하는 문장을 정답으로 선택해야 한다.

의문사	뜻		의미
谁	누가	➡	사람
什么	무엇을	➡	사람을 제외한 기타 대상
什么时候	언제	➡	시기, 시간
怎么	어떻게	➡	방식, 원인
为什么	왜	➡	원인, 이유
哪儿	어디	➡	장소
几/多少	몇/얼마	➡	수량

유형맛보기 1

A 妈妈在准备晚饭。
B 你最近有时间运动吗?
C 儿子成绩提高了。

虽然工作很忙，但我还是每天早上去跑步。(B)

A 엄마는 저녁 식사를 준비하고 있다.
B 너는 요즘 운동할 시간이 있니?
C 아들의 성적이 올랐다.

비록 일이 바쁘지만, 나는 여전히 매일 아침마다 조깅하러 가. (B)

정답 B

해설 보기 중 먼저 의문문 B의 내용을 확인한다. 보기 B의 '运动 운동'과 제시된 문장의 '跑步 조깅하다'가 핵심 키워드이다. 요즘 운동할 시간이 있는지 물었으므로 바쁘지만 여전히 아침마다 조깅을 한다는 제시 문장과 자연스럽게 연결된다. 따라서 정답은 B이다.

보기 어휘

在 zài 부 ~하고 있는 중이다
准备 zhǔnbèi 동 준비하다, ~할 예정이다
晚饭 wǎnfàn 명 저녁 식사
运动 yùndòng 동 운동하다 명 운동
成绩 chéngjì 명 성적 ⭐
提高 tígāo 동 향상시키다, 높이다, 끌어올리다

지문 어휘

虽然~, 但是~
suīrán~, dànshì~
비록 ~이지만, 그러나 ~하다
每天 měitiān 명 매일, 날마다
跑步 pǎo bù 동 조깅하다, 달리기하다

유형맛보기 2

A 南方和北方的天气不一样。
B 朋友没带照相机。
C 一千多块, 有点儿贵, 但穿着非常舒服。

这件运动服是新买的? 多少钱买的? (C)

A 남방과 북방의 날씨는 다르다.
B 친구는 카메라를 가져오지 않았다.
C 1,000위안 남짓해, 조금 비싸지만 입으면 굉장히 편해.

이 트레이닝복은 새로 산 거니? 얼마에 산 거야? (C)

정답 C

해설 제시된 문장의 의문대사 '多少钱? 얼마야?'와 보기 C의 '一千多块 1,000위안 남짓해'가 핵심 키워드이다. 제시된 문장에서 얼마에 샀는지 가격을 물었으므로, 1,000위안이라는 구체적인 가격을 말한 C와 자연스럽게 연결된다.

보기 어휘

南方 nánfāng 명 남방, 남부
和~不一样 hé~bùyíyàng ~와(과) 다르다
北方 běifāng 명 북방, 북부
天气 tiānqì 명 날씨
带 dài 동 (몸에) 지니다, 휴대하다 ⭐
照相机 zhàoxiàngjī 명 사진기 ⭐
有点儿 yǒu diǎnr 부 조금, 약간
穿 chuān 동 입다, 신다
舒服 shūfu 형 편안하다 ⭐

지문 어휘

件 jiàn 양 옷, 일, 사건 등을 세는 단위
运动服 yùndòngfú 명 운동복, 트레이닝복

실전 테스트

第1-5题 보기 A~F 중 제시된 문장과 문맥상 어울리는 보기를 선택하세요.

A 谢谢你的关心，现在走路没问题了。

B 你为什么突然决定要搬家？

C 不是，是我跟一个同事借的。

D 好，你们先去玩儿，我把这个灯换好了，就去找你们。

E 当然。我们先坐公共汽车，然后换地铁。

F 昨天的数学考试考得怎么样？

例如：你知道怎么去那儿吗？　　　　　　　　　　（ E ）

1. 考得不错，那些题都不太难。　　　　　　　　　（　　）

2. 爸爸，跟我们一起去打篮球吧。　　　　　　　　（　　）

3. 你的腿怎么样了？　　　　　　　　　　　　　　（　　）

4. 这个行李箱是新买的？　　　　　　　　　　　　（　　）

5. 主要是因为离公司很近，坐地铁十分钟就能到。　（　　）

DAY 02

1 키워드를 파악하라!

공략비법 02 제안·청유형 문제

출제 형식

제안 및 청유형 문제는 주로 한 사람이 제안이나 청유를 하면 다른 한 사람이 그에 대해 수락 또는 거절하는 형태로 출제된다. 그렇기 때문에 자주 출제되는 제안 및 청유의 표현과 수락 및 거절의 표현들을 함께 익혀둔다면 문제를 빠르게 해결할 수 있다.

핵심 전략

1 다양한 제안 및 청유의 표현을 익히자.

가장 일반적인 제안·청유의 표현은 문장 끝에 어기 조사 '吧'를 붙여 '~하자', '~하세요'라고 말하는 것이다. '吧' 이외에도 '能不能 ~할 수 있니 없니', '怎么样 어때' 등과 같은 다양한 제안과 청유의 표현이 시험에 출제되므로 함께 정리하여 익히도록 하자.

표현	의미	예문
~吧	~하자, ~하세요	我们明天一起去看吧。 우리 내일 함께 보러 가자.
能不能~?	~할 수 있니 없니?	你能不能来机场接我? 네가 공항으로 나를 마중 나올 수 있겠니?
可不可以~?	~할 수 있니 없니?	你可不可以跟我一起跳舞? 당신은 저와 함께 춤출 수 있나요?
~, 怎么样?	~어때?	我们一起去骑自行车,怎么样? 우리 함께 자전거 타러 가는 거 어때?
~, 好不好?	~어때?	我们一起打扫房间,好不好? 우리 함께 방 청소하는 게 어때?
能帮我~吗?	나 대신 ~할 수 있니? (나를 도와 ~할 수 있니?)	你能帮我洗衣服吗? 네가 나 대신 빨래를 좀 해줄 수 있니?

공략 비법 02 제안·청유형 문제 **127**

2 수락과 거절의 표현을 익히자.

수락 또는 거절을 할 때 **직접적으로 '좋다' 혹은 '싫다'라고 말할 수도 있지만 완곡한 표현을 사용하여 의사를 표현**할 수도 있다. 수락과 거절을 나타내는 다양한 표현들을 함께 익혀두자.

수락
- 好(的)。 좋아.
- 当然可以。 물론 가능하지.
- 没问题。 문제 없어.
- 谢谢。 고마워.
- 别担心。 걱정하지 마.
- 放心吧。 안심해.

거절
- 下次吧。 다음에 하자.
- 对不起。 미안해.
- 不用了。 필요 없어, 괜찮아.
- 没关系。 괜찮아.
- 没事儿。 괜찮아.
- 不行。 안 돼.

유형맛보기 1

A 他打算去游泳。
B 现在已经是春天了。
C 好的，我也有点渴了。

给你菜单，你也喝杯果汁吧。(C)

A 그는 수영하러 갈 예정이다.
B 지금은 이미 봄이 되었다.
C 좋아. 나도 약간 목이 말랐어.

메뉴판 여기 있어. 너도 주스 한 잔 마셔. (C)

보기 어휘

打算 dǎsuan 동 ~할 예정이다, ~할 생각이다 ★
游泳 yóu yǒng 동 수영하다
春天 chūntiān 명 봄
有点(儿) yǒu diǎn(r) 부 조금, 약간
渴 kě 형 목마르다

지문 어휘

菜单 càidān 명 메뉴판, 메뉴 ★
杯 bēi 양 잔, 컵
果汁 guǒzhī 명 과일 주스

정답 C

해설 제시된 문장의 '喝~吧 ~를 마셔'와 보기 C의 '好的 좋아', '渴 목마르다'가 핵심 키워드이다. 제시 문장에서 주스 한 잔을 마시라고 제안하자, C에서 '좋다'라고 말하며 제안을 받아들였으므로 두 문장은 서로 자연스럽게 연결된다.

유형맛보기 2

A 不用了，已经吃过药了，过一会儿就好了。
B 就在楼下的超市里买的。
C 才12点，还有两个小时呢。

我看你身体不舒服，在家休息几天吧。(A)

A 괜찮아, 벌써 약 먹었어. 조금 지나면 괜찮아질 거야.
B 바로 아래 층 슈퍼마켓에서 샀어.
C 겨우 12시야. 아직 2시간은 남았어.

너 몸이 안 좋아 보이는데, 집에서 며칠 쉬어. (A)

보기 어휘

已经 yǐjing 〈부〉 이미, 벌써
药 yào 〈명〉 약
一会儿 yíhuìr 〈명〉 잠시, 잠깐 동안 〈부〉 잠시 후에 ★
楼下 lóuxià 〈명〉 아래층, 건물 아래
超市 chāoshì 〈명〉 슈퍼마켓, 마트 ★
才 cái 〈부〉 겨우, 고작, 비로소
小时 xiǎoshí 〈명〉 시간

지문 어휘

舒服 shūfu 〈형〉 편안하다 ★
休息 xiūxi 〈동〉 휴식하다, 쉬다

정답 A

해설 제시된 문장의 '休息吧 쉬어'와 보기 A의 '不用了 괜찮아'가 핵심 키워드이다. 제시 문장에서 며칠 쉬라고 제안하자, A에서 '괜찮아'라고 대답했으므로 두 문장이 자연스럽게 연결된다.

실전 테스트

第1-5题 보기 A~F 중 제시된 문장과 문맥상 어울리는 보기를 선택하세요.

A 这几天我们不在家，你能帮我照顾小猫吗？

B 别着急，这会儿路上车不多，十分钟就能到。

C 菜点完了，我们喝瓶啤酒，怎么样？

D 放心吧，我今天早上就准备好了。

E 当然。我们先坐公共汽车，然后换地铁。

F 不用，你去把盘子和杯子拿过来就行了。

例如：你知道怎么去那儿吗？　　　　　　　　　　　（ E ）

1. 明天的考试要求带铅笔，你别忘了。　　　　　　（　　）

2. 球赛马上就要开始了，能不能再开快点儿？　　　（　　）

3. 没问题，你就放心吧。　　　　　　　　　　　　（　　）

4. 您累了一天，今天我来洗碗，您去休息吧。　　　（　　）

5. 晚上还要开车，下次吧。　　　　　　　　　　　（　　）

1 키워드를 파악하라!

공략비법 03 단문형 문제

출제 형식

제1부분에서는 대화형 문제 이외에 단문형 문제도 출제된다. 단문형 문제는 제시된 문장의 핵심 키워드를 빠르게 찾아 보기 중 같은 주제 또는 상황으로 자연스럽게 이어지는 문장을 골라 하나의 단문을 만들어야 한다.

핵심 전략

1. **핵심 키워드를 빠르게 찾아내자.**
   전체 문장을 해석하는데 시간이 오래 걸린다면, 제시된 문장의 핵심 키워드를 찾아 보기 중 같은 주제의 문장과 연결만해도 문제를 빠르게 해결할 수 있다. 예를 들어 제시된 문장에 '水果 과일'이라는 핵심 키워드가 보인다면 보기 중에 과일과 관련된 어휘인 '苹果 사과', '西瓜 수박', '甜 달다' 등이 있는지 살펴보자.

2. **부연설명 관계를 파악해라.**
   제시된 문장과 보기의 문장 중 한 문장이 대상에 대한 간단한 설명이라면 나머지 한 문장은 주로 그 대상에 대한 구체적인 설명이나 추가 설명이 이어진다. 그러므로 문장 간의 부연설명 관계를 살피는 것이 중요하다.

유형맛보기 1

A 我觉得那是一件快乐的事情。
B 睡觉前一定要记得刷牙。
C 为了健康，我每天早上吃一个苹果。

吃水果对身体很好。(C)

A 나는 그것을 즐거운 일이라고 생각한다.
B 자기 전에 반드시 이 닦는 것을 기억해야 해.
C 건강을 위해 나는 매일 아침 사과를 한 개씩 먹는다.

과일을 먹는 것은 몸에 좋다. (C)

정답 C

해설 제시된 문장의 '水果 과일', '身体 몸, 신체'와 보기 C의 '健康 건강', '苹果 사과'가 핵심 키워드이다. 제시 문장에서 과일을 먹는 것은 몸에 좋다고 말하며, 보기 C에서 건강을 위해 매일 사과를 먹는다고 했으므로 두 문장은 하나의 단문으로 자연스럽게 연결된다.

보기 어휘

觉得 juéde 동 ~라고 느끼다, ~라고 생각하다
件 jiàn 양 옷, 일, 사건 등을 세는 단위
快乐 kuàilè 형 즐겁다, 유쾌하다
事情 shìqing 명 일, 사건
睡觉 shuì jiào 동 잠을 자다
一定 yídìng 부 반드시 ★
要 yào 조동 ~해야 한다, ~할 것이다
记得 jìde 동 기억하고 있다, 잊지 않고 있다 ★
刷牙 shuā yá 동 이를 닦다 ★
为了 wèile 전 ~을(를) 위하여
健康 jiànkāng 명 건강 형 건강하다
苹果 píngguǒ 명 사과

지문 어휘

水果 shuǐguǒ 명 과일
对 duì 전 ~에 대해, ~에게 형 맞다

유형맛보기 2

A 我忘了向大家介绍，他是我大学同学。
B 再有十分钟就要起飞了。
C 房间很干净，而且服务员也很热情。

这家宾馆还不错。(C)

A 내가 너희에게 소개하는 것을 깜박했어. 그는 내 대학 동창이야.
B 10분만 더 있으면 곧 이륙할 거야.
C 방이 깨끗하고, 게다가 종업원 또한 친절하다.

이 호텔은 그런대로 괜찮은 편이다. (C)

정답 C

해설 제시된 문장의 '宾馆 호텔'과 보기 C의 '房间 방', '服务员 종업원'이 핵심 키워드이다. 제시 문장에서 이 호텔은 그런대로 괜찮다고 평가하며, C에서 호텔의 장점에 대해 부연설명하였으므로 두 문장은 하나의 단문으로 자연스럽게 연결된다.

보기 어휘

向 xiàng 전 ~에게, ~(으)로, ~을(를) 향하여
介绍 jièshào 동 소개하다
同学 tóngxué 명 학우, 동창
分钟 fēnzhōng 명 분
就要~了 jiù yào~le 곧 ~하려고 하다
起飞 qǐ fēi 동 이륙하다
房间 fángjiān 명 방
干净 gānjìng 형 깨끗하다 ★
而且 érqiě 접 또한, 게다가 ★
服务员 fúwùyuán 명 종업원 ★
热情 rèqíng 형 친절하다 ★

지문 어휘

家 jiā 양 집, 점포 등을 세는 단위
宾馆 bīnguǎn 명 호텔

실전 테스트

第1-5题 보기 A~F 중 제시된 문장과 문맥상 어울리는 보기를 선택하세요.

A 看书时，不能一遇到不认识的字就查词典。

B 换一个吧，这个很便宜，才三千块钱。

C 他已经做了好几遍了，但还是不明白。

D 他已经长大了，不是小孩儿了，知道怎么照顾自己。

E 当然。我们先坐公共汽车，然后换地铁。

F 北方的冬天一般都是这样的。

例如：你知道怎么去那儿吗？　　　　　　　　　　　（ E ）

1. 你的那块儿手表太旧了。　　　　　　　　　　　（　）

2. 这个季节经常下大雪，非常冷，你慢慢儿就习惯了。　（　）

3. 虽然儿子一个人去旅游，但是你别太担心了。　　　（　）

4. 小雨在教室里做数学题。　　　　　　　　　　　（　）

5. 应该先好好儿想想这个字的意思是什么。　　　　　（　）

阅读 ②

제2부분
빈칸에 들어갈 알맞은 어휘 고르기

2 어휘 문제는 품사 파악이 기본이다.

- **공략 비법 04** 명사 문제
- **공략 비법 05** 동사 문제
- **공략 비법 06** 형용사 문제
- **공략 비법 07** 부사, 접속사 문제
- **공략 비법 08** 전치사, 양사 문제

제2부분
빈칸에 들어갈 알맞은 어휘 고르기

문제 형식

독해 제2부분은 보기에 제시된 어휘들 중에서 빈칸에 들어갈 알맞은 어휘를 선택하는 문제이다. 문제는 서술문(51~55번)과 대화문(56~60번) 두 가지 유형으로 나뉘며 총 10문제가 출제된다.

출제 비율

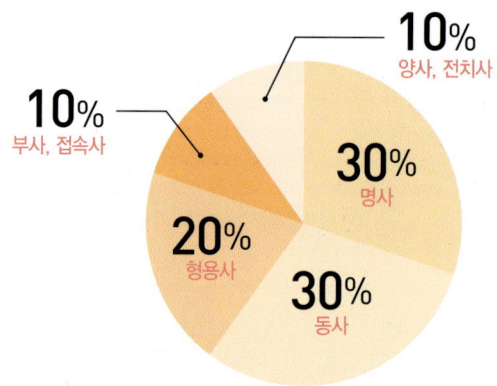

출제 경향 1

명사, 동사, 형용사 문제가 80%이상이다.

제2부분에서는 주로 주어, 술어, 목적어 자리에 들어갈 어휘를 찾는 문제가 주를 이루며, 대부분 명사, 동사, 형용사 중 하나가 정답이다. 따라서 각각의 문장 성분에 어떤 품사가 놓일 수 있는지 정확하게 익혀두어야 한다.

문제 유형 1

A 故事   B 打扫   C 旧   D 然后   E 声音   F 才

例如：她说话的（ E 声音 ）多好听啊！

51. 爸爸的那双皮鞋穿了很多年了，太（ C 旧 ）了。
52. 你以前听过这个（ A 故事 ）吗？

예제: 그녀가 말하는 (E 목소리)는 얼마나 듣기 좋은가!

51. 아빠의 그 가죽 구두는 이미 오랫동안 신어서, 너무 (C 낡았다).
52. 너는 예전에 이 (A 이야기)를 들어본 적 있니?

보기 어휘

故事 gùshi 몡 이야기 ☆ | 打扫 dǎsǎo 동 청소하다 ☆ | 旧 jiù 형 오래 되다, 낡다 ☆ |
然后 ránhòu 접 그런 후에, 그 다음에 ☆ | 声音 shēngyīn 몡 소리, 목소리 | 才 cái 부 비로소, 겨우, 고작

지문 어휘

双 shuāng 양 쌍, 켤레 | 皮鞋 píxié 몡 가죽 구두 | 穿 chuān 동 신다, 입다 | 以前 yǐqián 몡 이전, 예전

★ **빈칸 앞, 뒤를 보고 품사를 파악하는 문제가 출제된다.**

빈칸의 주변 어휘들을 통해 빈칸에 들어갈 어휘의 품사가 무엇인지 쉽게 유추할 수 있는 문제들이 주로 출제된다.

명사가 정답이 되는 자리

- （ 弟弟 ）学习汉语。   남동생은 중국어를 공부한다.
  　주어　술어

- 我骑（ 自行车 ）。   나는 자전거를 탄다.
  　술어　목적어

- 妈妈在（ 学校 ）教数学。   엄마는 학교에서 수학을 가르친다.
  　전치사　명사

동사가 정답이 되는 자리

- 妹妹 (打扫) 房间。 여동생은 방을 청소한다.
  　　　술어　　목적어

- 你别 (担心)。 걱정하지 마.
  　　부사　동사

- 我要 (照顾) 孩子。 나는 아이를 돌봐야 한다.
  　　조동사　동사

- 我以前 (坐) 过飞机。 나는 예전에 비행기를 타본 적이 있다.
  　　　　동사　동태조사
  　　　　　　(了, 着, 过)

형용사가 정답이 되는 자리

- 这些水果 很 (甜)。 이 과일들은 달다.
  　　　정도부사　형용사

- 这是很 (简单) 的问题。 이것은 매우 쉬운 문제이다.
  　　　형용사　　的 명사

骑 qí 동 (동물이나 자전거 등에) 타다 | 自行车 zìxíngchē 명 자전거 ★ | 教 jiāo 동 가르치다 ★ |
数学 shùxué 명 수학 | 打扫 dǎsǎo 동 청소하다 ★ | 房间 fángjiān 명 방 | 别 bié 부 ~하지 마라 |
担心 dān xīn 동 걱정하다, 염려하다 ★ | 照顾 zhàogù 동 보살피다, 돌보다 ★ |
坐 zuò 동 (교통수단을) 타다, 앉다 | 水果 shuǐguǒ 명 과일 | 甜 tián 형 달다 ★ |
简单 jiǎndān 형 간단하다, 쉽다 ★ | 问题 wèntí 명 문제, 질문

문제 풀이 전략

문제는 이렇게 풀어라!

Step 1 문제 예시에 이미 사용된 보기 어휘를 먼저 삭제한 후, 나머지 보기 어휘의 품사와 뜻을 파악하자.

Step 2 빈칸의 앞, 뒤 어휘들을 살펴보고 빈칸에 들어가야 할 어휘의 품사를 파악하자.

Step 3 문맥상 가장 잘 어울리는 어휘를 선택하자.

2 어휘 문제는 품사 파악이 기본이다.

공략비법 04 명사 문제

출제 형식

제2부분 빈칸에 들어갈 알맞은 어휘를 찾는 문제에서는 명사·동사 문제가 가장 많이 출제된다. 명사 문제에서는 문장에서의 해당 명사의 역할과 앞뒤에 놓이는 다른 품사와의 관계를 정확하게 알고 있어야 고득점을 받을 수 있다.

핵심 전략

1. 술어 앞 주어 또는 술어 뒤 목적어 자리에는 명사가 온다.

일반적으로 명사는 문장에서 주어나 목적어 역할을 한다. 동사 술어나 형용사 술어 앞에 위치 한다면 주어로 쓰인 것이고, 술어 뒤에 놓였다면 목적어 역할을 하는 것이다.

> 예) (比赛)结束   경기가 끝나다
> 带(护照)   여권을 챙기다

2. 구조조사 '的' 뒤에는 명사가 온다.

구조조사 '的'는 관형어와 명사를 연결해주는 연결고리 역할을 한다. 만일 구조조사 '的' 뒤에 빈칸이 있다면 명사가 정답이라는 것을 기억하자.

> 예) 漂亮的(裙子)   예쁜 치마
> 爸爸的(手机)   아빠의 휴대폰

3. 양사 뒤에는 명사가 온다.

사람이나 사물을 세는 단위인 양사는 일반적으로 수사나 지시대명사 '这', '那'와 함께 쓰여 명사 앞에 놓인다. 따라서 양사 뒤에 빈칸이 있다면 정답은 바로 명사라는 것을 잊지말자.

> 예) 两张(票)   표 두 장
> 那位(老师)   그 선생님

유형맛보기 1-3

A 司机 sījī 명 운전 기사 ★

B 已经 yǐjīng 부 이미, 벌써

C 爬山 pá shān 동 산을 오르다, 등산하다

D 天气 tiānqì 명 날씨

E 声音 shēngyīn 명 소리, 목소리

F 照片 zhàopiàn 명 사진

1. (D 天气) 真冷啊，出去时多穿点儿衣服吧。
2. 我今天打扫房间的时候，发现了十年前照的(F 照片)。
3. 那位(A 司机)英语说得非常好。

1. 날씨가 정말 추워, 나갈 때 옷을 좀 더 껴입으렴.
2. 나는 오늘 방을 청소할 때, 10년 전에 찍은 사진을 발견했다.
3. 그 기사님은 영어를 아주 잘한다.

지문 어휘

出去 chū qu 나가다, 외출하다
衣服 yīfu 명 옷
打扫 dǎsǎo 동 청소하다 ★
房间 fángjiān 명 방
发现 fāxiàn 동 발견하다 명 발견 ★
张 zhāng 양 장(종이, 침대, 탁자 등을 세는 단위)
位 wèi 양 분, 명(공경의 뜻을 내포함) ★
英语 Yīngyǔ 명 영어
得 de 조 동사나 형용사 뒤에 쓰여 정도나 가능을 나타내는 보어와 연결시킴

정답 1. D 2. F 3. A

해설
1. 형용사 술어 '冷 춥다' 앞에 빈칸이 있으므로 주어 역할을 하는 명사가 와야 한다. 날씨가 정말 춥다는 문장이 문맥상 가장 자연스러우므로 정답은 D이다.
2. 빈칸 앞에 구조조사 '的'가 있으므로 빈칸에는 명사가 와야 한다. 청소하면서 10년 전에 찍은 사진을 발견했다는 문장이 문맥상 가장 자연스러우므로 정답은 F이다.
3. 빈칸 앞에 지시대명사 '那'와 양사 '位 분, 명'이 있으므로 빈칸에는 명사가 와야 한다. 양사 '位'는 사람을 세는 단위로 빈칸에는 사람 명사인 '司机 운전 기사'를 써야 한다. 따라서 정답은 A이다.

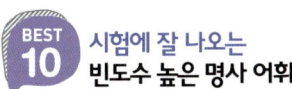

시험에 잘 나오는 빈도수 높은 명사 어휘

1. 行李箱 xínglixiāng 명 여행용 가방, 캐리어 ★
2. 成绩 chéngjì 명 성적 ★
3. 公园 gōngyuán 명 공원 ★
4. 比赛 bǐsài 명 경기, 시합 ★
5. 手表 shǒubiǎo 명 손목시계
6. 衬衫 chènshān 명 셔츠, 블라우스 ★
7. 蛋糕 dàngāo 명 케이크
8. 照相机 zhàoxiàngjī 명 사진기
9. 文化 wénhuà 명 문화
10. 猫 māo 명 고양이

출제 빈도수 높은 명사 관련 내공 쌓기

1 명사의 역할과 위치

1 주어: 동사나 형용사 술어 앞에 위치하며, 일반적으로 '은, 는, 이, 가'로 해석한다.

> 弟弟学习汉语。
> Dìdi xuéxí Hànyǔ.
> 남동생은 중국어를 공부한다.
>
> 帽子很好看。
> Màozi hěn hǎokàn.
> 모자가 예쁘다.

어휘 帽子 màozi 명 모자

2 목적어: 동사 술어 뒤에 위치하며, 일반적으로 '을, 를'로 해석한다.

> 妹妹吃苹果。
> Mèimei chī píngguǒ.
> 여동생은 사과를 먹는다.
>
> 我喝牛奶。
> Wǒ hē niúnǎi.
> 나는 우유를 마신다.

어휘 牛奶 niúnǎi 명 우유

3 수사/지시대명사 + 양사 + 명사: 사람이나 사물을 세는 단위인 양사 뒤에는 명사가 온다.

> 我昨天喝了五瓶啤酒。
> Wǒ zuótiān hē le wǔ píng píjiǔ.
> 나는 어제 맥주 다섯 병을 마셨다.
>
> 我想买这条裙子。
> Wǒ xiǎng mǎi zhè tiáo qúnzi.
> 나는 이 치마를 사고 싶다.

어휘 瓶 píng 양 병을 세는 단위

4 ~的 + 명사: 명사는 일반적으로 명사, 대명사, 동사, 형용사 등의 수식을 받는데, 이때 구조조사 '的'는 관형어와 명사를 이어주는 역할을 하며 '~의, ~한'으로 해석한다.

> 爸爸的手机很便宜。
> Bàba de shǒujī hěn piányi.
>
> 你的爱好是什么?
> Nǐ de àihào shì shénme?
>
> 你做的菜很好吃。
> Nǐ zuò de cài hěn hǎochī.
>
> 这是一个很好的机会。
> Zhè shì yí ge hěn hǎo de jīhuì.
>
> 아빠의 휴대폰은 저렴하다.
>
> 네 취미는 무엇이니?
>
> 네가 만든 음식은 아주 맛있어.
>
> 이것은 매우 좋은 기회이다.

어휘 爱好 àihào 명 취미 | 机会 jīhuì 명 기회

2 빈출 명사 어휘 익히기

❶ 사람 명사

가족

孩子 háizi	명 아이, 자녀	儿子 érzi	명 아들
女儿 nǚ'ér	명 딸	爷爷 yéye	명 할아버지
奶奶 nǎinai	명 할머니	叔叔 shūshu	명 숙부, 삼촌, 아저씨
阿姨 āyí	명 아주머니, 이모 ★		

직업

老师 lǎoshī	명 선생님	校长 xiàozhǎng	명 학교장 ★
医生 yīshēng	명 의사	服务员 fúwùyuán	명 종업원 ★
司机 sījī	명 운전 기사		

기타

客人 kèrén	명 손님	邻居 línjū	명 이웃 ★
先生 xiānsheng	명 선생님, 씨(성인 남성에 대한 경칭)		

❷ 사물 명사

자연환경

水 shuǐ 명 물		树 shù 명 나무	
太阳 tàiyáng 명 태양		雪 xuě 명 눈	
小河 xiǎohé 명 개울, 시냇물		草 cǎo 명 풀	

교통수단

飞机 fēijī 명 비행기		公共汽车 gōnggòngqìchē 명 버스	
地铁 dìtiě 명 지하철 ⭐		出租车 chūzūchē 명 택시	
船 chuán 명 배		自行车 zìxíngchē 명 자전거 ⭐	
火车 huǒchē 명 기차			

음식 · 과일 · 음료

面包 miànbāo 명 빵 ⭐		面条(儿) miàntiáo(r) 명 국수	
蛋糕 dàngāo 명 케이크 ⭐		鸡蛋 jīdàn 명 계란	
水果 shuǐguǒ 명 과일		西瓜 xīguā 명 수박	
香蕉 xiāngjiāo 명 바나나 ⭐		啤酒 píjiǔ 명 맥주 ⭐	
饮料 yǐnliào 명 음료		咖啡 kāfēi 명 커피	
牛奶 niúnǎi 명 우유		果汁 guǒzhī 명 과일 주스	

학습 · 사무

历史 lìshǐ 명 역사		数学 shùxué 명 수학	
音乐 yīnyuè 명 음악		黑板 hēibǎn 명 칠판	
铅笔 qiānbǐ 명 연필		笔记本 bǐjìběn 명 노트, 공책	
词典 cídiǎn 명 사전 ⭐		地图 dìtú 명 지도 ⭐	
椅子 yǐzi 명 의자		桌子 zhuōzi 명 탁자, 테이블	

생활용품 · 여가생활

瓶子 píngzi	명 병 ⭐	筷子 kuàizi	명 젓가락 ⭐
行李箱 xínglixiāng	명 여행용 가방, 캐리어 ⭐	护照 hùzhào	명 여권 ⭐
照相机 zhàoxiàngjī	명 사진기 ⭐	照片 zhàopiàn	명 사진
礼物 lǐwù	명 선물 ⭐	信用卡 xìnyòngkǎ	명 신용카드
体育 tǐyù	명 체육, 스포츠 ⭐	比赛 bǐsài	명 경기, 시합 ⭐
节目 jiémù	명 프로그램	游戏 yóuxì	명 게임
伞 sǎn	명 우산 ⭐	菜单 càidān	명 메뉴, 메뉴판 ⭐
灯 dēng	명 등, 램프	箱子 xiāngzi	명 상자

전자제품 · 기계

冰箱 bīngxiāng	명 냉장고 ⭐	空调 kōngtiáo	명 에어컨 ⭐
电梯 diàntī	명 엘리베이터 ⭐	洗衣机 xǐyījī	명 세탁기

의류 · 액세서리

帽子 màozi	명 모자	衬衫 chènshān	명 셔츠, 블라우스 ⭐
皮鞋 píxié	명 가죽 구두	裤子 kùzi	명 바지 ⭐
手表 shǒubiǎo	명 손목시계	裙子 qúnzi	명 치마 ⭐

❸ 추상 명사

兴趣 xìngqù	명 흥미 ⭐	环境 huánjìng	명 환경 ⭐
故事 gùshi	명 이야기 ⭐	习惯 xíguàn	명 습관, 버릇
感冒 gǎnmào	명 감기 ⭐	水平 shuǐpíng	명 수준, 능력 ⭐
文化 wénhuà	명 문화	地方 dìfang	명 장소, 곳
办法 bànfǎ	명 방법 ⭐	城市 chéngshì	명 도시 ⭐

❹ 시간 명사

季节 jìjié 명 계절 ⭐		春季 chūnjì 명 봄 (=春天)	
夏季 xiàjì 명 여름 (=夏天)		秋季 qiūjì 명 가을 (=秋天)	
冬季 dōngjì 명 겨울 (=冬天)		去年 qùnián 명 작년	
今年 jīnnián 명 올해		明年 míngnián 명 내년	
星期 xīngqī 명 주, 요일		周末 zhōumò 명 주말	
晚上 wǎnshang 명 저녁		刚才 gāngcái 명 방금, 막	
一会儿 yíhuìr 명 잠시, 잠깐 동안 ⭐			

❺ 장소 명사

公司 gōngsī 명 회사		办公室 bàngōngshì 명 사무실 ⭐	
机场 jīchǎng 명 공항 ⭐		火车站 huǒchēzhàn 명 기차역	
饭店 fàndiàn 명 호텔, 식당		宾馆 bīnguǎn 명 호텔	
银行 yínháng 명 은행 ⭐		公园 gōngyuán 명 공원 ⭐	
医院 yīyuàn 명 병원		图书馆 túshūguǎn 명 도서관 ⭐	
右边 yòubian 명 오른쪽		洗手间 xǐshǒujiān 명 화장실 ⭐	
前面 qiánmian 명 앞		左边 zuǒbian 명 왼쪽	
旁边 pángbiān 명 옆		中间 zhōngjiān 명 중간	
北方 běifāng 명 북방, 북부		西边 xībian 명 서쪽	
南方 nánfāng 명 남방, 남부			

실전 테스트

第1-3题 빈칸에 들어갈 알맞은 어휘를 선택하세요.

A 成绩　　　B 重要　　　C 习惯　　　D 信　　　E 声音　　　F 一定

例如：她说话的（ E ）多好听啊！

1. 这次妹妹的（　　）不太好，所以她很难过。

2. 弟弟去中国留学以后，常常给家人写（　　）。

3. 每天认真复习是一个很好的学习（　　）。

실전 테스트

第4-6题 빈칸에 들어갈 알맞은 어휘를 선택하세요.

A 猫　　　B 比较　　　C 菜单　　　D 爱好　　　E 皮鞋　　　F 应该

例如：A: 你有什么（ D ）？
　　　B: 我喜欢体育。

4. A: 小马，这双（　　）穿起来怎么样？
　　B: 很舒服，就买它吧。

5. A: 服务员，给我们拿一下（　　），我们要点菜。
　　B: 好的，我马上拿过去。

6. A: 你家的（　　）真可爱。
　　B: 它是我去年过生日时奶奶送给我的。

DAY 05

2 어휘 문제는 품사 파악이 기본이다.

공략비법 05 동사 문제

출제 형식

최근 시험에서는 빈칸에 동사 어휘를 채우는 문제가 가장 많이 출제되는데 총 10문제 중 동사 어휘 문제만 3문제 이상 출제된다. 동사 어휘를 찾는 근거가 되는 목적어나 조동사, 동태조사 '了', '着', '过'의 위치를 잘 파악해둔다면 문제를 빠르게 해결할 수 있다.

핵심 전략

1 주어 뒤, 목적어 앞이 동사 자리이다.

동사는 주어 뒤에 놓여 주체자의 행동, 존재, 상태 등을 설명하는 술어 역할을 하고 뒤에 목적어를 수반한다.

예) 我(参加)会议。   나는 회의에 참석한다.

2 동사는 부사어의 수식을 받는다.

동사 술어는 부사어의 수식을 받는다. 주로 부사, 조동사, 전치사구 등이 부사어의 역할을 하는데 동사 앞에 놓여 동작을 묘사하기도 하고, 시간, 장소, 범위 등을 제한하기도 한다.

예)
- 부사: 经常(跑步) 자주 조깅을 하다
- 조동사: 能(照顾) 돌볼 수 있다
- 전치사구: 在大学(教) 대학교에서 가르치다

3 동사는 보어나 동태조사 앞에 위치한다.

동사 뒤에는 정도, 결과, 방향, 가능성, 동작의 지속 시간, 동작의 횟수 등을 보충해주는 보어와 완료(了), 진행(着), 경험(过) 등을 나타내는 동태조사를 쓸 수 있다.

예)
- 보어: (洗)得很干净 깨끗하게 빨았다
- 동태조사: (踢)了足球 축구를 했다

유형맛보기 1-3

A 讲 jiǎng 동 말하다, 이야기하다 ★	B 办法 bànfǎ 명 방법 ★	C 节目 jiémù 명 프로그램 ★
D 关 guān 동 끄다, 닫다	E 声音 shēngyīn 명 소리, 목소리	F 迟到 chídào 동 지각하다 ★

1. 我们明天早上8点在学校门口见，你别（ F 迟到 ）了！
2. 虽然他学汉语的时间不长，但是汉语（ A 讲 ）得比我还好。
3. 你早上出去的时候是不是忘记（ D 关 ）灯了?

1. 우리 내일 아침 8시에 학교 앞에서 만나자, 너 늦지마!
2. 비록 그는 중국어를 배운 시간이 길지는 않지만, 중국어를 나보다 더 잘한다.
3. 너 아침에 나갈 때 불 끄는 것을 잊은거 아니니?

지문 어휘

学校 xuéxiào 명 학교
门口 ménkǒu 명 입구, 현관
别~了 bié~le ~하지 마라
虽然~，但是~ suīrán~, dànshì~ 비록 ~이지만, 그러나 ~하다
汉语 Hànyǔ 명 중국어
时间 shíjiān 명 시간
得 de 조 동사나 형용사 뒤에 쓰여 정도나 가능을 나타내는 보어와 연결시킴
比 bǐ 전 ~에 비해, ~보다
还 hái 부 더, 여전히, 아직 ★
出去 chū qu 동 나가다, 외출하다
忘记 wàngjì 동 잊다, 잊어버리다
灯 dēng 명 등, 램프

정답 1. F 2. A 3. D

1. 빈칸 앞에 금지를 나타내는 부사 '别 ~하지 마라'가 있으므로 빈칸에는 동사가 와야 한다. 문맥상 약속에 늦지 말라고 당부하는 상황이므로 정답은 F이다.
2. 빈칸 뒤에 '得+정도보어'가 있으므로 빈칸에는 동사 또는 형용사가 와야 한다. 빈칸 앞에 '汉语 중국어'가 보이고 문맥상 중국어를 나보다 더 잘 한다는 내용이 가장 자연스러우므로 정답은 A이다.
3. 빈칸 뒤에 목적어 '灯 등, 램프'가 있으므로 빈칸에는 동사가 와야 한다. 보기 중 '灯'과 호응하는 동사는 '关 끄다'이므로 정답은 D이다.

BEST 10 시험에 잘 나오는 빈도수 높은 동사 어휘

1. 参加 cānjiā 동 참가하다 ★
2. 打扫 dǎsǎo 동 청소하다 ★
3. 锻炼 duànliàn 동 단련하다
4. 照顾 zhàogù 동 보살피다, 돌보다 ★
5. 注意 zhùyì 동 주의하다, 조심하다 ★
6. 花 huā 동 쓰다, 소비하다 ★
7. 讲 jiǎng 동 이야기하다, 말하다, 강의하다
8. 复习 fùxí 동 복습하다 ★
9. 需要 xūyào 동 필요하다 ★
10. 决定 juédìng 동 결정하다, 결심하다 ★

출제 빈도수 높은
동사 관련 내공 쌓기

1 동사의 역할과 위치

1 주어 + 술어(동사) + 목적어

: 동사는 주어 뒤, 목적어 앞에 놓여 술어 역할을 하며 주어의 동작이나 행위를 서술한다.

弟弟每天玩电脑游戏。 Dìdi měitiān wán diànnǎo yóuxì.	남동생은 매일 컴퓨터 게임을 한다.
爸爸在大学教数学。 Bàba zài dàxué jiāo shùxué.	아버지는 대학에서 수학을 가르친다.

2 부사어(부사, 조동사, 전치사구) + 술어(동사)

: 동사 앞에 부사, 조동사, 전치사구가 놓여 동작을 묘사하거나 시간, 장소, 범위, 빈도 등을 제한한다.

부사	妹妹经常打扫房间。 Mèimei jīngcháng dǎsǎo fángjiān.	여동생은 자주 방을 청소한다.
조동사	你应该锻炼身体。 Nǐ yīnggāi duànliàn shēntǐ.	너는 신체를 단련해야 한다.
전치사구	她在家照顾孩子。 Tā zài jiā zhàogù háizi.	그녀는 집에서 아이를 돌본다.

공략 비법 05 동사 문제 **151**

3 술어(동사) + 보어(정도, 결과, 방향, 가능, 시량, 동량)

: 동사 술어 뒤에는 동작의 정도, 결과, 방향, 가능 여부, 지속 시간, 횟수 등을 보충해주는 보어가 온다.

정도	我想得太多。 Wǒ xiǎng de tài duō.	나는 생각을 너무 많이 한다.
결과	我想好了。 Wǒ xiǎng hǎo le.	나는 생각을 다 했다.
방향	我想起来了。 Wǒ xiǎng qǐlai le.	나는 생각이 났다.
가능	我想不起来。 Wǒ xiǎng bu qǐlai.	나는 생각이 나지 않는다.
시량	我想了半天。 Wǒ xiǎng le bàntiān.	나는 한참 동안 생각했다.
동량	我想了好几次。 Wǒ xiǎng le hǎo jǐ cì.	나는 여러 번 생각했다.

4 동사 + 了, 着, 过

: 동사 뒤에는 완료, 지속, 경험 등을 나타내는 동태조사가 온다.

완료	他最近买了一辆自行车。 Tā zuìjìn mǎi le yí liàng zìxíngchē.	그는 최근 자전거 한 대를 샀다.
진행	教室里的灯怎么还开着呢? Jiàoshì li de dēng zěnme hái kāi zhe ne?	교실 안의 등이 어째서 아직도 켜져 있어?
경험	他去年去过北京。 Tā qùnián qù guo Běijīng.	그는 작년에 베이징에 가본 적이 있다.

2 빈출 동사와 짝꿍 어휘 익히기

搬+行李箱	bān xínglixiāng	캐리어(여행용 가방)를 옮기다 ⭐	参加+比赛	cānjiā bǐsài	경기에 참가하다 ⭐
参加+会议	cānjiā huìyì	회의에 참석하다	参加+考试	cānjiā kǎoshì	시험을 보다(치다)
查+词典	chá cídiǎn	사전을 찾다 ⭐	打扫+房间	dǎsǎo fángjiān	방을 청소하다
打算+留学	dǎsuan liú xué	유학할 계획이다 ⭐	锻炼+身体	duànliàn shēntǐ	신체를 단련하다
发现+问题	fāxiàn wèntí	문제를 발견하다	感+兴趣	gǎn xìngqù	흥미를 느끼다 ⭐
关+灯	guān dēng	등(불)을 끄다	关心+孩子	guānxīn háizi	아이에게 관심을 갖다
花+时间	huā shíjiān	시간을 들이다, 시간이 걸리다	花+钱	huā qián	돈을 쓰다 ⭐
还+书	huán shū	책을 반납하다	回答+问题	huídá wèntí	문제에 답하다
检查+身体	jiǎnchá shēntǐ	신체 검사를 하다	讲+故事	jiǎng gùshi	이야기를 하다(들려주다) ⭐
教+学生	jiāo xuésheng	학생을 가르치다	教+历史	jiāo lìshǐ	역사를 가르치다
教+数学	jiāo shùxué	수학을 가르치다	教+音乐	jiāo yīnyuè	음악을 가르치다
解决+问题	jiějué wèntí	문제를 해결하다	了解+事情	liǎojiě shìqing	일(상황)을 이해하다
骑+马	qí mǎ	말을 타다	骑+自行车	qí zìxíngchē	자전거를 타다 ⭐
完成+工作	wánchéng gōngzuò	일을 완수하다	玩+游戏	wán yóuxì	게임을 하다 ⭐
小心+感冒	xiǎoxīn gǎnmào	감기를 조심하다	需要+帮忙	xūyào bāng máng	도움이 필요하다 ⭐
遇到+问题	yùdào wèntí	문제에 직면하다	照顾+孩子	zhàogù háizi	아이를 돌보다
照顾+小猫	zhàogù xiǎomāo	새끼 고양이를 돌보다	照顾+小狗	zhàogù xiǎogǒu	강아지를 돌보다
注意+别感冒	zhùyì bié gǎnmào	감기에 걸리지 않게 주의하다	做+菜	zuò cài	요리를 하다
做+数学题	zuò shùxuétí	수학 문제를 풀다	做+作业	zuò zuòyè	숙제를 하다
坐+飞机	zuò fēijī	비행기를 타다	坐+火车	zuò huǒchē	기차를 타다

실전 테스트

第1-3题 빈칸에 들어갈 알맞은 어휘를 선택하세요.

A 教　　B 筷子　　C 复习　　D 了解　　E 声音　　F 年轻

例如：她说话的（ E ）多好听啊！

1. 明天有数学考试，我（　　）得不太好，所以很担心。

2. 你们应该先（　　）事情的经过，然后再决定怎么解决。

3. 他爸爸是一位大学老师，（　　）世界历史。

第4-6题 빈칸에 들어갈 알맞은 어휘를 선택하세요.

A 公斤　　B 锻炼　　C 参加　　D 爱好　　E 新鲜　　F 遇到

例如：A: 你有什么（ D ）？
　　　B: 我喜欢体育。

4 A: 我又感冒了，下午想请假去医院。
　　 B: 你怎么总是生病，应该好好儿（　　）身体。

5 A: 我以前没有（　　）过这样的问题，不知道该怎么办。
　　 B: 别着急，我觉得王叔叔能帮你解决。

6 A: 你能（　　）明天的比赛吗？
　　 B: 当然了，我已经准备很久了。

2 어휘 문제는 품사 파악이 기본이다.

공략비법 06 형용사 문제

출제 형식

제2부분에서 형용사 문제는 매회 2~3문제씩은 꼭 출제되며, 주로 '정도부사+형용사' 또는 '형용사+的+명사' 형태의 문제가 출제된다.

핵심 전략

1 정도부사 뒤는 형용사 자리이다.

형용사는 일반적으로 '很', '非常', '太', '更', '比较'와 같은 정도부사의 수식을 받는다. 따라서 빈칸 앞에 정도부사가 보인다면 형용사가 정답일 확률이 높다. 참고로 정도부사 뒤에는 형용사뿐만 아니라 '喜欢 좋아하다', '担心 걱정하다'와 같은 심리 동사도 올 수 있다.

> 예) 太(新鲜)了   매우 신선하다
> 很(担心)   걱정하다

2 형용사는 명사를 수식할 수 있다.

형용사는 명사를 수식할 수 있으며, 일반적으로 형용사가 명사를 수식할 때는 [형용사+的+명사] 형태로 쓰인다. 단, '蓝 파랗다', '短 짧다'와 같은 단음절 형용사가 명사를 수식할 경우에는 '的'를 생략할 수 있다.

> 예) (聪明)的孩子   똑똑한 아이
> (蓝)衬衫   파란 셔츠

유형맛보기 1-3

A 新鲜 xīnxiān 형 신선하다 ☆
B 安静 ānjìng 형 조용하다, 고요하다 ☆
C 饱 bǎo 형 배부르다
D 上网 shàng wǎng 동 인터넷을 하다 ☆
E 声音 shēngyīn 명 소리, 목소리
F 机会 jīhuì 명 기회

1. 我家附近的公园很（ B 安静 ），早上出来走一走还能听见鸟的叫声。
2. 他每个周末都去爬山，而且经常吃（ A 新鲜 ）的水果，所以很健康。
3. 我刚才吃得太（ C 饱 ）了，不能再吃了。

1. 우리집 근처의 공원은 매우 조용하다. 아침에 나와 걷다보면 새가 지저귀는 소리도 들을 수 있다.
2. 그는 주말마다 등산을 가고, 또한 신선한 과일들을 자주 먹어서 매우 건강하다.
3. 나는 방금 전에 너무 배부르게 먹어서, 더 이상 못 먹겠어.

지문 어휘

附近 fùjìn 명 근처, 부근
公园 gōngyuán 명 공원 ☆
听见 tīng jiàn 동 듣다, 들리다
鸟 niǎo 명 새
叫声 jiàoshēng 명 울음 소리
周末 zhōumò 명 주말
爬山 pá shān 동 등산하다, 산을 오르다
而且 érqiě 접 게다가, 또한 ☆
经常 jīngcháng 부 자주
所以 suǒyǐ 접 그래서
健康 jiànkāng 형 건강하다 명 건강
刚才 gāngcái 명 방금, 막
再 zài 부 더, 다시, 재차

정답 1. B 2. A 3. C

해설
1. 빈칸 앞에 정도부사 '很 매우'가 있으므로 빈칸에는 형용사가 와야 한다. 우리 집 근처의 공원은 매우 조용하다는 내용이 문맥상 가장 자연스러우므로 정답은 B이다.

2. 구조조사 '的' 앞에 빈칸이 있으므로 빈칸에는 명사 '水果 과일'을 꾸며주는 형용사가 와야 한다. 신선한 과일을 먹는다는 것이 문맥상 가장 자연스러우므로 정답은 A이다.

3. 빈칸 앞에 정도부사 '太'가 있으므로 빈칸에는 형용사가 와야 한다. 문맥상으로도 배가 불러서 더 이상 못 먹겠다는 내용이 가장 자연스러우므로 정답은 C이다.

시험에 잘 나오는
빈도수 높은 형용사 어휘

1 甜 tián 형 달다 ⭐
2 瘦 shòu 형 마르다
3 胖 pàng 형 뚱뚱하다
4 方便 fāngbiàn 형 편리하다 ⭐
5 干净 gānjìng 형 깨끗하다 ⭐
6 简单 jiǎndān 형 간단하다, 쉽다 ⭐
7 热情 rèqíng 형 친절하다 ⭐
8 差 chà 형 나쁘다, 다르다
9 旧 jiù 형 오래 되다, 낡다
10 矮 ǎi 형 (키가) 작다, 낮다 ⭐

출제 빈도수 높은 형용사 관련 내공 쌓기

1 형용사의 역할과 위치

1 술어 역할

: 형용사는 일반적으로 '很', '非常', '太' 등과 같은 정도부사와 함께 쓰이며 문장에서 술어 역할을 한다. 형용사는 동사와 달리 목적어를 가질 수 없다.

这块儿蛋糕**非常甜**。 Zhè kuàir dàngāo fēicháng tián.	이 케이크는 굉장히 달다.
这个小猫**太可爱了**。 Zhè ge xiǎomāo tài kě'ài le.	이 새끼 고양이는 아주 귀엽다.

어휘 块(儿) kuài(r) 양 덩어리나 조각 형태로 된 것을 세는 단위 | 蛋糕 dàngāo 명 케이크 ☆

2 관형어 역할

: 형용사는 명사를 수식하는 관형어 역할을 한다. 보통 구조조사 '的'와 함께 쓰이며 단음절 형용사의 경우 '的'를 생략할 수 있다.

他每天吃**新鲜**的水果。 Tā měitiān chī xīnxiān de shuǐguǒ.	그는 매일 신선한 과일을 먹는다.
你喝点儿**热**水吧。 Nǐ hē diǎnr rè shuǐ ba.	너는 뜨거운 물을 좀 마시렴.

어휘 新鲜 xīnxiān 형 신선하다 ☆ | (一)点儿 (yì)diǎnr 양 조금, 약간

3 보어 역할: 형용사는 술어 뒤에서 정도보어, 결과보어, 가능보어의 역할을 할 수 있다.

❶ 정도보어: 동사 + 得 + (부사) + 형용사

> 他衣服洗得很干净。   그는 옷을 깨끗하게 빨았다.
> Tā yīfu xǐ de hěn gānjìng.

❷ 결과보어: 동사 + 형용사 + (了)

> 他把衣服洗干净了。   그는 옷을 깨끗하게 빨았다.
> Tā bǎ yīfu xǐ gānjìng le.

❸ 가능보어: 동사 + 得/不 + 형용사

> 这件衣服洗不干净。   이 옷은 깨끗하게 빨 수 없다.
> Zhè jiàn yīfu xǐ bu gānjìng.

2 빈출 형용사 어휘 익히기

음식 관련

好吃	hǎochī 형 (음식, 요리 등이) 맛있다	好喝	hǎohē 형 (음료, 국, 탕 등이) 맛있다
甜	tián 형 달다 ⭐	新鲜	xīnxiān 형 신선하다 ⭐

다양한 색

白	bái 형 하얗다	黑	hēi 형 까맣다
红	hóng 형 붉다	蓝	lán 형 파랗다
绿	lǜ 형 푸르다		

날씨 관련

热	rè 형 덥다	冷	lěng 형 춥다
晴	qíng 형 맑다	阴	yīn 형 흐리다

사람의 외모 · 나이

矮 ǎi 형 (키가) 작다, 낮다 ★	高 gāo 형 (키가) 크다, 높다
长 cháng 형 (길이가) 길다	短 duǎn 형 (길이가) 짧다
胖 pàng 형 뚱뚱하다	瘦 shòu 형 마르다
可爱 kě'ài 형 귀엽다, 사랑스럽다	漂亮 piàoliang 형 예쁘다
老 lǎo 형 늙다	小 xiǎo 형 (나이가) 어리다
年轻 niánqīng 형 젊다 ★	

긍정적인 의미를 내포한 형용사

饱 bǎo 형 배부르다	不错 búcuò 형 좋다, 괜찮다
聪明 cōngming 형 똑똑하다	对 duì 형 맞다
方便 fāngbiàn 형 편리하다 ★	健康 jiànkāng 형 건강하다
快 kuài 형 빠르다	干净 gānjìng 형 깨끗하다 ★
便宜 piányi 형 (값이) 싸다	近 jìn 형 가깝다
满意 mǎnyì 형 만족하다 ★	热情 rèqíng 형 친절하다 ★
容易 róngyì 형 쉽다, ~하기 쉽다 ★	简单 jiǎndān 형 간단하다, 쉽다 ★
舒服 shūfu 형 편안하다 ★	安静 ānjìng 형 조용하다, 고요하다 ★
清楚 qīngchu 형 분명하다 ★	有名 yǒumíng 형 유명하다
重要 zhòngyào 형 중요하다 ★	认真 rènzhēn 형 진지하다, 성실(착실)하다

부정적인 의미를 내포한 형용사

饿 è 형 배고프다	渴 kě 형 목마르다
坏 huài 형 나쁘다 ★	差 chà 형 나쁘다, 다르다 ★
疼 téng 형 아프다 ★	一般 yìbān 형 보통이다, 일반적이다, 평범하다 ★
慢 màn 형 느리다	旧 jiù 형 오래 되다, 낡다 ★
贵 guì 형 (값이) 비싸다	远 yuǎn 형 멀다
忙 máng 형 바쁘다	累 lèi 형 힘들다, 피곤하다
着急 zháojí 형 조급해하다, 초조해하다	奇怪 qíguài 형 이상하다, 희한하다 ★
难过 nánguò 형 괴롭다, 슬프다 ★	难 nán 형 어렵다 ★

실전 테스트

第1-3题 빈칸에 들어갈 알맞은 어휘를 선택하세요.

A 提高　　B 有名　　C 行李箱　　D 满意　　E 声音　　F 绿

例如：她说话的（ E ）多好听啊！

1. 蓝天、白云、（　　）树，太美了！我真的希望住在这儿。

2. 这家咖啡店非常（　　），但晚上不开门，我们只能白天去。

3. 我来北京已经两年多了，我对这里的环境非常（　　）。

第4-6题 빈칸에 들어갈 알맞은 어휘를 선택하세요.

A 方便　　　B 清楚　　　C 要求　　　D 爱好　　　E 干净　　　F 其他

例如：A: 你有什么（ D ）?
　　　B: 我喜欢体育。

4 A: 桌子上的那条裤子需不需要洗?
　　B: 不用洗了，我只穿了一次，很（　　　）。

5 A: 我周末打算去北京动物园，你知道怎么去吗?
　　B: 坐334路就能到，但坐地铁可能更（　　　）。

6 A: 喂，下班了吗? 我饿了，晚饭吃什么?
　　B: 我在电梯里，听不（　　　），一会儿见了面再说吧。

2 어휘 문제는 품사 파악이 기본이다.

공략비법 07 부사, 접속사 문제

> **출제 형식**

부사, 접속사 문제는 매회 1~2문제 정도 출제된다. 다른 품사들에 비해 비교적 난이도가 쉽게 출제되므로 기본적인 형식과 규칙만 알아도 정답을 쉽게 찾을 수 있다.

> **핵심 전략**

1 주어 뒤, 술어 앞이 부사 자리이다.

부사는 동사나 형용사 술어를 수식하기 때문에 주어와 술어 사이에 빈칸이 있다면 부사가 정답일 확률이 높다. 3급 어휘 중 자주 출제되는 '终于 마침내', '马上 곧, 바로' 등과 같은 부사를 중심으로 그 뜻과 쓰임을 정확하게 익혀둔다면 쉽게 문제를 풀 수 있다.

2 접속사는 문장의 연결고리이다.

접속사는 두 개 이상의 구나 절을 하나의 문장으로 이어주는 역할을 하며, 일반적으로 구나 절의 앞머리에 놓인다. 접속사는 일반적으로 다른 접속사 또는 부사와 자주 호응하여 쓰이므로 정답의 단서가 될 수 있는 고정표현도 함께 익혀두자.

점층	不但~, 而且~	~할 뿐만 아니라, 게다가 ~하다
인과	因为~, 所以~	~하기 때문에, 그래서 ~하다
전환	虽然~, 但是~	비록 ~이지만, 그러나 ~하다
가설	如果~, 就~	만약 ~한다면, 곧 ~하다
조건	只有~, 才~	~해야만, 비로소 ~하다
선택	A还是B	A 또는 B(의문문에 쓰여 선택을 나타냄)
	A或者B	A 이니면 B(평서문에 쓰여 선택을 나타냄)
선후	先~, 然后~	먼저 ~하고, 그런 후에 ~하다

유형맛보기 1-3

| A 聪明 cōngming 형 똑똑하다 | B 一共 yígòng 부 총, 전부, 합계 ★ | C 因为 yīnwèi 접 왜냐하면, ~때문에 |
| D 灯 dēng 명 등, 램프 | E 声音 shēngyīn 명 소리, 목소리 | F 一定 yídìng 부 반드시 ★ |

1. 我们学校三年级的学生（ B 一共 ）有三百个人。
2. （ C 因为 ）我昨天晚上准备考试，所以睡得很晚。
3. 我下个月八号结婚，你们（ F 一定 ）要来啊。

1. 우리 학교 3학년 학생은 총 300명이다.
2. 나는 어제 저녁에 시험 준비를 했기 때문에, 그래서 잠을 늦게 잤다.
3. 나 다음 달 8일에 결혼하니, 너희 꼭 와야 해.

지문 어휘

年级 niánjí 명 학년 ★
昨天 zuótiān 명 어제
晚上 wǎnshang 명 저녁
准备 zhǔnbèi 동 준비하다, ~할 예정이다
考试 kǎoshì 명 시험 동 시험을 치다
所以 suǒyǐ 접 그래서
睡 shuì 동 자다
得 de 조 동사나 형용사 뒤에 쓰여 결과나 정도를 나타내는 보어와 연결시킴
晚 wǎn 형 늦다
下个月 xià ge yuè 다음 달
结婚 jié hūn 동 결혼하다 ★

정답 1. B 2. C 3. F

 해설
1. 주어와 술어 사이에 빈칸이 있다면 부사가 올 확률이 높다. 빈칸 뒤에 수량을 나타내는 '三百个人 300명'이 있으므로 빈칸에는 수량의 전체 합계를 나타낼 때 쓰는 부사 '一共 총, 전부'가 와야 한다. 문맥상 3학년 학생은 총 300명이 있다는 것이 자연스러우므로 정답은 B이다.
2. 빈칸이 문장 맨 앞에 있으므로 빈칸에는 접속사 또는 부사가 와야 한다. 이 문제는 뒤 절의 결과를 이끄는 접속사 '所以 그래서'와 호응하는 접속사를 찾는 문제이다. '所以'는 주로 원인을 나타내는 접속사 '因为 왜냐하면, ~때문에'와 호응하여 쓰이므로 정답은 C이다.
3. 주어와 술어 사이에 빈칸이 있다면 부사가 올 확률이 높다. 부사 '一定 반드시'는 주로 조동사 '要 ~해야 한다'와 결합하여 '一定要~ 반드시 ~해야 한다'라는 표현으로 자주 쓰인다. 문맥상으로도 결혼식에 꼭 와야 한다는 내용이 가장 자연스러우므로 정답은 F이다.

BEST 10 시험에 잘 나오는 빈도수 높은 부사, 접속사 어휘

1. 突然 tūrán 부 갑자기
2. 总是 zǒngshì 부 늘, 항상
3. 其实 qíshí 부 사실
4. 一共 yígòng 부 총, 전부, 합계 ★
5. 马上 mǎshàng 부 곧, 즉시, 바로
6. 不但~，而且~ búdàn~, érqiě~ ~할 뿐만 아니라, 게다가 ~하다
7. 如果~(的话)，就~ rúguǒ~(de huà), jiù~ 만약 ~한다면, 곧 ~하다 ★
8. 虽然~，但是~ suīrán~, dànshì~ 비록 ~이지만, 그러나 ~하다
9. 因为~，所以~ yīnwèi~, suǒyǐ~ ~하기 때문에, 그래서 ~하다
10. 先~，然后~ xiān~, ránhòu~ 먼저 ~하고, 그런 후에 ~하다

출제 빈도수 높은
부사, 접속사 관련 내공 쌓기

1 부사

1 부사의 역할과 위치

❶ [주어 + 부사 + 술어(동사/형용사)]

: 부사는 일반적으로 주어 뒤, 술어 앞에 놓이며 동작이나 상태의 시간, 빈도, 범위, 정도 등을 나타낸다.

我儿子已经结婚了。 Wǒ érzi yǐjing jié hūn le.	내 아들은 이미 결혼했다. (시간)
他常常去公园散步。 Tā chángcháng qù gōngyuán sàn bù.	그는 자주 공원에 가서 산책한다. (빈도)
这些水果非常甜。 Zhè xiē shuǐguǒ fēicháng tián.	이 과일들은 매우 달다. (정도)

어휘 结婚 jié hūn 동 결혼하다 ★ | 散步 sàn bù 동 산책하다 | 这些 zhè xiē 대 이것들, 이런 것들, 이들 | 甜 tián 형 달다 ★

❷ [부사 + 수량사]

: 일부 부사는 시간, 날짜, 요일, 나이, 가격 등을 나타내는 수량구 앞에 놓여 명사 술어를 꾸며준다.

现在才两点半。 Xiànzài cái liǎng diǎn bàn.	지금은 겨우 2시 반이다.
我儿子已经20岁了。 Wǒ érzi yǐjing èrshí suì le.	내 아들은 이미 20살이다.
一共八百块钱。 Yígòng bā bǎi kuài qián.	총 800위안입니다.

❸ **부사어의 배열 순서**

: 술어를 꾸며주는 부사어에는 부사, 조동사, 전치사구가 있다. 하나의 술어를 두 개 이상의 부사어가 수식할 경우에는 일반적으로 [부사 + 조동사 + 전치사구] 순으로 나열한다.

我	不	想	在家	吃饭。	나는 집에서 밥 먹기 싫다.
Wǒ	bù	xiǎng	zài jiā	chī fàn.	
	부사	조동사	전치사구		

2 빈출 부사 어휘 익히기

○ **终于** zhōngyú 부 마침내, 드디어 ⭐

他 (终于) 找到了工作。 그는 마침내 일자리를 찾았다.
Tā (zhōngyú) zhǎo dào le gōngzuò.

考试 (终于) 结束了。 시험이 드디어 끝났다.
Kǎoshì (zhōngyú) jiéshù le.

어휘 **结束** jiéshù 동 끝나다 ⭐

○ **几乎** jīhū 부 거의

我 (几乎) 每天都去公园跑步。 나는 거의 매일 공원에 가서 조깅한다.
Wǒ (jīhū) měitiān dōu qù gōngyuán pǎo bù.

我们班的学生 (几乎) 都来了。 우리 반 학생은 거의 다 왔다.
Wǒmen bān de xuésheng (jīhū) dōu lái le.

어휘 **跑步** pǎo bù 동 달리기하다, 조깅하다

Tip!
부사는 일반적으로 술어 앞에 놓여 술어를 꾸며주는 역할을 하지만 '几乎', '其实'와 같은 일부 부사는 명사 앞에도 놓일 수 있다.

○ **一定** yídìng 부 반드시, 꼭 ⭐

这次我 (一定) 会参加比赛。 이번에 저는 반드시 경기에 참가할 거예요.
Zhè cì wǒ (yídìng) huì cānjiā bǐsài.

明天是我的生日, 你 (一定) 要来。 내일은 내 생일이야, 너는 꼭 와야 해.
Míngtiān shì wǒ de shēngrì, nǐ (yídìng) yào lái.

어휘 **参加** cānjiā 동 참가하다, 참석하다 ⭐ | **比赛** bǐsài 명 경기, 시합 ⭐

○ **多么** duōme 부 얼마나

这只熊猫 (多么) 可爱啊! 이 판다는 얼마나 귀엽니(정말 귀엽다)!
Zhè zhī xióngmāo (duōme) kě'ài a!

你想想, 这是 (多么) 好的机会啊! 너 생각해 봐, 이게 얼마나 좋은 기회니(정말 좋은 기회다)!
Nǐ xiǎngxiang, zhè shì (duōme) hǎo de jīhuì a!

어휘 **只** zhī 양 마리(짐승을 세는 단위) | **熊猫** xióngmāo 명 판다 | **机会** jīhuì 명 기회

공략 비법 07 부사, 접속사 문제 **167**

- **只** zhǐ 부 오직, 단지, 다만 ⭐

  不太远，走路（只）需要五分钟。 그다지 멀지 않아요, 걸어서 단지 5분 밖에 안 걸려요.
  Bú tài yuǎn, zǒu lù (zhǐ) xūyào wǔ fēnzhōng.

  教室里（只）有她一个人。 교실 안에 오직 그녀 한 사람만 있다.
  Jiàoshì li (zhǐ) yǒu tā yí ge rén.

  어휘 **走路** zǒu lù 동 (길을) 걷다 | **需要** xūyào 동 필요하다 ⭐ | **分钟** fēnzhōng 명 분

- **其实** qíshí 부 사실

  （其实）他说的话没有错。 사실 그가 한 말이 틀리진 않다.
  (Qíshí) tā shuō de huà méiyǒu cuò.

  这个问题（其实）很简单。 이 문제는 사실 매우 간단하다.
  Zhè ge wèntí (qíshí) hěn jiǎndān.

  어휘 **简单** jiǎndān 형 간단하다, 쉽다 ⭐

- **一共** yígòng 부 총, 전부, 합계 ⭐

  我们班里（一共）有三十个学生。 우리 반에는 총 30명의 학생이 있다.
  Wǒmen bān li (yígòng) yǒu sānshí ge xuésheng.

  这次旅游（一共）花了两千多块。 이번 여행에서 총 2,000위안을 넘게 썼다.
  Zhè cì lǚ yóu (yígòng) huā le liǎng qiān duō kuài.

  어휘 **班** bān 명 반, 조, 그룹 | **花** huā 동 쓰다, 소비하다 ⭐

- **一直** yìzhí 부 계속, 줄곧, 곧장

  （一直）往前走就是眼镜店。 곧장 앞으로 가면 바로 안경점이다.
  (Yìzhí) wǎng qián zǒu jiù shì yǎnjìngdiàn.

  我最近（一直）在找工作。 요즘 나는 계속 일자리를 찾고 있는 중이다(구직 중이다).
  Wǒ zuìjìn (yìzhí) zài zhǎo gōngzuò.

  어휘 **眼镜店** yǎnjìngdiàn 명 안경점

- **必须** bìxū 부 반드시 ~해야 한다

  周末之前，你（必须）解决这个问题。 주말 전까지 너는 반드시 이 문제를 해결해야 한다.
  Zhōumò zhī qián, nǐ (bìxū) jiějué zhè ge wèntí.

  你（必须）参加明天的会议。 너는 반드시 내일 회의에 참석해야 한다.
  Nǐ (bìxū) cānjiā míngtiān de huìyì.

  어휘 **解决** jiějué 동 해결하다 ⭐ | **会议** huìyì 명 회의

- **才** cái 부 비로소, 겨우, 고작

  他今天十点（**才**）起床。 그는 오늘 10시에 비로소 일어났다.
  Tā jīntiān shí diǎn (cái) qǐ chuáng.

  这条裤子很便宜，（**才**）五十块。 이 바지는 저렴하다, 고작 50위안 밖에 안 한다.
  Zhè tiáo kùzi hěn piányi, (cái) wǔshí kuài.

  > 어휘 　起床 qǐ chuáng 동 일어나다, 기상하다 ｜ 条 tiáo 양 치마, 바지, 강 등의 가늘고 긴 것을 세는 단위 ⭐
  > 　　　裤子 kùzi 명 바지 ⭐

- **突然** tūrán 부 갑자기

  我的手机（**突然**）找不到了。 내 휴대폰을 갑자기 못 찾겠어(찾을 수 없어).
  Wǒ de shǒujī (tūrán) zhǎo bu dào le.

  你有雨伞吗？外边（**突然**）下雨了。 너는 우산 있니? 밖에 갑자기 비가 와.
  Nǐ yǒu yǔsǎn ma? Wàibian (tūrán) xià yǔ le.

  > 어휘 　雨伞 yǔsǎn 명 우산

- **当然** dāngrán 부 당연히, 물론 (당연한 상황을 나타냄) ⭐

  我（**当然**）相信你。 나는 물론 너를 믿어.
  Wǒ (dāngrán) xiāngxìn nǐ.

  （**当然**）可以。 당연히 가능하지.
  (Dāngrán) kěyǐ.

  > 어휘 　相信 xiāngxìn 동 믿다, 신뢰하다 ⭐

- **马上** mǎshàng 부 곧, 즉시, 바로(동작의 발생이 신속함을 나타냄)

  电影（**马上**）就要开始了。 영화가 곧 시작할 거예요.
  Diànyǐng (mǎshàng) jiù yào kāishǐ le.

  别着急，（**马上**）就到机场了。 조급해하지 마세요, 곧 공항에 도착해요.
  Bié zháo jí, (mǎshàng) jiù dào jīchǎng le.

  > 어휘 　就要~了 jiù yào~le 곧 ~하려고 하다 ｜ 着急 zháo jí 형 조급하다, 초조하다 ⭐
  > 　　　机场 jīchǎng 명 공항 ⭐

- **已经** yǐjing 부 이미, 벌써

  她（**已经**）有孩子了。 그녀는 이미 아이가 있어.
  Tā (yǐjing) yǒu háizi le.

  我（**已经**）考完了。 나는 이미 시험을 다 봤어.
  Wǒ (yǐjing) kǎo wán le.

  > 어휘 　孩子 háizi 명 아이, 자녀 ｜ 考 kǎo 동 시험을 보다

- **正在** zhèngzài 부 ~하고 있는 중이다

    他（正在）开会。 그는 회의 중이다.
    Tā (zhèngzài) kāi huì.

    妈妈（正在）做菜呢。 엄마는 요리를 하는 중이다.
    Māma (zhèngzài) zuò cài ne.

    어휘 开会 kāi huì 동 회의를 하다

- **经常** jīngcháng 부 자주 / **常常** chángcháng 부 자주

    我（经常）看体育节目。 나는 자주 스포츠 프로그램을 본다.
    Wǒ (jīngcháng) kàn tǐyù jiémù.

    爸爸（常常）带我出去玩儿。 아빠는 자주 나를 데리고 나가서 놀아준다.
    Bàba (chángcháng) dài wǒ chū qu wánr.

    어휘 体育 tǐyù 명 체육, 스포츠 ★ | 节目 jiémù 명 프로그램 ★ | 带 dài 동 인솔하다, 데리다, (몸에) 지니다 ★

- **总是** zǒngshì 부 늘, 항상

    他（总是）不吃早饭。 그는 항상 아침 밥을 먹지 않는다.
    Tā (zǒngshì) bù chī zǎofàn.

    妈妈（总是）让我洗碗。 엄마는 늘 나에게 설거지를 시킨다.
    Māma (zǒngshì) ràng wǒ xǐ wǎn.

    어휘 让 ràng 동 ~에게 ~하게 하다(시키다) | 洗碗 xǐ wǎn 동 설거지를 하다

- **又** yòu 부 또, 다시, 게다가 ★

    他今天（又）迟到了。 그는 오늘 또 지각했다.
    Tā jīntiān (yòu) chídào le.

    你（又）感冒了? 너는 또 감기에 걸렸어?
    Nǐ (yòu) gǎnmào le?

    어휘 迟到 chídào 동 지각하다 ★ | 感冒 gǎnmào 동 감기에 걸리다 명 감기 ★

- **再** zài 부 다시, 재차, 또

    我一会儿（再）来。 제가 잠시 후에 다시 올게요.
    Wǒ yíhuìr (zài) lái.

    你（再）好好儿看看。 당신이 다시 잘 좀 봐요.
    Nǐ (zài) hǎohāor kàn kan.

    어휘 一会儿 yíhuìr 부 잠시 후에 명 잠시, 잠깐 동안 ★ | 好好儿 hǎohāor 부 잘, 제대로

- **别** bié 〔부〕 ~하지 마라

    （别）担心。걱정하지 마.
    (Bié) dān xīn.

    （别）难过。슬퍼하지 마(괴로워하지 마).
    (Bié) nánguò.

    〔어휘〕 担心 dān xīn 〔동〕 걱정하다, 염려하다 ★ ｜ 难过 nánguò 〔형〕 괴롭다, 슬프다 ★

- **更** gèng 〔부〕 더욱, 더

    今天比昨天（更）冷。오늘은 어제보다 더 춥다.
    Jīntiān bǐ zuótiān (gèng) lěng.

    这个苹果比那个（更）新鲜。이 사과는 저것(사과)보다 더 신선하다.
    Zhè ge píngguǒ bǐ nà ge (gèng) xīnxiān.

    〔어휘〕 双 shuāng 〔양〕 쌍, 켤레(쌍이나 짝을 이룬 물건을 세는 단위) ｜ 舒服 shūfu 〔형〕 편안하다 ★
    比 bǐ 〔전〕 ~보다, ~에 비해 ｜ 新鲜 xīnxiān 〔형〕 신선하다 ★

2 접속사

1 접속사의 역할과 위치

❶ 문장의 맨 앞, 또는 쉼표 (,) 뒤가 접속사 자리이다.

: 접속사는 두 개 이상의 구나 절을 하나의 문장으로 이어주는 역할을 하며, 일반적으로 구나 절의 앞머리에 놓인다.

> 只有大家共同努力，才能解决这个问题。 모두 함께 노력해야만, 비로소 이 문제를 해결할 수 있다.
> Zhǐ yǒu dàjiā gòngtóng nǔlì, cái néng jiějué zhè ge wèntí.
>
> 这件衣服虽然很漂亮，但是很贵。 이 옷은 비록 예쁘지만, 비싸다.
> Zhè jiàn yīfu suīrán hěn piàoliang, dànshì hěn guì.

〔어휘〕 只有~，才~ zhǐ yǒu~, cái~ ~해야만, 비로소 ~하다 ｜ 共同 gòngtóng 〔부〕 함께, 다같이 〔형〕 공통의
努力 nǔlì 〔동〕 노력하다 〔형〕 열심이다 ｜ 虽然~，但是~ suīrán~, dànshì~ 비록 ~이지만, 그러나 ~하다

❷ 점층, 인과, 전환, 가설, 조건, 선택, 선후 관계를 연결한다.

: 접속사는 두 개의 구나 절의 점층, 인과, 전환, 가설, 조건, 선택, 선후 관계를 설명하며, 주로 다른 접속사나 부사와 함께 호응하여 사용하므로 함께 외워두어야 한다.

> 我不但学汉语，而且还学日语。 나는 중국어를 배울 뿐 아니라, 게다가 일본어도 배운다.
> Wǒ búdàn xué Hànyǔ, érqiě hái xué Rìyǔ.

〔어휘〕 不但~，而且~ búdàn~, érqiě~ ~할 뿐만 아니라, 게다가 ~하다

2 빈출 접속사와 고정표현 익히기

- **不但~, 而且~** búdàn~, érqiě~ ~할 뿐만 아니라, 게다가 ~하다

    我（不但）喜欢游泳，（而且）喜欢打篮球。 그는 수영뿐만 아니라, 게다가 농구하는 것도 좋아한다.
    Wǒ (búdàn) xǐhuan yóu yǒng, (érqiě) xǐhuan dǎ lánqiú.

    我哥哥（不但）长得帅，（而且）很聪明。 우리 오빠는 잘생겼을 뿐만 아니라, 게다가 똑똑하다.
    Wǒ gēge (búdàn) zhǎng de shuài, (érqiě) hěn cōngming.

    > 어휘 游泳 yóu yǒng 동 수영하다 | 打篮球 dǎ lánqiú 농구하다 | 长 zhǎng 동 생기다, 자라다 |
    > 帅 shuài 형 잘생기다, 멋지다 | 聪明 cōngming 형 똑똑하다

- **A或者B** A huòzhě B　A 또는 B(평서문에 쓰여 선택을 나타냄)

    我们明天（或者）后天再去吧。 우리 내일이나 모레 다시 가보자.
    Wǒmen míngtiān (huòzhě) hòutiān zài qù ba.

    热吗？那么你开空调（或者）开窗户吧。 더워? 그럼 에어컨을 켜거나 창문을 열어.
    Rè ma? Nàme nǐ kāi kōngtiáo (huòzhě) kāi chuānghu ba.

    > 어휘 空调 kōngtiáo 명 에어컨 ★ | 窗户 chuānghu 명 창문, 창

- **A还是B** A háishi B　A 아니면 B(의문문에 쓰여 선택을 나타냄)

    你要喝果汁（还是）喝咖啡？ 당신은 과일 주스 드실래요 아니면 커피 드실래요?
    Nǐ yào hē guǒzhī (háishi) hē kāfēi?

    你坐火车（还是）坐飞机？ 당신은 기차를 타요 아니면 비행기를 타요?
    Nǐ zuò huǒchē (háishi) zuò fēijī?

    > 어휘 果汁 guǒzhī 명 과일 주스 | 火车 huǒchē 명 기차 | 飞机 fēijī 명 비행기

- **先~, 然后~** xiān~, ránhòu~ 먼저 ~하고, 그런 후에 ~하다

    我（先）完成工作，（然后）再给你打电话。 내가 먼저 일을 다 끝내고 난 후에, 다시 너에게 전화할게.
    Wǒ (xiān) wánchéng gōngzuò, (ránhòu) zài gěi nǐ dǎ diànhuà.

    我（先）把作业写完，（然后）跟你一起去看电影。
    Wǒ (xiān) bǎ zuòyè xiě wán, (ránhòu) gēn nǐ yìqǐ qù kàn diànyǐng.
    내가 먼저 숙제를 다 하고 난 후에, 너와 함께 영화 보러 갈게.

    > 어휘 完成 wánchéng 동 완성하다, (예정대로) 끝내다, 완수하다 ★ | 把 bǎ 전 ~을(를) ★

- **如果~(的话), 就~** rúguǒ~(de huà), jiù~ 만약 ~한다면, 곧 ~하다 ★

    （如果）你每天锻炼身体，（就）会变得更健康。 만약 네가 매일 몸을 단련한다면, 더 건강해질 것이다.
    (Rúguǒ) nǐ měitiān duànliàn shēntǐ, (jiù) huì biàn de gèng jiànkāng.

    （如果）这块儿手表不贵，我（就）买了。 만약 이 손목시계가 비싸지 않았다면, 나는 바로 샀을 것이다.
    (Rúguǒ) zhè kuàir shǒubiǎo bú guì, wǒ (jiù) mǎi le.

    > 어휘 变 biàn 동 (성질, 상태가) 변하다, 바뀌다 | 健康 jiànkāng 형 건강하다 명 건강 |
    > 块儿 kuàir 양 덩어리나 조각 형태로 된 것을 세는 단위

- 虽然～，但是～ suīrán~, dànshì~ 비록 ~이지만, 그러나 ~하다

  （虽然）她吃得很多，（但是）很瘦。 비록 그녀는 많이 먹지만, 말랐다.
  (Suīrán) tā chī de hěn duō, (dànshì) hěn shòu.

  （虽然）你不听话，（但是）妈妈还是爱你。 비록 네가 말을 잘 듣지 않지만, 엄마는 여전히 너를 사랑한단다.
  (Suīrán) nǐ bù tīng huà, (dànshì) māma háishi ài nǐ.

  어휘 瘦 shòu 형 마르다 | 听话 tīng huà 동 말을 (잘) 듣다 | 还是 háishi 부 여전히, 아직도 ★

- 因为～，所以～ yīnwèi~, suǒyǐ~ ~하기 때문에, 그래서 ~하다

  （因为）我家离公司很近，（所以）我每天都骑自行车上班。
  (Yīnwèi) wǒ jiā lí gōngsī hěn jìn, (suǒyǐ) wǒ měitiān dōu qí zìxíngchē shàng bān.

  우리 집은 회사에서 가깝기 때문에, 나는 매일 자전거를 타고 출근한다.

  （因为）她要去旅游，（所以）买了一个新的行李箱。 그녀는 여행을 가려 하기 때문에, 새 캐리어를 하나 샀다.
  (Yīnwèi) tā yào qù lǚ yóu, (suǒyǐ) mǎi le yí ge xīn de xínglixiāng.

  어휘 离 lí 전 ~로부터 | 上班 shàng bān 동 출근하다 | 旅游 lǚ yóu 동 여행하다 |
  行李箱 xínglixiāng 명 여행용 가방, 캐리어 ★

실전 테스트

第1-3题 빈칸에 들어갈 알맞은 어휘를 선택하세요.

A 终于　　B 爬山　　C 还是　　D 一直　　E 声音　　F 双

例如：她说话的（ E ）多好听啊!

1. 他最近（　　）忙着找工作，没时间见朋友。

2. 晚上你是想吃米饭（　　）面条？

3. 那个数学作业，我（　　）做完了。

第4-6题 빈칸에 들어갈 알맞은 어휘를 선택하세요.

A 突然　　B 难过　　C 皮鞋　　D 爱好　　E 然后　　F 马上

例如：A: 你有什么（ D ）?
　　　B: 我喜欢体育。

4. A: 我的眼镜呢？怎么（　　）找不到了？
　 B: 是不是在洗手间里？

5. A: 你饿不？我想去买点儿面包。
　 B: 那你快点儿，电影（　　）就要开始了。

6. A: 小马，我现在要去公园散步，你去不去？
　 B: 等我一下，我先打扫房间，（　　）和你一起去。

2 어휘 문제는 품사 파악이 기본이다.

공략비법 08 전치사, 양사 문제

출제 형식

전치사, 양사 관련 문제는 매회 1~2문제 정도 출제된다. 전치사와 양사 문제는 독해뿐만 아니라 다른 영역에서도 관련 지식을 묻는 문제가 자주 출제되므로 주요 전치사와 양사의 특징, 종류 및 쓰임에 대한 이해가 필요하다.

핵심 전략

1. **전치사 문제에서는 '전치사 + 명사(구)'를 기억하라.**

   전치사는 일반적으로 명사(구) 앞에 놓여 전치사구를 만든다. 따라서 만약 명사(구) 앞에 빈칸이 있다면 전치사가 정답일 확률이 높다. 또한 '对~满意 ~에 대해 만족하다', '离~近/远 ~로 부터 가깝다/멀다'처럼 주요 전치사와 호응하여 쓰이는 표현들을 익혀둔다면 문제를 더욱 빠르게 해결할 수 있다.

2. **수사 또는 지시대명사(这/那) 뒤에 양사가 온다.**

   사람이나 사물을 세는 단위인 양사는 일반적으로 명사 앞에 놓인다. 양사는 일반적으로 수사나 지시대명사 '这', '那'와 함께 쓰이기 때문에 빈칸 앞에 수사 혹은 지시대명사(这/那)가 있다면 양사가 정답일 가능성이 높다. 중국어에는 다양한 양사가 있으므로 사람, 사물, 동작 등을 셀 때, 쓰이는 각각의 양사들을 함께 기억해두자.

유형맛보기 1-3

A 张 zhāng 양 장(종이, 침대, 탁자 등을 세는 단위)

B 奇怪 qíguài 형 이상하다, 희한하다 ☆

C 发现 fāxiàn 동 발견하다 명 발견 ☆

D 除了 chúle 전 ~이외에도, ~을 제외하고 ☆

E 声音 shēngyīn 명 소리, 목소리

F 把 bǎ 전 ~을(를) ☆

1. 我刚才（ F 把 ）手机忘在饭店了，我们快点儿回去找找吧!
2. 我想画画儿，可以给我一（ A 张 ）纸吗?
3. （ D 除了 ）蛋糕以外，你还想吃什么东西?

지문 어휘

刚才 gāngcái 명 방금, 막

忘 wàng 동 잊다

饭店 fàndiàn 명 식당, 호텔

回去 huí qu 동 되돌아가다

找 zhǎo 동 찾다, 구하다

画画儿 huà huàr 동 그림을 그리다

可以 kěyǐ 조동 ~할 수 있다, 가능하다

纸 zhǐ 명 종이

蛋糕 dàngāo 명 케이크 ☆

以外 yǐwài 명 이외

东西 dōngxi 명 (구체적인 혹은 추상적인) 것, 물건

1. 나는 방금 전에 휴대폰을 식당에 두고 왔어, 우리 빨리 돌아가서 좀 찾아보자!
2. 나는 그림을 그리고 싶은데, 나에게 종이 한 장 줄 수 있니?
3. 케이크 이외에, 너는 또 무엇을 먹고 싶니?

정답 1. F   2. A   3. D

해설
1. 명사 '手机 휴대폰' 앞에 빈칸이 있으므로 전치사가 정답이 될 수 있다. 빈칸에는 목적어인 '手机'를 술어 '忘' 앞으로 도치시켜줄 수 있는 전치사가 필요한데, 이때 필요한 것이 바로 '~을(를)'이라는 뜻의 전치사 '把'이다. 식당에 휴대폰을 두고 온 상황이므로 정답은 F이다.

2. 수사 '一'와 명사 '纸 종이' 사이에 빈칸이 있으므로 양사가 와야 한다. 보기 중 종이를 세는 단위인 양사는 '张 장'이므로 정답은 A이다.

3. 명사 '蛋糕 케이크' 앞에 빈칸이 있으므로 전치사가 정답이 될 수 있다. 앞 절의 '以外'는 '除了'와 함께 쓰여 '除了~ 以外 ~이외에도, ~을 제외하고'라는 뜻을 나타낸다. 뒤 절에 '还'가 있는 것으로 보아 케이크 이외에 더 먹고 싶은 것이 있는지 물어보는 것이 의미상 자연스러우므로 정답은 D이다.

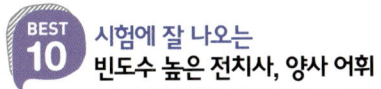
시험에 잘 나오는
빈도수 높은 전치사, 양사 어휘

1 把 bǎ 전 ~을(를) ★
2 被 bèi 전 ~에 의해 ★
3 比 bǐ 전 ~에 비해, ~보다
4 除了 chúle 전 ~을 제외하고 ★
5 离 lí 전 ~로부터
6 件 jiàn 양 옷, 일, 사건 등을 세는 단위
7 块 kuài 양 덩어리나 조각 형태로 된 것을 세는 단위, 위안(중국의 화폐 단위)
8 辆 liàng 양 대, 량(차량을 세는 단위)
9 条 tiáo 양 치마, 바지, 강 등의 가늘고 긴 것을 세는 단위 ★
10 种 zhǒng 양 종류, 부류, 가지

출제 빈도수 높은
전치사, 양사 관련 내공 쌓기

1 전치사

1 전치사의 역할과 위치

전치사구: [전치사+명사/대명사]

전치사는 명사나 대명사와 함께 쓰여 장소, 시간, 동작의 방향, 대상 등을 나타낸다.

我在给妈妈打电话。 Wǒ zài gěi māma dǎ diànhuà.	나는 엄마에게 전화하는 중이다.
图书馆离这儿很近。 Túshūguǎn lí zhèr hěn jìn.	도서관은 여기에서 가깝다.

어휘 在 zài 부 ~하고 있는 중이다

2 빈출 전치사 어휘 익히기

- 从 cóng 전 ~(로)부터

  (从)明天开始，我努力学习。 내일부터 저는 열심히 공부할 거예요.
  (Cóng) míngtiān kāishǐ, wǒ nǔlì xuéxí.

  (从)大学毕业到现在，我们没见过面。 대학을 졸업하고 나서 지금까지 우리는 만난 적이 없다.
  (Cóng) dàxué bì yè dào xiànzài, wǒmen méi jiàn guo miàn.

  어휘 毕业 bì yè 졸업하다

- 到 dào 전 ~까지

  从上海(到)北京坐飞机的话，需要两个小时。 상하이에서 베이징까지 비행기를 타면, 두 시간 걸린다.
  Cóng Shànghǎi (dào) Běijīng zuò fēijī de huà, xūyào liǎng ge xiǎoshí.

  从一楼(到)三楼都是办公室。 1층부터 3층까지 모두 사무실이다.
  Cóng yī lóu (dào) sān lóu dōu shì bàngōngshì.

  어휘 (如果)~的话 (rúguǒ)~de huà 접 만약 ~한다면 ★ | 楼 lóu 명 층, 건물 |
  办公室 bàngōngshì 명 사무실 ★

- 向 xiàng 전 ~(으)로, ~을 향하여

    （向）左拐就能到北京饭店。 왼쪽으로 돌면 바로 베이징 호텔에 도착할 수 있다.
    (Xiàng) zuǒ guǎi jiù néng dào Běijīng fàndiàn.

    你从地铁站（向）北走一百米，就会看见北京大学。
    Nǐ cóng dìtiězhàn (xiàng) běi zǒu yìbǎi mǐ, jiù huì kàn jiàn Běijīng dàxué.
    너는 지하철역에서 북쪽으로 100미터 걸어가면, 바로 베이징 대학교가 보일거야.

    어휘 拐 guǎi 동 꺾어 돌다, 방향을 바꾸다 ｜ 饭店 fàndiàn 명 호텔, 식당 ｜ 地铁站 dìtiězhàn 명 지하철역 ｜
    米 mǐ 양 미터(m)

- 往 wǎng 전 ~쪽으로

    请大家（往）里边走一走。 여러분 안쪽으로 좀 들어가 주세요.
    Qǐng dàjiā (wǎng) lǐbian zǒu yi zǒu.

    （往）前面一直走就是电影院。 앞쪽으로 쭉 걸어가면 바로 영화관이다.
    (Wǎng) qiánmian yìzhí zǒu jiù shì diànyǐngyuàn.

    어휘 一直 yìzhí 부 곧장, 계속, 줄곧

- 离 lí 전 ~에서, ~로부터

    图书馆（离）这儿很近。 도서관은 여기에서 가깝다.
    Túshūguǎn (lí) zhèr hěn jìn.

    （离）起飞还有一个小时。 이륙까지 아직 한 시간이 남았다.
    (Lí) qǐ fēi háiyǒu yí ge xiǎoshí.

    어휘 起飞 qǐ fēi 동 이륙하다

- 把 bǎ 전 ~을(를) ★

    我（把）咖啡喝完了。 나는 커피를 다 마셨다.
    Wǒ (bǎ) kāfēi hē wán le.

    妈妈（把）我的衬衫洗了。 엄마는 내 셔츠를 빨았다.
    Māma (bǎ) wǒ de chènshān xǐ le.

    어휘 衬衫 chènshān 명 셔츠, 블라우스 ★

- 被 bèi 전 ~에 의해 ★

    照相机（被）弟弟弄坏了。 카메라는 남동생이 망가뜨렸다(카메라는 남동생에 의해 망가졌다).
    Zhàoxiàngjī (bèi) dìdi nòng huài le.

    行李箱（被）我朋友借走了。 캐리어는 내 친구가 빌려갔다(캐리어는 내 친구에 의해 빌려가졌다).
    Xínglixiāng (bèi) wǒ péngyou jiè zǒu le.

    어휘 照相机 zhàoxiàngjī 명 사진기 ★ ｜ 弄坏 nòng huài 동 망가뜨리다, (일을) 망치다 ｜
    借 jiè 동 빌리다, 빌려주다 ★

- **比** bǐ 전 ~보다

    地铁（比）公共汽车更快。 지하철은 버스보다 더 빠르다.
    Dìtiě (bǐ) gōnggòngqìchē gèng kuài.

    他的个子（比）我高一点儿。 그의 키가 나보다 조금 더 크다.
    Tā de gèzi (bǐ) wǒ gāo yìdiǎnr.

    > 어휘 公共汽车 gōnggòngqìchē 명 버스 | 一点儿 yìdiǎnr 양 조금, 약간

- **对** duì 전 ~에 대해, ~에게

    我（对）中国文化很感兴趣。 나는 중국 문화에 관심이 있다.
    Wǒ (duì) Zhōngguó wénhuà hěn gǎn xìngqù.

    他（对）自己的成绩很满意。 그는 자신의 성적에 만족해한다.
    Tā (duì) zìjǐ de chéngjì hěn mǎnyì.

    > 어휘 文化 wénhuà 명 문화 | 感兴趣 gǎn xìngqù 관심이 있다, 흥미를 느끼다 ★ | 成绩 chéngjì 명 성적 ★ |
    > 满意 mǎnyì 형 만족하다 ★

- **给** gěi 전 ~에게

    他经常（给）父母打电话。 그는 자주 부모님께 전화한다.
    Tā jīngcháng (gěi) fùmǔ dǎ diànhuà.

    这是他送（给）我的生日礼物。 이것은 그가 나에게 주는 생일선물이다.
    Zhè shì tā sòng (gěi) wǒ de shēngrì lǐwù.

    > 어휘 父母 fùmǔ 명 부모님

- **跟** gēn / **和** hé 전 ~와(과) ★

    明天我（跟）他一起去旅游。 내일 나는 그와 함께 여행을 간다.
    Míngtiān wǒ (gēn) tā yìqǐ qù lǚyóu.

    我（和）我妻子都喜欢运动。 나와 내 아내는 모두 운동을 좋아한다.
    Wǒ (hé) wǒ qīzi dōu xǐhuan yùndòng.

    > 어휘 妻子 qīzi 명 아내

- **除了** chúle 전 ~이외에도, ~을 제외하고 ★

    （除了）打篮球，你还喜欢什么运动？ 농구 하는 것 이외에, 너는 또 어떤 운동을 좋아하니?
    (Chúle) dǎ lánqiú, nǐ hái xǐhuan shénme yùndòng?

    （除了）他以外，别的同学都来了。 그를 제외하고, 다른 친구들은 모두 왔다.
    (Chúle) tā yǐwài, bié de tóngxué dōu lái le.

    > 어휘 还 hái 부 또, 더, 여전히 ★

    > **Tip!**
    > 除了~(以外)，还/也~:
    > ~이외에도, 또~(첨가, 포함)
    > 除了~(以外)，都~:
    > ~을 제외하고, 모두~(배제, 제외)

- **关于** guānyú 전 ~관해서, ~에 관한

  (关于) 那个问题，你有什么想法？ 그 문제에 관하여 너는 어떤 생각을 가지고 있니?
  (Guānyú) nà ge wèntí, nǐ yǒu shénme xiǎngfǎ?

  她在看(关于)中国文化的书。 그녀는 중국 문화에 관한 책을 읽고 있다.
  Tā zài kàn (guānyú) Zhōngguó wénhuà de shū.

  > 어휘 想法 xiǎngfǎ 명 생각, 의견

- **根据** gēnjù 전 ~을 근거로 하여

  (根据) 这段话，我们可以知道什么？ 이 글을 근거로 하여 우리는 무엇을 알 수 있는가?
  (Gēnjù) zhè duàn huà, wǒmen kěyǐ zhīdao shénme?

  (根据)这些材料，我们可以做出最后的决定。 이 자료들에 근거하여 우리는 최종 결정을 내릴 수 있다.
  (Gēnjù) zhè xiē cáiliào, wǒmen kěyǐ zuò chū zuìhòu de juédìng.

  > 어휘 段 duàn 양 단락, 얼마간, 구간(일정한 시간·공간의 거리나 구간을 세는 단위) |
  > 这些 zhè xiē 대 이것들, 이런 것들, 이들 | 材料 cáiliào 명 자료, 데이터 |
  > 决定 juédìng 명 결정 동 결정하다, 결심하다 ★

- **经过** jīngguò 전 ~를 통하여

  (经过)一年的练习，他在这次比赛中得到了很好的成绩。
  (Jīngguò) yì nián de liànxí, tā zài zhè cì bǐsài zhōng dédào le hěn hǎo de chéngjì.

  1년간의 연습을 통해, 그는 이번 경기에서 좋은 성적을 거두었다.

  (经过)半年的努力，他的汉语提高了不少。 반 년간의 노력을 통해, 그의 중국어는 적잖게 향상되었다.
  (Jīngguò) bàn nián de nǔlì, tā de Hànyǔ tígāo le bù shǎo.

  > 어휘 练习 liànxí 명 연습 동 연습하다 | 得到 dédào 동 받다, 획득하다, 취득하다 | 成绩 chéngjì 명 성적 ★
  > 提高 tígāo 동 향상시키다, 높이다, 끌어올리다

- **为** wèi 전 ~을 위하여, ~덕분에, ~때문에

  我的丈夫 (为)我准备了很多礼物。 남편은 나를 위해 많은 선물을 준비했다.
  Wǒ de zhàngfu (wèi) wǒ zhǔnbèi le hěn duō lǐwù.

  我真 (为) 她高兴。 나는 그녀 덕분에 정말 기쁘다.
  Wǒ zhēn (wèi) tā gāoxìng.

  > 어휘 丈夫 zhàngfu 명 남편 | 礼物 lǐwù 명 선물 ★

- **为了** wèile 전 ~을 위해서, ~을 위하여

  (为了) 身体健康，我每天早上都出去跑步。 신체 건강을 위해, 나는 매일 아침마다 나가서 조깅을 한다.
  (Wèile) shēntǐ jiànkāng, wǒ měitiān zǎoshang dōu chū qu pǎo bù.

  (为了) 提高数学成绩，我做了很多练习题。 수학 성적을 올리기 위해, 나는 많은 연습 문제를 풀었다.
  (Wèile) tígāo shùxué chéngjì, wǒ zuò le hěn duō liànxítí.

  > 어휘 跑步 pǎo bù 동 달리기하다, 조깅하다

2 양사

1 양사의 역할과 위치

양사는 사람이나 사물 등을 세는 단위로, 명사의 양을 세는 '명량사'와 동작의 횟수를 세는 '동량사' 두 가지로 나눌 수 있다.

❶ 명량사

[수사 + 양사 + 명사]

> 我买了 一 双 皮鞋。
> 　　　수사 양사 명사
>
> 나는 가죽 구두 한 켤레를 샀다.

[지시대명사(这/那) + (수사) + 양사 + 명사]

수사가 '一'인 경우에는 '一'를 생략할 수 있다.

> 这 (一) 本 小说 非常有意思。
> 지시   양사 명사
> 대명사
>
> 이 소설은 매우 재미있다.

어휘 　小说 xiǎoshuō 양 소설

❷ 동량사

[동사 + (了/过) + 수사 + 양사]

> 我 去 过 一 次 中国。
> 　동사　　수사 양사
>
> 나는 중국에 한 번 가본 적 있다.

2 빈출 양사 어휘 익히기

- **个** ge 양 개, 명(물건, 사람을 세는 단위)

  你有几 (个) 苹果? 너는 사과가 몇 개 있니?
  Nǐ yǒu jǐ (ge) píngguǒ?

  我们班有二十 (个) 学生。 우리 반에는 스무 명의 학생이 있다.
  Wǒmen bān yǒu èrshí (ge) xuésheng.

○ 位 wèi 양 분, 명(공경의 뜻을 내포함) ⭐

请问你们几（位）？ 실례지만 몇 분이시죠?
Qǐng wèn nǐmen jǐ (wèi)?

那（位）医生很有名。 그 의사는 유명하다
Nà (wèi) yīshēng hěn yǒumíng.

어휘 有名 yǒumíng 형 유명하다

○ 只 zhī 양 마리(짐승을 세는 단위)

动物园里有四（只）熊猫。 동물원에는 판다 네 마리가 있다.
Dòngwùyuán li yǒu sì (zhī) xióngmāo.

你们家有几（只）狗？ 너희 집에는 개가 몇 마리 있니?
Nǐmen jiā yǒu jǐ (zhī) gǒu?

어휘 动物园 dòngwùyuán 명 동물원

○ 本 běn 양 권(책을 세는 단위)

这（本）书是奶奶送给我的。 이 책은 할머니께서 나에게 주신 것이다.
Zhè (běn) shū shì nǎinai sòng gěi wǒ de.

桌子上有一（本）书，是你的吗？ 탁자 위에 책 한 권이 있는데, 네거야?
Zhuōzi shang yǒu yì (běn) shū, shì nǐ de ma?

어휘 桌子 zhuōzi 명 탁자, 테이블

○ 件 jiàn 양 옷, 일, 사건 등을 세는 단위

这（件）衬衫很便宜。 이 셔츠는 저렴하다.
Zhè (jiàn) chènshān hěn piányi.

我不知道那（件）事情。 나는 그 일을 모른다.
Wǒ bù zhīdao nà (jiàn) shìqing.

어휘 衬衫 chènshān 명 셔츠, 블라우스 ⭐

○ 条 tiáo 양 치마, 바지, 강 등의 가늘고 긴 것을 세는 단위 ⭐

你穿的那（条）裙子真好看！ 네가 입은 그 치마 정말 예쁘다!
Nǐ chuān de nà (tiáo) qúnzi zhēn hǎokàn!

奶奶家附近有一（条）小河。 할머니 댁 근처에는 개울이 하나 있다.
Nǎinai jiā fùjìn yǒu yì (tiáo) xiǎohé.

어휘 裙子 qúnzi 명 치마 ⭐ | 附近 fùjìn 명 근처, 부근 | 小河 xiǎohé 명 개울, 작은 강

○ **张** zhāng 양 장(종이, 침대, 탁자 등을 세는 단위)

桌子上有好几（张）照片。 탁자 위에는 여러 장의 사진이 있다.
Zhuōzi shang yǒu hǎo jǐ (zhāng) zhàopiàn.

你可以借我一（张）纸吗？ 너는 나에게 종이 한 장을 빌려줄 수 있니?
Nǐ kěyǐ jiè wǒ yì (zhāng) zhǐ ma?

어휘 **照片** zhàopiàn 명 사진 | **纸** zhǐ 명 종이

○ **辆** liàng 양 대, 량(차량, 자전거를 세는 단위)

你家里有几（辆）车？ 너희 집에는 차가 몇 대 있니?
Nǐ jiā li yǒu jǐ (liàng) chē?

我把这（辆）自行车送给他了。 나는 이 자전거를 그에게 (선물로) 주었다.
Wǒ bǎ zhè (liàng) zìxíngchē sòng gěi tā le.

○ **双** shuāng 양 쌍, 켤레(쌍이나 짝을 이룬 물건을 세는 단위)

我新买的这（双）鞋怎么样？ 내가 새로 산 이 신발 어때?
Wǒ xīn mǎi de zhè (shuāng) xié zěnmeyàng?

我想买几（双）袜子。 나는 양말 몇 켤레를 사려고 한다.
Wǒ xiǎng mǎi jǐ (shuāng) wàzi.

어휘 **袜子** wàzi 명 양말

○ **种** zhǒng 양 종류, 부류, 가지

你喜欢哪（种）水果？ 너는 어떤 종류의 과일을 좋아하니?
Nǐ xǐhuan nǎ (zhǒng) shuǐguǒ?

我特别喜欢这（种）颜色。 나는 이런 종류의 색을 특히 좋아한다.
Wǒ tèbié xǐhuan zhè (zhǒng) yánsè.

어휘 **颜色** yánsè 명 색, 색깔

○ **元** yuán 양 위안(중국의 화폐 단위)

桌子上有十（元）。 탁자 위에 10위안이 있다.
Zhuōzi shang yǒu shí (yuán).

这里写着只需要五（元）钱。 여기에는 단지 5위안만 필요하다고 쓰여 있다.
Zhè li xiě zhe zhǐ xūyào wǔ (yuán) qián.

어휘 **只** zhǐ 부 단지, 오직, 다만 ★ | **需要** xūyào 동 필요하다 ★

- **块** kuài 양 덩어리나 조각 형태로 된 것을 세는 단위, 위안(중국의 화폐 단위, '元 yuán'과 같은 의미)

    我想吃一（块）蛋糕。 나는 케이크 한 조각을 먹고 싶다.
    Wǒ xiǎng chī yí (kuài) dàngāo.

    这个手机很便宜，才三百（块）。 이 휴대폰은 저렴하다. 고작 300위안이다.
    Zhè ge shǒujī hěn piányi, cái sān bǎi (kuài).

    > 어휘 **才** cái 부 고작, 겨우

- **角** jiǎo 양 자오(1위안의 10분의 1에 해당, 구어로는 '毛 máo'라고 함)

    一共是三元五（角）。 모두 3.5위안 입니다.
    Yígòng shì sān yuán wǔ (jiǎo).

    我还有五元两（角）。 나는 아직 5.2위안 있어.
    Wǒ háiyǒu wǔ yuán liǎng (jiǎo).

    > 어휘 **一共** yígòng 부 총, 전부, 합계 ⭐

- **分** fēn 양 펀(1위안의 100분의 1에 해당), 분

    现在差五（分）六点。 지금 6시 5분 전이야.
    Xiànzài chà wǔ (fēn) liù diǎn.

    找您一块两角五（分）。 1.25위안 거슬러 드릴게요.
    Zhǎo nín yí kuài liǎng jiǎo wǔ (fēn).

    > 어휘 **差** chà 동 부족하다, 모자라다[시간을 나타낼 때는 '~(분) 전'의 의미로 쓰임] ⭐

- **点** diǎn 양 시

    现在几（点）了？ 지금 몇 시예요?
    Xiànzài jǐ (diǎn) le?

    今天的会议几（点）开始？ 오늘 회의는 몇 시에 시작하나요?
    Jīntiān de huìyì jǐ (diǎn) kāishǐ?

- **刻** kè 양 15분의 단위를 나타냄(一刻: 15분, 三刻: 45분) ⭐

    我们三点一（刻）在学校门口见面。 우리 3시 15분에 학교 앞에서 만나자.
    Wǒmen sān diǎn yí (kè) zài xuéxiào ménkǒu jiàn miàn.

    现在差一（刻）六点。 지금은 6시 15분 전이야.
    Xiànzài chà yí (kè) liù diǎn.

    > 어휘 **门口** ménkǒu 명 입구, 현관

- **段** duàn ⟨양⟩ 단락, 얼마간, 구간(일정한 시간·공간의 거리나 구간을 세는 단위)

    这 (段) 话主要告诉我们什么？ 이 (단락의) 글은 주로 우리에게 무엇을 알려주는가?
    Zhè (duàn) huà zhǔyào gàosu wǒmen shénme?

    这 (段) 时间，我身体一直不舒服。 그동안 나는 몸이 계속 좋지 않았다.
    Zhè (duàn) shíjiān, wǒ shēntǐ yìzhí bù shūfu.

    어휘 主要 zhǔyào ⟨부⟩ 주로 ⟨형⟩ 주요한, 주된 | 告诉 gàosu ⟨동⟩ 말하다, 알리다 | 舒服 shūfu ⟨형⟩ 편안하다 ★

- **斤** jīn ⟨양⟩ 근(무게를 세는 단위) / **公斤** gōngjīn ⟨양⟩ 킬로그램(무게를 세는 단위)

    苹果一 (斤) 多少钱？ 사과는 한 근(500그램)에 얼마예요?
    Píngguǒ yì (jīn) duōshao qián?

    我最近胖了五 (公斤)。 나는 최근 살이 5킬로그램 쪘다.
    Wǒ zuìjìn pàng le wǔ (gōngjīn).

- **次** cì ⟨양⟩ 번, 차례(동작을 세는 단위)

    这是我第二 (次) 来中国旅游。 이번이 내가 두 번째로 중국에 여행 온 것이다.
    Zhè shì wǒ dì èr (cì) lái Zhōngguó lǚyóu.

    这本小说我看过很多 (次)。 이 소설을 나는 여러 번 읽었다.
    Zhè běn xiǎoshuō wǒ kàn guo hěn duō (cì).

    어휘 旅游 lǚyóu ⟨동⟩ 여행하다 | 小说 xiǎoshuō ⟨명⟩ 소설

- **一些** yìxiē ⟨양⟩ 좀, 몇 가지(번), 약간

    有点儿苦，再加 (一些) 糖吧。 약간 쓰다, 설탕 좀 더 넣어줘.
    Yǒu diǎnr kǔ, zài jiā (yìxiē) táng ba.

    有 (一些) 人看不懂我写的字。 어떤 사람들은 내가 쓴 글씨를 알아보지 못한다.
    Yǒu (yìxiē) rén kàn bu dǒng wǒ xiě de zì.

    어휘 苦 kǔ ⟨형⟩ 쓰다 | 加 jiā ⟨동⟩ 더하다, 보태다 | 糖 táng ⟨명⟩ 설탕, 사탕

- **一点儿** yìdiǎnr ⟨양⟩ 조금, 약간 (* '一点儿'은 앞의 '一'를 생략할 수 있다.)

    你是不是瘦了 (一点儿)？ 너는 살 좀 빠지지 않았니?
    Nǐ shì bu shì shòu le (yìdiǎnr)?

    你感冒好 (一点儿) 了吗？ 감기는 좀 괜찮아졌어?
    Nǐ gǎnmào hǎo (yìdiǎnr) le ma?

    어휘 瘦 shòu ⟨형⟩ 마르다 | 感冒 gǎnmào ⟨명⟩ 감기 ⟨동⟩ 감기에 걸리다 ★

- **一下** yíxià 〈양〉 (동사 뒤에 놓여) 한번(좀) ~하다

  你等（一下），我马上回来。 잠시 기다려 줘, 곧 돌아올게.
  Nǐ děng (yíxià), wǒ mǎshàng huí lai.

  你帮我照顾（一下）我的小狗。 나를 대신해 내 강아지를 좀 돌봐 줘.
  Nǐ bāng wǒ zhàogù (yíxià) wǒ de xiǎogǒu.

  [어휘] **马上** mǎshàng 〈부〉 곧, 즉시, 바로 | **帮** bāng 〈동〉 돕다 | **照顾** zhàogù 〈동〉 보살피다, 돌보다 ⭐

실전 테스트

第1-3题 빈칸에 들어갈 알맞은 어휘를 선택하세요.

A 为了   B 空调   C 一下   D 被   E 声音   F 经常

例如：她说话的（ E ）多好听啊！

1. （　　）身体健康，他每天都花一个小时锻炼身体。

2. 先生，请您在这儿写（　　）您的名字。

3. 我的蛋糕一定是（　　）弟弟吃了。

第4-6题 빈칸에 들어갈 알맞은 어휘를 선택하세요.

A 双　　B 离　　C 放心　　D 爱好　　E 种　　F 或者

例如：A: 你有什么（ D ）?
　　　B: 我喜欢体育。

4 A: 服务员，请再给我拿一（　　）筷子，好吗?
　　 B: 好的，我马上给你拿。

5 A: 你看，这条红色的裙子怎么样?
　　 B: 我不太喜欢那（　　）颜色。

6 A: 请问，火车站（　　）这儿有多远?
　　 B: 有点儿远，打车要20多分钟吧。

제3부분
지문 읽고 질문에 답하기

3 유사한 표현을 보기에서 찾아라.
　공략 비법 09 정보 탐색 문제

4 주제는 처음과 끝에 있다.
　공략 비법 10 주제 파악 문제

阅读 2

제3부분
지문 읽고 질문에 답하기

문제 형식

독해 제3부분은 지문을 읽고 질문에 알맞은 정답을 보기 A, B, C 중 선택하는 유형으로 61~70번까지 총 10문제가 출제된다. 문제는 한 지문당 한 문제씩 출제된다.

출제 비율

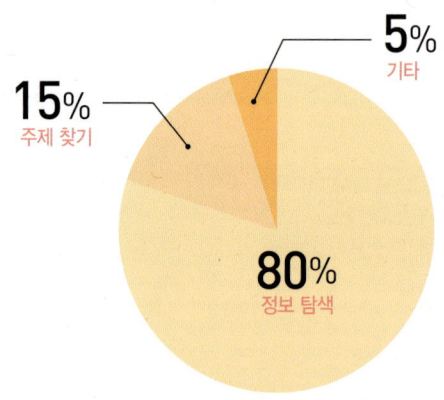

출제 경향 1

★ **정보 탐색 문제가 80%이상이다.**

정보 탐색 문제는 일반적으로 어떠한 대상에 대한 구체적인 정보를 묻거나 옳고 그름을 판단하는 문제로 3부분에서 가장 많이 출제되는 유형이다. 본 유형의 문제는 보기와 지문의 내용을 대조하여 얼마나 빠르게 필요한 정보를 찾아낼 수 있는지에 대한 능력을 묻는다.

정보 탐색 문제 질문 유형

根据这段话，可以知道：	이 글을 근거로 알 수 있는 것은:
根据这段话，可以知道什么?	이 글을 근거로 무엇을 알 수 있는가?
根据这段话，可以知道妹妹：	이 글을 근거로 여동생에 대하여 알 수 있는 것은:
关于那本书，可以知道什么?	그 책에 관하여 무엇을 알 수 있는가?
根据这段话，下面哪个是对的?	이 글을 근거로 다음 중 옳은 것은?

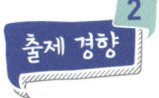

글의 주제를 묻는 문제가 출제된다.

주제 찾기 문제는 글이 전하고자 하는 핵심 내용을 묻는 유형이다. 주제는 일반적으로 글의 처음이나 마지막 부분에 위치하므로 문제를 풀 때 도입부와 마지막 부분을 주의 깊게 본다면 정답을 빠르게 찾을 수 있다.

주제 찾기 문제 질문 유형

这段话告诉我们:	이 글이 우리에게 말하는 것은:
这段话的主要意思是:	이 글의 주요 의미는:
这段话主要是说:	이 글이 주로 말하는 것은:
这段话告诉我们什么?	이 글은 우리에게 무엇을 말하는가?
说话人是什么意思?	화자는(화자가 말하는 것은) 무슨 의미인가?

문제는 이렇게 풀어라!

Step 1 지문을 보기 전에 질문 유형부터 파악하자.

Step 2
- 정보 탐색 문제: 보기에서 핵심 어구를 찾아 체크하고 지문과 대조해 보자.
- 주제 찾기 문제: 글의 처음과 마지막 부분을 주의 깊게 살펴보자.

3 유사한 표현을 보기에서 찾아라.

공략비법 09 정보 탐색 문제

출제 형식

제3부분에서는 지문과 관련된 세부 내용을 묻는 문제들이 총 10문제 중 7문제 이상 출제된다. 이 유형의 경우 지문의 내용을 보기에서 유의어나 반의어로 바꿔 표현할 수 있으므로 주의해야 한다.

핵심 전략

1. 정보 탐색 문제 유형을 파악하라.

정보 탐색 유형은 일반적으로 어떠한 대상에 대한 구체적인 정보를 묻거나 옳고 그름을 판단하는 문제가 주를 이루며 다음과 같은 질문들이 출제된다.

정보 탐색 문제 질문 유형

• 根据这段话，可以知道:	이 글을 근거로 알 수 있는 것은:
• 根据这段话，可以知道什么?	이 글을 근거로 무엇을 알 수 있는가?
• 根据这段话，可以知道妹妹:	이 글을 근거로 여동생에 대하여 알 수 있는 것은:
• 关于校长，可以知道:	교장에 관하여 알 수 있는 것은:
• 关于那本书，可以知道什么?	그 책에 관하여 무엇을 알 수 있는가?
• 根据这段话，下面哪个是对的?	이 글을 근거로 다음 중 옳은 것은?
• 关于他，下面哪个是对的?	그에 관하여 다음 중 옳은 것은?

2. 정보 탐색 문제는 보기를 먼저 읽어라.

정보 탐색 문제는 지문 내용과 보기의 일치 여부를 묻는 유형으로, 주로 지문의 내용이 보기에 그대로 언급이 되거나 약간 변형된 형태로 출제된다. 그렇기 때문에 전체적인 스토리를 읽은 후 보기를 보는 것 보다는 먼저 보기의 내용을 살핀 후 본문 내용과의 일치 여부를 대조하는 것이 시간을 절약할 수 있는 방법이다.

유형맛보기 1

因为弟弟的工作需要用英语，为了提高自己的英语水平，他上了一个英语学习班。除了星期四，每天晚上都有课。

★ 根据这段话，可以知道弟弟：
  A 星期四上课   B 每天都有课   C 上英语课

남동생의 업무는 영어를 필요로 해서, 자신의 영어 실력을 향상시키기 위해, 그는 영어 학원에 다니게 되었다. 목요일을 제외하고, 매일 저녁 수업이 있다.

★ 이 글을 근거로 남동생에 대해 알 수 있는 것은:
  A 목요일에 수업한다   B 매일 수업이 있다   C 영어 수업을 듣는다

지문 어휘

因为 yīnwèi 접 왜냐하면, ~때문에
需要 xūyào 동 필요로 하다 명 요구 ⭐
为了 wèile 전 ~을 위해서, ~을 위하여
提高 tígāo 동 향상시키다, 높이다, 끌어올리다
水平 shuǐpíng 명 수준, 능력 ⭐
除了 chúle 전 ~을 제외하고 ⭐

정답 C

해설 지문의 '上了一个英语学习班 영어 학원에 다니다'와 보기 C의 '上英语课 영어 수업을 듣는다'는 유사한 의미이므로 정답은 C이다. 참고로 전치사 '除了'는 부사 '都'와 호응하는 경우 앞의 대상은 제외하고 나머지는 모두 포함한다는 의미이다.

유형맛보기 2

我刚才经过一家商店，发现门口写着"买二送一"，买两条裤子就送一件衬衫。你不是说想买裤子吗？今晚我们一起去看看，怎么样？

★ 如果买两条裤子，那家店会：
  A 送个包   B 送件衬衫   C 便宜50元

내가 방금 한 상점을 지나가다가, 입구에 '두 개를 사면 하나를 무료로 증정합니다(2+1 행사)'라고 쓰여있는 것을 발견했는데, 바지 두 벌을 사면 셔츠 한 벌을 증정해준대. 너는 바지 사고 싶다고 하지 않았어? 오늘 저녁에 우리 함께 가보는 거 어때?

★ 만약 바지 두 벌을 사면, 그 가게는:
  A 가방을 하나 준다   B 셔츠 한 벌을 준다   C 50위안을 싸게 해준다

지문 어휘

刚才 gāngcái 명 방금, 막
经过 jīngguò 동 지나다, 겪다 명 경과, 과정
家 jiā 양 집, 점포 등을 세는 단위
商店 shāngdiàn 명 상점, 가게
发现 fāxiàn 동 발견하다 명 발견
门口 ménkǒu 명 입구, 현관
送 sòng 동 선물하다, 보내다, 배웅하다 ⭐
条 tiáo 양 치마, 바지, 강 등의 가늘고 긴 것을 세는 단위 ⭐
裤子 kùzi 명 바지 ⭐
件 jiàn 양 옷, 일, 사건 등을 세는 단위
衬衫 chènshān 명 셔츠, 블라우스 ⭐
不是~吗? búshì~ma? ~아니야? (어떤 사실을 확인하기 위해 반대로 질문하는 반어문)
今晚 jīnwǎn 명 오늘 밤

정답 B

해설 바지 두 벌을 사면 그 가게는 어떤 혜택을 주는지 묻고 있다. 지문에서 '买两条裤子就送一件衬衫 바지 두 벌을 사면 셔츠 한 벌을 증정한다'라고 했으므로 '送一件衬衫'을 '送件衬衫'으로 바꿔 표현한 B가 정답이다.

보기 어휘

包 bāo 명 가방
元 yuán 양 위안 (중국의 화폐 단위)

실전 테스트

第1-5题 지문을 읽고 질문에 알맞은 보기를 선택하세요.

1 这是我儿子，他今年就要上小学了。他不但喜欢唱歌，还喜欢跳舞。他几乎每天都给我和丈夫表演，让我们很高兴。

　★ 关于儿子，可以知道什么？
　　A 爱跳舞　　　　　B 喜欢讲故事　　　　C 不喜欢画画

2 天黑了，妹妹想去超市买东西，但是因为没有路灯，她一个人出去有点儿害怕，所以让我陪她一起去，没办法，我只能回来再洗碗了。

　★ 根据这段话，可以知道妹妹：
　　A 想打扫房间　　　B 要去买东西　　　　C 眼睛不好

3 虽然我的专业是英语，但我一直对汉语很感兴趣，所以我经常在网上查一些关于汉语学习的东西，现在我能用汉语聊天儿。

　★ 关于他，可以知道什么？
　　A 他不喜欢听汉语课　B 他学的是历史　　　C 他会说汉语

4 我的同学买了房子，我觉得真不错。那个房子在五层，不但干净，而且很安静，里面还有电视和空调。附近有医院、超市、电影院，交通也很方便，到地铁站只要5分钟。

　★ 那个房子：
　　A 没有电梯　　　　B 需要好好儿打扫　　C 离地铁站很近

5 那个地方冬天不是阴天就是下雪，只有两三个星期是晴天。一开始我不知道，但发现后，我的包里会常备一个毛帽子。

　★ 关于那个地方，哪个是对的？
　　A 冬天天很晴　　　B 冬天经常下雪　　　C 帽子很便宜

정답 및 해설 ≫ 해설서 p. 86

4 주제는 처음과 끝에 있다.

공략비법 10 주제 파악 문제

출제 형식

제3부분에서 주제를 파악하는 문제는 총 10문제 중 2~3문제가 출제되며, 주제를 묻는 문제의 경우 지문의 도입부와 마지막 부분을 주의 깊게 봐야 한다.

핵심 전략

1 주제 파악 문제 유형을 파악하라.

주제 파악 문제는 글이 전하고자 하는 **핵심 내용을 묻는 문제**로 질문의 유형은 굉장히 단순하다. 주제 파악 문제의 질문 유형은 다음과 같다.

주제 파악 문제 질문 유형

• 这段话告诉我们:	이 글이 우리에게 말하는 것은:
• 这段话的主要意思是:	이 글의 주요 의미는:
• 这段话主要是说:	이 글이 주로 말하는 것은:
• 这段话主要想告诉我们:	이 글이 주로 우리에게 말하고자 하는 것은:
• 这段话告诉我们什么?	이 글은 우리에게 무엇을 말하는가?
• 说话人认为:	화자가 생각하기에:
• 说话人是什么意思?	화자는(화자가 말하는 것은) 무슨 의미인가?

2 주제는 처음 혹은 끝에 있다.

주제는 일반적으로 도입부에 놓여 독자의 관심을 유발할 수도 있고 혹은 글의 마지막 부분에서 전체적인 내용을 종합·정리하는 역할을 할 수도 있다. 그렇기 때문에 **주제를 찾는 문제는 도입부 또는 마지막 부분을 집중해서 보면 주제를 빠르게 찾을 수 있다.**

유형맛보기 1

人们常说"笑一笑，十年少"。这句话的意思就是，笑一笑会让人年轻10岁。笑的作用非常大，每天笑能使自己年轻，不容易变老，所以我们应该常笑。

★ 这段话告诉我们：

A 人应该常笑
B 要自己解决问题
C 要忘记过去

사람들은 '웃으면 10년은 어려진다'라고 자주 말한다. 이 말의 의미는 바로 웃으면 열 살은 젊어질 수 있다는 것이다. 웃음의 효과는 굉장히 크다. 매일 웃으면 자신을 젊어지게 할 수 있고, 쉽게 늙지 않을 수 있다. 그러므로 우리는 자주 웃어야 한다.

★ 이 글이 우리에게 말하는 것은:

A 사람은 자주 웃어야 한다
B 스스로 문제를 해결해야 한다
C 과거를 잊어야 한다

지문 어휘

句 jù 양 마디, 구
意思 yìsi 명 의미, 뜻
会 huì 조동 ~할 것이다, 할 수 있다
让 ràng 동 ~에게 ~하게 하다(시키다)
年轻 niánqīng 형 젊다 ★
作用 zuòyòng 명 작용, 효과, 역할
使 shǐ 동 ~에게 ~하게 하다(시키다)
变 biàn 동 (성질, 상태가) 변하다, 바뀌다
应该 yīnggāi 조동 마땅히 ~해야 한다

보기 어휘

解决 jiějué 동 해결하다 ★
问题 wèntí 명 문제, 질문
忘记 wàngjì 동 잊다, 잊어버리다
过去 guòqù 명 과거 동 지나가다, 지나다

정답 A

 이 글의 주제를 묻는 문제이다. 화자는 웃음의 효과에 대해 설명하다가 지문의 마지막 부분에서 '我们应该常笑 우리는 자주 웃어야 한다'라고 이 글의 주제를 말하였으므로 정답은 A이다.

유형맛보기 2

我觉得出国留学是一种锻炼。一个人在国外读书时，不但可以学会怎么照顾自己，还可以学会怎样解决以前没遇到过的问题。

★ 这段话主要想告诉我们，去国外留学：
　A 比较容易　　　B 能锻炼自己　　　C 需要同学帮忙

나는 외국에 나가 유학하는 것은 일종의 단련이라고 생각한다. 혼자 외국에서 공부할 때, 어떻게 스스로를 돌봐야 하는지를 배울 수 있을 뿐만 아니라, 예전에 직면해보지 않은 문제를 어떻게 해결해야 하는지도 배울 수 있다.

★ 이 글이 우리에게 주로 말하고자 하는 것은, 외국에 나가 유학하는 것은:
　A 비교적 쉽다
　B 스스로를 단련시킬 수 있다
　C 친구의 도움이 필요하다

정답 B

해설 이 글의 주제를 묻는 문제이다. 화자는 도입부에서 외국에 나가 유학하는 것은 일종의 단련이라고 했으므로 '能锻炼自己 스스로를 단련시킬 수 있다'가 이 글의 주제임을 알 수 있다. 따라서 정답은 B이다.

지문 어휘

出国 chū guó 동 출국하다, 외국에 가다
留学 liú xué 명 유학 동 유학하다 ★
种 zhǒng 양 종류, 부류, 가지
锻炼 duànliàn 동 단련하다 ★
国外 guówài 명 외국, 국외
读书 dú shū 동 공부하다, 독서하다
不但 búdàn ~할 뿐만 아니라
可以 kěyǐ 조동 ~할 수 있다, ~해도 된다
照顾 zhàogù 동 돌보다, 보살피다 ★
还 hái 부 또, 더, 여전히
解决 jiějué 동 해결하다 ★
遇到 yùdào 동 직면하다, 맞닥뜨리다 ★
问题 wèntí 명 문제, 질문

보기 어휘

比较 bǐjiào 부 비교적 동 비교하다
容易 róngyì 형 쉽다, ~하기 쉽다 ★
需要 xūyào 동 필요하다 명 요구 ★
帮忙 bāng máng 동 일을 돕다 ★

실전 테스트

第1-5题 지문을 읽고 질문에 알맞은 보기를 선택하세요.

1. 有人说"今天工作不努力，明天努力找工作"。这句话告诉人们，不要等到没有工作了，才明白努力的重要性。

    ★ 这段话告诉我们什么？
    A 兴趣很重要　　　　B 要常检查身体　　　　C 要努力工作

2. 中国有句话叫做"三人行，必有我师"。意思是说三个人在一起时，其中一定有可以成为我老师的人。

    ★ 这段话告诉我们：
    A 要向别人学习　　　B 要多去旅游　　　　　C 要常去见老师

3. 父母经常说"日久见人心"。这句话的意思是说时间长了，才能了解一个人的心。所以每次我认识新朋友时，都会想起这句话。

    ★ 这段话的意思是：
    A 应该多交新朋友　　B 知道人心需要很长时间　C 朋友的影响力很大

4. 很多人说下次还会有机会，但是下次真的还会有机会吗？那不一定。所以机会来到我们身边的时候，我们不能错过。

    ★ 这段话告诉我们：
    A 人要往上走　　　　B 机会不容易来　　　　C 要做感兴趣的事

5. 中国有句话说："天下无难事，只怕有心人。"意思是说世界上没有不能完成的事，只要不放弃，努力去做，就一定能完成。

    ★ 这段话的意思是：
    A 努力最重要　　　　B 变化很快　　　　　　C 别用太长时间

정답 및 해설 》 해설서 p. 89

미니 테스트

제 1부분

第1-5题 보기 A~E 중 제시된 문장과 문맥상 어울리는 보기를 선택하세요.

A 6个多月，1月28号去，8月10号回来。

B 得了第一名？你这次成绩真不错啊。

C 我刚才去图书馆了，你找我什么事？

D 我们不但喜欢游泳，还很喜欢看电影。

E 我今天有点儿不舒服，想快点儿回家休息。

1. 我和我妻子的爱好一样。　　　　　　　　　　　　　　（　　）

2. 没什么问题的话，下午考试结束后我们就可以回家了。　　（　　）

3. 你这次去北京留学，打算去多久？　　　　　　　　　　（　　）

4. 没想到才三个月的时间，你的汉语水平就提高了这么多！　（　　）

5. 我想告诉你，我明天得去医院检查身体，所以不能去电影院了。（　　）

정답 및 해설 ≫ 해설서 p. 92~93

제 2부분

第6-10题 빈칸에 들어갈 알맞은 어휘를 선택하세요.

A 生气　　B 离开　　C 难　　D 一定　　E 蛋糕

6. 25号桌要了两杯咖啡和一块儿（　　），你快送过去。

7. 放心，爸爸（　　）会让你去旅游的。

8. 别（　　）了，这个先给弟弟，妈妈再给你买一个。

9. 她们打算10月（　　）北京。

10. 其实考试不像你想的那么（　　）。

미니 테스트

제 3부분

第11-20题 지문을 읽고 질문에 알맞은 보기를 선택하세요.

11 这里的啤酒非常有名，所以每年都会举行啤酒节，今年参加啤酒节的人比以前多。

★ 这个地方：

A 非常安静　　　　B 有公园　　　　C 啤酒很有名

12 王经理一整天脸色都不太好，同事们都以为他生病了，问他身体怎么了，他笑着回答说："昨晚看足球赛，一晚没睡。"

★ 王经理昨天晚上：

A 发烧了　　　　B 看比赛了　　　　C 喝酒了

13 我弟弟最喜欢旅游。这些年，他去过不少国家和城市。有一次我问他："你觉得哪个城市最漂亮？"他回答说："是下一个要去的地方。"

★ 弟弟：

A 最近一直很高兴　　　　B 想去中国留学　　　　C 去过很多地方

14 我儿子今年上小学了，从上学开始他就经常问我们一些很难回答的问题，有时候，我和他妈妈真的不知道应该怎么回答他的这些问题。

★ 我儿子：

A 不想上学　　　　B 爱问问题　　　　C 个子很高

15 晚上不能睡得太晚，每天都要睡八个小时左右，因为如果睡觉的时间太短了，会影响身体健康，并且容易感觉到累。

★ 根据这段话，可以知道什么？

A 睡觉的时间不能太短　　　　B 可以晚点儿睡觉　　　　C 每天需要睡六个小时

16 欢迎各位来这儿旅游。虽然我们这个城市不太大，但是已经有两千多年的历史了。现在我先带大家去一个很有名的地方，那儿不但有很多小吃，而且街道两边有很多漂亮的茶馆，来旅游的人是一定要去看看的。

★ 关于那个城市，可以知道：

A 历史久远　　　　B 房子很高　　　　C 人很热情

17 经理，我觉得我们饭店的服务员还是有点少，您再找几个人吧! 最近来店里吃饭的客人变得很多，特别是晚上的时候，大家常常忙不过来，所以客人总是要等很长时间。

★ 说话人是什么意思?

A 服务员很少　　　B 工作不多　　　　C 经理要求很低

18 当你只看眼前的东西时，你只能有一种选择；如果你看得远一点儿，就会发现还会有其他更好的选择。

★ 看远处，可以:

A 有更多选择　　　B 更相信自己　　　C 更了解它

19 我们家里的冰箱用了十年了，虽然买了很长时间了，但是我家人使用时都很注意，所以像新的一样干净。

★ 这个冰箱:

A 是新的　　　　　B 很干净　　　　　C 是借的

20 在上课的时候遇到不懂的问题一定要问老师，不要害怕问问题。如果不及时解决的话，问题就会变得越来越多。只有弄明白了，才能在考试中得到好成绩。

★ 根据这段话，可以知道什么?

A 不能问老师问题　　B 别害怕问问题　　C 一定要自己解决问题

제1부분
제시된 어휘로 문장 완성하기

제2부분
빈칸에 들어갈 한자 쓰기

제1부분
제시된 어휘로 문장 완성하기

1 중국어의 문장성분과 다양한 술어문을 익혀라!

- 공략 비법 01 　중국어 기본 어순
- 공략 비법 02 　다양한 형태의 술어문
- 공략 비법 03 　술어 앞에 오는 부사어
- 공략 비법 04 　술어 뒤에 오는 보어

2 간단한 규칙만 익혀도 정답이 보인다!

- 공략 비법 05 　把자문
- 공략 비법 06 　被자문
- 공략 비법 07 　비교문
- 공략 비법 08 　연동문, 겸어문

제1부분
제시된 어휘로 문장 완성하기

문제 형식
쓰기 제1부분은 4~5개의 제시된 어휘를 어순에 맞게 배열하여 하나의 문장을 완성하는 형태로 71~75번까지 총 5문제가 출제된다.

출제 비율

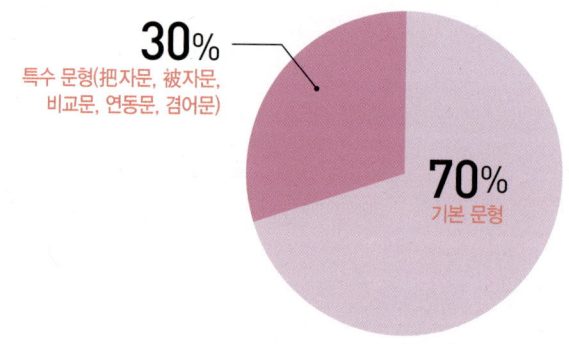

출제 경향 1

중국어의 기본 문형을 완성하는 문제가 70%이상 출제된다.

제1부분에서는 기본적으로 중국어의 기본 어순에 대한 이해가 필요하다. 문장의 기본 뼈대인 주어, 술어, 목적어를 배열한 후 이를 수식하는 관형어, 부사어, 보어 등을 배열하여 기본 문형을 완성하는 문제가 주로 출제된다.

| 기본 문형 완성 유형 1 |

71. 弟弟   学校的   参加了   足球比赛

> 정답 弟弟 **参加了** 学校的 足球比赛。 남동생은 학교 축구 경기에 참가했다.
> 　　　주어　술어　　관형어　　목적어

参加 cānjiā 동 참가하다 ★ | 足球 zúqiú 명 축구 | 比赛 bǐsài 명 경기, 시합 ★

| 기본 문형 완성 유형 2 |

72. 工作   她   找到了   终于

> 정답 她 终于 **找到了** 工作。 그녀는 드디어 일자리를 찾았다(취직했다).
> 　　　주어 부사어　술어　　목적어

工作 gōngzuò 명 일, 직업 동 일하다 | 找 zhǎo 동 찾다 | 到 dào 동 동사 뒤에 보어로 쓰여 동작이 목적에 도달했거나 결과가 있음을 나타냄 | 终于 zhōngyú 부 드디어, 마침내 ★

특수 문형(把자문, 被자문, 비교문, 연동문, 겸어문)을 완성하는 문제는 매회 1~2문제씩 출제된다.

특수 문형 배열 문제는 기본 규칙만 잘 이해하고 있어도 쉽게 풀 수 있는 문제들로 출제된다. 특수 문형 중에서도 출제 빈도수가 가장 높은 것은 把자문, 被자문, 비교문 순이다.

| 특수 문형 완성 유형 1 |

73. 把   桌子上了   钱包   我   放在

> 정답 我　　**把钱包**　　放在桌子上了。 나는 지갑을 탁자 위에 두었다.
> 　　 주어　把+목적어　 술어+기타성분

把 bǎ 전 ~을(를) ★ | 桌子 zhuōzi 명 탁자, 테이블 | 钱包 qiánbāo 명 지갑 | 放 fàng 동 두다, 놓다 ★

특수 문형 완성 유형 2

74. 被   拿走了   小李   我的笔记本

정답 我的笔记本　　被小李　　拿走了。 내 공책은 샤오리가 가져갔다.
　　　　관형어+주어　被+행위의 주체　술어+기타성분　(내 공책은 샤오리에 의해 가져가 졌다.)

被 bèi 전 ~에 의해 ★ | 拿 ná 동 (손으로) 쥐다, 잡다, 가지다 ★ | 笔记本 bǐjìběn 명 공책, 노트

특수 문형 완성 유형 3

75. 比   更高   我   弟弟的个子

정답 弟弟的个子　　比我　　更高。 남동생의 키는 나보다 더 크다.
　　　　관형어+주어　比+비교 대상　부사어+술어

比 bǐ 전 ~보다, ~에 비해 ★ | 更 gèng 부 더, 더욱 | 高 gāo 형 (키가) 크다, 높다 | 个子 gèzi 명 (사람의) 키, 체격

문제는 이렇게 풀어라!

Step 1 문제에 제시된 어휘 중 먼저 술어를 찾는다.

Step 2 술어 별 특징을 파악한다.
　　　 ┌ 동사 술어: 동사와 호응하는 목적어를 찾아 배열한다.
　　　 └ 형용사 술어: 형용사를 꾸며주는 정도 부사를 찾아 배열한다.

Step 3 주어, 술어, 목적어를 꾸며주는 기타 관형어, 부사어, 보어를 배열한다.

Step 4 특수 문형 把자문, 被자문, 비교문 등은 기본 배열 순서와 특징을 기억하여 배열한다.

Step 5 문장의 마지막에는 반드시 마침표(。) 또는 물음표(？)와 같은 문장 부호를 붙여 완성한다.

1 중국어의 문장성분과 다양한 술어문을 익혀라!

공략비법 01 중국어의 기본 어순

출제 형식

제1부분 어순 배열 문제에서는 중국어의 기본 어순인 '주어+술어+목적어'를 빠르게 찾아낼 수 있어야 한다. 문장성분인 주어, 술어, 목적어에 대한 정확한 이해와 함께 문장을 풍성하게 만들어주는 관형어, 부사어, 보어와 같은 여러 수식어에 대한 이해도 필요하다.

핵심 전략

1. ★ **중국어 문장의 기본 뼈대인 '주+술+목'부터 찾자.**
   ★ 중국어의 기본 어순은 '주어+술어+목적어'이다. 중국어는 띄어쓰기가 없기 때문에 한 문장에 수식어가 많으면 문장의 기본 뼈대인 '주어+술어+목적어'를 놓치기 쉽다. 그러므로 아무리 문장이 길어도 기본 뼈대를 볼 수 있는 눈을 기르는 것이 중요하다.

중국어 기본 어순

我看书。 나는 책을 본다.

주어	술어	목적어
我	看	书
나는	본다	책을

- **주어**: 문장의 주체를 가리키며 일반적으로 명사나 대명사가 주어가 된다.
- **술어**: 주어에 대해 서술하는 성분으로 주로 동사, 형용사가 술어 역할을 한다.
- **목적어**: 술어의 대상을 가리키며, 일반적으로 '~을(를)'로 해석된다. 술어가 동사일 때는 동사 뒤에 목적어가 오지만, 형용사일 때는 목적어가 올 수 없다.

2 기본 어순 앞뒤에 중국어 문장의 살이 되는 수식어를 붙이자.

중국어의 기본 어순, 즉 문장의 뼈대인 '주술목'을 찾았다면 그 다음에는 문장의 살을 붙일 수 있어야 한다. 이것을 수식어라고 하며, 수식어는 수식하는 내용에 따라 '관형어', '부사어', '보어'로 나뉜다. '관형어'는 주어와 목적어를 수식하고, '부사어'는 술어를 수식하며, '보어'는 술어를 보충해주는 역할을 한다.

- 관형어: 주어, 목적어를 수식하는 성분으로, 주어나 목적어의 소속, 수량, 성질 등을 제한한다.

  他是我的男朋友。　　　　그는 내 남자친구이다.
  　　　소속

- 부사어: 술어 앞에서 술어를 수식하는 성분으로, 부사, 조동사, 전치사구가 부사어가 될 수 있다.

  我想休息。　　　　나는 쉬고 싶다.
  　조동사

- 보어: 술어 뒤에서 술어를 보충해주는 역할을 하며, 정도보어, 방향보어, 결과보어, 가능보어, 시량보어, 동량보어가 있다.

  我吃完了。　　　　나는 다 먹었다.
  　　결과보어

| 汉语 | 我妻子 | 在大学 | 教 |

汉语 Hànyǔ 명 중국어
妻子 qīzi 명 아내
大学 dàxué 명 대학
教 jiāo 동 가르치다 ★

step 1 술어를 찾는다.

| 술어 |
| 教 |

step 2 동사 술어 '教' 뒤에 목적어 '汉语'를 연결한다.

| 술어 | 목적어 |
| 教 | 汉语 |

step 3 전치사구 '在大学'는 술어를 수식하는 부사어로서 술어 '教' 앞에 위치한다.

| 전치사구 | 술어 | 목적어 |
| 在大学 | 教 | 汉语 |

step 4 주어는 '我妻子'이다.

| 주어 | 전치사구 | 술어 | 목적어 |
| 我妻子 | 在大学 | 教 | 汉语 |

정답 我妻子在大学教汉语。

해석 내 아내는 대학교에서 중국어를 가르친다.

유형맛보기 2

| 水果 | 你 | 吃哪种 | 想 |

水果 shuǐguǒ 명 과일
种 zhǒng 양 종류, 부류, 가지
想 xiǎng 조동 ~하고 싶다
　　　　동 생각하다

해설 **step 1** 술어를 찾는다. 보기에서 술어가 포함된 어구는 '吃哪种'이다.

술어
吃哪种

step 2 동사 술어 '吃' 뒤에 목적어 '水果'를 연결한다. 여기에서 '哪种'은 목적어 '水果'를 수식하는 관형어이다.

술어	관형어	목적어
吃	哪种	水果

step 3 조동사 '想'은 술어를 수식하는 부사어로서 술어 '吃' 앞에 위치한다.

부사어	술어	관형어	목적어
想	吃	哪种	水果

step 4 주어는 '你'이다.

주어	부사어	술어	관형어	목적어
你	想	吃	哪种	水果

정답 你想吃哪种水果?

해석 너는 어느 종류의 과일을 먹고 싶어?

중국어의 기본 어순
내공 쌓기

> **라오쓰의 킥!**
>
> **관형어:** 주어, 목적어를 수식하는 성분으로, 주어나 목적어의 소속(나의, 친구의), 수량(한 개, 두 개), 성질(예쁜, 친절한) 등을 제한한다.
> **부사어:** 술어 앞에서 술어를 수식하는 성분으로, 부사, 조동사, 전치사구가 부사어가 될 수 있다.
> **보어:** 술어 뒤에서 술어를 보충해주는 역할을 하며, 정도보어, 방향보어, 결과보어, 가능보어, 시량보어, 동량보어가 있다.

1 관형어

1 관형어란?

관형어는 주어나 목적어를 수식하는 성분으로, 주로 구조조사 '的'를 이용한 수식어나 수량사가 사용되어 주어나 목적어의 소속, 수량, 성질 등을 제한하거나 묘사한다.

주어를 수식할 때

시간 명사 + 동사 + 的

昨天看的 电影 很 有意思。 어제 본 영화는 매우 재미있다.
관형어　　주어　부사어　술어

목적어를 수식할 때

수량사 + 부사 + 형용사 + 的

我 看 一部很有意思的 电影。 나는 매우 재미있는 영화 한 편을 본다.
주어 술어　　관형어　　　목적어

어휘 电影 diànyǐng 명 영화 | 有意思 yǒu yìsi 형 재미있다 | 部 bù 양 부, 편(서적이나 영화 편수 등을 세는 단위)

2 관형어의 배열 순서

> **她的那一双漂亮的鞋子** 그녀의 그 예쁜 신발 한 켤레

소유 관계	지시대명사	수량사	모양, 색깔, 상태+的	중심어(명사)
她的	那	一双	漂亮+的	鞋子

他的 这 (一)条 蓝色 的 裤子   그의 이 파란색 바지 한 벌
소유 지시 수량 색깔 的 명사

我的 这 (一)只 可爱 的 小狗   나의 이 귀여운 강아지 한 마리
소유 지시 수량 상태 的 명사

어휘 双 shuāng 양 쌍, 켤레(쌍이나 짝을 이룬 물건을 세는 단위) | 鞋子 xiézi 명 신발 |
条 tiáo 양 치마, 바지, 강 등의 가늘고 긴 것을 세는 단위 ★ | 蓝色 lánsè 명 파란색 | 裤子 kùzi 명 바지 ★ |
只 zhī 양 마리(짐승을 세는 단위)

2 부사어

1 부사어란?

술어 앞에서 술어를 수식하는 성분으로 **부사, 조동사, 전치사구**가 부사어가 될 수 있다.

주어 + 부사 + 술어

他又迟到了。 그는 또 지각했다.

주어 + 조동사 + 술어

我应该复习。 나는 복습해야 한다.

주어 + 전치사구 + 술어 + 목적어

我在家看电视。 나는 집에서 텔레비전을 본다.

어휘 迟到 chídào 동 지각하다 ★ | 应该 yīnggāi 조동 마땅히 ~해야 한다, 분명히 ~일 것이다 |
复习 fùxí 동 복습하다 ★ | 电视 diànshì 명 텔레비전, TV

2 부사어의 순서 '부조전'

하나의 술어를 여러 개의 부사어가 수식 하는 경우, 일반적으로 **[부사+조동사+전치사구]** 순으로 나열한다.

我 也 想 在家 休息。 나도 집에서 쉬고 싶다.
주어 부사 조동사 전치사구 술어

예외

간혹 [부사+조동사+전치사구]의 순서를 벗어나는 경우도 있다.

我	跟妈妈	一起	去。	나는 엄마와 함께 간다.
주어	전치사구	부사	술어	

我	对汉语	很	感	兴趣。	나는 중국어에 매우 관심이 있다.
주어	전치사구	부사	술어	목적어	

어휘 一起 yìqǐ 부 함께 | 感兴趣 gǎn xìngqù 관심이 있다, 흥미를 느끼다 ★

3 보어

1 보어란?

술어 뒤에서 술어를 보충해주는 역할을 하며, 정도보어, 방향보어, 결과보어, 가능보어, 시량보어, 동량보어가 있다.

2 보어의 종류

정도보어	他来得很晚。	그는 늦게 왔다.
방향보어	他跑上去了。	그는 뛰어 올라갔다.
	他突然笑起来了。	그는 갑자기 웃기 시작했다.
결과보어	我找到了工作。	나는 일자리를 찾았다(취직했다).
가능보어	你听得懂吗?	너는 알아들을 수 있어?
시량보어	我等了一个小时。	나는 한 시간 동안 기다렸다.
동량보어	我去过一次北京。	나는 베이징에 한 번 가본 적이 있다.

어휘 上去 shàngqu 동 오르다, 올라가다 | 突然 tūrán 부 갑자기 형 갑작스럽다 | 笑 xiào 동 웃다 |
起来 qǐlai 동작의 시작·지속·예측·견해 등을 나타냄 | 找 zhǎo 동 찾다, 구하다, 거슬러 주다 |
到 dào 동 동사 뒤에 보어로 쓰여 동작이 목적에 도달했거나 결과가 있음을 나타냄 | 懂 dǒng 동 알다, 이해하다 |
小时 xiǎoshí 명 시간 | 次 cì 양 번, 차례(동작을 세는 단위)

실전 테스트

第1-5题 제시된 어휘를 어순에 맞게 배열하여 문장을 완성하세요.

1. 带护照　　我　　忘了
_____

2. 踢　　经常　　足球　　弟弟周末
_____

3. 那家　　饭店的　　又便宜又好吃　　菜
_____

4. 了　　今天的　　已经　　结束　　会议
_____

5. 老师　　很满意　　对　　小张的回答
_____

DAY 12

1 중국어의 문장성분과 다양한 술어문을 익혀라!

공략비법 02 다양한 형태의 술어문

출제 형식

중국어에는 동사 술어문, 형용사 술어문, '주어+술어' 구조의 주술 술어문, 是자문, 명사 술어문 등 다양한 술어문이 있다. 어순 배열 문제에서 각각의 술어를 빠르게 찾아낼 수 있다면 나머지 배열은 쉽게 완성할 수 있다.

핵심 전략

1 정도부사가 보인다면 먼저 형용사 술어를 찾자.

형용사 술어문은 형용사가 술어가 되는 문장이다. 형용사 술어는 일반적으로 정도부사의 수식을 받으며, 형용사 술어 뒤에는 목적어가 오지 않는다. HSK3급 시험에 자주 나오는 정도부사로는 '很 매우', '非常 대단히', '真 정말', '太~了 너무~하다' 등이 있다. 형용사 술어문을 완성할 때는 먼저 정도부사와 그 수식을 받는 형용사를 찾고, '정도부사+형용사'를 중심으로 나머지 품사를 배열하도록 하자.

2 한 문장에서 주어가 두 번 나오면 주술 술어문이다.

주술 술어문은 '주어+술어'가 결합하여 술어를 담당하는 문장으로, 한국어로 해석했을 때 마치 주어가 두 개인 것처럼 해석된다. 이 때 큰 개념이 전체 주어 자리에 오고, 작은 개념은 주술 술어의 주어 자리에 놓인다.

3 '是'자문에서는 주어와 목적어의 관계를 빠르게 파악하자.

是자문은 동사 '是'가 술어로 쓰인 문장을 말한다. 'A是B A는 B이다'의 형식으로 쓰이며 중국어의 가장 기본이 되는 문장 구조이다. '是'자문은 일반적으로 동등, 존재, 귀속, 강조 등을 나타낸다.

동등	他是我们的老师。	그는 우리 선생님이다. → 주어와 목적어는 동등한 관계(주어 = 목적어)
존재	学校旁边是一个公园。	학교 옆은 공원이다. → 장소나 방위를 나타내는 어휘가 주어가 됨
귀속	上海是一个非常漂亮的城市。	상하이는 매우 아름다운 도시이다. → 목적어가 주어의 특징을 설명하거나 소개함(목적어의 범위가 크고 추상적)

★ 강조 용법으로 쓰일 때는 '是~的' 구문으로 쓰여 시간, 장소, 방식, 목적, 대상 등을 강조한다.
이때 강조하고자 하는 내용을 '是~的' 사이에 넣어서 강조 구문을 만든다.

> 강조 我是昨天来的。　　　　나는 어제 왔다. → 시간을 강조함

4. ★명사만으로도 술어가 될 수 있다.

중국어에서는 동사나 형용사 없이 명사만으로도 술어문을 만들 수 있는데, 명사(구), 수량구 등이 술어로 오는 문장을 명사 술어문이라고 한다. 명사는 일반적으로 단독으로 술어로 쓰일 수 없지만, **날짜, 요일, 시간, 날씨, 나이, 가격 등을 나타낼 때는 술어가 될 수 있다.** 명사 술어문을 부정할 때는 '是'를 생략하지 않고, '不是'로 쓴다.

유형맛보기 1

| 这只　　可爱　　很　　小猫 |

只 zhī 양 마리(짐승을 세는 단위) ★
可爱 kě'ài 형 귀엽다, 사랑스럽다
小猫 xiǎomāo 명 새끼 고양이

해설

step 1 술어를 찾는다.

술어
可爱

step 2 형용사 술어 '可爱' 앞에 정도부사 '很'을 연결한다.

부사어	술어
很	可爱

Tip!
보기에 '很'과 같은 정도 부사가 있으면 형용사 술어문 배열 문제일 가능성이 높다.

step 3 주어는 '小猫'이다. 주어를 수식하는 관형어 '这只'를 주어 앞에 놓는다.

관형어	주어	부사어	술어
这只	小猫	很	可爱

정답 这只小猫很可爱。

해석 이 새끼 고양이는 매우 귀엽다.

유형맛보기 2

长　　我妹妹　　很　　头发

step 1 술어를 찾는다. 먼저 '我妹妹'와 '头发'를 비교하였을 때, 작은 개념인 '头发'를 주술 술어문의 주어 부분에 놓는다. 그런 다음 형용사 '长' 앞에 형용사를 꾸며주는 정도부사인 '很'을 연결하여 주술 술어문의 술어 부분을 완성한다.

술어
头发+很+长

step 2 큰 개념인 '我妹妹'를 전체 문장의 주어 자리에 놓는다.

주어	술어
我妹妹	头发很长

정답 我妹妹头发很长。

해석 내 여동생은 머리카락이 길다.

长 cháng [형] 길다
妹妹 mèimei [명] 여동생
头发 tóufa [명] 머리카락

Tip!
보기에 '我妹妹', '头发' 두 개의 명사와 형용사 '长'이 있으므로 주술 술어문 배열 문제일 가능성이 높다.

유형맛보기 3

一件　　是　　帮助他人　　快乐的事情

step 1 술어를 찾는다. 보기에 '是'가 있으므로 '是'자문임을 알 수 있다.

술어
是

step 2 보기의 '帮助他人'과 '快乐的事情' 중 범위가 크고 추상적인 '快乐的事情'을 목적어 자리에 놓는다.

술어	목적어
是	快乐的事情

step 3 양사 '件'은 옷, 일, 사건 등을 세는 단위로 목적어 '事情' 앞에서 목적어를 수식한다.

술어	관형어	목적어
是	一件	快乐的事情

step 4 주어는 목적어 보다 범위가 작고 구체적인 '帮助他人'이다.

주어	술어	관형어	목적어
帮助他人	是	一件	快乐的事情

정답 帮助他人是一件快乐的事情。

해석 타인을 돕는 것은 즐거운 일이다.

件 jiàn [양] 옷, 일, 사건 등을 세는 단위
帮助 bāngzhù [동] 돕다
他人 tārén [대] 타인
快乐 kuàilè [형] 즐겁다, 유쾌하다
事情 shìqing [명] 일, 사건

 유형맛보기 4

| 五百 | 才 | 块钱 | 这件衬衫 |

才 cái 부 겨우, 고작, 비로소
块 kuài 양 위안(중국의 화폐 단위, '元 yuán'과 같은 의미)
件 jiàn 양 옷, 일, 사건 등을 세는 단위
衬衫 chènshān 명 셔츠, 블라우스

해설

step 1 술어를 찾는다. 가격, 시간, 나이, 날짜 등을 나타내는 일부 명사(구), 수량구는 술어가 될 수 있다. 따라서 숫자 '五百'와 '块钱'을 연결하여 술어 자리에 놓는다.

| 술어 |
| 五百块钱 |

step 2 부사 '才'는 명사 술어 '五百块钱' 앞에 놓여 수량이 적음을 나타낸다.

| 부사어 | 술어 |
| 才 | 五百块钱 |

— Tip! —
보기 중 형용사 술어나 동사 술어가 보이지 않는다면 명사 술어문을 떠올리자.

step 3 주어는 '衬衫'이고, '这件'은 주어를 꾸며주는 관형어 역할을 한다.

| 주어 | 부사어 | 술어 |
| 这件衬衫 | 才 | 五百块钱 |

정답 这件衬衫才五百块钱。
해석 이 셔츠는 겨우 500위안이다.

형용사 술어문 주술 술어문 내공 쌓기

라오쓰의 킥!

혼동하기 쉬운 형용사 술어문, 주술 술어문 구조에 대하여 살펴보자.

1 형용사 술어문

형용사 술어문이란 형용사가 문장의 술어가 되는 문장이다.

1 형용사 술어문은 일반적으로 정도부사의 수식을 받는다.

- 今天很热。   오늘은 매우 덥다.
- 他非常忙。   그는 아주 바쁘다.
- 这儿的变化真大。   이 곳의 변화는 정말 크다.
- 这家饭店的服务员很热情。   이 식당의 종업원은 매우 친절하다.
- 妈妈做的蛋糕非常好吃。   엄마가 만든 케이크는 아주 맛있다.

어휘 变化 biànhuà 명 변화 동 변화하다 ★ | 家 jiā 양 집, 점포 등을 세는 단위 | 饭店 fàndiàn 명 식당, 호텔 | 服务员 fúwùyuán 명 종업원 ★ | 蛋糕 dàngāo 명 케이크 ★

주의 의문이나 비교(대조)의 의미를 나타낼 경우, 형용사는 정도부사의 수식 없이 단독으로 쓴다.

| 의문 | • 这条裙子好看吗? | 이 치마는 예쁘니? |
| 비교(대조) | • 他的个子高，我的个子矮。 | 그의 키는 크고, 나의 키는 작다. |

어휘 条 tiáo 양 치마, 바지, 강 등의 가늘고 긴 것을 세는 단위 ★ | 裙子 qúnzi 명 치마 ★ | 个子 gèzi 명 (사람의) 키, 체격 | 矮 ǎi 형 (키가) 작다, 낮다 ★

2 형용사 술어문에서는 '是'를 쓸 수 없다.

- 这个小孩儿是很胖。 ❌
    ➡ 这个小孩儿很胖。 ⭕   이 아이는 뚱뚱하다.
- 她的房间是真干净。 ❌
    ➡ 她的房间真干净。 ⭕   그녀의 방은 정말 깨끗하다.

3 형용사 술어는 목적어를 가질 수 없다.

- 她好我。 ❌
    ➡ 她喜欢我。 ⭕   그녀는 나를 좋아한다.

어휘 好 hǎo 형 좋다 | 喜欢 xǐhuan 동 좋아하다

2 주술 술어문

주술 술어문이란 '**주어+술어**' 구조를 술어로 사용하는 문장이다.

- 他 工作很忙。   그는 일이 바쁘다.
  주어 술어
      주어 + 술어

- 我弟弟 身体非常好。   내 남동생은 몸이 아주 건강하다.
  주어   술어
         주어 + 술어

주술 술어문 VS 형용사 술어문

구조조사 '的'의 유무에 따라 주어가 달라진다.

- **주술 술어문**   他 工作很忙。   그는 일이 바쁘다.
              주어 술어
                 주어 + 술어

- **형용사 술어문**   他的工作 很忙。   그의 일은 바쁘다.
                주어   술어

실전 테스트

第1-5题 제시된 어휘를 어순에 맞게 배열하여 문장을 완성하세요.

① 上个月我　　一万多　　块钱　　花了

② 什么意思　　课本上的　　是　　那个词

③ 简单　　今天的　　英语考试　　非常

④ 这条裙子　　买　　是昨天　　的

⑤ 那个　　了　　已经　　16岁　　孩子

정답 및 해설 » 해설서 p. 103

1 중국어의 문장성분과 다양한 술어문을 익혀라!

공략비법 03 술어 앞에 오는 부사어

출제 형식

쓰기 제1부분에서 부사어 배열 문제는 매회마다 한 문제씩은 반드시 출제된다. 부사어 문제에서는 주로 부사, 조동사, 전치사구의 배열 순서를 묻는 문제가 출제되며, 간혹 '跟(和)~一起'와 같이 고정 격식처럼 사용되는 부사어들의 배열 순서를 묻는 문제도 출제된다.

핵심 전략

1 ★[부사+조동사+전치사구] 순서를 기억하자.

부사어는 술어를 수식하는 성분으로 일반적으로 ★주어 뒤, 술어 앞에 위치한다. 부사, 조동사, 전치사구가 부사어가 될 수 있는데, 두 개 이상의 부사어가 하나의 술어를 수식할 때는 일반적으로 [부사+조동사+전치사구] 순으로 배열한다.

> 예 我 不 想 跟他 说话。   나는 그와 말하고 싶지 않다.
>   부사 조동사 전치사구

2 ★일부 부사어의 예외적 어순을 익혀두자.

일부 부사어 중 부사어의 배열 순서인 '부사+조동사+전치사' 형태로 배열하지 않는 고정격식 표현들이 있다. 예를 들어 '我对这本书很感兴趣。 나는 이 책에 매우 흥미를 느낀다.'의 경우 '주어+전치사구+부사+술어' 순으로 배열한다. 대표적인 고정격식 표현으로는 '对~+부사+有兴趣/感兴趣', '对~+부사+满意', '跟(和)~一起' 등이 있으며, 이러한 예외 표현들까지 완벽하게 익혀둔다면 배열 문제에서 고득점을 받을 수 있다.

> 예 · 我 对画画 非常 感兴趣。   나는 그림을 그리는 것에 매우 흥미를 느낀다.
>   전치사구 부사
>   · 我 对新的工作 很 满意。   나는 새로운 일에 매우 만족한다.
>   전치사구   부사
>   · 我 跟他 一起 去 商店。   나는 그와 함께 상점에 간다.
>   전치사구 부사

| 我 | 中国文化 | 想了解 | 特别 |

文化 wénhuà 명 문화
了解 liǎojiě 동 이해하다, 알아보다 ⭐
特别 tèbié 부 특히, 아주

step 1 술어를 찾는다. 보기에서 술어가 포함된 어구는 '想了解'이다. 여기에서 술어는 '了解'이고, '想'은 조동사로 술어 앞에 위치한다.

| 술어 |
| 想了解 |

step 2 동사 술어 '了解' 뒤에 목적어 '中国文化'를 연결한다.

| 조동사 | 술어 | 목적어 |
| 想 | 了解 | 中国文化 |

step 3 부사어 배열 순서 '부사+조동사+전치사'에 따라 부사 '特别'를 조동사 '想' 앞에 놓는다.

| 부사 | 조동사 | 술어 | 목적어 |
| 特别 | 想 | 了解 | 中国文化 |

step 4 주어는 '我'이다.

| 주어 | 부사 | 조동사 | 술어 | 목적어 |
| 我 | 特别 | 想 | 了解 | 中国文化 |

 我特别想了解中国文化。

나는 중국 문화에 대해 특히 알고 싶다.

 **유형맛보기 2**

| 妈妈 | 非常满意 | 这里的环境 | 对 |

满意 mǎnyì 형 만족하다 ★
环境 huánjìng 명 환경 ★
对 duì 전 ~에 대해, ~에게 형 맞다

step 1 술어를 찾는다. 보기에서 술어가 포함된 어구는 '非常满意'이다. 여기에서 술어는 '满意'이고, 정도부사 '非常'은 술어 앞에 놓여 술어를 수식한다.

| 술어 |
| 非常满意 |

step 2 '对~满意'는 '~에 대해 만족하다'라는 뜻으로, 전치사 '对' 뒤에 만족하는 대상인 '这里的环境'을 쓴다. 일반적으로 부사어의 배열 순서는 '부조전'이지만 '对~+부사+满意'는 예외 표현임을 기억해두자.

| 전치사구 | 부사 | 술어 |
| 对这里的环境 | 非常 | 满意 |

step 3 주어는 '妈妈'이다.

| 주어 | 전치사구 | 부사 | 술어 |
| 妈妈 | 对这里的环境 | 非常 | 满意 |

정답 妈妈对这里的环境非常满意。

해석 엄마는 이곳의 환경에 대단히 만족해하신다.

부사어 내공 쌓기

> 
> 부사어 역할을 하는 부사, 조동사, 전치사구에 대해 좀 더 자세히 알아보자.

1 부사

1 부사란?

부사는 동사나 형용사 앞에 쓰여 시간, 빈도, 범위, 정도 등의 의미를 더욱 명확하게 만들어주는 역할을 한다.

2 부사의 위치

부사는 일반적으로 주어 뒤 술어 앞에 놓여 부사어 역할을 한다.

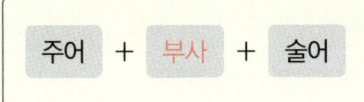

他 经常 迟到。	그는 자주 지각한다.
주어 부사 술어	

어휘 经常 jīngcháng <mark>부</mark> 자주 | 迟到 chídào <mark>동</mark> 지각하다

3 부사의 종류

부사에는 정도부사, 시간부사, 빈도부사, 어기부사, 부정부사, 범위부사, 상태부사 등이 있다.

❶ 정도부사

很 hěn	매우	他的儿子很聪明。 그의 아들은 매우 똑똑하다. Tā de érzi hěn cōngming.
非常 fēicháng	대단히, 굉장히	我家孩子非常喜欢画画。 우리 집 아이는 그림을 그리는 것을 굉장히 좋아한다. Wǒ jiā háizi fēicháng xǐhuan huà huà.
太 tài	너무	今天太热，还是在家休息吧。 Jīntiān tài rè, háishi zài jiā xiūxi ba. 오늘은 너무 더워, 아무래도 집에서 쉬는 게 좋겠어.
挺 tǐng	아주	这条裙子挺好看的。 이 치마는 아주 예쁘다. Zhè tiáo qúnzi tǐng hǎokàn de.
最 zuì	제일, 가장, 최고의	我最喜欢吃中国菜。 나는 중국 음식 먹는 것을 제일 좋아한다. Wǒ zuì xǐhuan chī Zhōngguócài.
真 zhēn	정말, 참으로	他的房间真干净。 그의 방은 정말 깨끗하다. Tā de fángjiān zhēn gānjìng.
有点儿 yǒu diǎnr	조금, 약간	我今天有点儿不舒服。 나는 오늘 몸이 좀 안 좋다. Wǒ jīntiān yǒu diǎnr bù shūfu.
越 yuè	점점 ~하다, ~하면 할수록 ~하다	我觉得汉语越学越难。 내 생각에 중국어는 배우면 배울수록 어려운 것 같다. Wǒ juéde Hànyǔ yuè xué yuè nán.
几乎 jīhū	거의	图书馆里几乎没有空位。 도서관에는 거의 빈 자리가 없다. Túshūguǎn li jīhū méiyǒu kòngwèi.
更 gèng	더욱, 더	这件衣服穿起来更好看。 이 옷은 입으니 더 예쁘다. Zhè jiàn yīfu chuān qǐlai gèng hǎokàn.

❷ 시간부사

已经 yǐjing	이미, 벌써	他坐的飞机已经起飞了。 그가 탄 비행기는 이미 이륙했다. Tā zuò de fēijī yǐjing qǐ fēi le.
刚 gāng	막, 방금	刚来中国的时候，他不会说汉语。 Gāng lái Zhōngguó de shíhou, tā bú huì shuō Hànyǔ. 막 중국에 왔을 때, 그는 중국어를 할 줄 몰랐다.
正在 zhèngzài	~하고 있는 중이다	妈妈正在做菜。 엄마는 요리를 하는 중이다. Māma zhèngzài zuò cài.

才 cái	비로소, 겨우, 고작	我今天晚上十点才能下班。 Wǒ jīntiān wǎnshang shí diǎn cái néng xià bān. 나는 오늘 저녁 10시가 돼야 비로소 퇴근할 수 있다.
就 jiù	곧, 즉시	他明天就回来了。 그는 내일이면 곧 돌아온다. Tā míngtiān jiù huílai le.
从来 cónglái	지금까지, 여태껏, 이제까지	我们来韩国以后从来没有见过。 Wǒmen lái Hánguó yǐhòu cónglái méiyǒu jiàn guo. 우리는 한국에 온 이후로 지금까지 만난 적이 없다.
先 xiān	먼저	你先洗澡，然后来吃西瓜吧。 Nǐ xiān xǐ zǎo, ránhòu lái chī xīguā ba. 너는 먼저 목욕을 한 다음에, 와서 수박을 먹으렴.
马上 mǎshàng	곧, 즉시, 바로	我马上就要离开了，时间过得真快! Wǒ mǎshàng jiù yào lí kāi le, shíjiān guò de zhēn kuài! 나는 곧 있으면 떠나, 시간이 정말 빨리 가는구나!

❸ 빈도부사

又 yòu	또, 다시, 또한	他又迟到了，真让我很生气! Tā yòu chídào le, zhēn ràng wǒ hěn shēng qì! 그는 또 지각했어, 정말 나를 너무 화나게 해!
再 zài	다시, 재차, 또	我再给你一次机会。 내가 너에게 다시 한 번 기회를 줄게. Wǒ zài gěi nǐ yí cì jīhuì.
还 hái	또, 더	你别难过了，还有机会。 속상해 하지마, 기회는 또 있어. Nǐ bié nánguò le, hái yǒu jīhuì.
也 yě	~도, 또한	下星期一我也去。 다음주 월요일에 나도 간다. Xià xīngqīyī wǒ yě qù.
常常 chángcháng	자주	他常常用手机玩游戏。 그는 자주 휴대폰으로 게임을 한다. Tā chángcháng yòng shǒujī wán yóuxì.
经常 jīngcháng	자주	他经常去看电影。 그는 자주 영화를 보러 간다. Tā jīngcháng qù kàn diànyǐng.

❹ 어기부사

终于 zhōngyú	드디어, 마침내	我终于找到了工作。 나는 드디어 일자리를 찾았다(취직했다). Wǒ zhōngyú zhǎo dào le gōngzuò.
还是 háishi	역시, 아무래도, ~하는 편이 낫다	吃药也没有用，你还是去医院看医生吧。 Chī yào yě méiyǒu yòng, nǐ háishi qù yīyuàn kàn yīshēng ba. 약을 먹어도 소용이 없으니, 너는 아무래도 병원에 가서 진찰받는 것이 좋을 거 같아.
可能 kěnéng	아마도	他今天可能不能参加会议了。 그는 오늘 아마도 회의에 참석하지 못할 거야. Tā jīntiān kěnéng bù néng cānjiā huìyì le.
一定 yídìng	반드시	你到北京后一定要给我打电话! Nǐ dào Běijīng hòu yídìng yào gěi wǒ dǎ diànhuà! 너는 베이징에 도착한 후에 반드시 나에게 전화해야 해!
其实 qíshí	사실은	学习汉语其实不简单。 중국어를 배우는 것은 사실 쉽지 않다. Xuéxí Hànyǔ qíshí bù jiǎndān.

❺ 부정부사

不 bù	~아니다	我今天不想去锻炼身体。 나는 오늘 몸을 단련하러(운동하러) 가기 싫다. Wǒ jīntiān bù xiǎng qù duànliàn shēntǐ.
没(有) méi(yǒu)	~않다	我还没看完，明天还给你，好吗? Wǒ hái méi kàn wán, míngtiān huán gěi nǐ, hǎo ma? 나는 아직 다 보지 못했어, 내일 너에게 돌려줘도 될까?
别 bié	~하지 마라	今天别出去，雨下得太大了。 오늘 나가지 마, 비가 너무 많이 내려. Jīntiān bié chū qu, yǔ xià de tài dà le.

❻ 범위부사

都 dōu	모두, 다	我们都喜欢她。 우리는 모두 그녀를 좋아한다. Wǒmen dōu xǐhuan tā.
只 zhǐ	오직, 단지	钱包里只有一百块钱。 지갑에 오직 100위안 밖에 없다. Qiánbāo li zhǐ yǒu yì bǎi kuài qián.
一共 yígòng	총, 전부, 합계	今天的会议一共来了一百个人。 오늘 회의는 총 100명이 왔다. Jīntiān de huìyì yígòng lái le yì bǎi ge rén.
一起 yìqǐ	함께	我们一起去中国旅游吧。 우리 함께 중국 여행 가자. Wǒmen yìqǐ qù Zhōngguó lǚyóu ba.

❼ 상태부사		
突然 tūrán	갑자기	**突然**下雨了，你带雨伞了吗？ 갑자기 비가 오네, 너 우산 가져왔어? Tūrán xià yǔ le, nǐ dài yǔsǎn le ma?
一直 yìzhí	계속, 줄곧, 곧장, 곧바로	空调怎么**一直**开着呢？ 에어컨이 어째서 계속 켜져 있지? Kōngtiáo zěnme yìzhí kāi zhe ne?
总是 zǒngshì	늘, 항상	那家饭店的服务员**总是**很热情。 Nà jiā fàndiàn de fúwùyuán zǒngshì hěn rèqíng. 그 식당의 종업원은 항상 친절하다.

2 조동사

1 조동사란?

조동사는 동사 앞에서 동사를 돕는 역할을 하는 품사로 능원동사라고도 하며, 바람, 당위, 가능, 허가 등을 나타낸다.

2 조동사의 위치

조동사는 일반적으로 주어 뒤 술어 앞에 놓여 부사어 역할을 한다.

我	能	参加	会议。	나는 회의에 참석할 수 있다.
주어	조동사	술어	목적어	

> **Tip!**
> 일부 조동사는 그 의미에 따라 부정형태가 달라지므로 정확하게 암기해야 한다.

3 조동사의 종류

조동사	의미	예문
想 xiǎng	~하고 싶다(바람) ↔ 不想 ~하고 싶지 않다	我**想**去中国旅游。 나는 중국에 여행가고 싶다. Wǒ xiǎng qù Zhōngguó lǚ yóu.
要 yào	① ~하려고 하다, ~할 것이다(바람) ↔ 不想 ~하고 싶지 않다 ② ~해야 한다(당위) ↔ 不用 ~할 필요없다	① 他**要**回家。 그는 집에 가려고 한다. Tā yào huí jiā. ② 学生**要**努力学习。 학생은 열심히 공부해야 한다. Xuésheng yào nǔlì xuéxí.
得 děi	~해야 한다(당위) ↔ 不应该 ~해서는 안 된다 ↔ 不用 ~할 필요없다	你**得**锻炼身体。 너는 몸을 단련해야 한다. Nǐ děi duànliàn shēntǐ.
应该 yīnggāi	마땅히 ~해야 한다(당위) ↔ 不用 ~할 필요없다	你**应该**好好儿休息。 너는 마땅히 잘 쉬어야 한다. Nǐ yīnggāi hǎohāor xiūxi.
会 huì	① ~할 수 있다, ~할 줄 알다 (학습 또는 경험을 통해 습득한 능력) ↔ 不会 ~할 줄 모른다 ② ~할 것이다, ~일 수 있다 (가능성, 추측) ↔ 不会 ~일리 없다	① 我**会**说汉语。 나는 중국어를 할 수 있다(할 줄 안다). Wǒ huì shuō Hànyǔ. ② 明天**会**下雨的。 Míngtiān huì xià yǔ de. 내일 비가 내릴 것이다. (주로 문장 끝에 '的'와 호응하여 쓰임)
能 néng	① ~할 수 있다(능력) ↔ 不能 ~할 수 없다 ② ~해도 된다(허가) ↔ 不能/不可以 ~할 수 없다 ③ ~할 수 있다(가능성) ↔ 不能 ~힐 수 없다	① 他很**能**说话。 그는 말을 정말 잘한다. Tā hěn néng shuō huà. ② 这儿**能**吃东西吗? 여기에서 음식을 먹어도 되나요? Zhèr néng chī dōngxi ma? ③ 明天我**能**参加会议。 내일 나는 회의에 참석할 수 있다. Míngtiān wǒ néng cānjiā huìyì.
可以 kěyǐ	① ~해도 된다(허가) ↔ 不能/不可以 ~할 수 없다 ② ~할 수 있다(가능성) ↔ 不能 ~할 수 없다	① 这儿**可以**抽烟。 여기에서는 담배를 피워도 된다. Zhèr kěyǐ chōu yān. ② 十点之前**可以**到家吗? Shí diǎn zhī qián kěyǐ dào jiā ma? 10시 전에 집에 도착할 수 있나요?

3 전치사

1 전치사란?

전치사는 동작의 시간, 장소, 대상, 원인, 방식 등을 이끌어내는 품사로, **전치사 단독으로 쓰이지 않고 명사(구)나 대명사와 함께 전치사구 형태로 쓰인다.**

2 전치사의 위치

전치사는 명사(구), 대명사와 함께 전치사구를 이뤄 **[전치사+명사(구)/대명사]** 형태로 쓰이며, 일반적으로 주어 뒤 술어 앞에 놓여 부사어 역할을 한다.

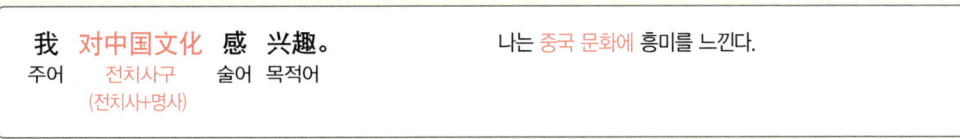

나는 중국 문화에 흥미를 느낀다.

어휘 感兴趣 gǎn xìngqù 관심이 있다, 흥미를 느끼다

3 전치사의 종류

❶ 시간, 장소를 이끌어내는 전치사		
在 zài	~에, ~에서	他在中国工作。 그는 중국에서 일한다. Tā zài Zhōngguó gōngzuò.
从 cóng	~로부터, ~에서	他是从韩国来的。 그는 한국에서 왔다. Tā shì cóng Hánguó lái de.
到 dào	~까지	我从早上八点到下午三点上课。 나는 아침 8시부터 오후 3시까지 수업한다. Wǒ cóng zǎoshang bā diǎn dào xiàwǔ sān diǎn shàng kè.
离 lí	~로 부터, ~에서	我家离公司很远。 우리 집은 회사에서 멀다. Wǒ jiā lí gōngsī hěn yuǎn.

❷ 대상을 이끌어내는 전치사

跟 gēn	~와(과)	我跟他一起吃了一块蛋糕。 나는 그와 함께 케이크 한 조각을 먹었다. Wǒ gēn tā yìqǐ chī le yí kuài dàngāo.
给 gěi	~에게	我给他发电子邮件了。 나는 그에게 이메일을 보냈다. Wǒ gěi tā fā diànzǐ yóujiàn le.
对 duì	~에 대해, ~에 대하여	我对这条裙子很满意。 나는 이 치마에 매우 만족한다. Wǒ duì zhè tiáo qúnzi hěn mǎnyì.
关于 guānyú	~에 관하여, ~에 대하여	关于他，可以知道什么？ 그에 관하여 무엇을 알 수 있는가? Guānyú tā, kěyǐ zhīdao shénme?
把 bǎ	~을(를)	我把这个作业做完了。 나는 이 숙제를 다했다. Wǒ bǎ zhè ge zuòyè zuò wán le.
被 bèi	~에 의해(피동)	那本书被他拿走了。 그 책은 그가 가져갔다(그 책은 그에 의해 가져가졌다). Nà běn shū bèi tā ná zǒu le.

❸ 방향을 이끌어내는 전치사

向 xiàng	~을 향하여, ~쪽으로	那位老师向我走过来了。 그 선생님은 나를 향해 걸어오셨다. Nà wèi lǎoshī xiàng wǒ zǒu guòlai le.
往 wǎng	~을 향하여, ~쪽으로	一直往前走，就能到。 계속 앞으로 걸어가다 보면, 바로 도착할 거예요. Yìzhí wǎng qián zǒu, jiù néng dào.

❹ 원인, 목적, 근거를 이끌어내는 전치사

根据 gēnjù	~에 따라	根据这段话，可以知道什么？ 이 글에 근거하여 무엇을 알 수 있는가? Gēnjù zhè duàn huà, kěyǐ zhīdao shénme?
为(了) wèile	~을 위하여, ~때문에	为了健康，我每天锻炼身体。 건강을 위해 나는 매일 체력을 단련한다. Wèile jiànkāng, wǒ měitiān duànliàn shēntǐ.

실전 테스트

第1-5题 제시된 어휘를 어순에 맞게 배열하여 문장을 완성하세요.

① 我   可以玩   终于   游戏了

_____

② 还没有   足球比赛   结束   呢

_____

③ 中国历史   我   对   很感兴趣

_____

④ 你们国家   城市   有   多少个   一共

_____

⑤ 要   你   一定   小心   感冒

_____

1 중국어의 문장성분과 다양한 술어문을 익혀라!

공략비법 04 술어 뒤에 오는 보어

출제 형식

보어는 술어 뒤에서 술어를 보충하는 문장성분을 말한다. 술어는 일반적으로 술어 앞에 오는 부사, 조동사 등의 수식을 받기도 하지만, 술어 뒤에 오는 정도, 방향, 결과 등의 의미를 보충하는 다양한 보어들의 수식을 받기도 한다. 보어 문제는 매회 한 문제씩은 출제되므로 시험에 자주 출제되는 보어의 종류와 쓰임을 제대로 이해한다면 문제를 쉽게 해결할 수 있다.

핵심 전략

1 ★보기 중 '得'가 보인다면 가장 먼저 정도보어 구조를 떠올리자.

보기 중 제시된 어휘에 '得'가 보인다면 99% 정도보어 어순 배열 문제이다. 정도보어란 동작이나 상태의 정도를 보충해주는 보어로, 일반적으로 [술어+得+정도보어(정도부사+형용사)] 형태로 출제된다. 형용사가 정도보어로 쓰이는 경우에는 주로 '很', '非常', '真', '不太'와 같은 정도부사와 함께 쓴다.

> 예) 他把他的房间打扫得很干净。   그는 그의 방을 아주 깨끗하게 청소했다.

2 ★동작의 결과를 보충해주는 결과보어를 완벽하게 익히자.

쓰기 제1부분에서 정도보어 이외에 결과보어의 출제율도 매우 높다. 결과보어란 동작의 결과가 어떻게 되었는지를 보충해주는 보어로, 일반적으로 [술어+결과보어(동사/형용사)] 형태로 쓰인다. 출제비중이 높은 동사·형용사 결과보어로는 '~完', '~到', '~懂', '~好', '~错', '~清楚' 등이 있다.

> 예) 我读完了这本书。   나는 이 책을 다 읽었다.

 **유형맛보기 1**

| 他 | 好听 | 唱得 | 很 |

好听 hǎotīng (형) (소리가) 듣기 좋다
唱 chàng (동) 노래하다
得 de (조) 동사나 형용사 뒤에 쓰여 정도나 가능을 나타내는 보어와 연결시킴

[해설] **step 1** 술어를 찾는다. 보기에서 술어가 포함된 어구는 '唱得'이다. 여기에서 '唱'이 술어이고, '得'는 술어 뒤에 놓여 보어를 연결해주는 역할을 한다.

| 술어 |
| 唱得 |

step 2 정도보어는 일반적으로 [술어+得+정도보어(정도부사+형용사)] 순으로 나열한다. 정도부사 '很'과 형용사 '好听'을 연결하여 술어 뒤 보어 자리에 놓는다.

| 술어 | 得 | 보어 |
| 唱 | 得 | 很好听 |

step 3 주어는 '他'이다.

| 주어 | 술어 | 得 | 보어 |
| 他 | 唱 | 得 | 很好听 |

[정답] 他唱得很好听。

[해석] 그는 노래를 잘 부른다(그는 노래를 부르는 정도가 듣기 좋다).

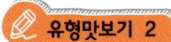 **유형맛보기 2**

| 清楚了 | 你 | 吗 | 看 |

清楚 qīngchu (형) 분명하다 ⭐

[해설] **step 1** 술어를 찾는다.

| 술어 |
| 看 |

step 2 결과보어는 일반적으로 [술어+결과보어] 순으로 나열한다. 이 문장에서 보어는 형용사 '清楚'로 어떠한 동작의 결과가 확실하거나 분명할 때 쓰인다.

| 술어 | 보어 |
| 看 | 清楚了 |

step 3 주어는 '你'로 문장 맨 앞에 위치하며, 의문문을 만들어주는 '吗'는 문장의 맨 마지막에 위치한다.

| 주어 | 술어 | 보어 | 吗 |
| 你 | 看 | 清楚了 | 吗 |

[정답] 你看清楚了吗?

[해석] 너는 분명하게(정확하게) 봤니?

보어 내공 쌓기

1 보어란?

★보어는 술어 뒤에서 술어를 보충해주는 문장성분으로 문장의 의미가 완전해지도록 정도나 결과, 가능, 방향 등의 의미를 보충해준다.

2 보어의 위치

보어는 일반적으로 술어 뒤에 쓰여 술어의 의미를 보충해준다.

| 주어 | + | 술어 | + | 보어 |

我看完了。 나는 다 봤다.

3 보어의 종류

보어에는 정도보어, 방향보어, 결과보어, 가능보어, 시량보어, 동량보어가 있다.

1 정도보어

: 동작이나 상태의 정도가 어떠한지 보충해준다.

❶ **정도보어 기본형식**

- 정도보어 구문에 '得'가 있는 경우

    [주어+술어+得+정도보어]

    我跑得很快。 나는 매우 빨리 달린다.
    Wǒ pǎo de hěn kuài.

    她长得真漂亮。 그녀는 정말 예쁘게 생겼다.
    Tā zhǎng de zhēn piàoliang.

    他睡得很晚。 그는 늦게 잤다.
    Tā shuì de hěn wǎn.

- 정도보어 구문에 '得'가 없는 경우

    [주어+술어+极了/多了/死了]

    你的女儿可爱**极了**。 네 딸은 정말 귀엽다.
    Nǐ de nǚ'ér kě'ài jí le.

    我身体好**多了**。 내 몸은 많이 좋아졌다.
    Wǒ shēntǐ hǎo duō le.

    我饿**死了**。 나는 배고파 죽겠다.
    Wǒ è sǐ le.

❷ 정도보어 부정형식: [주어+술어+得+不+정도보어]

    他吃得**不多**。 그는 많이 먹지 않았다.
    Tā chī de bù duō.

❸ 목적어가 있는 경우: [주어(+술어)+목적어+술어+得+정도보어]

    他(说)汉语说得**非常好**。 그는 중국어를 매우 잘 (말)한다.
    Tā (shuō) Hànyǔ shuō de fēicháng hǎo.

2 방향보어

: 동작의 방향 또는 추상적 의미를 보충해주며, 단순방향보어와 복합방향보어로 나눌 수 있다.

❶ 단순방향보어 형식: [주어+술어+방향보어1(来/去/上/下/出/进/回/过/起)]

    他进**来**。 그가 들어온다. / 他进**去**。 그가 들어간다.
    他回**来**。 그가 돌아온다. / 他回**去**。 그가 돌아간다.

❷ 복합방향보어 형식: [술어+방향보어1(上/下/出/进/回/过/起)+방향보어2(来/去)]

    他走**上去**。 그가 걸어 올라간다. / 他走**下来**。 그가 걸어 내려온다.
    他跑**出去**。 그가 뛰어 나간다. / 他跑**进来**。 그가 뛰어 들어온다.

❸ **파생용법**: 방향보어는 일반적으로 술어 뒤에서 동작의 방향을 보충하지만, 다음과 같이 추상적인 의미를 보충하기도 한다.

방향보어	의미	예문
起来 qǐlai	① 시작·지속 ② 예측·평가 ③ 기억·연상 ④ 분산 → 집중	① 笑起来 xiào qǐlai 웃기 시작하다 　哭起来 kū qǐlai 울기 시작하다 ② 说起来 shuō qǐlai 말하자니 　看起来 kàn qǐlai 보아하니 ③ 想起来 xiǎng qǐlai 생각이 나다 ④ 包起来 bāo qǐlai 포장하다
下来 xiàlai	① 사물의 고정 ② 사물의 분리 ③ 과거에서 현재까지의 지속 ④ 밝음 → 어둠 / 동적 → 정적	① 停下来 tíng xiàlai 멈추다, 정지하다 ② 脱下来 tuō xiàlai 벗다 ③ 传下来 chuán xiàlai 전해 내려오다 　坚持下来 jiānchí xiàlai 지속해오다 ④ 黑下来 hēi xiàlai 어두워지다 　安静下来 ānjìng xiàlai 조용해지다
下去 xiàqu	현재에서 미래의 지속	传下去 chuán xiàqu 전해 내려가다 坚持下去 jiānchí xiàqu 지속해가다
出来 chūlai	① 식별·인식 ② 무→유	① 认出来 rèn chūlai 식별해내다 　看出来 kàn chūlai 알아보다 ② 写出来 xiě chūlai 써내다 　研究出来 yánjiū chūlai 연구해내다

❹ **목적어의 위치**

★ 장소 목적어는 반드시 '来/去' 앞에 위치해야 한다.

주어 + 술어 + 장소 목적어 + 来/去

他回教室去了。　　그는 교실로 돌아갔다.

★ 일반 목적어는 '来/去' 앞뒤에 모두 올 수 있다.

주어 + 술어 + 일반 목적어 + 来/去
주어 + 술어 + 来/去 + 일반 목적어

他带来了一本书。　　그는 책 한 권을 가져왔다.

어휘 教室 jiàoshì 명 교실 | 带 dài 동 (몸에) 지니다, 휴대하다

3 결과보어

: 동작의 결과를 보충해준다.

❶ 결과보어 형식: [주어+술어+결과보어]

> 긍정 今天的作业我做完了。 오늘 숙제를 나는 다 끝냈다.
>
> 부정 今天的作业我没做完。 오늘 숙제를 나는 다 끝내지 못했다.

❷ 출제 빈도수 높은 결과보어

> ★ 동사 결과보어: ~完, ~到, ~懂
>
> 我把这些数学题做完了。 나는 이 수학 문제들을 다 풀었다.
>
> ★ 형용사 결과보어: ~好, ~错, ~清楚, ~干净
>
> 他把盘子洗干净了。 그는 접시를 깨끗하게 닦았다.
>
> ★ 전치사 결과보어: ~在+장소/시간, ~到+장소/시간/목적/정도, ~给+대상
>
> 他把帽子送给妹妹了。 그는 모자를 여동생에게 선물했다.

어휘 | 把 bǎ 전 ~을(를) | 数学题 shùxuétí 수학 문제 | 盘子 pánzi 명 접시, 쟁반 | 帽子 màozi 명 모자

4 가능보어

: 동작의 실현가능 여부를 보충해준다.

❶ 결과보어가 보어 자리에 올 경우: [술어+得/不+결과보어]

> 긍정 看得懂 봐서 이해할 수 있다
>
> 부정 看不懂 봐서 이해할 수 없다

❷ 방향보어가 보어 자리에 올 경우: [술어+得/不+방향보어]

> 긍정 回得来 돌아올 수 있다
>
> 부정 回不来 돌아올 수 없다

5 시량보어

: 동작의 지속시간을 보충해준다.

❶ **기본형식:** [주어+술어+了+시량보어]

我等了一个小时。 나는 한 시간 동안 기다렸다.

❷ 일반명사가 목적어로 올 경우:

[주어+(술어)+목적어+술어+了+시량보어]

我(学)汉语学了两年。 나는 중국어를 2년간 배웠다.

[주어+술어+了+시량보어(+的)+목적어]

我学了两年(的)汉语。 나는 중국어를 2년간 배웠다.

❸ 인칭대명사가 목적어로 올 경우: [주어+술어(了)+목적어+시량보어]

我等了他半个小时。 나는 그를 30분 동안 기다렸다.

> **Tip!**
> 진행 및 지속을 나타내는 경우
> 예) 我等了他半个小时了。
> 나는 그를 30분 동안 기다리고 있다.(현재 기다리는 중)

6 동량보어

: 동작의 횟수를 보충해준다.

❶ **기본형식:** [주어+술어+了/过+동량보어]

我看过一次。 나는 한 번 본 적이 있다.

❷ 일반명사가 목적어로 올 경우: [주어+술어+了/过+동량보어+목적어]

我做过一次中国菜。 나는 중국 음식을 한 번 만들어 본 적이 있다.

❸ 인칭/지시대명사가 목적어로 올 경우: [주어+술어+了/过+목적어+동량보어]

我见过他一次。 나는 그를 한 번 만난 적이 있다.
我来过这儿三次。 나는 이곳에 세 번 와본 적이 있다.

❹ 인명/지명이 목적어로 올 경우: 동량사의 앞뒤 둘 다 가능

[주어+술어+了/过+ 동량보어+목적어] 또는 [주어+술어+了/过+목적어+동량보어]

我见过一次小东。 나는 샤오둥을 한 번 만난 적이 있다. ⊙
我见过小东一次。 나는 샤오둥을 한 번 만난 적이 있다. ⊙

我去过两次上海。 나는 상하이를 두 번 가본 적이 있다. ⊙
我去过上海两次。 나는 상하이를 두 번 가본 적이 있다. ⊙

실전 테스트

第1-5题 제시된 어휘를 어순에 맞게 배열하여 문장을 완성하세요.

1 一次　　我　　中国电影　　看过

_____

2 做得　　很　　她的菜　　好吃

_____

3 住了　　他　　三年　　在北京

_____

4 他的　　很快　　体育成绩　　提高得

_____

5 哭　　我儿子　　突然　　起来了

_____

정답 및 해설 ≫ 해설서 p. 109

2 간단한 규칙만 익혀도 정답이 보인다!

공략비법 05 把자문

출제 형식

把자문은 매회 한 문제씩 출제될 정도로 출제 비중이 매우 높다. 3급 시험에서는 把자문의 기본적인 형식을 묻는 문제가 주로 출제되므로 기본 구조와 특징을 정확히 익혀둔다면 문제를 쉽게 해결할 수 있다.

핵심 전략

1 **'把'가 이끄는 목적어가 술어 앞에 놓인다는 것이 把자문의 핵심이다.**

把자문은 목적어를 술어 앞으로 도치시켜 목적어가 어떻게 처치되었는지(결과, 변화, 영향 등)를 강조하는 문형이다. 把자문의 기본 어순은 [주어+把+목적어+술어+기타성분]이다. 이때 전치사 '把' 뒤에 오는 목적어는 반드시 명확한 대상이어야 한다.

2 **부사와 조동사는 전치사 '把' 앞에 온다.**

把자문에서 부사와 조동사는 일반적으로 '把+목적어' 앞에 위치한다. 시험에 자주 출제되는 부사로는 '已经 이미, 벌써', '一定 반드시'와 같은 일반부사와 '不', '没', '别'와 같은 부정부사가 있으며, 조동사로는 '会 ~할 것이다', '想 ~하고 싶다' 등이 있다.

3 **'把'자문의 술어 뒤에 오는 기타성분을 잊지 말자.**

把자문의 술어 뒤에는 반드시 기타성분이 있어야 한다. 기타성분으로는 동태조사 '了', '着'와 보어(가능보어 제외), 동사의 중첩 등이 올 수 있다.

| 我 | 终于 | 数学作业 | 把 | 做完了 |

终于 zhōngyú 부 마침내, 드디어 ★
数学 shùxué 명 수학
把 bǎ 전 ~을(를) ★

해설

step 1 술어를 찾는다. 보기에서 술어가 포함된 어구는 '做完了'이다. 여기에서 '做'가 술어이고, '完了'는 술어를 보충해주는 기타성분이다.

술어
做完了

step 2 전치사 '把'가 이끄는 목적어는 동작의 영향을 받는 대상으로 '把' 뒤에 '数学作业'를 연결하여 술어 앞에 놓는다.

把+목적어	술어	기타성분
把数学作业	做	完了

step 3 일반적으로 부사와 조동사는 전치사 '把' 앞에 위치하므로, 부사 '终于'를 '把' 앞에 놓는다.

부사	把+목적어	술어	기타성분
终于	把数学作业	做	完了

step 4 주어는 '我'이다.

주어	부사	把+목적어	술어	기타성분
我	终于	把数学作业	做	完了

정답 我终于把数学作业做完了。

해석 나는 마침내 수학 숙제를 다 끝냈다.

把자문 내공 쌓기

1 把자문이란?

중국어의 기본 어순은 '주어+술어+목적어'이지만, 전치사 '把' 뒤에 목적어를 연결시켜 술어 앞에 둘 수 있다. 이때 목적어가 어떻게 처치되었는지 결과, 변화, 영향 등을 강조하게 되며 이러한 문장을 '把자문'이라 한다.

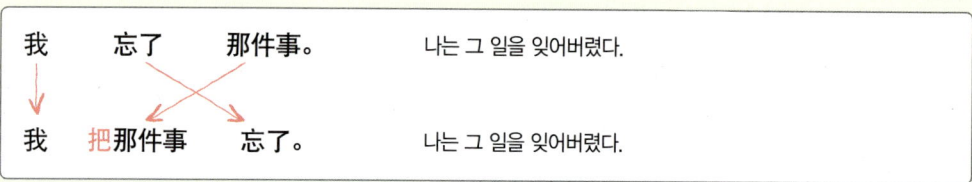

| 我 | 忘了 | 那件事。 | 나는 그 일을 잊어버렸다. |
| 我 | 把那件事 | 忘了。 | 나는 그 일을 잊어버렸다. |

2 把자문의 기본 구조

주어	+	把	+	목적어	+	술어	+	기타성분	
他	+	把	+	那本书	+	看	+	完了。	그는 그 책을 다 읽었다.
妈妈	+	把	+	这条裤子	+	洗	+	干净了。	엄마는 이 바지를 깨끗하게 빨았다.

어휘 条 tiáo 양 치마, 바지, 강 등의 가늘고 긴 것을 세는 단위 ★ | 裤子 kùzi 명 바지 ★

3 把자문의 특징

1 부사와 조동사의 위치

: 일반적으로 부사와 조동사는 전치사 '把' 앞에 위치한다.

일반부사 我已经把那件事告诉她了。   나는 이미 그 일을 그녀에게 알려줬다.
　　　　　　他终于把作业做完了。　　　 그는 마침내 숙제를 다 끝냈다.

부정부사	我没把词典还给他。	나는 사전을 그에게 돌려주지 않았다.
	别把手机忘在家里了。	휴대폰을 잊고 집에 두지 말아라.
조동사	你可以把这块儿蛋糕吃完。	너는 이 케이크를 다 먹어도 된다.
	你能把这个作业做完吗？	너는 이 숙제를 다 끝낼 수 있어?

어휘 件 jiàn 양 옷, 일, 사건 등을 세는 단위 | 告诉 gàosu 동 말하다, 알리다 | 词典 cídiǎn 명 사전 ⭐ |
还 huán 동 돌려주다, 갚다, 반납하다 | 手机 shǒujī 명 휴대폰 | 忘 wàng 동 잊다 |
块儿 kuàir 양 덩어리나 조각 형태로 된 것을 세는 단위

2 술어+기타성분

: 把자문의 술어 뒤에는 반드시 기타성분이 있어야 한다.

❶ 술어+동태조사 了/着 ⭐ (단, 过는 쓸 수 없음)

我把那瓶可乐喝了。　　　　　　나는 그 콜라를 마셨다.
你把护照拿着。　　　　　　　　너는 여권을 가지고 있어라.

❷ 술어+보어 ⭐ (단, 가능보어는 쓸 수 없음)

방향보어	他把钱包拿出来了。	그는 지갑을 꺼냈다.
정도보어	她把衣服洗得很干净。	그녀는 옷을 깨끗하게 빨았다.
결과보어	他把作业做完了。	그는 숙제를 다 했다.
시량보어	我把门开了一会儿。	나는 문을 잠시 동안 열었다.
동량보어	我把这本书看了一遍。	나는 이 책을 한 번 봤다.

❸ 동사의 중첩형

你把这些盘子洗一洗。　　　　　너는 이 접시들을 좀 설거지 해라.

어휘 瓶 píng 양 병을 세는 단위 | 护照 hùzhào 명 여권 ⭐ | 钱包 qiánbāo 명 지갑 |
一会儿 yíhuìr 명 잠시, 잠깐 동안 부 잠시 후에 ⭐ | 遍 biàn 양 번, 차례, 회(동작의 처음부터 끝까지의 전 과정을 가리킴) |
这些 zhè xiē 대 이것들, 이런 것들, 이들 | 盘子 pánzi 명 접시, 쟁반

3 '把' 뒤에 오는 목적어는 명확한 대상

: 전치사 '把' 뒤에 오는 목적어는 반드시 서로 잘 알고 있는 것이거나 명확한 것이어야 하며,
[수사+양사+명사] 형태의 불특정한 대상은 쓸 수 없다.

我把一本书看完了。 ✘
我把那本书看完了。 ⭕　　　나는 그 책을 다 봤다.
我把书看完了。 ⭕　　　　　나는 책을 다 봤다.

Tip!
청자, 화자가 모두 어떤 책인지 알고 있다면 '那本'을 생략하고 명사 '书'만 쓸 수도 있다.

실전 테스트

第1-5题 제시된 어휘를 어순에 맞게 배열하여 문장을 완성하세요.

1. 妈妈   打扫得   把   干干净净   房间

   _____

2. 本子上   您的名字   请把   写在

   _____

3. 把   车   他   终于   卖了

   _____

4. 你   关一下   吧   把房间里的   灯

   _____

5. 送给   我   把手机   弟弟了   已经

   _____

2 간단한 규칙만 익혀도 정답이 보인다!

공략비법 06 被자문

출제 형식

被자문은 어순 배열하기 문제에서 把자문 만큼이나 출제율이 높은 문형이다. 被자문 역시 복잡하거나 난이도를 요구하는 문장 배열은 출제되지 않으므로 기본적인 형식과 특징을 정확히 익히는 것이 중요하다.

핵심 전략

1 전치사 '被' 뒤에는 행위의 주체가 온다.

被자문은 '~가 ~에 의해 ~되었다'라는 의미를 나타내는 피동문이다. 被자문의 기본 어순은 [주어(행위의 대상)+被+행위의 주체+술어+기타성분]이다. '把'자문에서 '把' 뒤에 동작을 받는 대상이 나왔다면, 被자문에서는 '被' 뒤에 행위를 하는 주체가 나온다. 행위의 주체는 주로 인칭대명사(他, 她)나 사람 명사(妈妈, 弟弟)가 온다. 被자문에서는 행위의 주체가 누구인지, 행위를 받는 대상이 누구인지를 정확하게 판단한다면 문제를 쉽게 해결할 수 있다.

유형맛보기 1

| 那本词典 | 他 | 被 | 借走了 |

- 本 běn 양 권(책을 세는 단위)
- 词典 cídiǎn 명 사전 ★
- 被 bèi 전 ~에 의해 ★
- 借 jiè 동 빌리다, 빌려주다 ★

해설

step 1 술어를 찾는다. 보기에서 술어가 포함된 어구는 '借走了'이다. 여기에서 '借'가 술어이고, '走了'는 술어를 보충해주는 기타성분이다.

술어
借走了

step 2 빌려간 행위를 한 주체는 사람으로, 전치사 '被' 뒤에 '他'를 연결하여 술어 앞에 놓는다.

被+행위의 주체	술어	기타성분
被他	借	走了

step 3 주어는 '词典'이고, '那本'은 주어를 수식하는 관형어 역할을 한다.

관형어	주어	被+행위의 주체	술어	기타성분
那本	词典	被他	借	走了

정답 那本词典被他借走了。

해석 그 사전은 그가 빌려 갔다(그 사전은 그에 의해 빌려 가졌다).

被자문 내공 쌓기

1 被자문이란?

被자문은 '~가 ~에 의해 ~되었다'라는 의미를 나타내는 피동문으로, 주어(행위의 대상)가 '被' 뒤에 오는 행위의 주체에 의해 어떻게 되었는지를 설명한다.

2 被자문의 기본 구조

주어	+	被	+	행위의 주체	+	술어	+	기타성분
面包	+	被	+	弟弟	+	吃	+	了。
行李箱	+	被	+	他	+	拿	+	走了。

面包被弟弟吃了。 빵은 남동생이 먹었다. (빵은 남동생에 의해 먹혔다.)

行李箱被他拿走了。 캐리어는 그가 가져갔다. (캐리어는 그에 의해 가져가 졌다.)

3 被자문의 특징

1 부사와 조동사의 위치

: 일반적으로 부사와 조동사는 전치사 '被' 앞에 위치한다.

- 일반부사   你的照相机已经被他拿走了。   네 사진기는 이미 그가 가져갔어(네 사진기는 이미 그에 의해 가져가 졌다).
- 부정부사   我没被哥哥打过。   나는 형에게 맞아본 적이 없다(나는 형에 의해 맞아본 적이 없다).
- 조동사   这个问题会被他解决。   이 문제는 그가 해결할 것이다(이 문제는 그에 의해 해결될 것이다).

어휘 照相机 zhàoxiàngjī 명 사진기 | 问题 wèntí 명 문제, 질문 | 解决 jiějué 동 해결하다

2 주어는 명확한 대상

: 被자문에서 주어는 반드시 명확한 대상이어야 하며 [수사+양사+명사] 형태의 불특정 대상은 쓸 수 없다.

一个人被老师批评了。❌

弟弟被老师批评了。⭕　　　　　남동생은 선생님께 혼났다(남동생은 선생님에 의해 꾸지람을 당했다).

> **어휘** 批评 pīpíng 동 꾸짖다, 비판하다, 나무라다

3 '被' 뒤에 오는 목적어는 생략 가능

: '被' 뒤에 오는 목적어(행위의 주체)를 밝힐 필요가 없거나 누구인지 모르는 불특정 대상일 경우, 생략할 수 있다.

啤酒已经被喝完了。　　　　　맥주는 이미 다 마셨다(맥주는 이미 다 마셔졌다).

> **어휘** 啤酒 píjiǔ 명 맥주

실전 테스트

第1-5题 제시된 어휘를 어순에 맞게 배열하여 문장을 완성하세요.

1. 昨天买的   被我   吃了   蛋糕

   _____

2. 刮跑了   爸爸的帽子   被   风

   _____

3. 妈妈   这件事情   被   发现了   已经

   _____

4. 自行车   哥哥   被   骑走了

   _____

5. 我的行李箱   被   借走   没   他

   _____

6 간단한 규칙만 익혀도 정답이 보인다!

공략비법 07 비교문

> **출제 형식**

두 개의 대상을 비교하거나 같고 다름을 나타내는 문장을 비교문이라고 한다. 3급 쓰기영역에서는 전치사 '比', '跟(和)~一样'을 이용한 비교문이 출제되며, 각각의 비교문의 기본형식을 이해하는 것이 중요하다. 비교문 관련 문제 역시 출제율이 높은 편이므로 정확하게 이해하고 넘어가야 고득점을 받을 수 있다.

> **핵심 전략**

1 비교문의 꽃 '比'비교문

3급에서 가장 자주 출제되는 비교문은 전치사 '比'를 이용한 구문이다. '比'비교문의 기본 형태는 '[주어(A)+比+비교 대상(B)+술어] A는 B보다 ~하다'이다. '比'비교문에서는 다음 두 가지 특징만 기억하면 된다.

1) '比' 뒤에 오는 비교 대상을 더 간단하게 표현할 수 있다.

  예 这件衣服比那件(衣服)漂亮。   이 옷은 저 옷보다 예쁘다.

2) 정도부사 '更', '还'를 쓰거나, 술어 뒤에 수량사 또는 보어를 사용하여 비교 결과를 강조할 수 있다. 단, '很', '非常'과 같은 정도부사는 사용할 수 없다.

  예 今天比昨天更热。   오늘은 어제보다 더 덥다.
      我比他高一点儿。   나는 그보다 (키가) 조금 크다.

2 차이가 없음을 나타내는 '跟(和)~一样' 비교문

A와 B의 정도가 차이가 없음을 나타낼 때는 [A+跟(和)+B+一样+동사구/형용사] 형식으로 나타내며 '~와 똑같이 ~하다'라고 해석한다.

> 예 我跟他一样喜欢看电影。　　　나와 그는 똑같이 영화 보는 것을 좋아한다.
> 　　他的手机和你的(手机)一样贵。　그의 휴대폰은 네 것과 똑같이 비싸다.

유형맛보기 1

| 比我 | 三岁 | 我哥哥 | 大 |

比 bǐ 〔전〕 ~보다, ~에 비해
岁 suì 〔양〕 살, 세(나이를 세는 단위)
大 dà 〔형〕 (수량이) 많다, (부피·면적 등이) 크다

해설

step 1 술어를 찾는다.

술어
大

step 2 술어를 보충해주는 수량사 '三岁'는 술어 뒤 보어 자리에 놓는다.

술어	보어
大	三岁

step 3 주어는 '我哥哥'이고, 비교 대상은 '我'이다.

주어	比+비교 대상
我哥哥	比我

step 4 '比'비교문으로 [주어(A)+比+비교 대상(B)+술어+보어] 순으로 배열한다.

주어	比+비교 대상	술어	보어
我哥哥	比我	大	三岁

정답 我哥哥比我大三岁。

해석 우리 형은 나보다 세 살이 더 많다.

 **유형맛보기 2**

| 跟上次买的 | 苹果 | 一样新鲜 | 今天买的 |

跟 gēn 전 ~와(과) ⭐
上次 shàngcì 명 지난번, 저번
苹果 píngguǒ 명 사과
一样 yíyàng 형 같다, 동일하다
新鲜 xīnxiān 형 신선하다 ⭐

해설

step 1 보기에서 술어가 포함된 어구는 '一样新鲜'이다.

| 술어 |
| 一样新鲜 |

step 2 비교문에서 '跟' 뒤에 오는 비교 대상을 더 간단하게 표현할 수 있으므로, 주어 자리에 '今天买的苹果'가 오고, 비교 대상 자리에 '上次买的'가 온다.

| 주어 | 跟+비교 대상 |
| 今天买的苹果 | 跟上次买的 |

step 3 '跟(和)~一样'비교문으로 [주어(A)+跟(和)+비교 대상(B)+一样+동사구/형용사] 순으로 배열한다.

| 주어 | 跟+비교 대상 | 술어 |
| 今天买的苹果 | 跟上次买的 | 一样新鲜 |

정답 今天买的苹果跟上次买的一样新鲜。

해석 오늘 산 사과는 지난번에 산 것과 똑같이 신선하다.

비교문 내공 쌓기

1 '比'비교문

1 기본형식

긍정형

A+比+B+술어: A는 B보다 ~하다

她比我忙。   그녀는 나보다 바쁘다.

부정형

A+没有+B+(这么/那么)+술어: A는 B만큼 (이렇게/그렇게) ~하지 않다

她没有我(这么)忙。   그녀는 나만큼 (이렇게) 바쁘지 않다.

2 '比'비교문의 특징

❶ '比' 뒤에 오는 비교 대상을 더 간단하게 표현할 수 있다.

这件毛衣比那件(毛衣)贵。   이 스웨터는 저것(스웨터)보다 비싸다.

어휘 毛衣 máoyī 명 스웨터, 털옷

❷ 술어 앞에서 정도부사 '更', '还'의 수식을 받을 수 있다.

비교문에서 의미를 강조할 때 '더욱, 훨씬'의 의미를 가진 부사 '更', '还'를 사용하여 비교의 결과를 강조할 수 있으며, '更', '还'를 제외한 '很 매우', '太 너무', '非常 굉장히'와 같은 비교의 의미가 없는 정도부사는 쓸 수 없다.

A+比+B+更/还+술어: A는 B보다 더 ~하다

这个包比那个(包)更贵。   이 가방은 저것(가방)보다 더 비싸다.
今天比昨天还热。   오늘은 어제보다 더 덥다.

❸ 술어 뒤에 보어를 써서 비교의 결과를 구체적으로 표현할 수 있다.

- 약간의 차이: 一点儿, 一些

  A+比+B+술어+一点儿/一些: A는 B보다 조금 ~하다

  他比我胖一点儿。 그는 나보다 조금 뚱뚱하다.

- 큰 차이: 得多, 多了

  A+比+B+술어+得多/多了: A는 B보다 훨씬 더 ~하다

  他比我胖得多。 그는 나보다 훨씬 더 뚱뚱하다.

- 구체적인 차이(수량): 수량사(수사+양사)

  A+比+B+술어+수량사: A는 B보다 수량만큼 더 ~하다

  他比我胖五公斤。 그는 나보다 5kg 더 뚱뚱하다.

2 '有'비교문

1 기본형식

긍정형

A+有+B+(这么/那么)+술어: A는 B만큼 (이렇게/그렇게) ~하다

今天有昨天(那么)热。 오늘은 어제만큼 (그렇게) 덥다.

부정형

A+没有+B+(这么/那么)+술어: A는 B만큼 (이렇게/그렇게) ~하지 않다

今天没有昨天(那么)热。 오늘은 어제만큼 (그렇게) 덥지는 않다.

2 '有'비교문의 특징

술어 앞에 '这么'나 '那么'를 써서 비교의 정도를 강조할 수 있다.

他没有我这么高。 그는 나만큼 이렇게 크진 않다.

3 '跟(和)~一样'비교문

1 기본형식

긍정형

A+跟(和)+B+一样: A는 B와 같다

我的电脑跟你的(电脑)一样。   내 컴퓨터는 네 것(컴퓨터)과 같다.

부정형

A+跟(和)+B+不一样: A는 B와 같지 않다

我的电脑跟你的(电脑)不一样。   내 컴퓨터는 네 것(컴퓨터)과 같지 않다.

2 '跟(和)~一样'비교문 특징

'一样' 뒤에는 동사구나 형용사를 쓸 수 있는데, 이때는 '跟(和)~一样'을 '~와(과) 똑같이'로 해석한다.

A+跟(和)+B+一样+동사구/형용사: A는 B와 똑같이 ~하다

我跟他一样喜欢唱歌。   그는 나와 똑같이 노래 부르는 것을 좋아한다.
我跟他一样高。   그는 나와 똑같이 (키가) 크다.

실전 테스트

第1-5题 제시된 어휘를 어순에 맞게 배열하여 문장을 완성하세요.

① 比　　我的　　他的汉语　　好

② 不一样　　现在出现的　　跟以前　　问题

③ 坐地铁　　多了　　比公共汽车　　快

④ 比那双　　这双皮鞋　　舒服　　更

⑤ 和游泳　　一样　　爬山　　累

2 간단한 규칙만 익혀도 정답이 보인다!

공략비법 08 연동문, 겸어문

출제 형식

한 문장에 두 개 이상의 동사가 출현하는 연동문과 '~에게 ~하게하다(시키다)'라는 의미를 나타내는 겸어문은 반드시 알아두어야 하는 특수 문형이다. 간단한 규칙만 이해한다면 문제를 쉽게 해결할 수 있다.

핵심 전략

1 ★동작의 순서, 목적, 수단과 방식에 따라 먼저 오는 동사를 파악하자.

연동문은 한 문장 안에 두 개 이상의 동사가 연달아 나오는 문장을 말하며, 동작이 발생하는 시간 순서대로 술어를 나열한다. 연동문을 사용하여 동작의 순서, 목적, 수단 등을 나타낼 수 있다.

- 연속해서 발생하는 동작을 나타내는 경우
  我们 吃 完饭就 去 公园吧。   우리 밥을 다 먹은 뒤에 바로 공원에 가자.
       동사1   동사2

- 동사2가 동사1의 목적을 나타내는 경우
  我 去 图书馆 借 书。   나는 책을 빌리러 도서관에 간다.
     동사1   동사2

- 동사1이 동사2의 수단, 방식을 나타내는 경우
  我一般 用 筷子 吃 饭。   나는 보통 젓가락을 사용하여 밥을 먹는다.
         동사1   동사2

2 ★제시된 어휘 중 '让', '叫', '使', '请'이 보인다면 겸어문 어순을 떠올리자!

겸어문은 일반적으로 '~에게 ~하게 하다(시키다)'라는 사역의 의미를 지니며, 기본 어순은 **[주어1+술어1+겸어(술어1의 목적어/술어2의 주어)+술어2+목적어2]**이다. 겸어문에 자주 쓰이는 동사로는 '让', '叫', '使', '请' 등이 있으며, 그 중 3급에서는 '让', '使', '请'이 자주 출제된다. 쓰기 1부분 배열 문제에서 '让', '使', '请' 등이 보인다면 이러한 동사를 먼저 술어1 자리에 놓고 문제를 풀어 나가자.

妈妈 让   我   做   作业。   엄마가 나에게 숙제를 하게 한다(시키신다).
주어1 술어1 목적어1 술어2 목적어2
          주어2
          겸어

유형맛보기 1

接朋友　　我　　去　　要　　火车站

接 jiē 동 마중하다, 맞이하다 ⭐
朋友 péngyou 명 친구
火车站 huǒchēzhàn 명 기차역

해설

step 1 보기 중 동사가 두 개 있으므로 연동문임을 알 수 있다. 두 개의 동사 중 먼저 '去'와 장소 명사 '火车站 기차역'을 각각 술어1, 목적어1 자리에 놓는다. 기차역에 가는 목적인 '接朋友 친구를 마중한다'를 각각 술어2, 목적어2 자리에 놓는다.

술어1	목적어1	술어2	목적어2
去	火车站	接	朋友

step 2 연동문에서 부사와 조동사는 일반적으로 첫 번째 동사 앞에 놓이므로 조동사 '要'는 술어1 '去' 앞에 위치한다.

조동사	술어1	목적어1	술어2	목적어2
要	去	火车站	接	朋友

step 3 주어는 '我'이다.

주어	조동사	술어1	목적어1	술어2	목적어2
我	要	去	火车站	接	朋友

정답 我要去火车站接朋友。

해석 나는 친구를 마중하러 기차역에 가려고 한다.

유형맛보기 2

查　　老师　　词典　　让学生

查 chá 동 찾아보다, 검사하다, 조사하다 ⭐
老师 lǎoshī 명 선생님
词典 cídiǎn 명 사전 ⭐
让 ràng 동 ~에게 ~하게 하다 (시키다)
学生 xuésheng 명 학생

해설

step 1 보기 중 동사 '让'이 보인다면 겸어문의 어순을 떠올리자. 동사 '让'은 '~에게 ~하게 하다(시키다)'라는 뜻으로 술어1 자리에 놓이며, '学生'은 겸어 자리에 위치한다. 보기 중 또 다른 동사인 '查'는 술어2 자리에 놓이며, '查'와 호응하는 '词典'은 목적어2 자리에 위치한다.

술어1	겸어 (목적어1/주어2)	술어2	목적어2
让	学生	查	词典

step 2 의미상 '老师'가 '学生'에게 시킨 것이므로 '老师'가 주어가 된다.

주어1	술어1	겸어 (목적어1/주어2)	술어2	목적어2
老师	让	学生	查	词典

정답 老师让学生查词典。

해석 선생님이 학생에게 사전을 찾게 한다(시키신다).

연동문, 겸어문 내공 쌓기

1 연동문

1 기본형식

주어 + 동사1 + (목적어1) + 동사2 + (목적어2)
我   去   电影院   看   电影。

나는 영화관에 가서 영화를 본다.
(나는 영화를 보러 영화관에 간다.)

2 연동문의 종류

❶ 동작의 연속(~한 다음에 ~하다)

: 연속해서 발생하는 동작을 나타내는 경우, 동작이 발생하는 순서대로 나열한다.

- 他吃了饭就看新闻。 그는 밥을 먹고 바로 뉴스를 본다.
- 我们下了课就吃饭吧。 우리 수업 끝나고 바로 밥 먹자.

어휘 新闻 xīnwén 명 뉴스

❷ 동작의 목적(~하러 ~에 오다/가다)

: 동사2가 동사1의 목적을 나타내며, 이때 동사1은 '来' 또는 '去'이다.

- 妈妈去超市买东西。 엄마는 물건을 사러 슈퍼마켓에 가신다.
- 他去中国学习汉语。 그는 중국어를 공부하러 중국에 간다.

어휘 超市 chāoshì 명 슈퍼마켓, 마트

❸ 동작의 수단·방식(~하여 ~하다)

: 동사1이 동사2의 수단·방식을 나타내며, 동사1에는 주로 '用', '坐', '骑' 등이 온다.

- 中国人用筷子吃饭。 중국인은 젓가락을 사용하여 밥을 먹는다.
- 弟弟每天都骑自行车去学校。 남동생은 매일 자전거를 타고 학교에 간다.

어휘 筷子 kuàizi 명 젓가락 | 骑 qí 동 (동물이나 자전거 등에) 타다 | 自行车 zìxíngchē 명 자전거 ⭐

3 연동문의 특징

❶ 부사와 조동사의 위치

: 연동문에서 부사와 조동사는 일반적으로 첫 번째 동사 앞에 쓴다.

- 我们都坐飞机去北京。 우리는 모두 비행기를 타고 베이징에 간다.
- 我们没坐飞机去北京。 우리는 비행기를 타고 베이징에 가지 않았다.
- 我们要坐飞机去北京。 우리는 비행기를 타고 베이징에 갈 것이다.

❷ 동태조사 '了', '着'의 위치

'了'는 일반적으로 마지막 동사 뒤 또는 문장의 맨 마지막에 쓴다.

- 我去商店买了一些东西。 나는 상점에 가서 약간의 물건을 샀다.
  동사1 동사2

- 我去商店买一些东西了。 나는 약간의 물건을 사러 상점에 갔다.
  동사1 동사2

단, 연속해서 발생하는 동작의 경우(첫 번째 동작이 완료되고 나서, 바로 두 번째 동작이 이어질 때) 첫 번째 동사 뒤에 '了'를 쓴다.

- 我下了班就回家。 나는 퇴근하고 바로 집에 간다.
  동사1 동사2

'着'는 일반적으로 첫 번째 동사 뒤에 쓴다.

- 弟弟坐着看电视。 남동생은 앉아서 텔레비전을 본다.
  동사1 동사2

 商店 shāngdiàn 명 상점, 가게 | 下班 xià bān 동 퇴근하다 | 电视 diànshì 명 텔레비전, TV

2 겸어문

1 기본형식

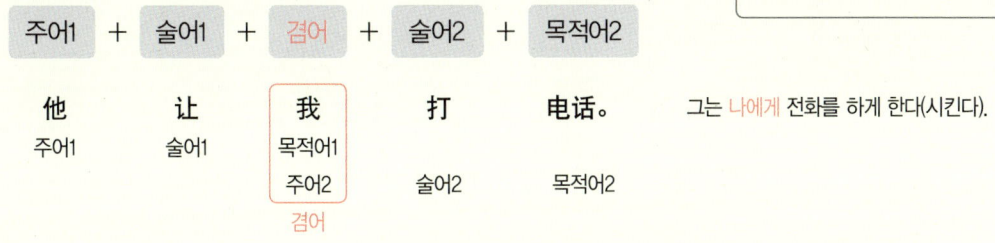

그는 나에게 전화를 하게 한다(시킨다).

Tip!
겸어문에서는 '让', '叫', '使', '请'과 같은 사역동사가 술어1 자리에 놓인다.

2 겸어문의 특징

❶ 부사와 조동사의 위치

: 겸어문에서 부사와 조동사는 일반적으로 첫 번째 동사 앞에 쓴다.

- 这件事真让我头疼。   이 일은 정말 나를 머리 아프게 한다.
- 他不让我看这本杂志。   그는 나에게 이 잡지를 보지 못하게 한다.
- 我想请你吃中国菜。   나는 너에게 중국 음식을 대접하고 싶다.

> 어휘 头疼 tóu téng 형 머리(골치) 아프다 명 두통 | 杂志 zázhì 명 잡지

> **Tip!**
> 일반적으로 정도부사 '真'을 제외한 '很', '非常'과 같은 기타 정도부사는 술어2 앞에 놓인다.
> 예 他让我很生气。
> 그는 나를 매우 화나게 했다.

❷ 동태조사 '了', '着', '过'는 술어1 뒤에 쓸 수 없다.

: 일반적으로 겸어문에서 동태조사 '了', '着', '过'는 '让', '使', '请'과 같은 사역동사 뒤에 쓸 수 없다.

- 昨天我请小李吃了饭。   어제 나는 샤오리에게 식사를 대접했다.
- 妈妈让我带着伞去学校。   엄마가 나에게 우산을 가지고 학교에 가라고 한다.

실전 테스트

第1-5题 제시된 어휘를 어순에 맞게 배열하여 문장을 완성하세요.

① 他每天　　自行车　　骑　　去学校

_____

② 明天我　　晚饭　　吃　　请你

_____

③ 妈妈　　水果了　　去超市　　买

_____

④ 一定会　　使我们　　很满意　　他的服务态度

_____

⑤ 不让　　医生一直　　喝酒　　爸爸

_____

제2부분
빈칸에 들어갈 한자 쓰기

3 생김이 비슷한 한자에 주의하자!
  공략 비법 09 생김이 비슷한 한자

4 발음이 비슷한 한자에 주의하자!
  공략 비법 10 발음이 비슷한 한자&다음자

제2부분
빈칸에 들어갈 한자 쓰기

문제 형식

쓰기 제2부분은 빈칸 위의 병음을 보고 빈칸 안에 들어갈 알맞은 한자를 쓰는 형태로 76~80번까지 총 5문제가 출제되며 3급 필수 어휘 600개를 기준으로 출제된다.

출제 경향

★ **필수 어휘 600개 중, 비교적 쓰기 쉽고 간단한 문제가 출제된다.**

제2부분에서는 쓰기 어렵고 복잡한 한자보다는 주로 쓰기 쉽고 간단한 한자를 쓰는 문제가 출제된다. 빈칸에 들어가는 한자는 빈칸 앞뒤의 어휘 또는 어구와 함께 호응하여 쓰이므로 빈칸의 앞뒤를 살핀 후에 들어갈 한자를 유추하도록 하자.

문제 유형

　　　　　　xué
76. 我家离(学)校很远。　　　　　우리 집은 학교에서 멀다.

　　　　　　　　　chāi
77. 我经常去中国出(差)。　　　　나는 자주 중국으로 출장을 간다.

　　　　　　pián
78. 这件衣服很(便)宜。　　　　　이 옷은 매우 저렴하다.

　　　yǐ
79. 我(已)经做完了。　　　　　　나는 이미 다 끝냈다.

　　　　　　　　　　tīng
80. 我有睡觉之前(听)音乐的习惯。　나는 잠자기 전에 음악을 듣는 습관이 있다.

离 lí 젠 ~에서 | 经常 jīngcháng 부 자주 | 出差 chū chāi 동 출장을 가다 | 件 jiàn 양 옷, 일, 사건 등을 세는 단위 | 衣服 yīfu 명 옷 | 已经 yǐjing 부 이미, 벌써 | 睡觉 shuì jiào 동 잠을 자다 | 之前 zhī qián 명 ~이전, ~의 앞 | 音乐 yīnyuè 명 음악 | 习惯 xíguàn 명 습관

 **문제는 이렇게 풀어라!**

Step 1 빈칸에 제시된 병음을 확인한다.

Step 2 빈칸의 앞뒤 글자를 보고 호응하는 어휘 또는 어구를 파악한다.

Step 3 모양이 비슷한 한자나 병음이 비슷한 한자와 혼동하지 않도록 주의하여 빈칸을 채운다.

8 생김이 비슷한 한자에 주의하자!

공략비법 09 생김이 비슷한 한자

출제 형식

제2부분에서 수험생이 가장 어려워 하는 것은 제시된 병음을 보고 본인이 직접 한자를 써야 한다는 것이다. 일부 한자들은 부수가 다르거나 혹은 한 두 획의 미세한 차이만 있기 때문에 한자 암기 시 주의를 기울여야 한다.

핵심 전략

1 한 끝 차이에 주의하며 어휘로 암기하라.

중국어에는 '请'과 '清'처럼 부수만 다르거나, '日'과 '白'처럼 한 두 획의 미세한 차이가 있는 생김이 비슷한 한자들이 있다. 이런 닮은 꼴 한자들은 낱 글자로 따로 따로 암기하다 보면 쉽게 혼동할 수 있으므로 그 글자가 속한 어휘를 묶어서 함께 암기하는 것이 더 효과적이다. 예를 들어 '日 일, 날'은 '生日 생일', '节日 기념일, 명절'로 익히고, '白 하얗다, 희다'는 '白色 흰색', '明白 알다, 이해하다'로 정리하여 외운다면 혼동하지 않고 빠르게 정답을 쓸 수 있을 것이다.

유형맛보기 1

> bái
> 服务员，这条裙子太红了，有没有（　　）色的?
>
> 종업원, 이 치마는 너무 붉은데, 흰색 (치마) 있나요?

服务员 fúwùyuán 명 종업원 ⭐
条 tiáo 양 치마, 바지, 강 등의 가늘고 긴 것을 세는 단위 ⭐
裙子 qúnzi 명 치마 ⭐
太~了 tài~le 너무 ~하다
红 hóng 형 붉다

정답 白

해설 빈칸 뒤에 '色 색, 색깔'이 있으므로 빈칸에는 색을 나타내는 형용사가 정답이 될 수 있다. 종업원에게 다른 색상의 치마를 물어보고 있으므로, 빈칸에는 '白色 báisè 흰색'의 '白 bái'가 들어가야 한다. '白 bái'와 생김이 비슷한 한자인 '日 rì 일, 날'이나 '百 bǎi 백, 100'과 혼동하지 않도록 주의해야 한다.

닮은꼴 한자 내공 쌓기

🍇 혼동하기 쉬운 닮은꼴 한자

1 喝 vs 渴

喝 hē 동 마시다

hē
每天早上（喝）一杯牛奶对身体好。 매일 아침 우유 한 잔을 마시는 것은 몸에 좋다.
Měitiān zǎoshang (hē) yì bēi niúnǎi duì shēntǐ hǎo.

주요 표현 （喝）一杯 한 잔 마시다 ｜ （喝）咖啡 커피를 마시다 ｜ 好（喝）(음료, 국, 탕 등이) 맛있다 ｜
（喝）水 물을 마시다

渴 kě 형 목이 타다, 목마르다

kě
我现在很（渴），想喝杯水。 나는 지금 목이 말라서, 물을 한 잔 마시고 싶다.
Wǒ xiànzài hěn (kě), xiǎng hē bēi shuǐ.

주요 표현 很（渴）매우 목이 마르다 ｜ 有点儿（渴）조금 목이 마르다 ｜ 口（渴）목이 마르다

2 日 vs 白 vs 百 vs 自

日 rì 명 일, 날

rì
春节是中国最重要的一个节（日）。 춘절(음력설)은 중국의 가장 중요한 명절이다.
Chūnjié shì Zhōngguó zuì zhòngyào de yí ge jié(rì).

주요 표현 生（日）생일 ｜ 节（日）기념일, 명절

공략 비법 09 생김이 비슷한 한자 **275**

| 白 bái 형 하얗다, 희다 |

bái
这个（白）色的手机是谁的？ 이 흰색 휴대폰은 누구 거야?
Zhè ge (bái)sè de shǒujī shì shéi de?

주요 표현 （白）色 흰색 ｜ 明（白） 알다, 이해하다

> **Tip!**
> '明白'의 '白'는 경성 'bai'로 표기한다.

| 百 bǎi 수 100, 백 |

bǎi
一共两千六（百）元。 총 2,600위안입니다.
Yígòng liǎng qiān liù (bǎi) yuán.

주요 표현 숫자 +（百）(몇) 백 ｜ 一（百）元 백 위안

| 自 zì 대 자기, 자신 |

zì
没关系，我可以（自）己回去。 괜찮아요. 저는 혼자 돌아갈 수 있어요.
Méiguānxi, wǒ kěyǐ (zì)jǐ huí qu.

주요 표현 （自）己 자기, 스스로 ｜（自）行车 자전거

3 元 vs 远

| 元 yuán 양 위안(중국의 화폐 단위) |

yuán
这块手表九十（元）。 이 손목시계는 90위안이다.
Zhè kuài shǒubiǎo jiǔshí (yuán).

주요 표현 숫자 +（元）(몇) 위안

| 远 yuǎn 형 멀다 |

yuǎn
那个地方太（远）了，我不想去。 그곳은 너무 멀어서 나는 가기 싫다.
Nà ge dìfang tài (yuǎn) le, wǒ bù xiǎng qù.

주요 표현 离~很（远）~에서 멀다 ｜ 太（远）너무 멀다 ｜ 不太（远）그다지 멀지 않다

4 水 vs 冰

水 shuǐ 명 물

shuǐ
弟弟把这杯（水）喝完了。 동생이 이 물을 다 마셨다.
Dìdi bǎ zhè bēi (shuǐ) hē wán le.

주요 표현 一杯（水）물 한 잔 | 热（水）뜨거운 물 | （水）果 과일 | （水）平 수준, 능력

冰 bīng 명 얼음

bīng
（冰）箱里有蛋糕，你自己去拿。 냉장고 안에 케이크가 있으니, 네가 직접 가져가렴.
(Bīng)xiāng li yǒu dàngāo, nǐ zìjǐ qù ná.

주요 표현 （冰）箱 냉장고 | （冰）水 얼음 물(찬 물)

5 永 vs 泳

永 yǒng 부 영원히, 늘

yǒng
祝你们（永）远幸福。 너희가 영원히 행복하길 바라.
Zhù nǐmen (yǒng)yuǎn xìngfú.

주요 표현 （永）远 영원히, 언제나

泳 yǒng 동 수영하다

yǒng
明天早上我们一起去游（泳）怎么样？ 내일 아침에 우리 함께 수영하러 가는 거 어때?
Míngtiān zǎoshang wǒmen yìqǐ qù yóu (yǒng) zěnmeyàng?

주요 표현 游（泳）수영(하다)

6 做 vs 故

做 zuò 동 만들다, 하다

zuò
你先把今天的作业（做）完再出去玩！ 너는 먼저 오늘의 숙제를 다 끝내고 나서 나가 놀으렴!
Nǐ xiān bǎ jīntiān de zuòyè (zuò) wán zài chū qu wán!

주요 표현 （做）作业 숙제를 하다 | （做）菜 음식을 만들다, 요리를 하다

故 gù 명 사건, 원인, 옛 것

gù
奶奶每天给我讲一个有意思的（故）事。 할머니는 매일 나에게 재미있는 이야기를 들려주신다.
Nǎinai měitiān gěi wǒ jiǎng yí ge yǒu yìsi de (gù)shi.

주요 표현 （故）事 이야기 | 讲（故）事 이야기를 들려주다

7 住 vs 往

住 zhù 동 살다, 거주하다

zhù
你（住）在哪里？我们一起回家吧。 너는 어디에 사니? 우리 같이 집에 가자.
Nǐ (zhù) zài nǎ li? Wǒmen yìqǐ huí jiā ba.

주요 표현 （住）在~ ~에 살다 | （住）哪儿 어디에 살다

往 wǎng 전 ~쪽으로, ~를 향해

wǎng
我要（往）左边走，你呢？ 나는 왼쪽으로 갈 건데, 너는?
Wǒ yào (wǎng) zuǒbian zǒu, nǐ ne?

주요 표현 （往）前走 앞으로 가다 | （往）右边 오른쪽을 향해, 오른쪽으로

8 票 vs 漂亮

票 piào 명 표

     piào
我已经把电影（票）买好了。　나는 이미 영화표를 샀다.
Wǒ yǐjing bǎ diànyǐng(piào) mǎi hǎo le.

주요 표현　电影（票）영화표 | 火车（票）기차표 | 机（票）비행기표 | 船（票）배표

漂亮 piàoliang 형 예쁘다

     piào
你的女儿长得真（漂）亮。　네 딸은 정말 예쁘게 생겼다.
Nǐ de nǚ'ér zhǎng de zhēn (piào)liang.

주요 표현　（漂）亮 예쁘다

9 船 vs 搬

船 chuán 명 배

    chuán
我打算坐（船）去上海。　나는 배를 타고 상하이에 갈 예정이다.
Wǒ dǎsuan zuò (chuán) qù Shànghǎi.

주요 표현　坐（船）배를 타다

搬 bān 동 옮기다, 이사하다, 옮겨 가다

        bān
这里有很多箱子，可以帮我（搬）一下吗？　여기 상자들이 많은데, 나를 도와서 좀 옮겨줄 수 있어?
Zhè li yǒu hěn duō xiāngzi, kěyǐ bāng wǒ (bān) yíxià ma?

주요 표현　（搬）东西 물건을 옮기다 |（搬）家 이사하다

10 成 vs 城

成 chéng 동 이루다

chéng
放心吧！这件事我一定会完(成)的。 안심하세요! 이 일은 제가 반드시 완수할 거예요.
Fàng xīn ba! Zhè jiàn shì wǒ yídìng huì wán(chéng) de.

주요 표현 （成）绩 성적 | 完（成）완성하다, (예정대로) 끝내다, 완수하다

城 chéng 명 성, 도시

chéng
你最想去哪个(城)市看看？ 너는 어느 도시에 가장 가 보고 싶어?
Nǐ zuì xiǎng qù nǎ ge (chéng)shì kàn kan?

주요 표현 （城）市 도시

11 清 vs 情 vs 晴 vs 请

清 qīng 형 깨끗하다, 확실하다

qīng
你看(清)楚了吗? 너는 분명하게(정확하게) 봤니?
Nǐ kàn (qīng)chu le ma?

주요 표현 （清）楚 분명하다

情 qíng 명 감정

qíng
她对我很热(情)。 그녀는 나에게 매우 친절하다.
Tā duì wǒ hěn rè(qíng).

주요 표현 热（情）친절하다 | 事（情）일, 사건

Tip!
'事情'의 '情'은 경성 'qing'으로 표기한다.

晴 qíng 형 하늘이 맑다

qíng
今天是(晴)天，我们一起去公园吧。 오늘은 맑은 날씨이니, 우리 같이 공원에 가자.
Jīntiān shì (qíng)tiān, wǒmen yìqǐ qù gōngyuán ba.

주요 표현 （晴）天 맑은 날씨

请 qǐng 동 ~하세요(경어), 초청하다, 요구하다, 부탁하다

qǐng
(请)喝咖啡。 커피 드세요.
(Qǐng) hē kāfēi.

주요 표현 (请)坐 앉으세요 | (请)客 접대하다, 한턱 내다 | (请)问 말씀 좀 여쭙겠습니다 | (请)你吃饭 식사를 대접하다

12 块 vs 快 vs 筷

块 kuài 양 덩어리나 조각 형태로 된 것을 세는 단위, 위안(중국의 화폐 단위, '元 yuán'과 같은 의미)

kuài
这儿有(块)蛋糕，你要吃吗？ 여기에 케이크가 한 조각 있는데 먹을래?
Zhèr yǒu (kuài) dàngāo, nǐ yào chī ma?

주요 표현 一(块)蛋糕 케이크 한 조각 | 这(块)手表 이 손목시계 | 5(块)钱 5 위안

快 kuài 형 빠르다

kuài
你(快)点儿来，电影马上就要开始了！ 빨리 와, 영화가 곧 시작하려고 해!
Nǐ (kuài) diǎnr lái, diànyǐng mǎshàng jiù yào kāishǐ le!

주요 표현 很(快) 빠르다 | (快)点儿 좀 빨리 해 | 快要~了 곧 ~이다, 곧 ~할 것이다

筷 kuài 명 젓가락

kuài
帮我拿一双(筷)子。 나를 도와 젓가락을 가져다 줘.
Bāng wǒ ná yì shuāng (kuài)zi.

주요 표현 (筷)子 젓가락 | 碗(筷) 공기와 젓가락

13 蓝 vs 篮

蓝 lán 형 파란색의

lán
我觉得这个（蓝）色的包不错。　나는 이 파란색 가방이 괜찮은 것 같아.
Wǒ juéde zhè ge (lán)sè de bāo búcuò.

주요 표현 （蓝）色 파란색 | （蓝）衬衫 파란 셔츠 | （蓝）裤子 파란 바지

篮 lán 명 바구니

lán
每到周末，他都跟朋友一起去打（篮）球。　매 주말마다, 그는 친구와 함께 농구를 하러 간다.
Měi dào zhōumò, tā dōu gēn péngyou yìqǐ qù dǎ (lán)qiú.

주요 표현 （篮）球 농구 | 打（篮）球 농구하다

14 买 vs 卖

买 mǎi 동 사다

mǎi
我想（买）个帽子，你呢？　나는 모자를 사고 싶어, 너는?
Wǒ xiǎng (mǎi) ge màozi, nǐ ne?

주요 표현 （买）水果 과일을 사다 | （买）一个行李箱 캐리어를 하나 사다

卖 mài 동 팔다

mài
请问，这里（卖）水果吗？　실례지만, 여기 과일 파나요?
Qǐng wèn, zhè li (mài) shuǐguǒ ma?

주요 표현 （卖）面包 빵을 팔다 | （卖）车 차를 팔다

15 每 vs 母

每 měi 〔대〕 매, ~마다

měi
我(每)天去公园跑步。　나는 매일 공원에 가서 조깅을 한다.
Wǒ (měi)tiān qù gōngyuán pǎo bù.

〔빈출 형식〕 (每)天 매일 | (每)年 매년, 매해 | (每)次 매번 | (每)个人 매 사람(모든 사람)

母 mǔ 〔명〕 어머니, 모친

mǔ
我的(母)亲已经六十岁了。　저희 어머니는 이미 60세가 되셨습니다.
Wǒ de (mǔ)qīn yǐjing liùshí suì le.

〔주요 표현〕 父(母) 부모 | (母)亲 어머니, 모친

16 西 vs 四

西 xī 〔명〕 서쪽

xi
他去超市买了一些东(西)。　그는 슈퍼마켓에 가서 약간의 물건을 샀다.
Tā qù chāoshì mǎi le yìxiē dōng(xi).

〔주요 표현〕 东(西) 물건 | (西)瓜 수박 | 向(西)走 서쪽으로 가다 | (西)门 서문

 Tip!
'西'는 본래 '서쪽'을 뜻하지만, 3급 쓰기에서 '서쪽'보다는 '东西 물건', '西瓜 수박' 등의 어휘로 자주 출제된다. 참고로 '东西'의 '西'는 경성 'xi'로 표기한다.

四 sì 〔수〕 4, 넷

sì
我昨天只睡了(四)个小时。　나는 어제 네 시간 밖에 못 잤다.
Wǒ zuótiān zhǐ shuì le (sì) ge xiǎoshí.

〔주요 표현〕 (四)个人 네 명 | (四)位 네 명(분) | (四)点 네 시 | (四)月 4월 | (四)号 4일

17 提 vs 题

提 tí 동 들어 올리다

　　　　　　　　tí
他的考试成绩（提）高得很快。　그의 시험 성적은 매우 빠르게 향상되었다.
Tā de kǎoshì chéngjì (tí)gāo de hěn kuài.

주요 표현　（提）高 향상시키다, 높이다, 끌어 올리다 ｜ （提）高水平 수준을 높이다 ｜ （提）高能力 능력을 향상시키다 ｜
　　　　　　（提）高成绩 성적을 올리다

题 tí 명 문제

　　　　　tí
这个问（题）非常难，请再说一遍，好吗？　이 문제는 너무 어려워요, 다시 한 번 말씀해주실 수 있나요?
Zhè ge wèn(tí) fēicháng nán, qǐng zài shuō yí biàn, hǎo ma?

주요 표현　问（题）문제 ｜ 练习（题）연습 문제 ｜ 做（题）문제를 풀다 ｜ 数学（题）수학 문제

실전 테스트

第1-5题 제시된 병음을 보고 빈칸에 들어갈 알맞은 한자를 쓰세요.

　　　　　　　huán
① 我家附近的（　　）境很不错，有山有水，特别安静，欢迎你们来我家玩儿。

　　měi
② （　　）个人都有自己的兴趣爱好，我的爱好就是爬山。

　　　　　　　　　zi
③ 服务员，再给我拿一双筷（　　）。

　　　　　　　zuò
④ 我已经把今天的作业（　　）完了。

　　　bīng
⑤ 我看（　　）箱里没有水果，今天下班以后我们一起去超市吧。

9 비슷한 발음의 한자에 주의하자!

공략비법 10 발음이 비슷한 한자&다음자

출제 형식

제2부분에서는 발음이 유사한 어휘나 다음자(多音字) 어휘에 주의해야 한다. 3급 필수 어휘 중 혼동하기 쉬운 발음이 비슷한 한자나 다음자들을 정리하여 함께 익히는 훈련이 필요하다.

핵심 전략

1 발음이 유사한 한자들은 함께 정리하여 익히자.

중국어에는 발음이 같거나 비슷한 한자들이 많아서 빈칸의 앞뒤 어휘나 구조를 살피지 않고, 제시된 병음만으로 문제를 푸는 것은 매우 위험하다. 예를 들어 문제에 '我最近(gōng)作很忙.'이 출제된다면 병음 'gōng'을 보고 대부분의 수험자들이 먼저 '公 gōng'과 '工 gōng'을 떠올리겠지만, 뒤에 이어지는 단어가 '作'이므로 정답은 '工'이다. 따라서 발음이 비슷하여 혼동하기 쉬운 한자들은 자주 쓰이는 어휘들을 함께 정리하여 그 뜻을 익히고 구별하는 연습을 해야 한다.

2 카멜레온 같은 다음자(多音字)를 익히자.

중국어에는 하나의 글자가 두 가지 이상으로 발음되는 다음자(多音字)가 있다. 예를 들면 '便'의 경우 'biàn'과 'pián' 두 가지 발음이 있는데, '方便 fāngbiàn 편리하다'로 쓰일 경우 'biàn'으로 발음하고, '便宜 piányi (값이) 싸다'라는 의미로 쓰일 경우에는 'pián'으로 발음한다. 다음자는 각기 다른 발음에 따라 그 뜻도 달라지므로 다양한 어휘와 예문을 통해 그 소리와 의미를 함께 암기해두어야 한다.

유형맛보기 1

你明天没有其他的事吧？跟我一起去（ jī ）场接几位北京来的客人。

너 내일 다른 일 없지? 나와 함께 베이징에서 오는 손님 몇 분을 마중하러 공항에 가자.

其他 qítā 대 기타, 그 외
跟 gēn 전 ~와(과) ⭐
一起 yìqǐ 부 함께
接 jiē 동 마중하다, 맞이하다 ⭐
位 wèi 양 분, 명(공경의 뜻을 내포함) ⭐
客人 kèrén 명 손님

정답 机

해설 빈칸 앞에 동사 '去 가다'가 있고, 빈칸 뒤에 동사 '接 맞이하다, 마중하다'가 있으므로 빈칸에는 장소 목적어가 정답이 될 수 있다. 베이징에서 오는 손님을 마중 나가자고 했으므로 빈칸에는 손님을 마중 나갈 장소인 '机场 jīchǎng 공항'의 '机 jī'가 들어가야 한다. '机 jī'와 발음이 같은 '几乎 jīhū 거의'의 '几 jǐ'와 혼동하지 않도록 주의해야 한다.

유형맛보기 2

虽然他的汉语水平很（ chà ），但他平时喜欢跟中国朋友聊天。

비록 그의 중국어 실력은 떨어지지만, 그는 평소에 중국 친구와 이야기하는 것을 좋아한다.

虽然~，但(是)~
suīrán~, dàn(shì)~
비록 ~이지만, 그러나 ~하다
水平 shuǐpíng 명 수준, 능력 ⭐
平时 píngshí 명 평소
聊天 liáo tiān 동 이야기를 나누다, 수다 떨다 ⭐

정답 差

해설 빈칸 앞에 정도부사 '很 매우'가 있으므로 빈칸에는 형용사가 정답이 될 수 있다. 빈칸 앞에 있는 '水平 shuǐpíng 수준, 능력'은 주로 '高 gāo 높다', '低 dī 낮다', '差 chà 나쁘다, 좋지 않다'와 함께 쓰인다. 따라서 빈칸에는 '差 chà'가 들어가야 한다. '差'는 'chà'와 'chāi' 두 개의 발음을 가지고 있는 다음자로, '出差 chū chāi 출장 가다'에서는 'chāi'로 발음된다는 것을 함께 기억하자.

혼동하기 쉬운 한자
내공 쌓기

1 혼동하기 쉬운 발음이 비슷한 한자

ǎi	**ǎi** 他的个子很（矮），但是篮球打得很不错。　그는 키는 작지만, 농구를 잘 한다. Tā de gèzi hěn (ǎi), dànshì lánqiú dǎ de hěn búcuò. • 矮 ǎi 형 (키가) 작다, 낮다 ★
ài	**ài** 我的（爱）好是画画儿。　내 취미는 그림을 그리는 것이다. Wǒ de (ài)hào shì huà huàr. • 爱好 àihào 명 취미 ★
bān	**bān** 我们（班）一共有二十个学生。　우리 반은 총 20명의 학생이 있다. Wǒmen (bān) yígòng yǒu èrshí ge xuésheng. • 班 bān 명 반 **bān** 下星期六我打算（搬）到公司附近。　다음주 토요일에 나는 회사 근처로 옮길(이사할) 계획이다. Xià xīngqīliù wǒ dǎsuan (bān) dào gōngsī fùjìn. • 搬 bān 동 이사하다, 옮겨 가다, 옮기다 ★
bàn	**bàn** 我等了她（半）个小时了。　나는 그녀를 30분째 기다리고 있다. Wǒ děng le tā (bàn) ge xiǎoshí le. • 半 bàn 수 30분, 절반

bāo	**bāo** 你的书(包)在桌子上。　네 책가방은 탁자 위에 있다. Nǐ de shū(bāo) zài zhuōzi shang.	
	• 书包　shūbāo　명 책가방	
bǎo	**bǎo** 不用了，我已经吃(饱)了，谢谢。　괜찮아, 나는 이미 배불리 먹었어, 고마워. Bú yòng le, wǒ yǐjing chī (bǎo) le, xièxie.	
	• 饱　bǎo　형 배부르다	
cái	**cái** 我今天10点(才)起床。　나는 오늘 10시가 되어서야 비로소 일어났다. Wǒ jīntiān shí diǎn (cái) qǐ chuáng.	
	• 才　cái　부 비로소, 겨우, 고작	
cài	**cài** 你会做(菜)吗?　당신은 요리할 줄 알아요? Nǐ huì zuò (cài) ma?	
	• 菜　cài　명 음식, 채소	
chá	**chá** 我特别喜欢喝中国(茶)。　나는 중국 차를 마시는 것을 특히 좋아한다. Wǒ tèbié xǐhuan hē Zhōngguó (chá).	
	• 茶　chá　명 차	
chà	**chà** 我儿子的数学成绩很(差)。　내 아들의 수학 성적은 나쁘다. Wǒ érzi de shùxué chéngjì hěn (chà).	
	• 差　chà　형 나쁘다　동 부족하다, 모자라다[시간을 나타낼 때는 '~(분) 전'의 의미로 쓰임] ★	
chuān	**chuān** 你多(穿)点儿衣服，别感冒了。　옷을 많이 챙겨 입으렴, 감기 걸리지 말고. Nǐ duō (chuān) diǎnr yīfu, bié gǎnmào le.	
	• 穿　chuān　동 입다, 신다	
chuán	**chuán** 我们坐(船)去中国。　우리는 배를 타고 중국에 간다. Wǒmen zuò (chuán) qù Zhōngguó.	
	• 船　chuán　명 배, 선박	

dēng	**dēng** 你把房间里的（灯）关一下。 네가 방 안의 불을 좀 꺼줘. Nǐ bǎ fángjiān li de (dēng) guān yíxià. • 灯 dēng 명 등, 램프
děng	**děng** 你（等）一下，我马上再给你打电话。 잠시 기다려줘, 내가 바로 다시 너에게 전화할게. Nǐ (děng) yíxià, wǒ mǎshàng zài gěi nǐ dǎ diànhuà. • 等 děng 동 기다리다
fāng	**fāng** 现在可以用手机上网，很（方）便。 요즘은 휴대폰으로 인터넷을 할 수 있어서 편리하다. Xiànzài kěyǐ yòng shǒujī shàng wǎng, hěn (fāng)biàn. • 方便 fāngbiàn 형 편리하다 ★
fáng	**fáng** 我的（房）间挺大的。 내 방은 매우 크다. Wǒ de (fáng)jiān tǐng dà de. • 房间 fángjiān 명 방
fàng	**fàng** 您（放）心吧，我已经到家了。 안심하세요. 저는 이미 집에 도착했어요. Nín (fàng) xīn ba, wǒ yǐjing dào jiā le. • 放心 fàng xīn 동 안심하다 ★
páng	**páng** 医院就在学校（旁）边。 병원은 바로 학교 옆에 있습니다. Yīyuàn jiù zài xuéxiào (páng)biān. • 旁边 pángbiān 명 옆, 곁
gān	**gān** 妈妈把我的房间打扫（干）净了。 엄마는 내 방을 깨끗하게 청소했다. Māma bǎ wǒ de fángjiān dǎsǎo (gān)jìng le. • 干净 gānjìng 형 깨끗하다 ★
gǎn	**gǎn** 最近太冷了，小心（感）冒！ 요즘 너무 추워, 감기 조심해! Zuìjìn tài lěng le, xiǎoxīn (gǎn)mào! • 感冒 gǎnmào 명 감기 ★

hái	hái 我的电脑（还）是有问题。　내 컴퓨터는 여전히 문제가 있어. Wǒ de diànnǎo (hái)shi yǒu wèntí. • 还是　háishi　부　아직도, 여전히, ~하는 편이 낫다	
	hái 这个（孩）子喜欢吃蛋糕。　이 아이는 케이크를 먹는 것을 좋아한다. Zhè ge (hái)zi xǐhuan chī dàngāo. • 孩子　háizi　명　아이, 자녀	
hài	hài 我（害）怕坐飞机。　나는 비행기 타는 것을 무서워한다. Wǒ (hài)pà zuò fēijī. • 害怕　hàipà　동　겁내다, 두려워하다	
jī	jī 南方人（几）乎每天都吃米饭。　남방 사람은 거의 매일 쌀밥을 먹는다. Nánfāngrén (jī)hū měitiān dōu chī mǐfàn. • 几乎　jīhū　부　거의, 하마터면	
	jī 我昨天把中国朋友送到（机）场了。　나는 어제 중국 친구를 공항에 데려다 줬다. Wǒ zuótiān bǎ Zhōngguó péngyou sòng dào (jī)chǎng le. • 机场　jīchǎng　명　공항 ★	
	jī 冰箱里有（鸡）蛋和水果吗？　냉장고 안에 계란과 과일이 있나요? Bīngxiāng li yǒu (jī)dàn hé shuǐguǒ ma? • 鸡蛋　jīdàn　명　계란	

jì	**jì** 我（记）得把手机放在这儿的，怎么找不到了？ Wǒ (jì)de bǎ shǒujī fàng zài zhèr de, zěnme zhǎo bu dào le? 내가 휴대폰을 여기에 둔 것으로 기억하는데, 어째서 못 찾겠지(찾을 수 없지)? • 记得 jìde 동 기억하고 있다, 잊지 않고 있다 ⭐	
	jì 春天到了，这是我最喜欢的（季）节。 봄이 왔다. 봄은 내가 제일 좋아하는 계절이다. Chūntiān dào le, zhè shì wǒ zuì xǐhuan de (jì)jié. • 季节 jìjié 명 계절 ⭐	
jīn	**jīn** （今）天我迟到了。 나는 오늘 지각했다. (Jīn)tiān wǒ chídào le. • 今天 jīntiān 명 오늘	
	jīn 西瓜一（斤）多少钱？ 수박은 한 근에 얼마예요? Xīguā yì (jīn) duōshao qián? • 斤 jīn 양 근, 500g(무게를 세는 단위) Tip! 公斤 gōngjīn 양 킬로그램(무게를 세는 단위) ⭐	
jìn	**jìn** 我家附（近）有一个超市。 우리 집 근처에는 슈퍼마켓이 하나 있다. Wǒ jiā fù(jìn) yǒu yí ge chāoshì. • 附近 fùjìn 명 부근, 근처	
	jìn 他突然跑（进）来了。 그가 갑자기 뛰어 들어왔다. Tā tūrán pǎo (jìn)lai le. • 进 jìn 동 (밖에서 안으로) 들다	

kè	kè 我最喜欢历史（课）。　나는 역사 수업을 가장 좋아한다. Wǒ zuì xǐhuan lìshǐ (kè). • 课　kè　명　수업, 과목 kè 现在差一（刻）六点。　지금은 6시 15분 전이다. Xiànzài chà yí (kè) liù diǎn. • 刻　kè　양　15분의 단위를 나타냄(一刻: 15분, 三刻: 45분) ⭐
lǚ	lǚ 我去年跟朋友一起去北京（旅）游了。　나는 작년에 친구와 함께 베이징으로 여행을 갔다. Wǒ qùnián gēn péngyou yìqǐ qù Běijīng (lǚ) yóu le. • 旅游　lǚ yóu　동　여행하다
lǜ	lǜ 这条（绿）色的裙子很漂亮。　이 초록색 치마는 예쁘다. Zhè tiáo (lǜ)sè de qúnzi hěn piàoliang. • 绿色　lǜsè　명　초록색
nán	nán （男）孩子一般喜欢玩儿游戏。　남자아이들은 일반적으로 게임하는 것을 좋아한다. (Nán)háizi yìbān xǐhuan wánr yóuxì. • 男孩子　nánháizi　명　남자아이, 사내아이 nán 北方天气比（南）方更冷。　북방 날씨는 남방 날씨보다 더 춥다. Běifāng tiānqì bǐ (nán)fāng gèng lěng. • 南方　nánfāng　명　남방, 남부 nán 这个问题有点儿（难）。　이 문제는 조금 어렵다. Zhè ge wèntí yǒu diǎnr (nán). • 难　nán　형　어렵다 ⭐

píng	píng 我们先要准备面粉、牛奶、鸡蛋和(苹)果。 Wǒmen xiān yào zhǔnbèi miànfěn、niúnǎi、jīdàn hé (píng)guǒ. 우리는 먼저 밀가루, 우유, 계란과 사과를 준비해야 해.	
	• 苹果 píngguǒ 명 사과	
	píng 这个箱子里都是(瓶)子，一定要小心。 이 상자 안은 모두 병이야, 조심해야 해. Zhè ge xiāngzi li dōu shì (píng)zi, yídìng yào xiǎoxīn.	
	• 瓶子 píngzi 명 병 ⭐	
qī	qī 看电影是我(妻)子最大的爱好。 영화 보는 것은 내 아내의 가장 큰 취미이다. Kàn diànyǐng shì wǒ (qī)zi zuì dà de àihào.	
	• 妻子 qīzi 명 아내	
qí	qí 学汉语(其)实没那么难。 중국어를 배우는 것은 사실 그렇게 어렵지 않다. Xué Hànyǔ (qí)shí méi nàme nán.	
	• 其实 qíshí 부 사실은	
	qí 他今天真(奇)怪。 그는 오늘 정말 이상하다. Tā jīntiān zhēn (qí)guài.	
	• 奇怪 qíguài 형 이상하다, 희한하다 ⭐	
qǐ	qǐ 妈妈每天早上7点(起)床。 엄마는 매일 아침 7시에 일어난다. Māma měitiān zǎoshang qī diǎn (qǐ) chuáng.	
	• 起床 qǐ chuáng 동 일어나다	

shí	shí 今天晚上你有（时）间吗？　오늘 저녁에 너는 시간이 있니? Jīntiān wǎnshang nǐ yǒu (shí)jiān ma?	
	• 时间　shíjiān　명 시간	
shì	shì 我觉得大熊猫是（世）界上最可爱的动物。 Wǒ juéde dàxióngmāo shì (shì)jiè shang zuì kě'ài de dòngwù. 나는 판다가 세상에서 가장 귀여운 동물이라고 생각한다.	
	• 世界　shìjiè　명 세계, 세상	
	shì 我知道这件（事）情应该怎么解决。　나는 이 일을 어떻게 해결해야 할지 알고 있어. Wǒ zhīdao zhè jiàn (shì)qing yīnggāi zěnme jiějué.	
	• 事情　shìqing　명 일, 사건	
tí	tí 她的汉语水平（提）高得很快！　그녀의 중국어 실력이 빠르게 향상했구나! Tā de Hànyǔ shuǐpíng (tí)gāo de hěn kuài!	
	• 提高　tígāo　동 향상시키다, 높이다, 끌어올리다	
	tí 小李，你来回答这个问（题）。　샤오리, 네가 이 문제에 대답해보렴. Xiǎo Lǐ, nǐ lái huídá zhè ge wèn(tí).	
	• 问题　wèntí　명 문제, 질문	
tǐ	tǐ 她喜欢看（体）育节目。　그녀는 스포츠 프로그램 보는 것을 좋아한다. Tā xǐhuan kàn (tǐ)yù jiémù.	
	• 体育　tǐyù　명 체육, 스포츠 ⭐	

공략 비법 10 발음이 비슷한 한자&다음자

wán	wán 你的作业都（完）成了吗?　네 숙제는 모두 끝냈니? Nǐ de zuòyè dōu (wán)chéng le ma? • 完成　wánchéng　동　완성하다, (예정대로) 끝내다, 완수하다 ★
wǎn	wǎn （晚）上咱们吃什么?　저녁에 우리 뭐 먹을까? (Wǎn)shang zánmen chī shénme? • 晚上　wǎnshang　명　저녁
xī	xī 你喜欢吃（西）瓜吗?　너는 수박 먹는 것을 좋아하니? Nǐ xǐhuan chī (xī)guā ma? • 西瓜　xīguā　명　수박 xī 我（希）望他快点儿回来。　나는 그가 빨리 돌아오길 바란다. Wǒ (xī)wàng tā kuài diǎnr huí lai. • 希望　xīwàng　동　희망하다
xí	xí 睡觉前刷牙是很好的（习）惯。　잠자기 전에 양치질하는 것은 매우 좋은 습관이다. Shuì jiào qián shuā yá shì hěn hǎo de (xí)guàn. • 习惯　xíguàn　명　습관, 버릇

yī	yī 这件（衣）服虽然很好看，但是很贵。　이 옷은 비록 예쁘지만, 비싸다. Zhè jiàn (yī)fu suīrán hěn hǎokàn, dànshì hěn guì. • 衣服 yīfu 명 옷 yī 明天早上我打算带儿子去（医）院。　내일 아침에 나는 아들을 데리고 병원에 갈 계획이다. Míngtiān zǎoshang wǒ dǎsuan dài érzi qù (yī)yuàn. • 医院 yīyuàn 명 병원
yǐ	yǐ 她（已）经回家了，有什么事找她呢？　그녀는 이미 집에 갔어. 무슨 일로 그녀를 찾는 거야? Tā (yǐ)jing huí jiā le, yǒu shénme shì zhǎo tā ne? • 已经 yǐjing 부 이미, 벌써 yǐ （以）前我骑自行车上班。　예전에 나는 자전거를 타고 출근했다. (Yǐ)qián wǒ qí zìxíngchē shàng bān. • 以前 yǐqián 명 이전에 yǐ 我的（椅）子已经用了很长时间了，我想换一个。 Wǒ de (yǐ)zi yǐjing yòng le hěn cháng shíjiān le, wǒ xiǎng huàn yí ge. 내 의자는 이미 오랫동안 사용해서 하나 바꾸고 싶어. • 椅子 yǐzi 명 의자
yì	yì 你昨天为什么（一）直不接电话呢？　너는 어제 왜 계속 전화를 안 받았어? Nǐ zuótiān wèishénme (yì)zhí bù jiē diànhuà ne? • 一直 yìzhí 부 계속, 줄곧, 곧장, 곧바로 yì 这个词是什么（意）思？　이 단어는 무슨 뜻이야? Zhè ge cí shì shénme (yì)si? • 意思 yìsi 명 의미, 뜻

zhōng	zhōng 学校花园里的花（终）于开了。　학교 정원의 꽃이 마침내 피었다. Xuéxiào huāyuán li de huā (zhōng)yú kāi le. • 终于 zhōngyú 부 드디어, 마침내 ⭐
zhǒng	zhǒng 这（种）书包怎么样？　이런 종류의 책가방은 어때요? Zhè (zhǒng) shūbāo zěnmeyàng? • 种 zhǒng 양 종류, 부류, 가지
zhòng	zhòng 这是很（重）要的事情。　이것은 중요한 일이다. Zhè shì hěn (zhòng)yào de shìqing. • 重要 zhòngyào 형 중요하다 ⭐
zuò	zuò （做）蛋糕其实很简单，如果你有兴趣，我可以教你。 (Zuò) dàngāo qíshí hěn jiǎndān, rúguǒ nǐ yǒu xìngqù, wǒ kěyǐ jiāo nǐ. 케이크를 만드는 것은 사실 간단해, 만약 네가 흥미가 있다면, 내가 가르쳐줄 수 있어. • 做 zuò 동 만들다, 하다 zuò 他（坐）着看报纸。　그는 앉아서 신문을 보고 있다. Tā (zuò) zhe kàn bàozhǐ. • 坐 zuò 동 앉다 zuò 我打算（坐）火车去北京。　나는 기차를 타고 베이징에 갈 계획이다. Wǒ dǎsuan (zuò) huǒchē qù Běijīng. • 坐 zuò 동 (교통수단을) 타다

혼동하기 쉬운 다음자 (多音字)

便	biàn	**biàn** 现在用手机做什么都很方（便）。 요즘은 휴대폰으로 무엇을 하든지 편리하다. Xiànzài yòng shǒujī zuò shénme dōu hěn fāng(biàn). • 方便 fāngbiàn 형 편리하다 ⭐
	pián	**pián** 这个帽子又好看又（便）宜。 이 모자는 예쁘고 싸다. Zhè ge màozi yòu hǎokàn yòu (pián)yi. • 便宜 piányi 형 (값이) 싸다
差	chà	**chà** 因为这次考试成绩太（差）了，所以我很难过。 Yīnwèi zhè cì kǎoshì chéngjì tài (chà) le, suǒyǐ wǒ hěn nánguò. 이번 시험 성적이 너무 안 좋아서 속상하다. • 差 chà 형 나쁘다, 다르다 동 부족하다, 모자라다 ⭐
	chāi	**chāi** 听说你要去上海出（差），什么时候去? Tīng shuō nǐ yào qù Shànghǎi chū (chāi), shénme shíhou qù? 상하이로 출장 간다고 들었는데, 언제 가? • 出差 chū chāi 동 출장을 가다

长	cháng	**cháng** 已经过了很（长）时间，但他还没回来。 Yǐjing guò le hěn (cháng) shíjiān, dàn tā hái méi huí lai. 이미 오랜 시간이 흘렀지만, 그는 아직 돌아오지 않았다. • 长 cháng 형 (시간이) 오래다, (길이가) 길다
	zhǎng	**zhǎng** 这孩子（长）得真像他爸爸。 이 아이는 생긴 게 정말 그의 아빠를 닮았다. Zhè háizi (zhǎng) de zhēn xiàng tā bàba. • 长 zhǎng 동 생기다, 자라다
		zhǎng 他是我们学校的校（长）。 그는 우리 학교 교장 선생님이다. Tā shì wǒmen xuéxiào de xiào(zhǎng). • 校长 xiàozhǎng 명 학교장 ★
大	dà	**dà** 外面雨下得很（大），出门时带好雨伞！ Wàimian yǔ xià de hěn (dà), chū mén shí dài hǎo yǔsǎn! 밖에 비가 많이 내리니, 외출할 때 우산 잘 챙겨! • 大 dà 형 (수량이) 많다, (부피·면적이) 크다
	dài	**dài** 你应该去医院看（大）夫。 너는 병원에 가서 진찰을 받아야 한다. Nǐ yīnggāi qù yīyuàn kàn (dài)fu. • 大夫 dàifu 명 의사
发	fā	**fā** 我昨天给你（发）了电子邮件。 내가 어제 너에게 메일을 하나 보냈어. Wǒ zuótiān gěi nǐ (fā) le diànzǐ yóujiàn. • 发 fā 동 보내다, 부치다, 발생하다 ★
	fa	**fa** 我喜欢长头（发）。 나는 긴 머리를 좋아한다. Wǒ xǐhuan cháng tóu(fa). • 头发 tóufa 명 머리카락

干	gān	**gān** 你把你的房间打扫得真（干）净！ 너는 네 방을 정말 깨끗하게 청소했구나! Nǐ bǎ nǐ de fángjiān dǎsǎo de zhēn (gān)jìng! • 干净 gānjìng 형 깨끗하다 ★
	gàn	**gàn** 你在（干）什么呢？ 너는 뭐 하고 있어? Nǐ zài (gàn) shénme ne? • 干 gàn 동 (일을) 하다
还	hái	**hái** 他的生日礼物我（还）没买呢。 그의 생일선물을 나는 아직 안 샀어. Tā de shēngrì lǐwù wǒ (hái) méi mǎi ne. • 还 hái 부 아직, 여전히, 또 ★
	huán	**huán** 上次借给你的词典，你什么时候能（还）给我？ Shàng cì jiè gěi nǐ de cídiǎn, nǐ shénme shíhou néng (huán) gěi wǒ? 저번에 너에게 빌려준 사전을 너는 언제쯤 돌려줄 수 있어? • 还 huán 동 돌려주다, 갚다, 반납하다
行	háng	**háng** 请问，这儿附近有银（行）吗？ 실례지만, 이 근처에 은행이 있나요? Qǐng wèn, zhèr fùjìn yǒu yín(háng) ma? • 银行 yínháng 명 은행 ★
	xíng	**xíng** 你把书放在这儿就（行）了。 너는 책을 여기에 두면 돼. Nǐ bǎ shū fàng zài zhèr jiù (xíng) le. • 行 xíng 동 ～해도 좋다

好	hǎo	**hǎo** 今天的天气很（好）。　오늘 날씨가 좋다. Jīntiān de tiānqì hěn (hǎo). • 好　hǎo　형 좋다
	hào	**hào** 我的爱（好）是看电影。　내 취미는 영화를 보는 것이다. Wǒ de ài(hào) shì kàn diànyǐng. • 爱好　àihào　명 취미 ⭐
教	jiāo	**jiāo** 我以后想（教）外国学生汉语。 Wǒ yǐhòu xiǎng (jiāo) wàiguó xuésheng Hànyǔ. 나는 이후에 외국인 학생들에게 중국어를 가르치고 싶다. • 教　jiāo　동 가르치다 ⭐
	jiào	**jiào** 请问，你知道四零五（教）室在哪里吗？ Qǐng wèn, nǐ zhīdao sì líng wǔ (jiào)shì zài nǎ li ma? 실례지만, 405호 교실이 어디에 있는지 아세요? • 教室　jiàoshì　명 교실
觉	jiào	**jiào** 都十点了，你怎么还在睡（觉）？ Dōu shí diǎn le, nǐ zěnme hái zài shuì (jiào)? 벌써 10시인데, 너는 어째서 아직까지 자고 있는 거야? • 睡觉　shuì jiào　동 잠을 자다
	jué	**jué** 你（觉）得她长得怎么样？　네가 생각하기에 그녀는 생긴 게 어때? Nǐ (jué)de tā zhǎng de zěnmeyàng? • 觉得　juéde　동 ~라고 느끼다, ~라고 생각하다

乐	lè	**lè** 祝你生日快（乐）! 생일 축하해! Zhù nǐ shēngrì kuài(lè)! • 快乐 kuàilè 형 즐겁다, 유쾌하다
	yuè	**yuè** 你喜欢听音（乐）吗? 너는 음악 듣는 것을 좋아하니? Nǐ xǐhuan tīng yīn(yuè) ma? • 音乐 yīnyuè 명 음악
了	le	**le** 小明，已经晚上八点（了）! 咱们快点儿回家吧! Xiǎomíng, yǐjing wǎnshang bā diǎn (le)! Zánmen kuài diǎnr huí jiā ba! 샤오밍, 벌써 저녁 8시야! 우리 빨리 집에 가자! • 了 le 동작의 완료나 상태의 변화를 나타냄
	liǎo	**liǎo** 你去（了）解一下那里的情况。 네가 가서 그곳의 상황을 좀 알아봐. Nǐ qù (liǎo)jiě yíxià nà li de qíngkuàng. • 了解 liǎojiě 동 이해하다, 알아보다 ⭐
只	zhī	**zhī** 爸爸给我买了一（只）小猫。 아버지는 나에게 새끼 고양이 한 마리를 사 주셨다. Bàba gěi wǒ mǎi le yì (zhī) xiǎomāo. • 只 zhī 양 마리(짐승을 세는 단위)
	zhǐ	**zhǐ** 钱包里（只）有一百块钱。 지갑에는 100위안밖에 없다. Qiánbāo li (zhǐ) yǒu yì bǎi kuài qián. • 只 zhǐ 오직, 단지, 다만 ⭐

실전 테스트

第1-5题 제시된 병음을 보고 빈칸에 들어갈 알맞은 한자를 쓰세요.

liǎo
1. 因为我很想（　　）解中国，所以我准备去中国留学。

kè
2. 现在差一（　　）八点，马上就要上课了，你快来学校吧！

jué
3. 这件衣服穿起来很舒服，你（　　）得怎么样？

cài
4. 我妈妈做（　　）做得很好吃，有时间你也来尝尝吧。

jìn
5. 最（　　）我身体一直不舒服，所以医生不让我喝太多酒。

미니 테스트

제 1부분

제시된 어휘를 어순에 맞게 배열하여 문장을 완성하세요.

1. 非常　　说得　　她　　好
   _____

2. 贵　　比那条　　三百块　　这条裙子
   _____

3. 我现在　　大熊猫的　　耳朵　　画
   _____

4. 已经　　把　　卖了　　他　　照相机
   _____

5. 他周末　　打篮球　　去　　经常
   _____

정답 및 해설 ≫ 해설서 p. 127~129

제 2부분

제시된 병음을 보고 빈칸에 들어갈 알맞은 한자를 쓰세요.

kě
6 跑步的时候会（　　），带点儿水吧。

jié
7 我对这个（　　）目很感兴趣，最近一直在看。

jù
8 我的中文不太好，这个（　　）子是什么意思?

zuò
9 公园离这儿比较远，我们还是（　　）地铁去吧。

tīng
10 我和男朋友都喜欢（　　）安静的音乐。

실전모의고사
1, 2회분

실제 시험을 보는 것처럼 시간에 맞춰 실전모의고사를 풀어보세요.

잠깐! 테스트 전 확인사항

1. 휴대폰의 전원을 끄셨나요?
2. 답안지, 연필, 지우개가 준비되셨나요?
3. 시계가 준비되셨나요? (제한시간 약 90분)

1회 해설서는 p.140, 2회 해설서는 p.188에 수록되어 있습니다.

HSK（三级）答题卡

HSK (3급) 답안지 작성법

新汉语水平考试 HSK（三级） 答题卡

请填写考生信息 — 수험생 정보를 써 넣으세요.
请填写考点信息 — 고시장 정보를 써 넣으세요.

请按照考试证件上的姓名填写: 수험표상의 영문 성명을 써 넣으세요.

| 姓名 | PARK GO DA |

如果有中文姓名，请填写: 중문 성명이 있다면, 써 넣으세요.

| 中文姓名 | 朴高达 |

고시장 번호를 쓰고 마킹하세요.

考点代码	8	[0] [1] [2] [3] [4] [5] [6] [7] ■ [9]
	1	[0] ■ [2] [3] [4] [5] [6] [7] [8] [9]
	5	[0] [1] [2] [3] [4] ■ [6] [7] [8] [9]
	0	■ [1] [2] [3] [4] [5] [6] [7] [8] [9]
	4	[0] [1] [2] [3] ■ [5] [6] [7] [8] [9]
	1	[0] ■ [2] [3] [4] [5] [6] [7] [8] [9]
	2	[0] [1] ■ [3] [4] [5] [6] [7] [8] [9]

국적 번호를 쓰고 마킹하세요.

国籍	5	[0] [1] [2] [3] [4] ■ [6] [7] [8] [9]
	2	[0] [1] ■ [3] [4] [5] [6] [7] [8] [9]
	3	[0] [1] [2] ■ [4] [5] [6] [7] [8] [9]

본인 연령을 쓰고 마킹하세요.

| 年龄 | 2 | [0] [1] ■ [3] [4] [5] [6] [7] [8] [9] |
| | 4 | [0] [1] [2] [3] ■ [5] [6] [7] [8] [9] |

본인 성별에 마킹하세요.

| 性别 | 男 ■ | 女 [2] |

수험번호를 쓰고 마킹하세요.

考生序号	6	[0] [1] [2] [3] [4] [5] ■ [7] [8] [9]
	9	[0] [1] [2] [3] [4] [5] [6] [7] [8] ■
	0	■ [1] [2] [3] [4] [5] [6] [7] [8] [9]
	9	[0] [1] [2] [3] [4] [5] [6] [7] [8] ■
	3	[0] [1] [2] ■ [4] [5] [6] [7] [8] [9]

注意 请用2B铅笔这样写: ■ 2B 연필을 사용하여 마킹하세요.

一、听力 듣기

제1부분
1. [A][B][C][D][E][F]   6. [A][B][C][D][E][F]
2. [A][B][C][D][E][F]   7. [A][B][C][D][E][F]
3. [A][B][C][D][E][F]   8. [A][B][C][D][E][F]
4. [A][B][C][D][E][F]   9. [A][B][C][D][E][F]
5. [A][B][C][D][E][F]   10. [A][B][C][D][E][F]

제2부분
11. [✓] [×]   16. [✓] [×]
12. [✓] [×]   17. [✓] [×]
13. [✓] [×]   18. [✓] [×]
14. [✓] [×]   19. [✓] [×]
15. [✓] [×]   20. [✓] [×]

제3부분
21. [A][B][C]
22. [A][B][C]
23. [A][B][C]
24. [A][B][C]
25. [A][B][C]

제4부분
26. [A][B][C]   31. [A][B][C]   36. [A][B][C]
27. [A][B][C]   32. [A][B][C]   37. [A][B][C]
28. [A][B][C]   33. [A][B][C]   38. [A][B][C]
29. [A][B][C]   34. [A][B][C]   39. [A][B][C]
30. [A][B][C]   35. [A][B][C]   40. [A][B][C]

二、阅读 독해

제1부분
41. [A][B][C][D][E][F]   46. [A][B][C][D][E][F]
42. [A][B][C][D][E][F]   47. [A][B][C][D][E][F]
43. [A][B][C][D][E][F]   48. [A][B][C][D][E][F]
44. [A][B][C][D][E][F]   49. [A][B][C][D][E][F]
45. [A][B][C][D][E][F]   50. [A][B][C][D][E][F]

제2부분
51. [A][B][C][D][E][F]   56. [A][B][C][D][E][F]
52. [A][B][C][D][E][F]   57. [A][B][C][D][E][F]
53. [A][B][C][D][E][F]   58. [A][B][C][D][E][F]
54. [A][B][C][D][E][F]   59. [A][B][C][D][E][F]
55. [A][B][C][D][E][F]   60. [A][B][C][D][E][F]

제3부분
61. [A][B][C]   66. [A][B][C]
62. [A][B][C]   67. [A][B][C]
63. [A][B][C]   68. [A][B][C]
64. [A][B][C]   69. [A][B][C]
65. [A][B][C]   70. [A][B][C]

三、书写 쓰기

제1부분
71. 她的个子很矮。
72. ___
73. ___
74. ___
75. ___

제2부분
76. 安   77. ___   78. ___   79. ___   80. ___

不要写到框线以外 테두리 선 밖으로 넘어가지 마세요.

汉语水平考试
HSK(三级)模拟试题
第一套

注　　意

一、 HSK（三级）分三部分：
　　 1. 听力（40题，约35分钟）
　　 2. 阅读（30题，30分钟）
　　 3. 书写（10题，15分钟）

二、 听力结束后，有5分钟填写答题卡。

三、 全部考试约90分钟（含考生填写个人信息时间5分钟）。

一、听力

第一部分

第1-5题

A

B

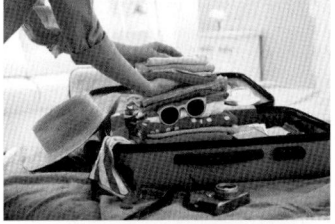
C

D

E

F

例如：男：喂，请问张经理在吗？

女：他正在开会，您半个小时以后再打，好吗？   D

1. ☐

2. ☐

3. ☐

4. ☐

5. ☐

第6－10題

A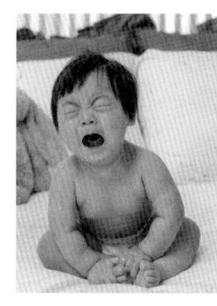

B

C

D

E

6.
7.
8.
9.
10.

第二部分

第11－20题

例如：为了让自己更健康，他每天都花一个小时去锻炼身体。
　　　★ 他希望自己很健康。　　　　　　　　　　　　（ ✓ ）

　　　今天我想早点儿回家。看了看手表，才5点。过了一会儿再看表，还是5点，我这才发现我的手表不走了。
　　　★ 那块儿手表不是他的。　　　　　　　　　　　（ ✗ ）

11.　★ 夏天的水果不贵。　　　　　　　　　　　　　　（　　）

12.　★ 他现在就可以打篮球了。　　　　　　　　　　　（　　）

13.　★ 我女儿个子很矮。　　　　　　　　　　　　　　（　　）

14.　★ 八月十五的月亮很大。　　　　　　　　　　　　（　　）

15.　★ 现在的房子很大。　　　　　　　　　　　　　　（　　）

16.　★ 儿子特别喜欢小猫。　　　　　　　　　　　　　（　　）

17.　★ 他昨天晚上睡得很好。　　　　　　　　　　　　（　　）

18.　★ 女儿在画熊猫。　　　　　　　　　　　　　　　（　　）

19.　★ 他的成绩有了很大提高。　　　　　　　　　　　（　　）

20.　★ 他要去公司。　　　　　　　　　　　　　　　　（　　）

第三部分

第21-30题

例如：男：小王，帮我开一下门，好吗？谢谢！
　　　女：没问题。您去超市了？买了这么多东西。
　　　问：男的想让小王做什么？
　　　　A 开门 ✓　　　　B 拿东西　　　　C 去超市买东西

21.　A 包　　　　　　　B 衣服　　　　　　C 鞋子

22.　A 同学　　　　　　B 同事　　　　　　C 邻居

23.　A 八点　　　　　　B 十一点　　　　　C 十二点

24.　A 做作业　　　　　B 看电视　　　　　C 玩儿游戏

25.　A 商店　　　　　　B 饭店　　　　　　C 电影院

26.　A 比去年胖了　　　B 天气太冷了　　　C 裙子太短了

27.　A 银行　　　　　　B 饭店　　　　　　C 电影院

28.　A 校长　　　　　　B 经理　　　　　　C 邻居

29.　A 妈妈　　　　　　B 妹妹　　　　　　C 爸爸

30.　A 有点儿大　　　　B 很贵　　　　　　C 太红了

第四部分

第31-40题

例如： 女：晚饭做好了，准备吃饭了。
　　　 男：等一会儿，比赛还有三分钟就结束了。
　　　 女：快点儿吧，一起吃，菜冷了就不好吃了。
　　　 男：你先吃，我马上就看完了。
　　　 问：男的在做什么？
　　　 A 洗澡　　　　　　B 吃饭　　　　　　C 看电视 ✓

31. A 超市　　　　　　B 银行　　　　　　C 办公室

32. A 11:15　　　　　　B 11:45　　　　　　C 12:00

33. A 两个月　　　　　B 六个月　　　　　C 一年

34. A 医生　　　　　　B 老师　　　　　　C 司机

35. A 一米八　　　　　B 一米八三　　　　C 一米八四

36. A 不喜欢看书　　　B 很聪明　　　　　C 是历史老师

37. A 回答问题　　　　B 问问题　　　　　C 做作业

38. A 50元　　　　　　B 15元　　　　　　C 25元

39. A 生病了　　　　　B 准备搬家　　　　C 去旅游

40. A 咖啡店　　　　　B 书店　　　　　　C 学校

二、阅读

第一部分

第41－45题

A 这种小鸟我第一次见。

B 小王，这块手表真好看，谢谢你的礼物。

C 你看，这双蓝色的鞋怎么样?

D 你看见我的词典了吗? 刚才做作业我还用了呢。

E 当然。我们先坐公共汽车，然后换地铁。

F 请问，哪个自行车是小李的?

例如: 你知道怎么去那儿吗?　　　　　　　　　　(E)

41. 你去电脑旁边找找吧!　　　　　　　　　　(　)

42. 最左边黑色的那辆。　　　　　　　　　　(　)

43. 它的嘴真奇怪。　　　　　　　　　　(　)

44. 不客气，你喜欢就好。　　　　　　　　　　(　)

45. 还不错，但她更喜欢红色，送她红的吧。　　　　　　　　　　(　)

第46－50题

A 应该有，等一下，我找找。

B 这本书介绍了很多国家的历史和文化。

C 好的，我把电脑关了就走。

D 我们星期五晚上一起去看电影好吗？

E 外面真热，家里有什么喝的?

46. 您有三块钱吗? 我找给您八十块。　　　　　（　　）

47. 出租车司机已经到楼下了，快点儿。　　　　（　　）

48. 冰箱里有饮料和水，你要哪个?　　　　　　（　　）

49. 你读给孩子听一听。　　　　　　　　　　　（　　）

50. 对不起, 我星期六早上有考试, 应该在家里复习。（　　）

第二部分

第51－55题

A 旧　　B 回答　　C 城市　　D 花　　E 声音　　F 多么

例如：她说话的（ E ）多好听啊！

51. 这是（　　）好的机会啊! 你应该好好儿准备。

52. 大家都想好了吗? 谁能（　　）这个问题?

53. 我来中国10年了，但只去过北方的几个（　　），有机会的话还想去其他地方看看。

54. 我的自行车太（　　）了，想买一辆新的。

55. 我们这次去中国玩了一星期，一共（　　）了一万多块钱。

第56－60题

    A 条   B 打扫   C 附近   D 爱好   E 渴   F 比赛

例如：A：你有什么（ D ）？
       B：我喜欢体育。

56. A：我有点儿（　　）了，我们去买点儿水吧。
    B：好啊，旁边就有超市。

57. A：我来（　　）房间，你来洗碗筷怎么样?
    B：没问题，我先把这个苹果吃完就去做。

58. A：我们今天在哪儿做运动?
    B：去你家（　　）的体育馆怎么样？那儿的环境很不错。

59. A：你看，哪（　　）裙子更好看?
    B：我觉得红色的比黄色的好看，你去试一下吧。

60. A：你喜欢看什么节目?
    B：我对体育节目很感兴趣，特别是篮球（　　）。

第三部分

第61－70题

例如：您是来参加今天会议的吗？您来早了一点儿，现在才8点半。您先进来坐吧。

　　★ 会议最可能几点开始？

　　　A 8点　　　　　　　B 8点半　　　　　　　C 9点 ✓

61. 这个房子很不错，环境也很安静，但还是我丈夫过来看了以后再决定吧！

　　★ 说话人是什么意思？

　　　A 现在不能决定　　　B 丈夫同意了　　　　C 对房子很不满意

62. 我和小高不但个子差不多，长得也有点儿像，而且名字也只差一个字，所以刚开始很多同学都以为我们是一家人。

　　★ 他和小高：

　　　A 名字一样　　　　　B 是一家人　　　　　C 长得比较像

63. 以前我每天早上都去公园跑一个小时，所以身体一直都很健康，但最近工作太忙，没时间跑了。

　　★ 他现在：

　　　A 不太忙　　　　　　B 不跑步了　　　　　C 身体不舒服

64. 小王，如果你想在这次考试中拿到好成绩，就一定要认真复习。学过的东西，如果不经常看，很容易就会忘记的。

　　★ 为了拿到好成绩，应该：

　　　A 认真复习　　　　　B 常常问老师　　　　C 向同学学习

65. 现在很多孩子都用电脑做作业或者玩游戏，但长时间坐在电脑前不运动，就会影响孩子的身体健康。父母应该让孩子们少用电脑，多带他们去锻炼身体。

    ★ 根据这段话，不应该让孩子：

    A 做作业　　　　　B 锻炼身体　　　　　C 长时间用电脑

66. 我们等了一个半小时，但那条街上一直都没有公共汽车经过，后来我们没办法只能坐出租车过去了。

    ★ 他们一开始打算：

    A 坐公共汽车　　　B 往北走　　　　　　C 打车去

67. 你们先去饭店吧，我突然想起来房间里的空调没有关。我先回去一下，然后去饭店找你们。

    ★ 他回家要做什么？

    A 吃饭　　　　　　B 关空调　　　　　　C 找朋友

68. 这个冰箱用了七年了，到现在几乎没有出过问题。但是儿子担心它的声音太大，晚上会影响我和他妈妈休息，所以说一定要给我们换一个新的。

    ★ 根据这段话，儿子：

    A 很高兴　　　　　B 不同意换冰箱　　　C 关心爸妈

69. 现在差五分十二点，我们十二点一刻在医院附近的电影院门口见面吧。现在外面下雪了，你出来的时候多穿点儿衣服，注意安全。

    ★ 他们要：

    A 去图书馆　　　　B 在电影院门口见　　C 骑自行车去

70. 过去的几年，爸爸一直很努力工作，很早就去上班，很晚才回家，他现在已经是公司的经理了。他告诉他的同事，要成功除了认真工作以外，没有其他的办法。

    ★ 爸爸说的话主要是什么意思？

    A 应该努力工作　　B 向同事学习　　　　C 要出国留学

三、书写

第一部分

第71－75题

例如： 小船　　上　　一　　河　　条　　有

河上有一条小船。

71. 这些水果　　新鲜　　了　　已经不

72. 在　　王经理的　　三楼　　办公室

73. 小狗　　那　　只　　聪明　　非常

74. 面包　　弟弟　　吃了　　都被

75. 卖得　　裙子　　这条　　很好

第二部分

第76—80题

例如：没（ 关 guān ）系，别难过，高兴点儿。

76. 去中国的时候，坐飞机比坐船更方（　　biàn　　）。

77. 本子上的这（　　zhī　　）鸟是谁画的？

78. 去年我搬家了，现在我家离学校非常（　　yuǎn　　）。

79. 那家饭店的菜非常好吃，而且服务员也都很热（　　qíng　　）。

80. 我（　　jué　　）得今天比昨天还要冷，多穿点儿衣服，小心感冒。

HSK（三级）答题卡

新汉语水平考试　　HSK（三级）　　答题卡

请填写考生信息

请按照考试证件上的姓名填写：

姓名

如果有中文姓名，请填写：

中文姓名

考生序号

	[0] [1] [2] [3] [4] [5] [6] [7] [8] [9]
	[0] [1] [2] [3] [4] [5] [6] [7] [8] [9]
	[0] [1] [2] [3] [4] [5] [6] [7] [8] [9]
	[0] [1] [2] [3] [4] [5] [6] [7] [8] [9]
	[0] [1] [2] [3] [4] [5] [6] [7] [8] [9]

请填写考点信息

考点代码	[0] [1] [2] [3] [4] [5] [6] [7] [8] [9]
	[0] [1] [2] [3] [4] [5] [6] [7] [8] [9]
	[0] [1] [2] [3] [4] [5] [6] [7] [8] [9]
	[0] [1] [2] [3] [4] [5] [6] [7] [8] [9]
	[0] [1] [2] [3] [4] [5] [6] [7] [8] [9]
	[0] [1] [2] [3] [4] [5] [6] [7] [8] [9]

国籍	[0] [1] [2] [3] [4] [5] [6] [7] [8] [9]
	[0] [1] [2] [3] [4] [5] [6] [7] [8] [9]
	[0] [1] [2] [3] [4] [5] [6] [7] [8] [9]

| 年龄 | [0] [1] [2] [3] [4] [5] [6] [7] [8] [9] |
| | [0] [1] [2] [3] [4] [5] [6] [7] [8] [9] |

| 性别 | 男　[1]　　　　女　[2] |

注意　请用2B铅笔这样写：■

一、听力

1. [A] [B] [C] [D] [E] [F]　　6. [A] [B] [C] [D] [E] [F]
2. [A] [B] [C] [D] [E] [F]　　7. [A] [B] [C] [D] [E] [F]
3. [A] [B] [C] [D] [E] [F]　　8. [A] [B] [C] [D] [E] [F]
4. [A] [B] [C] [D] [E] [F]　　9. [A] [B] [C] [D] [E] [F]
5. [A] [B] [C] [D] [E] [F]　　10. [A] [B] [C] [D] [E] [F]

11. [√] [×]　　16. [√] [×]　　21. [A] [B] [C]
12. [√] [×]　　17. [√] [×]　　22. [A] [B] [C]
13. [√] [×]　　18. [√] [×]　　23. [A] [B] [C]
14. [√] [×]　　19. [√] [×]　　24. [A] [B] [C]
15. [√] [×]　　20. [√] [×]　　25. [A] [B] [C]

26. [A] [B] [C]　　31. [A] [B] [C]　　36. [A] [B] [C]
27. [A] [B] [C]　　32. [A] [B] [C]　　37. [A] [B] [C]
28. [A] [B] [C]　　33. [A] [B] [C]　　38. [A] [B] [C]
29. [A] [B] [C]　　34. [A] [B] [C]　　39. [A] [B] [C]
30. [A] [B] [C]　　35. [A] [B] [C]　　40. [A] [B] [C]

二、阅读

41. [A] [B] [C] [D] [E] [F]　　46. [A] [B] [C] [D] [E] [F]
42. [A] [B] [C] [D] [E] [F]　　47. [A] [B] [C] [D] [E] [F]
43. [A] [B] [C] [D] [E] [F]　　48. [A] [B] [C] [D] [E] [F]
44. [A] [B] [C] [D] [E] [F]　　49. [A] [B] [C] [D] [E] [F]
45. [A] [B] [C] [D] [E] [F]　　50. [A] [B] [C] [D] [E] [F]

51. [A] [B] [C] [D] [E] [F]　　56. [A] [B] [C] [D] [E] [F]
52. [A] [B] [C] [D] [E] [F]　　57. [A] [B] [C] [D] [E] [F]
53. [A] [B] [C] [D] [E] [F]　　58. [A] [B] [C] [D] [E] [F]
54. [A] [B] [C] [D] [E] [F]　　59. [A] [B] [C] [D] [E] [F]
55. [A] [B] [C] [D] [E] [F]　　60. [A] [B] [C] [D] [E] [F]

61. [A] [B] [C]　　66. [A] [B] [C]
62. [A] [B] [C]　　67. [A] [B] [C]
63. [A] [B] [C]　　68. [A] [B] [C]
64. [A] [B] [C]　　69. [A] [B] [C]
65. [A] [B] [C]　　70. [A] [B] [C]

三、书写

71. _____
72. _____
73. _____
74. _____
75. _____

76.　　77.　　78.　　79.　　80.

不要写到框线以外

汉语水平考试
HSK(三级)模拟试题
第二套

注　　　意

一、 HSK（三级）分三部分：
　　　1. 听力（40题，约35分钟）
　　　2. 阅读（30题，30分钟）
　　　3. 书写（10题，15分钟）

二、 听力结束后，有5分钟填写答题卡。

三、 全部考试约90分钟（含考生填写个人信息时间5分钟）。

一、听力

第一部分

第1-5题

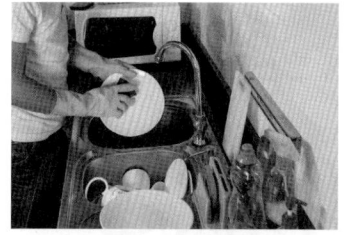
A

B

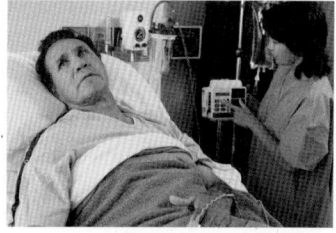
C

D

E

F

例如：男：喂，请问张经理在吗？

女：他正在开会，您半个小时以后再打，好吗？   D

1.

2.

3.

4.

5.

第6-10题

A

B

C

D

E

6.
7.
8.
9.
10.

第二部分

第11－20题

例如：为了让自己更健康，他每天都花一个小时去锻炼身体。
　　　★ 他希望自己很健康。　　　　　　　　　　　　（ ✓ ）

　　　今天我想早点儿回家。看了看手表，才5点。过了一会儿再看表，还是5点，我这才发现我的手表不走了。
　　　★ 那块儿手表不是他的。　　　　　　　　　　　（ × ）

11.　★ 中国人都喜欢红色。　　　　　　　　　　　　　（ 　 ）

12.　★ 他的办公室在五楼。　　　　　　　　　　　　　（ 　 ）

13.　★ 他快到了。　　　　　　　　　　　　　　　　　（ 　 ）

14.　★ 这是新电脑。　　　　　　　　　　　　　　　　（ 　 ）

15.　★ 他不喜欢喝咖啡。　　　　　　　　　　　　　　（ 　 ）

16.　★ 这次他打算去上海的很多地方玩儿。　　　　　　（ 　 ）

17.　★ 王明和他的妻子每个周末都去买东西。　　　　　（ 　 ）

18.　★ 他打篮球打得不太好。　　　　　　　　　　　　（ 　 ）

19.　★ 小高没参加考试。　　　　　　　　　　　　　　（ 　 ）

20.　★ 他们在买衣服。　　　　　　　　　　　　　　　（ 　 ）

第三部分

第21-30题

例如：男：小王，帮我开一下门，好吗？谢谢！
　　　女：没问题。您去超市了？买了这么多东西。
　　　问：男的想让小王做什么？
　　　　A 开门 ✓　　　　　B 拿东西　　　　　C 去超市买东西

21. A 去公司　　　　　B 去学校　　　　　C 回家

22. A 饭店　　　　　　B 教室　　　　　　C 机场

23. A 很安静　　　　　B 有考试　　　　　C 很冷

24. A 一次　　　　　　B 两次　　　　　　C 四次

25. A 书店　　　　　　B 宾馆　　　　　　C 公司

26. A 历史　　　　　　B 数学　　　　　　C 英语

27. A 常常踢足球　　　B 喜欢看足球赛　　C 足球踢得不太好

28. A 没时间打扫　　　B 要洗澡　　　　　C 不需要帮忙

29. A 开车　　　　　　B 玩游戏　　　　　C 做作业

30. A 50多年　　　　　B 100多年　　　　　C 200多年

第四部分

第31－40题

例如：女：晚饭做好了，准备吃饭了。
　　　男：等一会儿，比赛还有三分钟就结束了。
　　　女：快点儿吧，一起吃，菜冷了就不好吃了。
　　　男：你先吃，我马上就看完了。
　　　问：男的在做什么？
　　　A 洗澡　　　　　B 吃饭　　　　　C 看电视 ✓

31. A 天气　　　　　B 文化　　　　　C 历史

32. A 丈夫和妻子　　B 老师和学生　　C 妈妈和儿子

33. A 很小的　　　　B 黑色的　　　　C 旧的

34. A 在学习　　　　B 没兴趣　　　　C 不会唱歌

35. A 校长的　　　　B 邻居的　　　　C 张老师的

36. A 不胖　　　　　B 很可爱　　　　C 吃得很少

37. A 还没开始　　　B 很有意思　　　C 已经结束了

38. A 还没去北京　　B 坐飞机去北京　C 要去上海

39. A 桌子上　　　　B 包里　　　　　C 床上

40. A 很忙　　　　　B 很高兴　　　　C 感冒了

二、阅读

第一部分

第41－45题

A 弟弟爱打篮球，也喜欢踢足球。

B 我昨天洗了，今天你穿别的衣服吧。

C 一起去吧，我也想去书店看看书。

D 你先喝点儿水，吃点儿饭，休息一会儿。

E 当然。我们先坐公共汽车，然后换地铁。

F 哥，你要看的那个电影马上就要开始了。

例如：你知道怎么去那儿吗？　　　　　　　　　　（ E ）

41. 好的，我马上过去。　　　　　　　　　　（ 　 ）

42. 爬了两个小时的山，真累啊！　　　　　　　　　　（ 　 ）

43. 妈妈，我那条红色的裙子呢？　　　　　　　　　　（ 　 ）

44. 他常常说他长大了要做个体育老师。　　　　　　　　　　（ 　 ）

45. 我现在要去买本词典，你也去吗？　　　　　　　　　　（ 　 ）

第46－50题

A 冰箱里只有啤酒和苹果，没有其他吃的了。

B 请问，这附近有宾馆吗？

C 我这就回房间，马上睡。

D 可以用一下你的电脑吗？我想上网查查地图。

E 我也有点儿担心，希望不要晚点。

46. 被我哥哥借走了，你问问他。　　　　　　　　　　（　）

47. 听说今天晚上北京下大雪，会不会影响飞机起飞呢？（　）

48. 那我们一会儿去超市买些东西吧。　　　　　　　　（　）

49. 不好意思，我也不太清楚，你问问别人吧。　　　　（　）

50. 你不是说明天要六点起床吗？怎么还不睡觉？　　　（　）

第二部分

第51－55题

A 像   B 生日   C 照相机   D 把   E 声音   F 重要

例如：她说话的（ E ）多好听啊！

51. 下周我要去旅游，能借一下你的（　　）吗？

52. 你是不是忘记（　　）蛋糕放冰箱里了？都坏了，不能吃了。

53. 从照片上看，你的鼻子很（　　）爸爸。

54. 今天的会议非常（　　），你必须要参加。

55. 祝你（　　）快乐，这是我送你的礼物，希望你喜欢。

第56－60题

A 突然　　B 左边　　C 甜　　D 爱好　　E 当然　　F 骑

例如：A：你有什么（ D ）?
　　　B：我喜欢体育。

56. A：妈，（　　）那个西瓜怎么样?
　　 B：太小了，大一点儿的西瓜更好吃，右边那个不错。

57. A：你怎么这么晚才到?
　　 B：对不起，公共汽车在路上（　　）坏了。

58. A：这个香蕉真（　　），你在哪儿买的?
　　 B：就在学校附近的超市。

59. A：从你家到公司要多长时间?
　　 B：不太远，如果（　　）自行车的话，只要十分钟就能到。

60. A：你下班了吗? 回家的路上能帮我买些水果吗?
　　 B：（　　）可以，要买什么水果呢?

第三部分

第61-70题

例如： 您是来参加今天会议的吗？您来早了一点儿，现在才8点半。您先进来坐吧。

★ 会议最可能几点开始？

A 8点　　　　　　B 8点半　　　　　　C 9点 ✓

61. 小张，我们把这个冰箱搬到左边去吧，放在中间用起来不方便。

★ 他们要把冰箱：

A 放中间　　　　　B 换个新的　　　　　C 搬到左边去

62. 我家附近有个图书馆，不但很安静，而且环境也不错，我们周末去那儿一边做作业，一边复习吧。

★ 那家图书馆：

A 环境很好　　　　B 离学校近　　　　　C 周末不开门

63. 如果想了解一个国家的节日文化，就不能只看电视节目里的介绍，还必须到那个国家去看一看，过一过节日，这样才能明白节日文化。

★ 根据这段话，要了解一个国家的节日文化，必须：

A 多看电视节目　　B 去那个国家看看　　C 上网查一查

64. 我的电脑突然不能上网了，你一会儿叫小李过来帮我看一下吧。对了！我下午要参加会议，可能不在公司，有事儿就给我打电话或者发短信吧。

★ 他下午，可能：

A 不在办公室　　　B 去运动　　　　　　C 回家休息

65. 她听完这个故事就哭起来了，因为这个故事让她想起了爸爸、妈妈，还想起了很多过去的事情。

★ 关于这个故事，可以知道什么？

A 很有意思　　　　B 让她很难过　　　　C 很多人知道

66. 这个药吃了几天也没什么作用，我丈夫的牙还是疼，他昨天晚上疼得没睡好，我担心会影响他的工作，所以我打算明天早上带他去医院检查一下。

★ 说话人是什么意思？

A 要小心感冒　　　　B 要去看医生　　　　C 应该锻炼身体

67. 妈，我刚才在超市遇见您以前的同事张阿姨了，她比以前瘦了些，一开始我都没认出来。她说她最近搬到咱们家附近了，会找个时间过来看你。

★ 张阿姨：

A 变瘦了　　　　B 最近休息　　　　C 是南方人

68. 三年前，这个宾馆的左边是一些又老又旧的房子，但现在变成了一个大公园，那儿有很多花草树木，还可以看到很多小鸟，非常漂亮。

★ 以前，宾馆的左边是：

A 公园　　　　B 电影院　　　　C 老房子

69. 虽然手机给人们带来了很大的方便，但是长时间用手机，会影响人们的健康，特别是眼睛。

★ 长时间用手机，会：

A 影响身体健康　　　　B 变得更聪明　　　　C 认识很多朋友

70. 这张地图是我八岁生日时奶奶送给我的，已经很多年了，虽然现在看上去很旧，颜色也变黄了，但是我还是很喜欢它。

★ 这张地图：

A 是春节礼物　　　　B 是为奶奶买的　　　　C 已经变旧了

三、书写

第一部分

第71－75题

例如：小船　　上　　一　　河　　条　　有

河上有一条小船。

71. 一下　　打扫　　妈妈　　房间　　让我

72. 我　　带自己的　　忘了　　雨伞

73. 我的笔记本　　书包　　就在　　里

74. 去　　检查身体吧　　我们一会儿　　医院

75. 办公室里的　　关一下　　空调　　请您　　把

第二部分

第76-80题

例如：没（ 关 ）系，别难过，高兴点儿。
　　　　　　guān

76. 您能再说一遍吗？我没听明（　　）。
　　　　　　　　　　　　　　bai

77. 下个（　　）我打算去中国旅游，你说我去哪个地方比较好？
　　　　yuè

78. 我今天（　　）累了，我们别出去了，就在家吃吧。
　　　　　tài

79. 我想多了解一些中国的（　　）化和历史。
　　　　　　　　　　　　　wén

80. 你今天怎么坐（　　）租车来了？你的自行车呢？
　　　　　　　　　chū

HSK（三级）答题卡

新汉语水平考试　　HSK（三级）　　答题卡

—— 请填写考生信息 ——

请按照考试证件上的姓名填写：

姓名

如果有中文姓名，请填写：

中文姓名

考生序号：[0][1][2][3][4][5][6][7][8][9]
[0][1][2][3][4][5][6][7][8][9]
[0][1][2][3][4][5][6][7][8][9]
[0][1][2][3][4][5][6][7][8][9]
[0][1][2][3][4][5][6][7][8][9]

—— 请填写考点信息 ——

考点代码：
[0][1][2][3][4][5][6][7][8][9]
[0][1][2][3][4][5][6][7][8][9]
[0][1][2][3][4][5][6][7][8][9]
[0][1][2][3][4][5][6][7][8][9]
[0][1][2][3][4][5][6][7][8][9]
[0][1][2][3][4][5][6][7][8][9]
[0][1][2][3][4][5][6][7][8][9]

国籍：
[0][1][2][3][4][5][6][7][8][9]
[0][1][2][3][4][5][6][7][8][9]
[0][1][2][3][4][5][6][7][8][9]

年龄：
[0][1][2][3][4][5][6][7][8][9]
[0][1][2][3][4][5][6][7][8][9]

性别：　男 [1]　　女 [2]

注意　请用2B铅笔这样写：■

一、听力

1. [A][B][C][D][E][F]　　6. [A][B][C][D][E][F]
2. [A][B][C][D][E][F]　　7. [A][B][C][D][E][F]
3. [A][B][C][D][E][F]　　8. [A][B][C][D][E][F]
4. [A][B][C][D][E][F]　　9. [A][B][C][D][E][F]
5. [A][B][C][D][E][F]　　10. [A][B][C][D][E][F]

11. [✓][✗]　　16. [✓][✗]　　21. [A][B][C]
12. [✓][✗]　　17. [✓][✗]　　22. [A][B][C]
13. [✓][✗]　　18. [✓][✗]　　23. [A][B][C]
14. [✓][✗]　　19. [✓][✗]　　24. [A][B][C]
15. [✓][✗]　　20. [✓][✗]　　25. [A][B][C]

26. [A][B][C]　　31. [A][B][C]　　36. [A][B][C]
27. [A][B][C]　　32. [A][B][C]　　37. [A][B][C]
28. [A][B][C]　　33. [A][B][C]　　38. [A][B][C]
29. [A][B][C]　　34. [A][B][C]　　39. [A][B][C]
30. [A][B][C]　　35. [A][B][C]　　40. [A][B][C]

二、阅读

41. [A][B][C][D][E][F]　　46. [A][B][C][D][E][F]
42. [A][B][C][D][E][F]　　47. [A][B][C][D][E][F]
43. [A][B][C][D][E][F]　　48. [A][B][C][D][E][F]
44. [A][B][C][D][E][F]　　49. [A][B][C][D][E][F]
45. [A][B][C][D][E][F]　　50. [A][B][C][D][E][F]

51. [A][B][C][D][E][F]　　56. [A][B][C][D][E][F]
52. [A][B][C][D][E][F]　　57. [A][B][C][D][E][F]
53. [A][B][C][D][E][F]　　58. [A][B][C][D][E][F]
54. [A][B][C][D][E][F]　　59. [A][B][C][D][E][F]
55. [A][B][C][D][E][F]　　60. [A][B][C][D][E][F]

61. [A][B][C]　　66. [A][B][C]
62. [A][B][C]　　67. [A][B][C]
63. [A][B][C]　　68. [A][B][C]
64. [A][B][C]　　69. [A][B][C]
65. [A][B][C]　　70. [A][B][C]

三、书写

71. _____

72. _____

73. _____

74. _____

75. _____

76. □　　77. □　　78. □　　79. □　　80. □

不要写到框线以外

파고다 HSK 해설서

3급 종합서

김미나, 파고다교육그룹 언어교육연구소 | 저

PAGODA Books

파고다 HSK

해설서

3급
종합서

PAGODA Books

HSK 3급

실전/미니 테스트

HSK 3급 실전 테스트 듣기 스크립트

공략 비법 01 **사물 및 동물 관련 문제**

1.
女: 小张, 你在找什么啊?
男: 我在找照相机, 被你放哪儿了?

2.
男: 我明天去旅游, 你能帮我照顾几天我的鸟吗?
女: 没问题, 它最喜欢吃什么?

3.
女: 你在读什么呢? 有意思吗?
男: 非常有意思, 这本书介绍了很多旅游景点, 还有很多小故事。

4.
男: 你最喜欢什么动物?
女: 我最喜欢大熊猫。我觉得它是世界上最可爱的动物。

5.
女: 你帮我看看, 今天晚上我穿这条裙子怎么样?
男: 很好看, 你穿哪条都漂亮。

공략 비법 02 **음식과 맛 관련 문제**

1.
女: 冰箱里还有葡萄吗?
男: 没有葡萄了, 我下午买了一个蛋糕, 你吃吗?

2.
男: 欢迎你们来我们公司, 来, 喝杯茶, 别客气。
女: 好的, 谢谢, 你们办公室真大啊!

3.
女: 今天买的苹果特别甜, 你也吃一个?
男: 不吃了, 我刚吃了一碗面条。

4.
女: 你帮我把啤酒打开吧。
男: 好的, 没问题。那你去拿几个杯子, 可以吗?

5.
女: 两瓶牛奶、一个面包, 一共五块五。
男: 好的, 给你十块。

공략 비법 03　**장소 및 관련 어휘 문제**

1.

女：路上小心，你下了飞机就给我们打电话。

男：别担心，到了中国就给你打电话。

2.

男：好久不见，我们去哪儿坐坐？

女：可以啊，出了校门有一个茶馆儿，我们去那儿聊天吧。

3.

女：除了裤子，还想买什么？

男：我打算买一块儿手表。明天我爸过生日，我想送给他。

4.

男：医生，怎么样？没事儿吧？

女：没事儿，先吃药，然后休息几天就好了。

5.

女：冬冬，你来回答一下黑板上的这个数学题好吗？

男：对不起，老师，这个题太难了，我不会。

공략 비법 04　**동작과 감정을 통한 대화 추론**

1.

女：一共是九十六块三角五分。

男：好的，请稍等一下。

2.

男：报纸上的这个字怎么读？

女：我也不认识，你自己查一下字典吧。

3.

女：真不敢相信，我一个星期就胖了三公斤，怎么办？

男：真的吗？看不出来啊！

4.

男：你看看，只有二十分钟了，要迟到了。

女：别着急，我们不会迟到的，再走十分钟就到了。

5.

女：吃了三天的药，也没什么作用，牙还是很疼。

男：明天我不上班，和你一起去医院看医生吧。

공략 비법 05   **유의어, 반의어**

1.

我很少去商店买东西，我更愿意在网上买。这样就不用出门，在家就能买到，所以很方便，而且还很便宜。

★ 他经常去商店买东西。

2.

我去年夏天在叔叔家看过这本历史书，很有意思。你觉得呢？

★ 他觉得这本书很一般。

3.

爷爷几乎每天上午都去公园，他喜欢一边看报纸，一边喝茶。如果发现有意思的新闻，一回家就读给我们听。

★ 爷爷爱看报纸。

4.

数学成绩好的学生不一定都是非常聪明的学生。如果你对数学有兴趣，而且每天努力做练习题，那你也可以学好数学。

★ 数学好的人都很聪明。

5.

儿子，你已经长大了，不是小孩子了。每次遇到问题时不要都去问别人，你需要自己想办法解决问题。

★ 他觉得儿子还小。

공략 비법 06   **주제 파악**

1.

爱可以是老师对学生的照顾，可以是父母对孩子的关心，也可以是你对朋友的帮助。

★ 爱有很多种。

2.

我家离学校很近，所以我每天都走路去学校，十分钟就能到。

★ 他每天走路去学校。

3.

经过高中三年的认真学习，我妹妹终于考上了北京大学，我真为她高兴。

★ 妹妹难过地哭了。

4.

现在手机的作用越来越大了，除了打电话，我们还可以用手机上网、看电影，这样，我们坐车去很远的地方时，就不用担心无聊了。

★ 他认为手机作用不大。

5.

虽然咖啡馆里有很多人，不太安静，但是可以一边喝咖啡，一边看书，所以最近很多年轻人选择去咖啡馆学习。

★ 很多年轻人不愿意在咖啡馆学习。

공략 비법 07 **정보 획득**

1.

今天是六月一号，我和爱人去学校看了儿子表演的节目，他穿着蓝色的裤子和同学们一起跳舞，可爱极了。

★ 今天儿子穿了条蓝裤子。

2.

你去把冰箱里的蛋糕拿出来，我去洗几个盘子。如果你不想吃蛋糕，那就拿些苹果。

★ 蛋糕在桌子上。

3.

在中国，南方人和北方人的生活习惯不太一样，南方人一般喜欢吃米饭，北方人一般喜欢吃面条。

★ 南方人更爱吃面条。

4.

同学们好，我叫王明，是你们的历史老师，以后大家在学习中有什么不明白的可以问我，有什么要求也可以对我说。

★ 他是教音乐的。

5.

早上七点以后，公共汽车里的人就变多了，所以我和弟弟每天早上六点起床，六点半就出门。我们从来都不迟到。

★ 他每天早上七点起床。

공략 비법 08 **장소 관련 문제**

1.

女：张老师，教室里的那个手表是你的吗？
男：不是，那是学生的。
问：那个手表在哪儿？

2.

男：您好，请问一下，这儿附近有没有眼镜店？
女：电梯旁边就有一家。
问：眼镜店在哪儿？

3.

女：你们一会儿离开办公室的时候，记得把空调关了。
男：知道了，别担心，明天见吧。
问：他们现在在哪儿？

4.

男：喂，是小美吗？
女：是我，校长，您有什么事吗？
男：我今天下午三点要去机场接个客人。
女：好的，知道了，我让司机三点前到楼下等您。
问：男的今天要去哪儿？

5.

女 : 喂，你到哪儿了？

男 : 我在电梯里呢。

女 : 这么快，我还想让你去商店买点儿糖上来呢。

男 : 一会儿再去吧，我马上要下了。

问 : 男的现在在哪儿？

공략 비법 09 인물 관련 문제

1.

女 : 我一会儿要洗衣服，你有没有要洗的？

男 : 桌子上的那条裤子，我已经穿了好几次了，该洗了。

问 : 他们最可能是什么关系？

2.

男 : 你和你丈夫是怎么认识的？是同学吗？

女 : 不是，是我的一个邻居介绍的。

问 : 女的和她丈夫是谁介绍认识的？

3.

女 : 你的同事普通话讲得真好，他是北方人吗？

男 : 不是，他是南方人，但他在北京工作了十年。

问 : 同事是哪里人？

4.

男 : 是谁打的电话？

女 : 是马经理，他说已经到附近了，可能会迟到五分钟。

男 : 马经理是第一次来，你一会儿下楼去接一下他吧。

女 : 好的，我现在就去吧。

问 : 女的要去接谁？

5.

女 : 刚才在超市遇到的是你的同事吗？

男 : 是，她是我们学校的数学老师。

女 : 这么年轻，我还以为她是你的学生呢。

男 : 是吗？她儿子都已经上小学了！

问 : 他们在超市遇到了谁？

공략 비법 10 시간과 돈 관련 문제

1.

女 : 那家药店早上几点开门？

男 : 八点。还要等半个小时，你的牙还疼吗？

问 : 现在几点了？

2.

男 : 你和你妹妹的生日是几月几号？

女 : 我的生日是九月十八号，我妹妹的生日比我早三天。

问 : 妹妹的生日是哪天？

3.

女：你好，七点的电影票还有吗？我要两张。
男：有，一共一百二。
问：电影票多少钱一张？

4.

男：喂，我已经到国家图书馆了，你到哪儿了？
女：我还有四五站才到，你等我一会儿。
男：不着急，还差一刻十点，还有时间。
女：好的，一会儿见。
问：现在几点了？

5.

女：羊肉怎么卖？
男：二十块一斤。
女：来三斤吧。
男：好，您还要别的吗？
问：三斤羊肉多少钱？

공략 비법 11　**행동 관련 문제**

1.

男：我明天参加学校的足球比赛，你有时间来看吗？
女：当然，你准备了那么长时间，我一定会去的。
问：男的明天要做什么？

2.

女：小张，你累了一天了，早点儿睡觉吧。
男：没关系，明天又不上班，我想看完这个比赛再睡觉，您先睡吧。
问：男的在做什么？

3.

女：你把我们在北京动物园照的照片发给我吧。
男：好的，一会儿回家就发给你吧。
问：女的想让男的做什么？

4.

男：您好，我想办一张银行卡。
女：您好，您是外国人吗？外国人办银行卡需要护照。
男：我没带护照，别的不行吗？
女：不行，您以后拿着护照再来办吧。
问：关于男的，可以知道什么？

5.

女：我上个星期给你们的工作都做完了吗？
男：还需要两三天。
女：能不能再快点儿？经理说星期五前必须完成。
男：好的，我们一定会努力完成的。
问：女的让男的怎么做？

공략 비법 12 **감정과 태도 관련 문제**

1.

女：下次考试时，你要认真一些，先要看清楚试题的要求，然后再做题。

男：明白了，我会注意的。

问：女的希望男的怎么做？

2.

男：刚才和你说话的那个女孩儿是谁啊？很漂亮。

女：是我的同学小米，她很热情。有机会的话，我介绍给你们认识认识。

问：关于男的，可以知道什么？

3.

女：小李，已经三点半了，还有半个小时比赛就要开始了。

男：别着急，十分钟就能到。

问：女的现在心情怎么样？

4.

男：你喜欢什么课？

女：我喜欢音乐课、体育课、汉语课，就不喜欢历史课。

男：为什么？历史也很有意思啊。

女：有意思吗？我觉得非常难，特别是世界历史。

问：男的觉得历史课怎么样？

5.

女：我们应该怎么走？

男：从这儿向东走，就能看到那个山了。

女：你带地图了吗？还是看看地图再走吧。

男：不用，那儿我去过好几次了，别担心。

问：女的现在心情怎么样？

공략 비법 13 **사람의 특징**

1.

女：你的腿还很疼吧，能参加下星期的运动会吗？

男：医生说休息两天就可以了，这次比赛我一定要参加。

问：关于男的，可以知道什么？

2.

男：每到周末这家饭馆就有很多客人。

女：那是因为饭菜好吃，而且服务员也很热情。

问：这家饭馆的服务员怎么样？

3.

女：我的头还是很疼，你刚才给我的药也没什么作用。

男：今天星期天，我们明天再去医院检查一下吧。

问：女的怎么了？

4.

男：那个长头发、穿蓝衬衫的是你姐？你和她长得真像！

女：大家都这么说。

男：除了长得像以外，你们两个人还有别的相同的地方吗？

女：我们都喜欢画画，一有时间就一起去公园画画。

问：关于女的的姐姐，可以知道什么？

5.

女：这是你上大学时的照片？

男：对，不像吧？

女：不太像，那个时候你比较胖。

男：是的，我上班以后每天都去跑步，慢慢就瘦下来了。

问：男的现在怎么样？

공략 비법 14 사물의 특징

1.

女：你的房间真干净，你多久打扫一次？

男：天天都打扫，我很爱干净。

问：关于男的的房间，可以知道什么？

2.

男：你觉得买这件毛衣送给妈妈怎么样？

女：这个颜色妈妈不太喜欢，还是买那件红色的吧。

问：女的让男的买什么颜色的毛衣？

3.

女：这帽子真可爱！是给你孩子买的？

男：是，我女儿明天过生日，她就喜欢这个颜色。

问：关于帽子，可以知道什么？

4.

男：春节快到了，机票买好了吗？

女：坐飞机快是快，但是太贵了。

男：那我们还是坐船吧，你去买两张船票，明天下午的。

女：好的，我下班后就去买。

问：他们为什么要坐船？

5.

女：你搬家了？以前的房子离你公司很近，不是很方便吗？

男：方便是方便，但是环境不太好，而且房子也很旧。

女：那现在呢？

男：特别满意，附近环境很安静，而且空气也很新鲜。

问：关于新房子，可以知道什么？

공략 비법 15　**교통수단 관련 문제**

1.

女：明天我们怎么去北京动物园？
男：坐301路，半个小时就能到。
问：他们打算怎么去北京动物园？

2.

男：你开得太慢了！能不能开快点儿？
女：我不太会开车，我很害怕。
问：女的最可能在做什么？

3.

女：听说你明天要去出差了，坐火车去吗？
男：这次要去国外，所以坐飞机去。
问：男的出差时坐什么？

4.

男：你明天几点的飞机？
女：早上七点。
男：那么早！早上不好打车，我开车送你吧！
女：好啊，谢谢！那五点半在我家门口见吧。
问：他们明天怎么去机场？

5.

女：最近在公共汽车站怎么看不到你了呢？
男：我上个星期买车了，最近自己开车上下班呢。
女：太好了，开车上下班很方便吧！
男：方便是方便，但是路上常常堵车。
问：男的怎么上班？

HSK 3급 미니 테스트 듣기 스크립트

1.
女: 你看见我的雨伞了吗？我找不到了。
男: 刚才被小李拿走了，你用我的吧。

2.
男: 你在干什么呢？看起来很忙。
女: 我现在正在打扫，今天晚上朋友们要来我家玩儿。

3.
女: 明天我们有数学考试，你复习得怎么样？
男: 还可以，但我还是很担心这次考试。

4.
男: 今天是我妈的生日，所以我买了蛋糕和生日礼物。
女: 太好了，她一定会高兴的。

5.
女: 你昨天买的书怎么样？
男: 很有意思，这本书介绍了很多中国历史和文化，你有时间也看看吧。

6.
最近很多年轻人喜欢上网买东西，这样不但可以在家买到东西，而且价格也很便宜。
★ 年轻人喜欢去商店买东西。

7.
儿子，你今天不上学吗？怎么还在睡觉呢？快去洗澡、刷牙，准备去上课。
★ 儿子在准备去上课。

8.
昨天下了一天的雨，天气突然变冷了，你出门时记得多穿点儿衣服，注意别感冒。
★ 天气变冷了。

9.
他最近对中国历史很感兴趣，所以每天都去图书馆看关于中国历史的书，还会问历史老师很多问题。
★ 他喜欢中国历史。

10.
孩子的世界其实很简单，饿了就吃，累了就睡，什么事情都不用担心，所以我觉得小时候是最快乐的。
★ 他觉得小时候最快乐。

11.
男: 你昨天怎么一直不接电话呢？
女: 我昨天都在图书馆学习，把手机忘在家里了。
问: 女的昨天去哪儿了？

12.
男: 妈，我的衬衫呢？我记得昨天放在椅子上了。
女: 我昨天把那件洗了，你穿别的吧。
问: 他们最可能是什么关系？

13.

女: 我们今晚一起去公园跑步吧!

男: 晚上可能会下雨,明天再去吧,听说明天天气好。

问: 男的想什么时候去跑步?

14.

女: 你不是刷牙了吗?怎么又吃面条呢?

男: 我晚饭没吃饱,现在还有点儿饿。

问: 男的在做什么?

15.

女: 你的办公室环境真不错,很干净。

男: 是的,而且旁边就是地铁站,很方便。

问: 女的觉得男的的办公室怎么样?

16.

男: 喂,你好,我房间里的冰箱坏了。

女: 对不起,您住哪个房间?

男: 三零五。

女: 好的,我们马上找人来。

问: 男的为什么打电话?

17.

女: 你好,明天下午去上海的机票还有吗?

男: 有,下午四点的。

女: 好的,我要两张。

男: 一共一千两百元。

问: 女的打算怎么去上海?

18.

男: 喂,我到书店门口了,你也到了吗?

女: 对不起,我刚下地铁,你再等我一会儿。

男: 好的,我就在门口等你。

女: 好,我马上到。

问: 他们在哪儿见面?

19.

女: 家里的电视用了很多年了,太旧了。

男: 对,声音也不清楚。

女: 那这个周末我们去看看,把电视换了吧。

男: 好。

问: 他们打算买什么?

20.

女: 明天是晴天还是阴天?

男: 晴天,但比今天还要冷。

女: 真的吗?我还想明天穿这次新买的裙子呢。

男: 还是别穿了,天气那么冷,如果感冒了怎么办?

问: 明天天气怎么样?

# 실전 테스트 정답

一、听力 듣기 실전 테스트

공략 비법 01 **사물 및 동물 관련 문제**
1. F   2. B   3. C   4. E   5. A

공략 비법 02 **음식과 맛 관련 문제**
1. E   2. A   3. B   4. F   5. C

공략 비법 03 **장소 및 관련 어휘 문제**
1. A   2. F   3. E   4. B   5. C

공략 비법 04 **동작과 감정을 통한 대화 추론**
1. B   2. E   3. C   4. F   5. A

공략 비법 05 **유의어, 반의어**
1. X   2. X   3. ✓   4. X   5. X

공략 비법 06 **주제 파악**
1. ✓   2. ✓   3. X   4. X   5. X

공략 비법 07 **정보 획득**
1. ✓   2. X   3. X   4. X   5. X

공략 비법 08 **장소 관련 문제**
1. A   2. A   3. C   4. A   5. C

공략 비법 09 **인물 관련 문제**
1. A   2. C   3. B   4. A   5. A

공략 비법 10 **시간과 돈 관련 문제**
1. A   2. B   3. B   4. C   5. C

공략 비법 11 **행동 관련 문제**
1. C   2. A   3. B   4. A   5. C

공략 비법 12 **감정과 태도 관련 문제**
1. B   2. A   3. A   4. A   5. B

공략 비법 13 **사람의 특징**
1. B   2. C   3. A   4. B   5. C

공략 비법 14 **사물의 특징**
1. B   2. A   3. B   4. A   5. B

공략 비법 15 **교통수단 관련 문제**
1. A   2. C   3. C   4. C   5. B

二、阅读 독해 실전 테스트

공략 비법 01 의문형 문제
1. F   2. D   3. A   4. C   5. B

공략 비법 02 제안·청유형 문제
1. D   2. B   3. A   4. F   5. C

공략 비법 03 단문형 문제
1. B   2. F   3. D   4. C   5. A

공략 비법 04 명사 문제
1. A   2. D   3. C   4. E   5. C
6. A

공략 비법 05 동사 문제
1. C   2. D   3. A   4. B   5. F
6. C

공략 비법 06 형용사 문제
1. F   2. B   3. D   4. E   5. A
6. B

공략 비법 07 부사, 접속사 문제
1. D   2. C   3. A   4. A   5. F
6. E

공략 비법 08 전치사, 양사 문제
1. A   2. C   3. D   4. A   5. E
6. B

공략 비법 09 정보 탐색 문제
1. A   2. B   3. C   4. C   5. B

공략 비법 10 주제 파악 문제
1. C   2. A   3. B   4. B   5. A

三、书写　쓰기 실전 테스트

공략 비법 01　**중국어 기본 어순**
1. 我忘了带护照。
2. 弟弟周末经常踢足球。
3. 那家饭店的菜又便宜又好吃。
4. 今天的会议已经结束了。
5. 老师对小张的回答很满意。

공략 비법 02　**다양한 형태의 술어문**
1. 上个月我花了一万多块钱。
2. 课本上的那个词是什么意思?
3. 今天的英语考试非常简单。
4. 这条裙子是昨天买的。
5. 那个孩子已经16岁了。

공략 비법 03　**술어 앞에 오는 부사어**
1. 我终于可以玩游戏了。
2. 足球比赛还没有结束呢。
3. 我对中国历史很感兴趣。
4. 你们国家一共有多少个城市?
5. 你一定要小心感冒。

공략 비법 04　**술어 뒤에 오는 보어**
1. 我看过一次中国电影。
2. 她的菜做得很好吃。
3. 他在北京住了三年。
4. 他的体育成绩提高得很快。
5. 我儿子突然哭起来了。

공략 비법 05　**把자문**
1. 妈妈把房间打扫得干干净净。
2. 请把您的名字写在本子上。
3. 他终于把车卖了。
4. 你把房间里的灯关一下吧。
5. 我已经把手机送给弟弟了。

공략 비법 06　**被자문**
1. 昨天买的蛋糕被我吃了。
2. 爸爸的帽子被风刮跑了。
3. 这件事情已经被妈妈发现了。
4. 自行车被哥哥骑走了。
5. 我的行李箱没被他借走。

공략 비법 07 **비교문**
1. 他的汉语比我的好。
2. 现在出现的问题跟以前不一样。
3. 坐地铁比公共汽车快多了。
4. 这双皮鞋比那双更舒服。
5. 爬上和游泳一样累。

공략 비법 08 **연동문, 겸어문**
1. 他每天骑自行车去学校。
2. 明天我请你吃晚饭。
3. 妈妈去超市买水果了。
4. 他的服务态度一定会使我们很满意。
5. 医生一直不让爸爸喝酒。

공략 비법 09 **생김이 비슷한 한자**
1. 环
2. 每
3. 子
4. 做
5. 冰

공략 비법 10 **발음이 비슷한 한자 & 다음자**
1. 了
2. 刻
3. 觉
4. 菜
5. 近

 # 미니 테스트 정답

一、听力 듣기 미니 테스트

제1부분
1. D 2. A 3. E 4. B 5. C

제3부분
11. A 12. C 13. B 14. A 15. B

제2부분
6. X 7. X 8. ✓ 9. ✓ 10. ✓

제4부분
16. C 17. C 18. A 19. B 20. A

二、阅读 독해 미니 테스트

제1부분
1. D 2. E 3. A 4. B 5. C

제2부분
6. E 7. D 8. A 9. B 10. C

제3부분
11. C 12. B 13. C 14. B 15. A 16. A 17. A 18. A 19. B 20. B

三、书写 쓰기 미니 테스트

제1부분
1. 她说得非常好。
2. 这条裙子比那条贵三百块。
3. 我现在画大熊猫的耳朵。
4. 他已经把照相机卖了。
5. 他周末经常去打篮球。

제2부분
6. 渴
7. 节
8. 句
9. 坐
10. 听

HSK 3급

실전 테스트

공략비법 01 사물 및 동물 관련 문제

본서 p. 34   01_5

第1-5题

A
B
C
D
E
F

1

女：小张，你在找什么啊？
男：我在找照相机，被你放哪儿了？

여: 샤오장, 너는 무엇을 찾고 있니?
남: 나는 사진기를 찾고 있어. 너는 (사진기를) 어디에 둔 거야?

지문 어휘

在 zài 부 ~하고 있는 중이다
找 zhǎo 동 찾다, 구하다, 거슬러 주다
照相机 zhàoxiàngjī
　명 사진기 ★
被 bèi 전 ~에 의해서 ★
放 fàng 동 놓다, 두다, 넣다 ★
哪儿 nǎr 대 어디, 어느 곳

F

해설 사물 명사 '照相机 사진기'를 들었다면 정답을 쉽게 찾을 수 있다. 무엇을 찾고 있냐는 여자의 물음에 사진기를 찾고 있다고 대답하고 있으므로 정답은 F이다.

2

男: 我明天去旅游，你能帮我照顾几天我的鸟吗?
女: 没问题，它最喜欢吃什么?

남: 내가 내일 여행을 가는데, 네가 나를 도와 나의 새를 며칠 보살펴줄 수 있겠니?
여: 문제없어, 새가 무엇을 먹는 걸 가장 좋아하니?

지문 어휘
明天 míngtiān 명 내일
旅游 lǚyóu 동 여행하다
能 néng 조동 ~할 수 있다
帮 bāng 동 돕다
照顾 zhàogù 동 보살피다, 돌보다 ★
鸟 niǎo 명 새
没问题 méi wèntí 문제없다, 괜찮다
它 tā 대 그것
喜欢 xǐhuan 동 좋아하다

정답 **B**

해설 3급에서 자주 출제되는 동물 어휘인 '鸟 새'를 들었다면 새 사진을 정답으로 찾을 수 있다. 남자가 내일 여행을 가서 여자에게 새를 보살펴 달라고 부탁하고 있으므로 정답은 B이다.

3

女: 你在读什么呢? 有意思吗?
男: 非常有意思，这本书介绍了很多旅游景点，还有很多小故事。

여: 너는 무엇을 읽고 있니? 재미있어?
남: 아주 재미있어. 이 책은 많은 관광 명소를 소개하고 있고, 짧은 이야기들도 많이 있어.

지문 어휘
读 dú 동 읽다, 공부하다
有意思 yǒu yìsi 형 재미있다
介绍 jièshào 동 소개하다
旅游 lǚyóu 동 여행하다
景点 jǐngdiǎn 명 명소, 경치가 좋은 곳
还 hái 부 또, 아직
小故事 xiǎo gùshi 짧은 이야기 ★

정답 **C**

해설 사물 명사인 '书 책'을 들었다면 책을 보고 있는 사진을 정답으로 찾을 수 있다. 두 사람은 여행 관련 책에 대해 이야기하고 있으므로 정답은 C이다.

4

男: 你最喜欢什么动物?
女: 我最喜欢大熊猫。我觉得它是世界上最可爱的动物。

남: 너는 어떤 동물을 가장 좋아해?
여: 나는 판다를 제일 좋아해. 나는 판다가 세상에서 가장 귀여운 동물이라고 생각해.

지문 어휘
喜欢 xǐhuan 동 좋아하다
动物 dòngwù 명 동물
觉得 juéde 동 ~라고 생각하다, ~라고 여기다
世界 shìjiè 명 세계, 세상
可爱 kě'ài 형 귀엽다, 사랑스럽다

정답 E

해설 3급에서 자주 출제되는 동물 어휘인 '大熊猫 판다'만 들었다면 판다 사진을 정답으로 찾을 수 있다. 여자는 판다를 가장 좋아하는 동물이라고 말하고 있으므로 정답은 E이다.

5

女: 你帮我看看, 今天晚上我穿这条裙子怎么样?
男: 很好看, 你穿哪条都漂亮。

여: 네가 좀 봐줘. 오늘 저녁에 내가 이 치마를 입으면 어떨까?
남: 예쁘네. 너는 어떤 치마를 입어도 다 예뻐.

지문 어휘
帮 bāng 동 돕다
晚上 wǎnshang 명 저녁
穿 chuān 동 입다, 신다
条 tiáo 양 치마, 바지, 강 등의 가늘고 긴 것을 세는 단위 ★
裙子 qúnzi 명 치마 ★
怎么样 zěnmeyàng 어떠하다, 어떻다

정답 A

해설 사물 명사 '裙子 치마'를 들었다면 여자가 치마를 입고 있는 사진을 정답으로 찾을 수 있다. 두 사람은 여자가 오늘 저녁에 입을 치마에 대해 이야기하고 있으므로 정답은 A이다.

공략비법 02 음식과 맛 관련 문제

第1-5题

1

女: 冰箱里还有葡萄吗?
男: 没有葡萄了,我下午买了一个蛋糕,你吃吗?

여: 냉장고에 포도 또 있어?
남: 포도는 없어. 내가 오후에 케이크를 하나 샀는데, 먹을래?

지문 어휘

冰箱 bīngxiāng 명 냉장고 ★
葡萄 pútáo 명 포도
下午 xiàwǔ 명 오후
蛋糕 dàngāo 명 케이크 ★

정답 E

해설 음식, 과일 관련 어휘로 '葡萄 포도'와 '蛋糕 케이크'가 언급되었지만, 보기에는 케이크 사진만 출제되었으므로 정답은 E이다.

2

男: 欢迎你们来我们公司，来，喝杯茶，别客气。
女: 好的，谢谢，你们办公室真大啊!

남: 우리 회사에 오신 것을 환영합니다. 자, 차 한 잔 드세요, 사양하지 마시고요.
여: 네, 감사합니다. 사무실이 정말 크네요!

지문 어휘

欢迎 huānyíng 동 환영하다 ★
公司 gōngsī 명 회사
杯 bēi 양 잔, 컵
别 bié 부 ~하지 마라
客气 kèqi 동 사양하다, 예의를 차리다
办公室 bàngōngshì 명 사무실 ★

정답 A

해설 남자가 여자에게 차를 접대하고 있는 상황이다. 대화 중 3급에서 자주 출제되는 음료 어휘인 '茶 차'가 들렸으므로 차를 마시는 사진인 A가 정답이다.

3

女: 今天买的苹果特别甜，你也吃一个?
男: 不吃了，我刚吃了一碗面条。

여: 오늘 산 사과가 특히나 달아. 너도 하나 먹을래?
남: 안 먹을래. 나는 방금 국수 한 그릇을 먹었거든.

지문 어휘

苹果 píngguǒ 명 사과
特别 tèbié 부 특히, 아주 형 특별하다
甜 tián 형 달다 ★
不~了 bù~le ~하지 않을 것이다, ~하지 않겠다(미래에 대한 의지 부정을 나타냄)
刚 gāng 부 방금, 막
碗 wǎn 양 그릇, 공기
面条(儿) miàntiáo(r) 명 국수

정답 B

해설 음식, 과일 관련 어휘로 '苹果 사과'와 '面条 국수'가 언급되었지만, 보기에는 사과 사진만 출제되었으므로 정답은 B이다.

4

女：你帮我把啤酒打开吧。
男：好的，没问题。那你去拿几个杯子，可以吗?

여: 나를 도와서 맥주(뚜껑)를 좀 따줘.
남: 그래, 문제없어. 그럼 네가 가서 잔을 몇 개 가져다 줄래?

정답 F

해설 여자가 남자에게 맥주(뚜껑)를 따달라고 하는 상황이다. 대화 중 '啤酒 맥주'가 들렸으므로 맥주 뚜껑을 따고 있는 사진인 F가 정답이다.

지문 어휘
帮 bāng 통 돕다
把 bǎ 전 ~을(를) ★
啤酒 píjiǔ 명 맥주 ★
打开 dǎ kāi 통 열다, 풀다, (스위치 따위를) 켜다
拿 ná 통 (손으로) 쥐다, 가지다 ★
杯子 bēizi 명 잔, 컵
可以 kěyǐ 조동 ~할 수 있다, ~해도 된다

5

女：两瓶牛奶、一个面包，一共五块五。
男：好的，给你十块。

여: 우유 두 병, 빵 한 개, 총 5.5위안입니다.
남: 네, 10위안 드릴게요.

정답 C

해설 물건을 구매한 후 결제를 하고 있는 상황이다. 두 사람의 대화 중 '牛奶 우유'와 '面包 빵'이 언급되었으므로 정답은 C이다.

지문 어휘
瓶 píng 양 병을 세는 단위
牛奶 niúnǎi 명 우유
面包 miànbāo 명 빵 ★
一共 yígòng 부 총, 전부, 합계 ★
块 kuài 양 위안 (중국의 화폐 단위, '元 yuán'과 같은 의미)

공략비법 03 장소 및 관련 어휘 문제

본서 p. 45　03_5

第1-5题

A 	B 	C 
D 	E 	F 

1

女：路上小心，你下了飞机就给我们打电话。
男：别担心，到了中国就给你打电话。

여: 조심히 가세요. 비행기에서 내리면 바로 우리에게 전화해주세요.
남: 걱정 마세요. 중국에 도착하면 바로 당신에게 연락할게요.

지문 어휘

路上小心 lù shang xiǎoxīn
조심히 가세요(길 조심하세요)
飞机 fēijī 명 비행기
给 gěi 전 ~에게
打电话 dǎ diànhuà 전화를 걸다
别 bié 부 ~하지 마라
担心 dān xīn 동 걱정하다, 염려하다 ★
到 dào 동 도착하다, 도달하다, 이르다

정답 A

해설 여자의 말 가운데 '路上小心 조심히 가세요'라는 표현과 '飞机 비행기'라는 어휘를 통해 대화하는 장소가 공항임을 알 수 있다. 따라서 공항에서 배웅하는 사진인 A가 정답이다.

2

男: 好久不见，我们去哪儿坐坐?
女: 可以啊，出了校门有一个茶馆儿，我们去那儿聊天吧。

남: 오랜만이에요. 우리 어디로 가서 좀 앉을까요?
여: 좋아요, 교문을 나가면 찻집이 하나 있어요. 우리 거기에 가서 이야기해요.

정답 F

해설 '好久不见 오랜만이에요'라는 말을 통해 두 사람이 오랜만에 만나서 인사하고 있는 상황임을 알 수 있다. 따라서 길에서 반갑게 악수하고 있는 사진인 F가 정답이다.

지문 어휘

好久不见 hǎojiǔbújiàn
오래간만이에요
坐 zuò 동 앉다, (교통수단을) 타다
校门 xiàomén 명 교문
茶馆儿 cháguǎnr 명 찻집
聊天 liáo tiān 동 수다 떨다, 이야기를 나누다 ⭐

3

女: 除了裤子，还想买什么?
男: 我打算买一块儿手表。明天我爸过生日，我想送给他。

여: 바지 이외에, 또 무엇을 사고 싶니?
남: 나는 손목시계를 하나 살 예정이야. 내일이 우리 아빠 생신이라서, 선물해드리려고 해.

정답 E

해설 여자의 '还想买什么? 또 무엇을 사고 싶니?'라는 말을 통해 두 사람은 물건을 구입하고 있는 상황임을 알 수 있다. 따라서 상점에서 물건을 고르고 있는 사진인 E가 정답이다.

지문 어휘

除了 chúle 전 ~을 제외하고 ⭐
裤子 kùzi 명 바지 ⭐
还 hái 부 또, 여전히, 아직, 더, 그럭저럭
想 xiǎng 조동 ~하고 싶다
동 생각하다, ~라 생각하다
打算 dǎsuan 동 ~할 예정이다, ~할 생각이다 ⭐
块 kuài 양 덩어리나 조각 형태로 된 것을 세는 단위
手表 shǒubiǎo 명 손목시계
过生日 guò shēngrì
생일을 보내다
送 sòng 동 선물하다, 보내다 ⭐

男: 医生，怎么样? 没事儿吧?
女: 没事儿，先吃药，然后休息几天就好了。

지문 어휘

医生 yīshēng 명 의사
怎么样 zěnmeyàng 어떠하다, 어떻다
没事儿 méishìr 동 괜찮다, 상관없다
药 yào 명 약
先~，然后~ xiān~, ránhòu~ 먼저 ~하고, 그런 후에 ~하다
休息 xiūxi 동 휴식하다, 쉬다

남: 의사 선생님, 어때요? 괜찮죠?
여: 괜찮아요. 먼저 약을 드시고, 며칠 쉬시면 곧 좋아질 거예요.

정답) B

해설) 남자가 여자를 '医生 의사'라고 부르는 것으로 보아 진료를 받고 있는 상황임을 알 수 있다. 따라서 병원에서 의사와 이야기를 나누는 사진인 B가 정답이다.

女: 冬冬，你来回答一下黑板上的这个数学题好吗?
男: 对不起，老师，这个题太难了，我不会。

지문 어휘

回答 huídá 동 대답하다 ★
一下 yíxià 양 (동사 뒤에 놓여) 한번(좀) ~하다
黑板 hēibǎn 명 칠판
数学题 shùxuétí 수학 문제
难 nán 형 어렵다 ★
会 huì 조동 할 줄 알다, ~할 것이다

여: 동동아, 네가 칠판의 이 수학 문제를 대답해줄 수 있겠니?
남: 죄송해요, 선생님, 이 문제는 너무 어려워서, 저는 풀지 못하겠어요.

정답) C

해설) 대화 중 남자가 여자를 '老师 선생님'으로 부르는 것을 보아 선생님과 학생의 대화임을 알 수 있다. 따라서 교실 배경의 사진인 C가 정답이다.

공략비법 04 동작과 감정을 통한 대화 추론

본서 p. 51　04_5

第1-5题

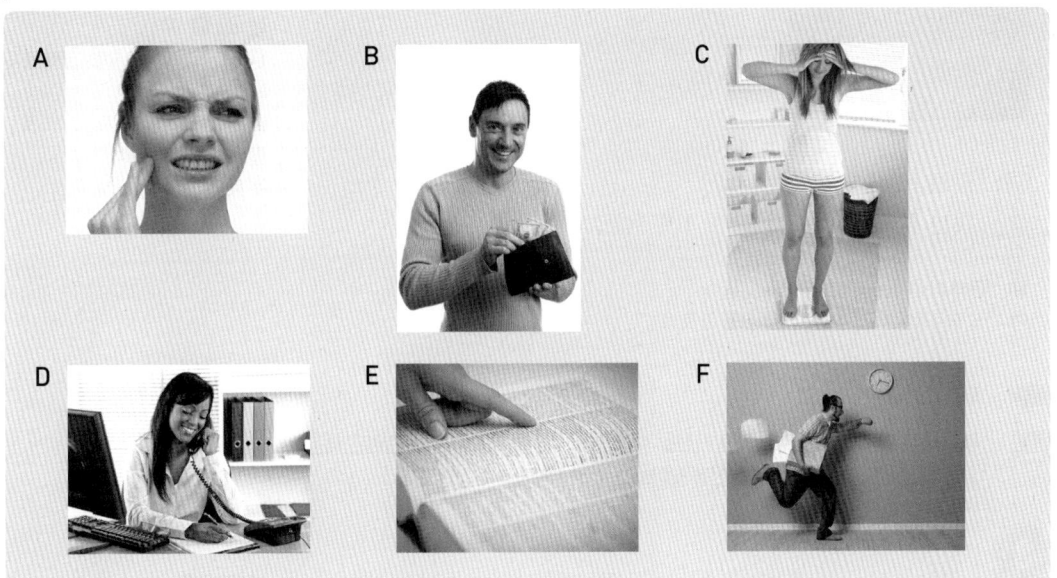

女: 一共是九十六块三角五分。
男: 好的, 请稍等一下。

여: 총 96.35위안입니다.
남: 네, 잠시만 기다려주세요.

정답 B

해설 대화 중 여자가 '九十六块三角五分 96.35위안'이라고 금액을 말했으므로, 계산하는 상황임을 알 수 있다. 따라서 지갑에서 돈을 꺼내고 있는 사진인 B가 정답이다.

지문 어휘

一共 yígòng 부 총, 전부, 합계 ★
块 kuài 양 위안(중국의 화폐 단위, '元 yuán'과 같은 의미)
角 jiǎo 양 자오(1위안의 10분의 1에 해당, 구어로는 '毛 máo'라고 함)
分 fēn 양 펀(1위안의 100분의 1에 해당)
稍 shāo 부 약간, 잠시
等 děng 동 기다리다

2

男: 报纸上的这个字怎么读?
女: 我也不认识, 你自己查一下字典吧。

남: 신문의 이 글자는 어떻게 읽어?
여: 나도 모르겠어. 네가 직접 한자 사전을 좀 찾아봐.

지문 어휘

报纸 bàozhǐ 명 신문
字 zì 명 글자
读 dú 동 읽다
认识 rènshi 동 (사람, 글자 등을) 알다, 인식하다
自己 zìjǐ 대 자기, 자신, 스스로
查 chá 동 찾다 ★
字典 zìdiǎn 명 한자 사전

정답 E

해설 대화 중 '字 글자', '查字典 한자 사전을 찾다' 등의 어휘를 통해 학습과 관련된 내용임을 알 수 있다. 따라서 직접 사전을 찾아보고 있는 사진인 E가 정답이다.

3

女: 真不敢相信, 我一个星期就胖了三公斤, 怎么办?
男: 真的吗? 看不出来啊!

여: 정말 믿을 수가 없어. 나 일주일 만에 3킬로그램이나 살이 쪘어. 어떡하지?
남: 정말? 알아보지 못하겠는걸(티가 나지 않는걸)!

지문 어휘

不敢 bùgǎn 동 감히 ~하지 못하다
相信 xiāngxìn 동 믿다 ★
胖 pàng 형 뚱뚱하다, 살찌다
公斤 gōngjīn 양 킬로그램(무게를 세는 단위) ★
看不出来 kàn bu chūlai 분간할(알아볼) 수 없다

정답 C

해설 대화 중 '胖 살이 찌다', '三公斤 3킬로그램' 등의 어휘를 통해 여자가 살이 쪄서 고민하고 있는 상황임을 알 수 있다. 따라서 체중계 위에서 몸무게를 재며 속상해하는 사진인 C가 정답이다.

4

男：你看看，只有二十分钟了，要迟到了。
女：别着急，我们不会迟到的，再走十分钟就到了。

남: 네가 좀 봐, 20분밖에 남지 않았어. 이러다 지각하겠어.
여: 조급해하지 마, 우리는 지각하지 않을 거야. 10분만 더 가면 곧 도착해.

지문 어휘

只 zhǐ 오직, 단지 ★
分钟 fēnzhōng 명 분
要~了 yào~le ~하려고 하다
迟到 chídào 동 지각하다 ★
着急 zháo jí 형 조급해하다, 초조해하다 ★
会 huì 조동 ~할 것이다, 할 수 있다, 할 줄 알다
到 dào 동 도착하다, 도달하다

정답 F

해설 대화 중 '迟到 지각하다', '别着急 조급해하지 마' 등의 표현을 통해 지각할 것을 걱정하는 상황임을 알 수 있다. 따라서 시계를 보며 황급히 뛰어가는 사진인 F가 정답이다.

5

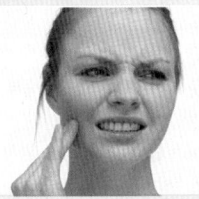

女：吃了三天的药，也没什么作用，牙还是很疼。
男：明天我不上班，和你一起去医院看医生吧。

여: 3일 동안 약을 먹었는데도 별 효과가 없네. 이가 여전히 아파.
남: 내가 내일 출근하지 않으니까, 같이 병원에 가서 의사에게 진찰받아보자.

지문 어휘

药 yào 명 약
作用 zuòyòng 명 효과, 작용, 역할
牙 yá 명 이, 치아
疼 téng 형 아프다 ★
上班 shàng bān 동 출근하다
医院 yīyuàn 명 병원
医生 yīshēng 명 의사

정답 A

해설 대화 중 '药 약', '牙 이', '疼 아프다' 등의 어휘를 통해 여자가 이가 아픈 상황임을 알 수 있다. 따라서 아파하는 표정의 사진인 A가 정답이다.

공략비법 05 유의어, 반의어

본서 p. 62 🎧 05_5

1

我很少去商店买东西，我更愿意在网上买。这样就不用出门，在家就能买到，所以很方便，而且还很便宜。

★ 他经常去商店买东西。(✗)

나는 아주 가끔 상점에 가서 물건을 산다. 나는 인터넷에서 (물건을) 사는 것을 더 선호한다. 이렇게 하면(인터넷에서 물건을 사면) 외출할 필요 없이, 집에서 바로 살 수 있기 때문에, 매우 편리하고, 게다가 더 저렴하다.

★ 그는 자주 상점에 가서 물건을 산다. (✗)

[정답] ✗

[해설] 제시된 문장의 '经常去商店买东西 자주 상점에 가서 물건을 산다'는 녹음 내용의 '很少去商店买东西 아주 가끔 상점에 가서 물건을 산다'와 상반된 의미이므로 녹음 내용과 일치하지 않는다.

지문 어휘
商店 shāngdiàn 명 상점, 가게
更 gèng 부 더욱, 더
愿意 yuànyì 동 바라다, 희망하다 ⭐
出门 chū mén 동 외출하다, 집을 나서다
所以 suǒyǐ 접 그래서
方便 fāngbiàn 형 편리하다 ⭐
而且 érqiě 접 또한, 게다가 ⭐
经常 jīngcháng 부 자주

2

我去年夏天在叔叔家看过这本历史书，很有意思。你觉得呢？

★ 他觉得这本书很一般。(✗)

나는 작년 여름에 삼촌 집에서 이 역사책을 본 적이 있는데, 재미있었어. 네 생각에는 어때?

★ 그는 이 책이 평범하다고 생각한다. (✗)

[정답] ✗

[해설] 제시된 문장의 '很一般 평범하다'는 녹음 내용의 '很有意思 재미있다'와 상반된 의미이므로 녹음 내용과 일치하지 않는다.

지문 어휘
去年 qùnián 명 작년
夏天 xiàtiān 명 여름
叔叔 shūshu 명 삼촌, 숙부, 아저씨
本 běn 양 권(책을 세는 양사)
历史 lìshǐ 명 역사
有意思 yǒu yìsi 형 재미있다
觉得 juéde 동 ~라고 느끼다, ~라고 생각하다
一般 yìbān 형 평범하다, 보통이다 ⭐

3

爷爷几乎每天上午都去公园，他喜欢一边看报纸，一边喝茶。如果发现有意思的新闻，一回家就读给我们听。

★ 爷爷爱看报纸。(✓)

할아버지는 거의 매일 오전마다 공원에 가시는데, 할아버지는 신문을 보시면서 차 마시는 것을 좋아하신다. 만약 재미있는 뉴스를 발견하시면, 집으로 돌아와 바로 우리에게 들려주신다.

★ 할아버지는 신문 보는 것을 좋아한다. (✓)

지문 어휘
爷爷 yéye 명 할아버지
几乎 jīhū 부 거의
每天 měitiān 명 매일
上午 shàngwǔ 명 오전
公园 gōngyuán 명 공원 ⭐
一边~, 一边~ yìbiān~, yìbiān~ ~하면서, ~하다
报纸 bàozhǐ 명 신문

| 정답 | ✓ |

| 해설 | 제시된 문장의 '爱看报纸 신문 보는 것을 좋아한다'는 녹음 내용의 '喜欢看报纸 신문 보는 것을 좋아한다'와 동일한 의미로 녹음 내용과 일치한다. |

发现 fāxiàn 동 발견하다 ★
新闻 xīnwén 명 뉴스 ★
一~就~ yī~ jiù~
~하자마자 ~하다
回家 huí jiā 동 집으로 돌아가다 (오다), 귀가하다

4

数学成绩好的学生不一定都是非常聪明的学生。如果你对数学有兴趣，而且每天努力做练习题，那你也可以学好数学。

★ 数学好的人都很聪明。(✗)

수학 성적이 좋은 학생이 꼭 똑똑한 학생이라고는 할 수 없다. 만약 당신이 수학에 관심이 있고 게다가 매일 열심히 연습문제를 푼다면, 당신도 수학을 잘하게 될 것이다.

★ 수학을 잘하는 사람은 모두 똑똑하다. (✗)

| 정답 | ✗ |

| 해설 | 녹음 내용 중 '不一定都~'는 '꼭 다 ~한 것은 아니다'라는 부분 부정을 나타내므로 제시된 문장의 '都很聪明 모두 똑똑하다'와 일치하지 않는다. |

지문 어휘

数学 shùxué 명 수학
成绩 chéngjì 명 성적 ★
不一定 bù yídìng 부 꼭 ~한 것은 아니다
聪明 cōngming 형 똑똑하다
如果 rúguǒ 접 만약 ~한다면 ★
对 duì 전 ~에 대해, ~에게
兴趣 xìngqù 명 흥미 ★
而且 érqiě 접 또한, 게다가 ★
努力 nǔlì 형 열심이다
동 노력하다 ★
练习题 liànxítí 연습 문제

5

儿子，你已经长大了，不是小孩子了。每次遇到问题时不要都去问别人，你需要自己想办法解决问题。

★ 他觉得儿子还小。(✗)

아들아, 너는 이미 다 컸어, 더는 어린아이가 아니야. 매번 문제에 직면할 때마다, 다른 사람에게 가서 물으려고만 하지 말고, 네가 스스로 방법을 생각하여 문제를 해결하는 것이 필요해.

★ 그는 아들이 아직 어리다고 생각한다. (✗)

| 정답 | ✗ |

| 해설 | 제시된 문장의 '还小 아직 어리다'는 녹음 내용의 '不是小孩子了 더는 어린아이가 아니다'와 상반된 의미이므로 녹음 내용과 일치하지 않는다. |

지문 어휘

儿子 érzi 명 아들
已经 yǐjing 부 이미, 벌써
长大 zhǎng dà 동 자라다, 성장하다
小孩子 xiǎo háizi 어린아이
每次 měi cì 매번, 번번이
遇到 yùdào 동 직면하다, 맞닥뜨리다, 마주치다 ★
问题 wèntí 명 문제
别人 biérén 대 다른 사람
需要 xūyào 동 필요하다 ★
办法 bànfǎ 명 방법 ★
解决 jiějué 동 해결하다 ★
觉得 juéde 동 ~라고 느끼다, ~라고 생각하다

공략비법 06 주제 파악

본서 p. 65 🎧 06_3

1

爱可以是老师对学生的照顾，可以是父母对孩子的关心，也可以是你对朋友的帮助。
★ 爱有很多种。(✓)

사랑은 학생에 대한 선생님의 보살핌이라 할 수 있고, 자녀에 대한 부모님의 관심이라고 할 수 있으며, 또한 친구에 대한 당신의 도움이라고 할 수 있다.
★ 사랑에는 여러 종류가 있다. (✓)

지문 어휘
照顾 zhàogù 동 보살피다, 돌보다 ★
父母 fùmǔ 명 부모
孩子 háizi 명 자녀, 아이
关心 guānxīn 동 관심을 갖다 ★
帮助 bāngzhù 동 돕다
种 zhǒng 명 종류 양 종류, 부류, 가지 ★

정답 ✓

해설 녹음 내용에서 선생님과 학생, 부모와 자녀, 친구간의 도움과 같은 사랑의 다양한 종류에 대해 언급하고 있으므로 사랑에는 여러 종류가 있다는 내용과 일치한다.

2

我家离学校很近，所以我每天都走路去学校，十分钟就能到。
★ 他每天走路去学校。(✓)

우리 집은 학교에서 매우 가까워서 나는 매일 걸어서 학교에 간다. 10분이면 바로 도착할 수 있다.
★ 그는 매일 걸어서 학교에 간다. (✓)

지문 어휘
离 lí 전 ~로부터
学校 xuéxiào 명 학교
近 jìn 형 가깝다
所以 suǒyǐ 접 그래서
走路 zǒu lù 동 (길을) 걷다
分钟 fēnzhōng 명 분
能 néng 조동 ~할 수 있다
到 dào 동 도착하다, 도달하다

정답 ✓

해설 녹음 내용에서 집이 매우 가까워 매일 걸어서 학교에 간다고 했으므로 제시 문장과 일치한다.

3

经过高中三年的认真学习，我妹妹终于考上了北京大学，我真为她高兴。
★ 妹妹难过地哭了。(✗)

고등학교 3년 동안 열심히 공부해서, 내 여동생은 마침내 베이징 대학교에 합격했다. 나는 정말 그녀로 인해 기뻤다.
★ 여동생은 슬프게 울었다. (✗)

지문 어휘
经过 jīngguò 동 겪다, 지나다 명 경과, 과정
高中 gāozhōng 명 고등학교
认真 rènzhēn 형 성실하다, 진지하다 ★
终于 zhōngyú 부 마침내, 드디어 ★
考上 kǎo shàng 동 시험에 합격하다

| 정답 | X |

해설 녹음 내용에서 여동생이 마침내 베이징 대학교에 합격하여 매우 기뻤다고 하였으므로, 제시된 문장의 여동생이 슬프게 울었다는 문장과는 일치하지 않는다.

北京大学 Běijīng dàxué
고유 베이징 대학교
为 wèi 전 ~때문에, ~덕택에, ~를 위하여
高兴 gāoxìng 형 기쁘다
难过 nánguò 형 슬프다, 괴롭다 ⭐

4

现在手机的作用越来越大了，除了打电话，我们还可以用手机上网、看电影，这样，我们坐车去很远的地方时，就不用担心无聊了。

★ 他认为手机作用不大。(X)

현재 휴대폰의 역할은 점점 커지고 있다. 전화를 거는 것 외에도, 우리는 휴대폰을 이용하여 인터넷을 할 수 있고, 영화도 볼 수 있다. 이렇듯, 우리는 차를 타고 먼 곳에 갈 때, 심심할 것을 걱정할 필요가 없게 되었다.

★ 그는 휴대폰의 역할이 크지 않다고 생각한다. (X)

| 정답 | X |

해설 휴대폰의 역할에 대해 집중하여 들어야 한다. 첫 문장에서 휴대폰의 역할이 점점 커지고 있다고 했으므로 제시된 문장은 녹음 내용과 일치하지 않는다.

지문 어휘

作用 zuòyòng 명 역할, 작용, 효과
越来越 yuèláiyuè 부 점점, 갈수록
除了 chúle 전 ~을 제외하고 ⭐
上网 shàng wǎng 동 인터넷을 하다 ⭐
远 yuǎn 형 멀다
地方 dìfang 명 곳, 장소 ⭐
担心 dān xīn 동 걱정하다, 염려하다 ⭐
无聊 wúliáo 형 심심하다, 무료하다

5

虽然咖啡馆里有很多人，不太安静，但是可以一边喝咖啡，一边看书，所以最近很多年轻人选择去咖啡馆学习。

★ 很多年轻人不愿意在咖啡馆学习。(X)

비록 커피숍에는 사람이 많아서 그다지 조용하지는 않지만, 커피를 마시면서 책을 볼 수 있기 때문에 최근 많은 젊은이들은 커피숍에 가서 공부하는 것을 선택한다.

★ 많은 젊은이들은 커피숍에서 공부하는 것을 원하지 않는다. (X)

| 정답 | X |

해설 녹음 내용 중 최근에 많은 젊은이들은 커피숍에 가서 공부한다고 했으므로, 제시된 문장의 커피숍에서 공부하는 것을 원하지 않는다는 내용과 일치하지 않는다.

지문 어휘

虽然~, 但是~ suīrán~, dànshì~ 비록 ~이지만, 그러나 ~하다
咖啡馆 kāfēiguǎn 명 커피숍
安静 ānjìng 형 조용하다, 고요하다 ⭐
可以 kěyǐ 조동 ~할 수 있다, ~해도 된다
一边~, 一边~ yìbiān~, yìbiān~ ~하면서, ~하다
所以 suǒyǐ 접 그래서
最近 zuìjìn 명 최근, 요즘
年轻人 niánqīngrén 명 젊은이, 젊은 사람
选择 xuǎnzé 동 선택하다 ⭐

공략비법 07 정보 획득

1

今天是六月一号，我和爱人去学校看了儿子表演的节目，他穿着蓝色的裤子和同学们一起跳舞，可爱极了。

★ 今天儿子穿了条蓝裤子。(✓)

오늘은 6월 1일이다. 나와 아내는 학교에 가서 아들의 공연 프로그램을 봤다. 아들은 파란색 바지를 입고 친구들과 함께 춤을 췄는데 너무 귀여웠다.

★ 오늘 아들은 파란색 바지를 입었다. (✓)

정답 ✓

해설 녹음 내용에서 아들은 파란색 바지를 입고 친구들과 춤을 추었다고 했으므로 제시된 문장은 녹음 내용과 일치한다.

지문 어휘
和 hé 젠 ~와(과)
爱人 àiren 남편 혹은 아내
儿子 érzi 명 아들
表演 biǎoyǎn 통 공연하다
节目 jiémù 명 프로그램 ★
着 zhe 조 ~하고 있다, ~하고 있는 중이다(동사 뒤에 쓰여 동작의 지속이나 상태를 나타냄)
蓝色 lánsè 명 파란색
裤子 kùzi 명 바지 ★
同学 tóngxué 명 학우, 동창
一起 yìqǐ 부 함께
跳舞 tiào wǔ 춤을 추다
可爱 kě'ài 형 귀엽다, 사랑스럽다
极了 jí le 매우, 아주(형용사 뒤에서 그 뜻을 강조함)

2

你去把冰箱里的蛋糕拿出来，我去洗几个盘子。如果你不想吃蛋糕，那就拿些苹果。

★ 蛋糕在桌子上。(✗)

네가 가서 냉장고 안에 있는 케이크를 꺼내 와, 나는 접시 몇 개를 씻으러 갈게. 만약 케이크가 먹고 싶지 않으면, 그럼 사과를 좀 가져와.

★ 케이크는 탁자 위에 있다. (✗)

정답 ✗

해설 녹음 내용에서 케이크가 냉장고 안에 있으니 꺼내 오라고 했으므로 케이크가 탁자 위에 있다는 문장과 일치하지 않는다.

지문 어휘
冰箱 bīngxiāng 명 냉장고 ★
蛋糕 dàngāo 명 케이크 ★
拿 ná 통 (손으로) 쥐다, 잡다, 가지다 ★
盘子 pánzi 명 접시, 쟁반
如果 rúguǒ 접 만약 ~한다면 ★
想 xiǎng 조동 ~하고 싶다
통 생각하다, ~라 생각하다
苹果 píngguǒ 명 사과

3

在中国，南方人和北方人的生活习惯不太一样，南方人一般喜欢吃米饭，北方人一般喜欢吃面条。

★ 南方人更爱吃面条。(✗)

중국에서는 남방 사람과 북방 사람의 생활 습관이 좀 다르다. 남방 사람은 일반적으로 쌀밥 먹는 것을 좋아하고, 북방 사람은 일반적으로 국수 먹는 것을 좋아한다.

★ 남방 사람은 국수 먹는 것을 더 좋아한다. (✗)

지문 어휘
南方人 nánfāngrén 명 남방 사람
北方人 běifāngrén 명 북방 사람
生活 shēnghuó 명 생활
习惯 xíguàn 명 습관
一样 yíyàng 형 같다
喜欢 xǐhuan 통 좋아하다
米饭 mǐfàn 명 쌀밥

| 정답 | ✗ |

해설 녹음 내용에서 남방 사람은 일반적으로 밥 먹는 것을 좋아한다고 했으므로 남방 사람이 국수를 더 좋아한다는 문장과 일치하지 않는다.

面条 miàntiáo 명 국수
更 gèng 부 더욱, 더

4

同学们好，我叫王明，是你们的历史老师，以后大家在学习中有什么不明白的可以问我，有什么要求也可以对我说。

★ 他是教音乐的。(✗)

학생 여러분 안녕하세요. 저는 왕밍이라 하고, 여러분의 역사 선생님입니다. 앞으로 여러분이 공부하다가 이해 되지 않는 것이 있다면 저에게 물어보고, 어떤 요구사항이 있으면 저에게 말하세요.

★ 그는 음악을 가르친다. (✗)

| 정답 | ✗ |

해설 첫 문장에 자신의 이름을 소개하면서 역사 선생님이라고 했으므로, 음악을 가르친다는 문장과 일치하지 않는다.

지문 어휘

同学 tóngxué 명 학우, 동창
历史 lìshǐ 명 역사
以后 yǐhòu 명 이후
大家 dàjiā 대 여러분, 모두
明白 míngbai 동 이해하다, 알다 ★
可以 kěyǐ 조동 ~해도 된다, ~할 수 있다, 가능하다
要求 yāoqiú 명 요구, 요구사항 동 요구하다 ★
对 duì 전 ~에게, ~에 대해 형 맞다
音乐 yīnyuè 명 음악

5

早上七点以后，公共汽车里的人就变多了，所以我和弟弟每天早上六点起床，六点半就出门。我们从来都不迟到。

★ 他每天早上七点起床。(✗)

아침 7시 이후에는 버스 안에 사람들이 많아지기 때문에, 나와 남동생은 매일 아침 6시에 일어나 6시 반에 집을 나선다. 우리는 여태껏 지각한 적이 없다.

★ 그는 매일 아침 7시에 일어난다. (✗)

| 정답 | ✗ |

해설 녹음 내용에서 나와 남동생은 매일 아침 6시에 일어난다고 했으므로, 아침 7시에 일어난다는 문장과 일치하지 않는다.

지문 어휘

早上 zǎoshang 명 아침
公共汽车 gōnggòngqìchē 명 버스
变 biàn 동 (성질, 상태가) 변하다, 바뀌다
起床 qǐ chuáng 동 일어나다
半 bàn 수 30분, 절반
出门 chū mén 동 집을 나서다, 외출하다
从来 cónglái 부 여태껏, 지금까지, 이제까지
迟到 chídào 동 지각하다 ★

공략비법 08 장소 관련 문제

본서 p. 79 08_5

1

女: 张老师，教室里的那个手表是你的吗?
男: 不是，那是学生的。

问: 那个手表在哪儿?
　A 教室　　　　B 洗手间　　　　C 宾馆

여: 장 선생님, 교실에 있는 그 손목시계는 당신 거예요?
남: 아니요, 그것은 학생 거예요.

질문: 그 손목시계는 어디에 있는가?
　A 교실　　　　B 화장실　　　　C 호텔

지문 어휘
教室 jiàoshì 몡 교실
手表 shǒubiǎo 몡 손목시계

보기 어휘
洗手间 xǐshǒujiān
몡 화장실 ★
宾馆 bīnguǎn 몡 호텔

정답 A

해설 보기를 통해 장소 관련 문제임을 알 수 있다. 여자가 교실 안에 있는 그 손목시계가 남자의 것인지 물었으므로 정답은 A이다.

2

男: 您好，请问一下，这儿附近有没有眼镜店?
女: 电梯旁边就有一家。

问: 眼镜店在哪儿?
　A 电梯旁边　　B 公园附近　　C 火车站西边

남: 안녕하세요. 말씀 좀 물을게요. 이 근처에 안경점이 있나요?
여: 엘리베이터 옆에 바로 (안경점) 하나 있어요.

질문: 안경점은 어디에 있는가?
　A 엘리베이터 옆　B 공원 근처　C 기차역 서쪽

지문 어휘
附近 fùjìn 몡 근처, 부근
眼镜店 yǎnjìngdiàn 몡 안경점
电梯 diàntī 몡 엘리베이터 ★
旁边 pángbiān 몡 옆, 옆쪽
家 jiā 양 점포, 집 등을 세는 단위
몡 집

보기 어휘
公园 gōngyuán 몡 공원 ★
火车站 huǒchēzhàn
몡 기차역
西边 xībian 몡 서쪽

정답 A

해설 보기를 통해 장소 관련 문제임을 알 수 있다. 안경점의 위치를 묻는 남자의 질문에 엘리베이터 옆에 안경점이 있다고 대답했으므로 정답은 A이다.

3

女：你们一会儿离开办公室的时候，记得把空调关了。
男：知道了，别担心，明天见吧。

问：他们现在在哪儿？
　　A 超市　　　　　B 图书馆　　　　　C 办公室

여: 여러분 나중에 사무실에서 나갈 때, 에어컨 끄는 것을 기억하세요(잊지 마세요).
남: 알겠습니다, 걱정 마시고 내일 봬요.

질문: 그들은 지금 어디에 있는가?
　　A 슈퍼마켓　　　B 도서관　　　　C 사무실

정답 C

해설 녹음 내용의 첫 문장에서 여자가 '사무실에서 나갈 때'라고 언급한 것으로 보아 두 사람이 사무실에서 나눈 대화임을 알 수 있다. 따라서 정답은 C이다.

지문 어휘

一会儿 yíhuìr 🔘 잠시 후에
🔘 잠시, 잠깐동안 ⭐
离开 lí kāi 🔘 떠나다 ⭐
办公室 bàngōngshì
🔘 사무실 ⭐
记得 jìde 🔘 기억하고 있다,
잊지 않고 있다 ⭐
把 bǎ 🔘 ~을(를) ⭐
空调 kōngtiáo 🔘 에어컨 ⭐
关 guān 🔘 (전등 등을) 끄다,
(문을) 닫다
担心 dān xīn 🔘 걱정하다,
염려하다 ⭐

보기 어휘

超市 chāoshì 🔘 슈퍼마켓,
마트 ⭐
图书馆 túshūguǎn
🔘 도서관 ⭐

4

男：喂，是小美吗？
女：是我，校长，您有什么事吗？
男：我今天下午三点要去机场接个客人。
女：好的，知道了，我让司机三点前到楼下等您。

问：男的今天要去哪儿？
　　A 机场　　　　　B 学校　　　　　C 饭店

남: 여보세요? 샤오메이인가?
여: 네, 접니다. 교장 선생님. 무슨 일 있으신가요?
남: 내가 오늘 오후 3시 공항에 가서 손님을 마중하려고 하네.
여: 네, 알겠습니다. 제가 운전 기사에게 3시 전까지 아래층에 도착해서 기다리라고 하겠습니다.

질문: 남자는 오늘 어디에 가려고 하는가?
　　A 공항　　　　　B 학교　　　　　C 식당

정답 A

해설 보기를 통해 장소 관련 문제임을 알 수 있다. 남자가 오늘 오후 3시에 공항에 가서 손님을 마중하려 한다고 했으므로 정답은 A이다.

지문 어휘

喂 wéi 🔘 여보세요
校长 xiàozhǎng 🔘 학교장 ⭐
下午 xiàwǔ 🔘 오후
机场 jīchǎng 🔘 공항 ⭐
接 jiē 🔘 맞이하다, 마중하다 ⭐
客人 kèrén 🔘 손님
让 ràng 🔘 ~에게 ~하게 하다
(시키다)
司机 sījī 🔘 운전 기사 ⭐
到 dào 🔘 도착하다, 도달하다,
이르다
楼下 lóuxià 🔘 아래층, 건물
아래

보기 어휘

学校 xuéxiào 🔘 학교
饭店 fàndiàn 🔘 식당, 호텔

5

女: 喂, 你到哪儿了?
男: 我在电梯里呢。
女: 这么快, 我还想让你去商店买点儿糖上来呢。
男: 一会儿再去吧, 我马上要下了。

问: 男的现在在哪儿?
　　A 超市里　　　B 房间里　　　C 电梯里

여: 여보세요, 당신 어디쯤이에요?
남: 나 엘리베이터 안이야.
여: 이렇게나 빠르다니, 당신한테 상점에 가서 설탕 좀 사서 올라오라고 하려 했어요.
남: 조금 있다가 다시 갈게, 나 곧 내리거든.

질문: 남자는 지금 어디에 있는가?
　　A 슈퍼마켓 안　　B 방 안　　C 엘리베이터 안

지문 어휘
电梯 diàntī 명 엘리베이터 ⭐
这么 zhème 대 이렇게
糖 táng 명 설탕
上来 shàng lai (낮은 데서 높은 데로) 올라오다
一会儿 yíhuìr 부 잠시 후에 명 잠시, 잠깐 동안 ⭐
马上 mǎshàng 부 바로
要~了 yào~le ~하려고 하다
下 xià 동 내리다

보기 어휘
超市 chāoshì 명 슈퍼마켓, 마트 ⭐
房间 fángjiān 명 방

[정답] C

[해설] 남자의 위치를 묻는 여자의 질문에 남자는 엘리베이터 안에 있다고 대답했으므로 정답은 C이다.

공략비법 09 인물 관련 문제

본서 p. 84　09_5

1

女: 我一会儿要洗衣服, 你有没有要洗的?
男: 桌子上的那条裤子, 我已经穿了好几次了, 该洗了。

问: 他们最可能是什么关系?
　　A 夫妻　　　B 同事　　　C 师生

여: 잠시 후에 빨래하려고 하는데, 당신 세탁할 것 있어요?
남: 탁자 위에 있는 저 바지, 내가 이미 여러 번 입어서 빨아야 해.

질문: 그들은 무슨 관계일 가능성이 가장 큰가?
　　A 부부　　　B 직장 동료　　　C 선생님과 제자

지문 어휘
一会儿 yíhuìr 부 잠시 후에 명 잠시, 잠깐 동안 ⭐
洗 xǐ 동 세탁하다, 씻다
桌子 zhuōzi 명 탁자, 테이블
裤子 kùzi 명 바지 ⭐
已经 yǐjing 부 이미, 벌써
好 hǎo 부 아주, 꽤(수량이나 정도가 많음을 강조)
次 cì 양 번, 차례(동작을 세는 단위)
该~了 gāi~le ~할 때가 되었다, ~할 차례이다
关系 guānxi 명 관계

보기 어휘
夫妻 fūqī 명 부부
同事 tóngshì 명 직장 동료
师生 shīshēng 명 교사와 학생

[정답] A

[해설] 두 사람의 관계를 묻는 문제이다. '洗衣服 빨래를 하다', '桌子上的那条裤子 탁자 위에 있는 저 바지' 등의 표현들은 가족간에 나눌 수 있는 대화 내용이므로 두 사람은 부부 관계임을 유추할 수 있다. 따라서 정답은 A이다.

2

男: 你和你丈夫是怎么认识的？是同学吗？
女: 不是，是我的一个邻居介绍的。

问: 女的和她丈夫是谁介绍认识的？
　　A 同学　　　　B 同事　　　　C 邻居

지문 어휘

丈夫 zhàngfu 명 남편
认识 rènshi 통 (사람, 글자 등을) 알다, 인식하다
同学 tóngxué 명 동창, 학우
邻居 línjū 명 이웃 ★
介绍 jièshào 통 소개하다

남: 너는 남편과 어떻게 알게 된 거야? 동창이야?
여: 아니야, 내 이웃이 소개해줬어.

질문: 여자와 그녀의 남편은 누구의 소개로 알게 되었는가?
　　A 동창　　　　B 직장 동료　　　　C 이웃

정답 C

해설 남편과 어떻게 알게 되었는지 묻는 남자의 질문에 여자는 이웃의 소개로 남편을 알게 되었다고 대답했으므로 정답은 C이다.

3

女: 你的同事普通话讲得真好，他是北方人吗？
男: 不是，他是南方人，但他在北京工作了十年。

问: 同事是哪里人？
　　A 北京人　　　　B 南方人　　　　C 东北人

지문 어휘

普通话 pǔtōnghuà
명 중국어 표준어
讲 jiǎng 통 말하다, 이야기하다, 강의하다 ★
得 de 조 동사나 형용사 뒤에 쓰여 정도나 가능을 나타내는 보어와 연결시킴
北方人 běifāngrén
명 북방 사람
南方人 nánfāngrén
명 남방 사람

보기 어휘

东北人 dōngběirén
명 동북 사람

여: 네 동료는 중국어 표준어를 정말 잘 구사한다. 그는 북방 사람이니?
남: 아니, 그는 남방 사람인데, 베이징에서 10년 동안 일했었어.

질문: 동료는 어디 사람인가?
　　A 베이징 사람　　　　B 남방 사람　　　　C 동북 사람

정답 B

해설 인물의 출신지를 묻는 문제이다. 남자의 동료가 북방 사람인지 묻는 여자의 질문에 남자는 자신의 동료는 남방 사람이라고 대답했으므로 정답은 B이다.

4

男: 是谁打的电话?
女: 是马经理, 他说已经到附近了, 可能会迟到五分钟。
男: 马经理是第一次来, 你一会儿下楼去接一下他吧。
女: 好的, 我现在就去吧。

问: 女的要去接谁?
　　A 马经理　　　　B 王校长　　　　C 张医生

지문 어휘

打电话 dǎ diànhuà 전화를 걸다
经理 jīnglǐ 명 사장, 지배인, 매니저 ⭐
已经 yǐjing 부 이미, 벌써
附近 fùjìn 명 근처, 부근
可能 kěnéng 부 아마도
迟到 chídào 동 지각하다 ⭐
第一次 dì yī cì 명 맨 처음, 최초
楼 lóu 명 건물, 층
接 jiē 동 마중하다, 맞이하다 ⭐

남: 누가 전화한 거예요?
여: 마 사장님입니다. 이미 근처에 도착하긴 했는데, 아마도 5분 정도 늦을 것 같다고 합니다.
남: 마 사장은 처음 오는 거니, 당신이 잠시 후에 내려가서 그를 좀 마중해주세요.
여: 알겠습니다. 지금 바로 가겠습니다.

질문: 여자는 누구를 마중하러 가야 하는가?
　　A 마 사장　　　　B 왕 교장　　　　C 닥터 장

보기 어휘

校长 xiàozhǎng 명 학교장 ⭐
医生 yīshēng 명 의사

정답 A

해설 보기를 통해 인물 관련 문제임을 알 수 있다. 남자가 마 사장이 처음 오는 것이니 여자에게 내려가서 그를 마중해달라고 했으므로 정답은 A이다.

5

女: 刚才在超市遇到的是你的同事吗?
男: 是, 她是我们学校的数学老师。
女: 这么年轻, 我还以为她是你的学生呢。
男: 是吗? 她儿子都已经上小学了!

问: 他们在超市遇到了谁?
　　A 同事　　　　B 校长　　　　C 儿子

지문 어휘

刚才 gāngcái 명 방금, 막
超市 chāoshì 명 슈퍼마켓, 마트 ⭐
遇到 yùdào 동 마주치다, 직면하다, 맞닥뜨리다 ⭐
同事 tóngshì 명 직장 동료
数学 shùxué 명 수학
这么 zhème 대 이렇게
年轻 niánqīng 형 젊다 ⭐
以为 yǐwéi 동 ~라고 여기다, 생각하다(사실과 생각한 것이 다를 경우에 쓰임)
儿子 érzi 명 아들
上小学 shàng xiǎoxué 초등학교에 가다

여: 방금 슈퍼마켓에서 마주친 사람은 네 직장 동료야?
남: 응, 그녀는 우리 학교 수학 선생님이야.
여: 이렇게나 젊다니. 나는 또 그녀가 네 학생인 줄 알았지.
남: 그래? 그녀의 아들은 벌써 초등학교에 다니는 걸!

질문: 그들은 슈퍼마켓에서 누구와 마주쳤는가?
　　A 직장 동료　　　　B 학교장　　　　C 아들

정답 A

해설 대화의 첫 문장에서 여자가 슈퍼마켓에서 마주친 사람이 남자의 직장 동료인지 묻자 남자가 그렇다고 대답했으므로 정답은 A이다.

공략비법 10 시간과 돈 관련 문제

본서 p. 89 02_5

1

女: 那家药店早上几点开门?
男: 八点。还要等半个小时,你的牙还疼吗?

问: 现在几点了?
　A 7:30　　　　　B 7:45　　　　　C 7:55

여: 그 약국은 아침 몇 시에 문을 여나요?
남: 8시요. 아직 30분 더 기다려야 해요. 이가 여전히 아파요?

질문: 지금은 몇 시인가?
　A 7:30　　　　　B 7:45　　　　　C 7:55

지문 어휘

药店 yàodiàn 명 약국
开门 kāi mén 동 문을 열다, 영업을 시작하다
要 yào 조동 ~해야 한다, ~할 것이다
半 bàn 수 30분, 절반
牙 yá 명 이, 치아
还 hái 부 여전히, 또
疼 téng 형 아프다 ★

정답 A

해설 보기를 통해 시간을 묻는 문제임을 알 수 있다. 여자가 남자에게 약국이 몇 시에 문을 여는지 묻자 남자는 약국이 8시에 문을 열고, 아직 30분을 더 기다려야 한다고 했으므로 지금 시간은 7시 30분임을 알 수 있다. 따라서 정답은 A이다.

2

男: 你和你妹妹的生日是几月几号?
女: 我的生日是九月十八号,我妹妹的生日比我早三天。

问: 妹妹的生日是哪天?
　A 5月9号　　　　B 9月15号　　　　C 9月18号

남: 너와 네 여동생의 생일은 몇 월 며칠이니?
여: 내 생일은 9월 18일이고, 여동생의 생일은 나보다 3일 빨라.

질문: 여동생의 생일은 언제인가?
　A 5월 9일　　　　B 9월 15일　　　　C 9월 18일

지문 어휘

生日 shēngrì 명 생일
比 bǐ 전 ~보다, ~에 비해
早 zǎo 형 빠르다, (때가) 이르다

정답 B

해설 보기를 통해 날짜를 묻는 문제임을 알 수 있다. 여자의 생일은 9월 18일이고 그녀 여동생의 생일은 그녀보다 3일 빠르다고 했으므로 여동생의 생일은 9월 15일임을 알 수 있다. 따라서 정답은 B이다.

실전 테스트 **43**

3

女: 你好，七点的电影票还有吗？我要两张。
男: 有，一共一百二。

问: 电影票多少钱一张？
　　A 40块　　　　B 60块　　　　C 80块

여: 안녕하세요, 7시 영화 표 아직 있나요? 저는 두 장이 필요해요(두 장 주세요).
남: 있습니다, 총 120위안입니다.

질문: 영화 표는 한 장에 얼마인가?
　　A 40위안　　　B 60위안　　　C 80위안

지문 어휘

电影 diànyǐng 명 영화
票 piào 명 표, 티켓
张 zhāng 양 장(종이, 침대, 탁자 등을 세는 단위)
一共 yígòng 부 총, 전부, 합계 ★
百 bǎi 수 100, 백

정답 B

해설 보기를 통해 가격을 묻는 문제임을 알 수 있다. 영화 표 두 장의 가격이 120위안이라고 했으므로, 영화 표는 한 장에 60위안임을 알 수 있다. 따라서 정답은 B이다.

4

男: 喂，我已经到国家图书馆了，你到哪儿了？
女: 我还有四五站才到，你等等我一会儿。
男: 不着急，还差一刻十点，还有时间。
女: 好的，一会儿见。

问: 现在几点了？
　　A 10:15　　　　B 9:05　　　　C 9:45

남: 여보세요, 난 이미 국립 도서관에 도착했어. 너는 어디쯤이야?
여: 나는 네 다섯 정거장을 더 가야 도착해. 좀 기다려줘.
남: 서두르지 마. 아직 10시 15분 전이라 시간이 있어.
여: 그래, 잠시 후에 보자.

질문: 지금은 몇 시인가?
　　A 10:15　　　　B 9:05　　　　C 9:45

지문 어휘

喂 wéi 감 여보세요
国家图书馆 guójiā túshūguǎn 국립 도서관
才 cái 부 비로소, 겨우, 고작
着急 zháo jí 형 조급하다, 초조하다 ★
差 chà 동 부족하다, 모자라다
[시간을 나타낼 때는 '~(분) 전'의 의미로 쓰임]
형 나쁘다, 다르다 ★
刻 kè 양 15분의 단위를 나타냄
(一刻: 15분, 三刻: 45분) ★

정답 C

해설 시간 관련 문제로, '差一刻'는 '15분 전'을 나타내며 대화에서 남자가 아직 10시 15분 전이라고 말했으므로 현재 시간은 9시 45분임을 알 수 있다. 따라서 정답은 C이다.

5

女: 羊肉怎么卖?
男: 二十块一斤。
女: 来三斤吧。
男: 好，您还要别的吗?

问: 三斤羊肉多少钱?
　　A 3元　　　　　　B 20元　　　　　　C 60元

여: 양고기 어떻게 팔아요?
남: 한 근에 20위안입니다.
여: 세 근 주세요.
남: 알겠습니다. 더 필요한 것 있으세요?

질문: 양고기는 세 근에 얼마인가?
　　　A 3위안　　　　B 20위안　　　　C 60위안

지문 어휘

羊肉 yángròu 명 양고기
来 lái 동 주세요('要 필요하다', '买 사다' 등의 동사를 대신하기도 함)
斤 jīn 양 근(무게를 세는 단위)
别的 bié de 대 다른 것

정답 C

해설 가격을 묻는 문제로, 양고기의 가격이 한 근에 20위안이라고 했으므로 양고기 세 근의 가격은 60위안임을 알 수 있다. 따라서 정답은 C이다.

공략비법 11 행동 관련 문제

본서 p. 94　🎧 11_5

1

男: 我明天参加学校的足球比赛，你有时间来看吗?
女: 当然，你准备了那么长时间，我一定会去的。

问: 男的明天要做什么?
　　A 跑步　　　　　B 游泳　　　　　C 踢足球

남: 나는 내일 학교 축구 경기에 참가해. 너는 보러 올 시간이 있니?
여: 당연하지, 네가 그렇게 오랜 시간 동안 준비했는데, 내가 반드시 가야지.

질문: 남자는 내일 무엇을 할 것인가?
　　　A 조깅을 한다　　　B 수영을 한다　　　C 축구를 한다

정답 C

해설 보기를 통해 운동 관련 문제임을 알 수 있다. 남자가 여자에게 내일 본인이 참가하는 학교 축구 경기를 보러올 수 있는지 물었으므로 정답은 C이다.

지문 어휘

参加 cānjiā 동 참가하다, 참석하다 ⭐
足球 zúqiú 명 축구
比赛 bǐsài 명 경기, 시합 ⭐
当然 dāngrán 형 당연하다, 물론이다 부 당연히 ⭐
准备 zhǔnbèi 동 준비하다, ~할 예정이다 ⭐
时间 shíjiān 명 시간
一定 yídìng 부 반드시 ⭐
会~的 huì~de ~할 것이다, ~일 것이다

보기 어휘

跑步 pǎo bù 동 조깅하다, 달리기하다
游泳 yóu yǒng 동 수영하다
踢足球 tī zúqiú 축구를 하다

2

女: 小张，你累了一天了，早点儿睡觉吧。
男: 没关系，明天又不上班，我想看完这个比赛再睡觉，您先睡吧。

问: 男的在做什么？
　　A 看比赛　　　B 睡觉　　　C 准备上班

지문 어휘
一天 yì tiān 명 하루 종일, 온종일
睡觉 shuì jiào 동 잠을 자다
又 yòu 부 게다가(의미가 더해짐을 나타냄), 또한, 다시 ★
上班 shàng bān 동 출근하다

여: 샤오장, 하루 종일 피곤했을 텐데, 일찍 자렴.
남: 괜찮아요, 내일 출근하는 것도 아닌데요, 저는 이 경기를 다 보고 잘 테니, 먼저 주무세요.

질문: 남자는 지금 무엇을 하고 있는가?
　　A 경기를 본다　　　B 잠을 잔다　　　C 출근 준비를 한다

정답 A

해설 보기를 통해 행동 관련 문제임을 알 수 있다. 일찍 자라는 여자의 권유에 남자는 경기를 다 본 후에 자겠다고 했으므로 정답은 A이다.

3

女: 你把我们在北京动物园照的照片发给我吧。
男: 好的，一会儿回家就发给你吧。

问: 女的想让男的做什么？
　　A 洗碗　　　B 发照片　　　C 讲故事

지문 어휘
动物园 dòngwùyuán 명 동물원
照 zhào 동 (사진, 영화를) 찍다
照片 zhàopiàn 명 사진
发 fā 동 보내다, 발송하다
回家 huí jiā 동 집으로 돌아가다(오다), 귀가하다

보기 어휘
洗碗 xǐ wǎn 동 설거지를 하다
讲故事 jiǎng gùshi 이야기를 들려주다 ★

여: 우리가 베이징 동물원에서 찍은 사진들을 나에게 보내줘.
남: 알았어, 잠시 후에 집에 가서 바로 보내줄게.

질문: 여자는 남자가 무엇을 하기를 원하는가?
　　A 설거지를 한다　　　B 사진을 보낸다　　　C 이야기를 들려준다

정답 B

해설 보기를 통해 행동 관련 문제임을 알 수 있다. 여자가 남자에게 베이징 동물원에서 찍은 사진을 보내달라고 했으므로 정답은 B이다.

4

男: 您好，我想办一张银行卡。
女: 您好，您是外国人吗？外国人办银行卡需要护照。
男: 我没带护照，别的不行吗？
女: 不行，您以后拿着护照再来办吧。

지문 어휘
想 xiǎng 조동 ~하고 싶다
　동 생각하다, ~라 생각하다
办 bàn 동 발급하다, 처리하다
张 zhāng 양 장(종이, 침대, 탁자 등을 세는 단위)

问: 关于男的, 可以知道什么?
A 想办银行卡
B 想办护照
C 打算去旅游

남: 안녕하세요. 저는 은행카드를 한 장 발급받으려고 하는데요.
여: 안녕하세요. 외국인이신가요? 외국인이 은행카드를 발급받을 때는 여권이 필요합니다.
남: 제가 여권을 안 가져왔는데요. 다른 것으로는 안 되나요?
여: 안됩니다. 나중에 여권을 가지고 다시 와서 발급받으세요.

질문: 남자에 관하여 무엇을 알 수 있는가?
A 은행카드를 발급받으려 한다
B 여권을 발급받으려 한다
C 여행 갈 예정이다

银行卡 yínhángkǎ
명 은행 카드
外国人 wàiguórén 명 외국인
需要 xūyào 동 필요하다 ★
护照 hùzhào 명 여권 ★
带 dài 동 (몸에) 지니다, 휴대하다 ★
以后 yǐhòu 명 이후

정답 A

해설 행동 관련 문제로 첫 문장에서 남자는 여자에게 은행카드 한 장을 발급받고 싶다고 했으므로 정답은 A이다.

5

女: 我上个星期给你们的工作都做完了吗?
男: 还需要两三天。
女: 能不能再快点儿? 经理说星期五前必须完成。
男: 好的, 我们一定会努力完成的。

问: 女的让男的怎么做?
A 少喝酒　　　B 早点儿上班　　　C 快点儿完成

여: 제가 지난주에 여러분에게 드린 일은 모두 끝냈나요?
남: 2~3일 정도 더 필요합니다.
여: 좀 더 빨리 해줄 수 있나요? 사장님께서 금요일 전에는 반드시 끝내야 한다고 말씀하셔서요.
남: 알겠습니다. 반드시 끝내도록 하겠습니다.

질문: 여자는 남자에게 어떻게 하라고 하는가?
A 술을 적게 마시다　　　B 일찍 출근하다　　　C 서둘러 끝내다

지문 어휘

上个星期 shàng ge xīngqī
지난주
经理 jīnglǐ 명 사장, 지배인, 매니저 ★
必须 bìxū 부 반드시 ~해야 한다
完成 wánchéng 동 (예정대로) 끝내다, 완성하다, 완수하다 ★
一定 yídìng 부 반드시 ★
努力 nǔlì 동 노력하다 형 열심이다 ★

보기 어휘

上班 shàng bān 동 출근하다

정답 C

해설 여자는 남자에게 사장님이 금요일 전에는 반드시 업무를 끝내라고 했기 때문에, 서둘러 일을 끝내달라고 요구하고 있으므로 정답은 C이다.

공략비법 12 감정과 태도 관련 문제

본서 p. 99 🎧 12_5

1

女: 下次考试时，你要认真一些，先要看清楚试题的要求，然后再做题。
男: 明白了，我会注意的。

问: 女的希望男的怎么做?
　　A 别害怕　　　　B 认真些　　　　C 不要难过

여: 다음번 시험 볼 때, 너는 좀 더 신중하게 임해야 해. 먼저 시험 문제에서 요구하는 것을 분명하게 파악하고 그런 다음에 문제를 풀도록 해.
남: 알겠어요. 주의할게요.

질문: 여자는 남자가 어떻게 하기를 바라는가?
　　A 두려워하지 말아라　　B 좀 더 신중하게 임해라　　C 괴로워하지 말아라

정답 B

해설 보기를 통해 감정 및 태도 관련 문제임을 알 수 있다. 여자가 남자에게 다음 번 시험 볼 때는 좀 더 신중하게 임해야 한다고 했으므로 정답은 B이다.

지문 어휘

下次 xià cì 명 다음번
认真 rènzhēn 형 진지하다, 성실(착실)하다 ⭐
一些 yìxiē 양 조금, 약간, 몇
先~, 然后~ xiān~, ránhòu~ 먼저 ~하고, 그런 후에 ~하다 ⭐
清楚 qīngchu 형 분명하다 ⭐
试题 shìtí 명 시험 문제
要求 yāoqiú 명 요구, 요구사항 동 요구하다 ⭐
明白 míngbai 동 알다, 이해하다 ⭐
会~的 huì~de ~할 것이다, ~일 것이다
注意 zhùyì 동 주의하다, 조심하다 ⭐
希望 xīwàng 동 희망하다

보기 어휘

害怕 hàipà 동 겁내다, 두려워하다
难过 nánguò 형 괴롭다, 슬프다 ⭐

2

男: 刚才和你说话的那个女孩儿是谁啊? 很漂亮。
女: 是我的同学小米，她很热情。有机会的话，我介绍给你们认识认识。

问: 关于男的，可以知道什么?
　　A 对小米感兴趣
　　B 对人热情
　　C 对她不满意

남: 방금 너와 이야기를 나눈 그 여자아이는 누구야? 예쁘다.
여: 같은 반 친구 샤오미야. 그녀는 매우 친절해. 기회가 있으면 내가 너희 서로 소개해줄게.

질문: 남자에 관하여 무엇을 알 수 있는가?
　　A 샤오미에게 관심이 있다
　　B 사람들에게 친절하다
　　C 그녀에 대해 못마땅하게 생각한다

지문 어휘

刚才 gāngcái 명 방금, 막
女孩儿 nǚháir 명 여자아이
热情 rèqíng 형 친절하다 ⭐
机会 jīhuì 명 기회
(如果)~的话 (rúguǒ)~de huà 접 만약 ~한다면 ⭐
介绍 jièshào 동 소개하다
认识 rènshi 동 (사람, 글자 등을) 알다, 인식하다

보기 어휘

感兴趣 gǎn xìngqù 관심이 있다, 흥미를 느끼다 ⭐
满意 mǎnyì 형 만족하다 ⭐

정답 A

해설 보기를 통해 감정 및 태도 관련 문제임을 알 수 있다. 남자는 여자의 같은 반 친구인 샤오미를 보고 예쁘다고 하며 관심을 갖고 있으므로 정답은 A이다.

3

女: 小李, 已经三点半了, 还有半个小时比赛就要开始了。
男: 别着急, 十分钟就能到。

问: 女的现在心情怎么样?
　　A 着急　　　　B 满意　　　　C 放心

여: 샤오리, 벌써 3시 반이야. 30분만 더 있으면 경기가 시작할거야.
남: 조급해하지 마, 10분이면 바로 도착할 수 있어.

질문: 여자의 현재 심정은 어떠한가?
　A 조급해하다　　B 만족하다　　C 안심하다

지문 어휘

已经 yǐjing 🖉 이미, 벌써
半 bàn 🖉 절반, 30분
比赛 bǐsài 🖉 경기, 시합 ⭐
就要~了 jiù yào~le
곧 ~하려고 하다
开始 kāishǐ 🖉 시작하다
🖉 처음, 시작
着急 zháo jí 🖉 조급해하다, 초조해하다 ⭐

보기 어휘

放心 fàng xīn 🖉 안심하다 ⭐

정답 A

해설 여자가 남자에게 30분 후면 곧 경기가 시작한다고 하자, 이에 남자가 조급해하지 말라고 했으므로, 현재 여자는 매우 초조한 심정임을 알 수 있다. 따라서 정답은 A이다.

4

男: 你喜欢什么课?
女: 我喜欢音乐课、体育课、汉语课, 就不喜欢历史课。
男: 为什么? 历史也很有意思啊。
女: 有意思吗? 我觉得非常难, 特别是世界历史。

问: 男的觉得历史课怎么样?
　　A 很有意思　　B 很奇怪　　C 非常清楚

남: 너는 어떤 과목을 좋아해?
여: 나는 음악, 체육, 중국어 과목은 좋아하는데, 역사 과목은 싫어해.
남: 왜? 역사도 매우 재미있잖아.
여: 재미있다고? 나는 너무 어렵게 느껴져, 특히 세계사.

질문: 남자는 역사 과목이 어떻다고 생각하는가?
　A 매우 재미있다　　B 매우 이상하다　　C 아주 분명하다

지문 어휘

音乐 yīnyuè 🖉 음악
体育 tǐyù 🖉 체육 ⭐
就 jiù 🖉 오직(=只), 곧, 즉시
历史 lìshǐ 🖉 역사
有意思 yǒu yìsi 🖉 재미있다
特别 tèbié 🖉 특히, 특별히
🖉 특별하다
世界历史 shìjiè lìshǐ
세계사, 세계 역사

보기 어휘

奇怪 qíguài 🖉 이상하다, 희한하다 ⭐

정답 A

해설 보기를 통해 감정 및 태도 관련 문제임을 알 수 있다. 여자와 달리 남자는 역사 과목이 재미있다고 했으므로 정답은 A이다.

5

女：我们应该怎么走？
男：从这儿向东走，就能看到那个山了。
女：你带地图了吗？还是看看地图再走吧。
男：不用，那儿我去过好几次了，别担心。

问：女的现在心情怎么样？
　　A 有意思　　　　B 担心　　　　C 舒服

여: 우리 어떻게 가야 해?
남: 여기에서 동쪽으로 가면 바로 그 산을 볼 수 있어.
여: 너는 지도를 가져왔니? 아무래도 지도를 좀 보고 나서 다시 가는 편이 나을 거 같아.
남: 그럴 필요 없어. 그곳에 나는 여러 번 갔었어. 걱정하지 마.

질문: 여자의 현재 심정은 어떠한가?
　　A 재미있다　　　B 걱정하다　　　C 편안하다

지문 어휘
应该 yīnggāi 조동 마땅히 ~해야 한다
向 xiàng 전 ~(으)로, ~을(를) 향하여
带 dài 동 (몸에) 지니다, 휴대하다 ★
地图 dìtú 명 지도 ★
还是 háishi 부 ~하는 편이 낫다, 아직도, 여전히 ★
好 hǎo 부 아주, 꽤(수량이나 정도가 많음을 강조)
几次 jǐ cì 몇 번

보기 어휘
舒服 shūfu 형 편안하다

정답 B

해설 보기를 통해 감정 및 태도 관련 문제임을 알 수 있다. 길을 못 찾을까 봐 지도를 보고 가는 편이 나을 거 같다는 여자의 말에 남자는 걱정하지 말라고 했으므로 정답은 B이다.

공략비법 **13** 사람의 특징

본서 p. 103　🎧 13_5

1

女：你的腿还很疼吧，能参加下星期的运动会吗？
男：医生说休息两天就可以了，这次比赛我一定要参加。

问：关于男的，可以知道什么？
　　A 想喝啤酒　　　B 腿不舒服　　　C 想看新闻

여: 너 다리가 아직도 아픈데, 다음 주 운동회에 참가할 수 있겠어?
남: 의사 선생님이 이틀만 쉬면 괜찮아질 거라고 하셨어, 이번 경기는 반드시 참가할 거야.

질문: 남자에 관하여 무엇을 알 수 있는가?
　　A 맥주를 마시고 싶다　　B 다리가 불편하다　　C 뉴스를 보고 싶다

지문 어휘
腿 tuǐ 명 다리
参加 cānjiā 동 참가하다 ★
运动会 yùndònghuì 명 운동회
医生 yīshēng 명 의사
休息 xiūxi 동 쉬다, 휴식하다
次 cì 양 번, 차례(동작을 세는 단위)
一定 yídìng 부 반드시 ★

보기 어휘
想 xiǎng 조동 ~하고 싶다 동 생각하다, ~라 생각하다
啤酒 píjiǔ 명 맥주 ★
舒服 shūfu 형 편안하다 ★
新闻 xīnwén 명 뉴스 ★

정답 B

해설 여자가 남자에게 아직도 다리가 아픈데 운동회에 참가할 수 있는지 묻는 것으로 보아, 현재 남자는 다리가 불편하다는 것을 알 수 있다. 따라서 정답은 B이다.

2

男: 每到周末这家饭馆就有很多客人。
女: 那是因为饭菜好吃，而且服务员也很热情。

问: 这家饭馆的服务员怎么样?
    A 漂亮　　　　　B 胖　　　　　C 热情

남: 매번 주말만 되면 이 식당에는 손님이 굉장히 많아.
여: 그건 음식도 맛있고, 게다가 종업원도 친절하기 때문이지.

질문: 이 식당의 종업원은 어떠한가?
    A 예쁘다　　　　B 뚱뚱하다　　　C 친절하다

지문 어휘

周末 zhōumò 명 주말
饭馆 fànguǎn 명 식당
客人 kèrén 명 손님
因为 yīnwèi 접 왜냐하면
饭菜 fàncài 명 밥과 찬, 음식
而且 érqiě 접 게다가, 또한 ★
服务员 fúwùyuán 명 종업원 ★
热情 rèqíng 형 친절하다 ★

정답 C

해설 특정 인물의 특징을 묻는 문제이다. 여자는 식당에 손님이 많은 이유 중 하나로 종업원도 친절하기 때문이라고 대답했으므로 정답은 C이다.

3

女: 我的头还是很疼，你刚才给我的药也没什么作用。
男: 今天星期天，我们明天再去医院检查一下吧。

问: 女的怎么了?
    A 头很疼　　　　B 口渴　　　　C 哭了

여: 머리가 여전히 아파. 네가 방금 준 약도 별로 효과가 없네.
남: 오늘은 일요일이니까, 우리 내일 다시 병원에 가서 검사를 좀 받아보자.

질문: 여자는 어떠한가?
    A 머리가 아프다　　B 목이 마르다　　C 울었다

지문 어휘

刚才 gāngcái 명 방금, 막
药 yào 명 약
作用 zuòyòng 명 효과, 작용, 역할
检查 jiǎnchá 동 검사하다 ★
一下 yíxià 양 (동사 뒤에 놓여) 한번(좀) ~하다

보기 어휘

渴 kě 형 목마르다
哭 kū 동 울다 ★

정답 A

해설 특정 인물에 대한 상황, 특징을 묻는 문제로 첫 문장에서 여자는 여전히 머리가 아프다고 직접적으로 언급했으므로 정답은 A이다.

4

男: 那个长头发、穿蓝衬衫的是你姐？你和她长得真像！
女: 大家都这么说。
男: 除了长得像以外，你们两个人还有别的相同的地方吗？
女: 我们都喜欢画画，一有时间就一起去公园画画。

问: 关于女的的姐姐，可以知道什么？
　　A 想请假　　　　B 头发长　　　　C 很热情

지문 어휘

头发 tóufa 명 머리카락
衬衫 chènshān 명 블라우스, 셔츠 ⭐
长 zhǎng 동 생기다, 자라다
得 de 조 동사나 형용사 뒤에 쓰여 정도나 가능을 나타내는 보어와 연결시킴
像 xiàng 동 닮다, 비슷하다 ⭐
除了~以外 chúle~yǐwài ~을 제외하고 ⭐
相同 xiāngtóng 형 똑같다, 일치하다
地方 dìfang 명 장소, 곳 ⭐
画画 huà huà 동 그림을 그리다
一~就~ yī~jiù~ ~하자마자 ~하다

남: 저 긴 머리에 파란색 블라우스를 입은 사람이 너희 언니야? 너와 언니는 정말 닮았구나!
여: 모두들 그렇게 말하곤 해.
남: 외모가 닮은 것 이외에, 너와 언니는 또 어떤 점이 닮았니?
여: 우리는 모두 그림 그리는 걸 좋아해서, 시간만 있으면 같이 공원에 가서 그림을 그려.

질문: 여자의 언니에 관하여 무엇을 알 수 있는가?
　　A 휴가를 내고 싶다　　B 머리카락이 길다　　C 매우 친절하다

보기 어휘

请假 qǐng jià 동 휴가를 내다, 휴가를 신청하다 ⭐

정답 B

해설 특정 인물에 대한 특징을 묻는 문제이다. 긴 머리에 파란색 블라우스를 입은 사람이 그녀의 언니라고 했으므로 정답은 B이다.

5

女: 这是你上大学时的照片？
男: 对，不像吧？
女: 不太像，那个时候你比较胖。
男: 是的，我上班以后每天都去跑步，慢慢就瘦下来了。

问: 男的现在怎么样？
　　A 个子高了　　　　B 工作很忙　　　　C 变瘦了

지문 어휘

照片 zhàopiàn 명 사진
比较 bǐjiào 부 비교적 동 비교하다
胖 pàng 형 뚱뚱하다, 살찌다
跑步 pǎo bù 동 조깅하다, 달리기하다
慢慢(儿) mànmān(r) 부 천천히, 차츰
瘦 shòu 형 마르다
下来 xiàlai 일부 동사나 형용사 뒤에 쓰여서 행동이나 상태의 변화를 나타냄

여: 이것은 네 대학 시절의 사진이니?
남: 응, 안 비슷하지?
여: 별로 안 비슷해. 그때는 비교적 통통했구나.
남: 맞아, 일을 시작하고 나서 매일 조깅을 했더니, 서서히 살이 빠지더라고.

질문: 남자는 현재 어떠한가?
　　A 키가 컸다　　　B 일이 바쁘다　　　C 살이 빠졌다

정답 C

해설 특정 인물에 대한 특징을 묻는 문제로 남자는 일을 시작한 후에 매일 조깅을 하면서 서서히 살이 빠졌다고 했으므로 정답은 C이다.

공략비법 14 사물의 특징

본서 p. 107 🎧 14_5

1

女: 你的房间真干净，你多久打扫一次？
男: 天天都打扫，我很爱干净。

问: 关于男的的房间，可以知道什么？
　　A 旧了　　　　B 干净　　　　C 好看

여: 네 방은 정말 깨끗하다. 얼마 만에 한 번씩 청소해?
남: 매일 청소해. 나는 깨끗한 걸 좋아하거든.

질문: 남자의 방에 관하여 무엇을 알 수 있는가?
　　A 낡았다　　　　B 깨끗하다　　　　C 예쁘다

지문 어휘
干净 gānjìng 형 깨끗하다 ★
多久 duōjiǔ 대 얼마 만에, 얼마 동안
打扫 dǎsǎo 동 청소하다 ★
次 cì 양 번, 차례(동작을 세는 단위)
天天 tiāntiān 명 날마다, 매일

보기 어휘
旧 jiù 형 낡다, 오래 되다 ★

정답 B

해설 특정 사물에 대한 상태를 묻는 문제이다. 여자가 남자의 방이 깨끗하다고 말했고, 남자 역시 깨끗한 것을 좋아해 매일 청소한다고 했으므로 정답은 B이다.

2

男: 你觉得买这件毛衣送给妈妈怎么样？
女: 这个颜色妈妈不太喜欢，还是买那件红色的吧。

问: 女的让男的买什么颜色的毛衣？
　　A 红色　　　　B 绿色　　　　C 蓝色

남: 이 스웨터를 엄마에게 선물하는 게 어떨까?
여: 이 색은 엄마가 별로 좋아하지 않으니까, 저 빨간색 스웨터로 사는 게 좋겠어.

질문: 여자는 남자에게 어떤 색깔의 스웨터를 사라고 하는가?
　　A 빨간색　　　　B 녹색　　　　C 파란색

지문 어휘
件 jiàn 양 옷, 일, 사전 등을 세는 단위
毛衣 máoyī 명 스웨터, 털옷
颜色 yánsè 명 색, 색깔
还是 háishi 부 ~하는 편이 낫다, 아직도, 여전히 ★

보기 어휘
红色 hóngsè 명 빨간색
绿色 lǜsè 명 녹색
蓝色 lánsè 명 파란색

정답 A

해설 사물의 특징 중 색깔을 묻는 문제이다. 여자는 남자에게 빨간색 스웨터를 사라고 추천했으므로 정답은 A이다.

3

女: 这帽子真可爱! 是给你孩子买的?
男: 是，我女儿明天过生日，她就喜欢这个颜色。

问: 关于帽子，可以知道什么?
　　A 很奇怪　　　　B 很可爱　　　　C 男的自己做的

여: 이 모자 정말 귀엽다! 아이에게 주려고 산 거야?
남: 맞아, 내 딸이 내일 생일이거든. 딸이 이 색깔을 좋아해.

질문: 모자에 관하여 무엇을 알 수 있는가?
　　A 매우 이상하다　　B 매우 귀엽다　　C 남자가 직접 만든 것이다

지문 어휘

帽子 màozi 명 모자
可爱 kě'ài 형 귀엽다, 사랑스럽다
孩子 háizi 명 아이, 자녀
女儿 nǚ'ér 명 딸
过生日 guò shēngrì 생일을 보내다
颜色 yánsè 명 색깔, 색

보기 어휘

奇怪 qíguài 형 이상하다, 희한하다 ★

정답 B

해설 특정 사물에 대한 특징을 묻는 문제이다. 첫 문장에서 여자는 남자에게 모자가 정말 귀엽다고 했으므로 정답은 B이다.

4

男: 春节快到了，机票买好了吗?
女: 坐飞机快是快，但是太贵了。
男: 那我们还是坐船吧，你去买两张船票，明天下午的。
女: 好的，我下班后就去买。

问: 他们为什么要坐船?
　　A 便宜　　　　B 快　　　　C 方便

남: 곧 춘절인데 비행기표는 샀어?
여: 비행기를 타면 빠르긴 빠르지만 너무 비싸.
남: 그럼 우리 배타고 가자. 네가 가서 내일 오후 것으로 배표 두 장 사줘.
여: 알겠어, 퇴근하고 나서 바로 사러 갈게.

질문: 그들은 왜 배를 타려고 하는가?
　　A 저렴하다　　B 빠르다　　C 편하다

지문 어휘

春节 Chūnjié 명 춘절(음력설)
机票 jīpiào 명 비행기표
飞机 fēijī 명 비행기
A是A，但是B
A shì A, dànshì B
A이긴 A하지만, 그러나 B하다
船 chuán 명 배
下班 xià bān 통 퇴근하다

보기 어휘

方便 fāngbiàn 형 편리하다 ★

정답 A

해설 보기를 통해 특정 사물에 대한 정보를 묻는 문제임을 알 수 있다. 여자가 남자에게 비행기는 빠르긴 하지만 너무 비싸다고 하자, 남자가 배를 타고 가자고 했으므로 정답은 A이다.

5

女: 你搬家了? 以前的房子离你公司很近, 不是很方便吗?
男: 方便是方便, 但是环境不太好, 而且房子也很旧。
女: 那现在呢?
男: 特别满意, 附近环境很安静, 而且空气也很新鲜。

问: 关于新房子, 可以知道什么?
　　A 很难打车　　　B 很安静　　　C 需要检查

여: 너 이사했어? 예전에 살던 집은 너희 회사에서 가까워서 매우 편하지 않았어?
남: 편하긴 편한데, 환경이 그다지 좋지 않았어. 게다가 집도 너무 낡았거든.
여: 그럼 지금은?
남: 아주 맘에 들어. 주변 환경이 매우 조용하고, 게다가 공기도 맑아.

질문: 새 집에 관하여 무엇을 알 수 있는가?
　　A 택시 타기가 어렵다　　B 매우 조용하다　　C 조사가 필요하다

지문 어휘

搬家 bān jiā 동 이사하다 ★
房子 fángzi 명 집
环境 huánjìng 명 환경 ★
而且 érqiě 접 게다가, 또한 ★
旧 jiù 형 낡다, 오래 되다 ★
特别 tèbié 부 아주, 특히
　　　　　　 형 특별하다
满意 mǎnyì 형 만족하다 ★
附近 fùjìn 명 부근, 근처
安静 ānjìng 형 조용하다 ★
空气 kōngqì 명 공기
新鲜 xīnxiān 형 신선하다 ★

보기 어휘

打车 dǎ chē 동 택시를 타다
需要 xūyào 동 필요하다
　　　　　　 명 요구

정답 B

해설 남자는 새로 이사한 집에 관해 주변 환경이 매우 조용하고, 공기가 맑아서 좋다고 했으므로 정답은 B이다.

공략비법 15 교통수단 관련 문제

1

女: 明天我们怎么去北京动物园?
男: 坐301路, 半个小时就能到。

问: 他们打算怎么去北京动物园?
　　A 坐公共汽车　　　B 骑自行车　　　C 坐船

여: 내일 우리 베이징 동물원에 어떻게 가?
남: 301번 타면, 30분이면 바로 도착해.

질문: 그들은 베이징 동물원에 어떻게 갈 예정인가?
　　A 버스를 타고　　　B 자전거를 타고　　　C 배를 타고

지문 어휘

动物园 dòngwùyuán 명 동물원
坐 zuò 동 (교통수단을) 타다, 앉다
路 lù 명 (교통수단의) 노선, 도로
半 bàn 수 30분, 절반
小时 xiǎoshí 명 시간
打算 dǎsuan 동 ~할 예정이다, ~할 생각이다 ★

보기 어휘

公共汽车 gōnggòngqìchē 명 버스
骑 qí 동 (동물이나 자전거 등에) 타다
自行车 zìxíngchē 명 자전거 ★

정답 A

해설 보기를 통해 교통수단 관련 문제임을 알 수 있다. 여자가 내일 베이징 동물원에 어떻게 가는지 묻자 남자는 301번을 탄다고 했으므로 버스를 타고 간다는 A가 정답이다.

2

男: 你开得太慢了! 能不能开快点儿?
女: 我不太会开车, 我很害怕。

问: 女的最可能在做什么?
　　A 走路
　　B 坐地铁
　　C 开车

지문 어휘
开 kāi 동 (자동차 등을) 운전하다, 열다, 켜다
慢 màn 형 느리다
会 huì 조동 할 줄 알다, ~할 것이다, 할 수 있다
开车 kāi chē 동 차를 몰다, 운전하다
害怕 hàipà 동 두려워하다, 겁내다

보기 어휘
走路 zǒu lù 동 길을 걷다
地铁 dìtiě 명 지하철 ★

남: 너는 운전하는 게 너무 느려! 조금 더 빠르게 운전할 수 없어?
여: 나는 운전을 잘 하지 못해, 무섭단 말이야.

질문: 여자는 아마도 무엇을 하고 있을 가능성이 가장 큰가?
　　A 길을 걷는다
　　B 지하철을 탄다
　　C 차를 운전한다

정답 C

해설 남자가 여자에게 운전하는 게 너무 느리다며 조금 더 빠르게 운전할 것을 요구하자 여자는 운전을 잘 하지 못한다고 말했으므로 현재 여자는 운전하고 있는 상황임을 알 수 있다. 따라서 정답은 C이다.

3

女: 听说你明天要去出差了, 坐火车去吗?
男: 这次要去国外, 所以坐飞机去。

问: 男的出差时坐什么?
　　A 坐火车　　　B 开车　　　C 坐飞机

지문 어휘
听说 tīng shuō 동 듣자 하니
出差 chū chāi 동 출장을 가다
坐 zuò 동 (교통수단을) 타다, 앉다
火车 huǒchē 명 기차
次 cì 양 번, 차례(동작을 세는 단위)
国外 guówài 명 외국
飞机 fēijī 명 비행기

여: 너 내일 출장 간다고 들었는데, 기차 타고 가니?
남: 이번에는 외국으로 가야 해서 비행기를 타고 가.

질문: 남자는 출장 갈 때 무엇을 타고 가는가?
　　A 기차를 타고　　　B 차를 운전해서　　　C 비행기를 타고

정답 C

해설 보기를 통해 교통수단 관련 문제임을 알 수 있다. 남자는 비행기를 타고 외국으로 출장을 간다고 했으므로 정답은 C이다.

4

男：你明天几点的飞机?
女：早上七点。
男：那么早! 早上不好打车，我开车送你吧!
女：好啊，谢谢! 那五点半在我家门口见吧。

问：他们明天怎么去机场?
　　A 骑车　　　　B 坐出租车　　　C 开车

남 : 너는 내일 몇 시 비행기야?
여 : 아침 7시야.
남 : 그렇게 빨리! 아침에는 택시 잡기 어려우니까, 내가 운전해서 너를 바래다 줄게!
여 : 좋아, 고마워! 그럼 5시 반에 우리 집 앞에서 만나자.

질문 : 그들은 내일 어떻게 공항에 갈 예정인가?
　　A 자전거를 타고　　B 택시를 타고　　C 차를 운전해서

[정답] C

[해설] 남자는 여자에게 아침에는 택시를 잡기 어려우니 직접 운전해서 바래다 준다고 했으므로 정답은 B이다.

지문 어휘
打车 dǎ chē 통 택시를 타다
(= 打的 dǎ dī)
开车 kāi chē 통 차를 몰다, 운전하다
送 sòng 통 선물하다, 보내다, 배웅하다 ⭐
半 bàn 준 30분, 절반
门口 ménkǒu 명 입구, 현관

보기 어휘
骑车 qí chē 자전거를 타다 ⭐
出租车 chūzūchē 명 택시

5

女：最近在公共汽车站怎么看不到你了呢?
男：我上个星期买车了，最近自己开车上下班呢。
女：太好了，开车上下班很方便吧!
男：方便是方便，但是路上常常堵车。

问：男的怎么上班?
　　A 走路　　　　B 开车　　　　C 骑车

여 : 요새 버스 정류장에서 왜 볼 수가 없는거니?
남 : 내가 지난 주에 차를 샀거든, 요즘 직접 운전해서 출퇴근해.
여 : 정말 잘됐다. 운전해서 출퇴근하니까 편하지!
남 : 편하긴 편한데, 도로에 차가 너무 자주 막혀.

질문 : 남자는 어떻게 출근하는가?
　　A 걸어서　　　B 차를 운전해서　　C 자전거를 타고

[정답] B

[해설] 보기를 통해 교통수단 관련 문제임을 알 수 있다. 남자는 요즘 직접 운전해서 출퇴근을 한다고 했으므로 정답은 B이다.

지문 어휘
公共汽车站
gōnggòngqìchē zhàn
명 버스정류장
看不到 kàn bu dào 안 보이다, 보이지 않다
上下班 shàng xià bān
통 출퇴근하다
方便 fāngbiàn 형 편리하다 ⭐
路上 lù shang 명 도로, 길 위
常常 chángcháng 부 자주
堵车 dǔ chē 통 차가 막히다

보기 어휘
走路 zǒu lù 통 길을 걷다
骑车 qí chē 자전거를 타다 ⭐

HSK 3급 듣기 미니 테스트

第1-5题   본서 p. 112 🎧 16_1

A
B
C

D
E

1

女: 你看见我的雨伞了吗? 我找不到了。
男: 刚才被小李拿走了, 你用我的吧。

여: 내 우산 봤어? 나는 못 찾겠어(찾을 수가 없어).
남: 방금 샤오리가 가져갔어. 내 것(우산)을 사용해.

지문 어휘

雨伞 yǔsǎn 명 우산 ⭐
找不到 zhǎo bu dào
찾을 수 없다
刚才 gāngcái 명 방금, 막
被 bèi 전 ~에 의해 ⭐
拿 ná 통 (손으로) 쥐다, 잡다,
가지다, 받다 ⭐

정답 D

해설 사물 명사 '雨伞 우산'을 언급하였으므로 우산 사진이 정답이다. 여자가 남자에게 자신의 우산을 봤는지 물으며 우산을 찾고 있는 상황이므로 정답은 D이다.

2

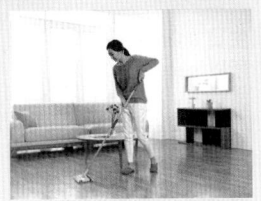

男 : 你在干什么呢？看起来很忙。
女 : 我现在正在打扫，今天晚上朋友们要来我家玩儿。

남: 너 지금 뭐하고 있어? 바빠 보인다.
여: 나는 지금 청소하는 중이야. 오늘 밤에 친구들이 우리 집에 와서 놀기로 했거든.

정답 A

해설 여자의 말 중 '打扫 청소'라는 어휘를 통해 청소하고 있는 상황임을 알 수 있다. 따라서 청소하는 사진인 A가 정답이다.

지문 어휘

在 zài 부 ~하고 있는 중이다
看起来 kàn qǐlai 보아하니, 보기에
忙 máng 형 바쁘다
正在 zhèngzài 부 ~하고 있는 중이다
打扫 dǎsǎo 동 청소하다 ☆
晚上 wǎnshang 명 저녁

3

女 : 明天我们有数学考试，你复习得怎么样？
男 : 还可以，但我还是很担心这次考试。

여: 내일 우리 수학 시험이 있는데, 복습은 어떻게 되어가니?
남: 그런대로 괜찮아. 그런데 나는 여전히 이번 시험이 걱정돼.

정답 E

해설 남자의 말 중 '担心 걱정하다, 염려하다'라는 어휘를 통해 이번 시험에 대해 걱정하고 있는 상황임을 알 수 있다. 따라서 걱정하는 표정의 사진 E가 정답이다.

지문 어휘

数学 shùxué 명 수학
考试 kǎoshì 명 시험 동 시험을 치다
复习 fùxí 동 복습하다 ☆
得 de 조 동사나 형용사 뒤에 쓰여 정도나 가능을 나타내는 보어와 연결시킴
但(是) dàn(shì) 접 그러나
还是 háishi 부 여전히, 아직도, ~하는 편이 낫다 ☆
担心 dān xīn 동 걱정하다, 염려하다 ☆
次 cì 양 번, 차례(동작을 세는 단위)

4

男: 今天是我妈的生日，所以我买了蛋糕和生日礼物。
女: 太好了，她一定会高兴的。

남: 오늘이 엄마 생신이어서, 케이크와 생일선물을 샀어.
여: 너무 잘됐다. 엄마가 분명 기뻐할 거야.

> **지문 어휘**
> 生日 shēngrì 명 생일
> 所以 suǒyǐ 접 그래서
> 蛋糕 dàngāo 명 케이크 ☆
> 礼物 lǐwù 명 선물 ☆
> 一定 yídìng 부 반드시 ☆
> 会~的 huì~de ~할 것이다, ~일 것이다
> 高兴 gāoxìng 형 기쁘다

| 정답 | B |

해설 3급에 자주 출제되는 음식 관련 어휘인 '蛋糕 케이크'를 언급하였으므로 케이크 사진인 B가 정답이다.

5

女: 你昨天买的书怎么样?
男: 很有意思，这本书介绍了很多中国历史和文化，你有时间也看看吧。

여: 네가 어제 산 책은 어때?
남: 매우 재미있어. 이 책은 많은 중국 역사와 문화를 소개하고 있어. 너도 시간 있으면 한번 봐 봐.

> **지문 어휘**
> 昨天 zuótiān 명 어제
> 有意思 yǒu yìsi 형 재미있다
> 本 běn 양 권(책을 세는 단위)
> 介绍 jièshào 동 소개하다
> 历史 lìshǐ 명 역사
> 文化 wénhuà 명 문화

| 정답 | C |

해설 여자의 말 중 '书 책'이 언급되었으므로 책 사진인 C가 정답이다.

第6-10题　　　　　　　　　　　　　　　　　　　　　　　　　　본서 p. 113　🎧 16_2

6

最近很多年轻人喜欢上网买东西，这样不但可以在家买到东西，而且价格也很便宜。

★ 年轻人喜欢去商店买东西。(✗)

최근 많은 젊은이들은 인터넷으로 물건 사는 것을 좋아한다. 이렇게 하면(인터넷으로 물건을 사면) 집에서 물건을 살 수 있을 뿐만 아니라, 가격도 매우 저렴하다.

★ 젊은 사람들은 상점에 가서 물건 사는 것을 좋아한다. (✗)

정답 ✗

해설 녹음 내용에서 첫 문장에 최근 많은 젊은이들이 인터넷으로 물건 사는 것을 좋아한다고 했으므로 상점에서 물건을 산다는 내용과 일치하지 않는다.

지문 어휘

年轻人 niánqīngrén 명 젊은이, 젊은 사람
上网 shàng wǎng 동 인터넷을 하다 ⭐
东西 dōngxi 명 물건, (구체적인 혹은 추상적인) 것
这样 zhèyàng 대 이렇게, 이렇다, 이와 같다
不但~, 而且~ búdàn~, érqiě~ ~할 뿐만 아니라, 게다가 ~하다
可以 kěyǐ 조동 ~할 수 있다, 가능하다, ~해도 된다
价格 jiàgé 명 가격
便宜 piányi 형 (값이) 싸다 ⭐
商店 shāngdiàn 명 상점, 가게

7

儿子，你今天不上学吗？怎么还在睡觉呢？快去洗澡、刷牙，准备去上课。

★ 儿子在准备去上课。(✗)

아들아, 너 오늘 학교 안가니? 어째서 아직까지 자고 있는 거야? 빨리 가서 샤워하고, 이 닦고 수업 갈 준비를 하렴.

★ 아들은 수업 갈 준비를 하고 있다. (✗)

정답 ✗

해설 화자는 아직 자고 있는 아들에게 빨리 학교 갈 준비를 하라고 말하고 있으므로 제시된 문장은 녹음 내용과 일치하지 않는다.

지문 어휘

上学 shàng xué 동 등교하다
还 hái 부 아직, 여전히
在 zài 부 ~하고 있는 중이다
睡觉 shuì jiào 동 잠을 자다
洗澡 xǐ zǎo 동 목욕하다 ⭐
刷牙 shuā yá 동 이를 닦다 ⭐
准备 zhǔnbèi 동 준비하다, ~할 예정이다

8

昨天下了一天的雨，天气突然变冷了，你出门时记得多穿点儿衣服，注意别感冒。

★ 天气变冷了。(✓)

어제 하루 종일 비가 내리더니 날씨가 갑자기 추워졌어. 너는 외출할 때 옷을 많이 껴입는 걸 잊지 말고, 감기에 걸리지 않도록 주의해.

★ 날씨가 추워졌다. (✓)

지문 어휘

突然 tūrán 부 갑자기
变 biàn 동 (성질, 상태가) 변하다, 바뀌다
出门 chū mén 동 외출하다, 집을 나서다
记得 jìde 동 기억하고 있다, 잊지 않고 있다 ⭐

미니 테스트 **61**

| 정답 | ✓ |

| 해설 | 녹음 내용의 앞부분에서 날씨가 갑자기 추워졌다고 직접적으로 언급하고 있으므로 제시된 문장은 녹음 내용과 일치한다. |

9

他最近对中国历史很感兴趣，所以每天都去图书馆看关于中国历史的书，还会问历史老师很多问题。

★ 他喜欢中国历史。(✓)

그는 최근 중국 역사에 매우 흥미를 느낀다. 그래서 매일 도서관에 가서 중국 역사에 관한 책을 보고 또한 역사 선생님에게 많은 질문을 한다.

★ 그는 중국 역사를 좋아한다. (✓)

| 정답 | ✓ |

| 해설 | 녹음 내용에서 그는 최근 중국 역사에 흥미를 느껴 중국 역사 관련 책을 보고, 역사 선생님에게도 많은 질문을 한다고 했으므로 제시된 문장은 녹음 내용과 일치한다. |

10

孩子的世界其实很简单，饿了就吃，累了就睡，什么事情都不用担心，所以我觉得小时候是最快乐的。

★ 他觉得小时候最快乐。(✓)

아이들의 세계는 사실 매우 간단하다. 배고프면 먹고, 피곤하면 자고, 아무 일도 걱정할 필요가 없다. 그래서 나는 어렸을 때가 가장 즐거웠다고 생각한다.

★ 그는 어렸을 때가 가장 즐거웠다고 생각한다. (✓)

| 정답 | ✓ |

| 해설 | 녹음 내용의 마지막 문장에서 화자는 어렸을 때가 가장 즐거웠다고 했으므로 제시된 문장과 일치한다. |

注意 zhùyì 동 주의하다, 조심하다 ★
感冒 gǎnmào 동 감기에 걸리다 명 감기 ★

지문 어휘

最近 zuìjìn 명 최근, 요즘
对 duì 전 ~에 대해, ~에게 형 맞다
历史 lìshǐ 명 역사
感兴趣 gǎn xìngqù 흥미를 느끼다, 관심이 있다 ★
所以 suǒyǐ 접 그래서
图书馆 túshūguǎn 명 도서관 ★
关于 guānyú 전 ~관해서, ~에 관한
问题 wèntí 명 질문, 문제

지문 어휘

世界 shìjiè 명 세계, 세상
其实 qíshí 부 사실
简单 jiǎndān 형 간단하다, 쉽다 ★
饿 è 형 배고프다
累 lèi 형 피곤하다, 힘들다
睡 shuì 동 (잠을) 자다
事情 shìqing 명 일, 사건
担心 dān xīn 동 걱정하다, 염려하다 ★
所以 suǒyǐ 접 그래서
觉得 juéde 동 ~라고 생각하다, ~라고 느끼다
小时候 xiǎoshíhou 명 어렸을 때, 어린 시절
快乐 kuàilè 형 즐겁다, 유쾌하다

第11-15题　　본서 p. 114　16_3

11

男：你昨天怎么一直不接电话呢?
女：我昨天都在图书馆学习，把手机忘在家里了。

问：女的昨天去哪儿了?
　　A 图书馆　　　　B 教室　　　　C 超市

남: 너 어제 왜 계속 휴대폰을 안 받았어?
여: 어제 도서관에서 공부했는데, 휴대폰을 깜박하고 집에 두고 왔어.

질문: 여자는 어제 어디에 갔었는가?
　　A 도서관　　　　B 교실　　　　C 슈퍼마켓

지문 어휘

一直 yìzhí 부 계속, 줄곧, 곧장
接电话 jiē diànhuà 전화를 받다
图书馆 túshūguǎn 명 도서관 ★
把 bǎ 전 ~을(를) ★
手机 shǒujī 명 휴대폰

보기 어휘

教室 jiàoshì 명 교실
超市 chāoshì 명 슈퍼마켓, 마트 ★

정답　A

해설　여자는 남자에게 어제 도서관에서 공부했다고 대답했으므로 정답은 A이다.

12

男：妈，我的衬衫呢? 我记得昨天放在椅子上了。
女：我昨天把那件洗了，你穿别的吧。

问：他们最可能是什么关系?
　　A 老师和学生　　B 丈夫和妻子　　C 妈妈和儿子

남: 엄마, 제 셔츠는요? 제가 어제 의자 위에 두었던 걸로 기억하는데요.
여: 그 옷은 내가 어제 빨았어, 다른 걸로 입으렴.

질문: 그들은 무슨 관계일 가능성이 가장 큰가?
　　A 선생님과 학생　　B 남편과 아내　　C 엄마와 아들

지문 어휘

衬衫 chènshān 명 셔츠, 블라우스 ★
记得 jìde 동 기억하고 있다, 잊지 않고 있다 ★
放 fàng 동 놓다, 두다, 넣다 ★
椅子 yǐzi 명 의자
件 jiàn 양 옷, 일, 사건 등을 세는 단위
洗 xǐ 동 세탁하다, 씻다

보기 어휘

丈夫 zhàngfu 명 남편
妻子 qīzi 명 아내
儿子 érzi 명 아들

정답　C

해설　남자가 여자를 '妈 엄마'라고 부르며 자신의 셔츠를 찾고 있는 상황으로 보아, 두 사람은 엄마와 아들 관계임을 알 수 있다. 따라서 정답은 C이다

13

女：我们今晚一起去公园跑步吧！
男：晚上可能会下雨，明天再去吧，听说明天天气好。

问：男的想什么时候去跑步？
　　A 今天　　　　B 明天　　　　C 周末

여: 우리 오늘 저녁에 함께 공원으로 조깅하러 가요!
남: 저녁에 아마도 비가 올 것 같아, 내일 가자, 내일은 날씨가 좋다고 들었어.

질문: 남자는 언제 조깅하러 가길 원하는가?
　　A 오늘　　　　B 내일　　　　C 주말

정답 B

해설 보기를 통해 시간 관련 문제임을 알 수 있다. 오늘 저녁에 함께 조깅하러 가자는 여자의 말에 남자는 저녁에 비가 올 수 있으니 내일 가자고 했으므로 정답은 B이다.

지문 어휘

今晚 jīnwǎn 몡 오늘 밤
一起 yìqǐ 囝 함께
公园 gōngyuán 몡 공원 ⭐
跑步 pǎo bù 동 조깅하다, 달리다
可能 kěnéng 囝 아마도
听说 tīng shuō 동 듣자 하니

보기 어휘

周末 zhōumò 몡 주말

14

女：你不是刷牙了吗？怎么又吃面条呢？
男：我晚饭没吃饱，现在还有点儿饿。

问：男的在做什么？
　　A 吃东西　　　B 看电视　　　C 刷牙

여: 당신 양치질하지 않았어요? 어째서 또 국수를 먹어요?
남: 저녁을 배부르게 먹지 않았더니, 아직 좀 배가 고파서.

질문: 남자는 무엇을 하고 있는가?
　　A 음식을 먹는다　　B 텔레비전을 본다　　C 양치를 한다

정답 A

해설 보기를 통해 행동 관련 문제임을 알 수 있다. 여자가 남자에게 왜 또 국수를 먹는지 묻는 것으로 보아 남자는 현재 음식을 먹고 있다는 것을 알 수 있으므로 정답은 A이다.

지문 어휘

不是~吗? búshì~ma? ~아니요? (어떤 사실을 확인하기 위해 반대로 질문하는 반어문)
刷牙 shuā yá 동 이를 닦다 ⭐
怎么 zěnme 대 어째서, 어떻게, 왜
又 yòu 囝 또, 다시 ⭐
面条 miàntiáo 몡 국수
晚饭 wǎnfàn 몡 저녁 식사
饱 bǎo 형 배부르다
有点儿 yǒu diǎnr 囝 조금, 약간
饿 è 형 배고프다

보기 어휘

东西 dōngxi 몡 (구체적인 혹은 추상적인) 것, 물건
电视 diànshì 몡 텔레비전, TV

15

女: 你的办公室环境真不错，很干净。
男: 是的，而且旁边就是地铁站，很方便。

问: 女的觉得男的的办公室怎么样?
　　A 很安静　　　　B 很干净　　　　C 很漂亮

여: 네 사무실 환경이 정말 괜찮구나, 깨끗하네.
남: 맞아, 게다가 바로 옆이 지하철역이어서 편리해.

질문: 여자는 남자의 사무실에 대해 어떻게 생각하는가?
　　A 조용하다　　　B 깨끗하다　　　C 아름답다

정답 B

해설 보기를 통해 특정 사물에 대한 특징을 묻는 문제임을 알 수 있다. 여자가 남자의 사무실 환경이 괜찮다고 말하며 깨끗하다고 했으므로 정답은 B이다.

지문 어휘
办公室 bàngōngshì
명 사무실 ⭐
环境 huánjìng 명 환경 ⭐
不错 búcuò 형 좋다, 괜찮다
干净 gānjìng 형 깨끗하다 ⭐
而且 érqiě 접 또한, 게다가 ⭐
旁边 pángbiān 명 옆, 옆쪽
地铁站 dìtiězhàn 명 지하철역
方便 fāngbiàn 형 편리하다 ⭐

보기 어휘
安静 ānjìng 형 조용하다, 고요하다

第16-20题　　　　　본서 p. 115　🎧 16_4

16

男: 喂，你好，我房间里的冰箱坏了。
女: 对不起，您住哪个房间?
男: 三零五。
女: 好的，我们马上找人来。

问: 男的为什么打电话?
　　A 灯坏了　　　　B 没有空调　　　C 冰箱坏了

남: 여보세요, 안녕하세요, 제 방의 냉장고가 고장 났어요.
여: 죄송합니다, 몇 호에 묵으시나요?
남: 305호.
여: 알겠습니다, 저희가 바로 사람을 보내겠습니다.

질문: 남자는 왜 전화했는가?
　　A 등이 고장 나서　B 에어컨이 없어서　C 냉장고가 고장 나서

정답 C

해설 보기를 통해 특정 사물에 대한 상태를 묻는 문제임을 알 수 있다. 남자는 여자에게 묵고 있는 방의 냉장고가 고장 났다고 했으므로 정답은 C이다.

지문 어휘
喂 wéi 감 여보세요
房间 fángjiān 명 방
冰箱 bīngxiāng 명 냉장고 ⭐
坏 huài 동 고장 나다, 상하다
　　　형 나쁘다 ⭐
马上 mǎshàng 부 바로, 곧, 즉시

보기 어휘
灯 dēng 명 등, 램프
空调 kōngtiáo 명 에어컨 ⭐

17

女: 你好，明天下午去上海的机票还有吗?
男: 有，下午四点的。
女: 好的，我要两张。
男: 一共一千两百元。

问: 女的打算怎么去上海?
　　A 开车　　　　B 坐火车　　　　C 坐飞机

여: 안녕하세요, 내일 오후 상하이로 가는 비행기표가 아직 있나요?
남: 있습니다, 오후 네 시 (표)입니다.
여: 네, 두 장 주세요.
남: 총 1,200위안입니다.

질문: 여자는 상하이에 어떻게 갈 계획인가?
　　A 운전해서　　　B 기차를 타고　　　C 비행기를 타고

지문 어휘
下午 xiàwǔ 명 오후
上海 Shànghǎi 고유 상하이
机票 jīpiào 명 비행기표, 항공권
张 zhāng 양 장(종이, 침대, 탁자 등을 세는 단위)
一共 yígòng 부 총, 전부, 합계 ★
打算 dǎsuan 동 ~할 예정이다, ~할 생각이다 ★

보기 어휘
开车 kāi chē 동 차를 몰다, 운전하다
坐 zuò 동 (교통수단을) 타다, 앉다
火车 huǒchē 명 기차
飞机 fēijī 명 비행기

정답 C

해설 보기를 통해 교통수단 관련 문제임을 알 수 있다. 첫 문장에서 여자는 내일 오후 상하이로 가는 비행기표가 있는지 물었으므로 비행기를 타고 상하이에 가는 것을 알 수 있다. 따라서 정답은 C이다.

18

男: 喂，我到书店门口了，你也到了吗?
女: 对不起，我刚下地铁，你再等我一会儿。
男: 好的，我就在门口等你。
女: 好，我马上到。

问: 他们在哪儿见面?
　　A 书店　　　　B 学校　　　　C 地铁站

남: 여보세요, 나는 서점 입구에 도착했어, 너도 도착했니?
여: 미안해, 나 방금 지하철에서 내렸어, 조금만 더 기다려줘.
남: 알겠어, 내가 입구에서 널 기다릴게.
여: 그래, 나 금방 도착해.

질문: 그들은 어디에서 만나는가?
　　A 서점　　　　B 학교　　　　C 지하철역

지문 어휘
到 dào 동 도착하다, 도달하다, 이르다
书店 shūdiàn 명 서점
门口 ménkǒu 명 입구, 현관
刚 gāng 부 막, 방금
地铁 dìtiě 명 지하철 ★
一会儿 yíhuìr 명 잠시, 잠깐 동안 부 잠시 후에 ★
马上 mǎshàng 부 곧, 즉시, 바로

보기 어휘
学校 xuéxiào 명 학교
地铁站 dìtiězhàn 명 지하철역

정답 A

해설 보기를 통해 장소 관련 문제임을 알 수 있다. 첫 문장에서 남자가 여자에게 서점 입구에 도착했다고 말했으므로 두 사람이 서점에서 만난다는 것을 알 수 있다. 따라서 정답은 A이다.

19

女: 家里的电视用了很多年了，太旧了。
男: 对，声音也不清楚。
女: 那这个周末我们去看看，把电视换了吧。
男: 好。

问: 他们打算买什么?
　　A 桌子　　　　B 电视　　　　C 电脑

여: 집의 텔레비전을 오래 사용했더니, 너무 낡았어요.
남: 맞아, 소리도 잘 안 들려.
여: 그럼 우리 텔레비전 바꾸러 이번 주말에 보러가요.
남: 좋아.

질문: 그들은 무엇을 살 계획인가?
　　A 탁자　　　　B 텔레비전　　　　C 컴퓨터

지문 어휘
电视 diànshì 명 텔레비전, TV
旧 jiù 형 낡다, 오래 되다 ★
声音 shēngyīn 명 소리, 목소리
清楚 qīngchu 형 분명하다 ★
周末 zhōumò 명 주말
把 bǎ 전 ~을(를) ★
换 huàn 동 바꾸다, 교환하다 ★

보기 어휘
桌子 zhuōzi 명 탁자, 테이블
电脑 diànnǎo 명 컴퓨터

정답 B

해설 보기를 통해 사물 관련 문제임을 알 수 있다. 여자는 남자에게 집의 텔레비전이 낡았으니 바꾸자고 제안하고 있으므로 따라서 정답은 B이다.

20

女: 明天是晴天还是阴天?
男: 晴天，但比今天还要冷。
女: 真的吗? 我还想明天穿这次新买的裙子呢。
男: 还是别穿了，天气那么冷，如果感冒了怎么办?

问: 明天天气怎么样?
　　A 晴天　　　　B 阴天　　　　C 下雪

여: 내일은 날씨가 맑아 아니면 흐려?
남: 맑은 날씨야, 그런데 오늘보다 더 추울거야.
여: 정말? 내일 이번에 새로 산 치마를 입고 싶었는데.
남: 아무래도 입지 않는 것이 좋겠어. 날씨가 그렇게 추운데, 만약 감기라도 걸리면 어떡해?

질문: 내일 날씨는 어떠한가?
　　A 맑은 날씨　　　　B 흐린 날씨　　　　C 눈이 오는 날씨

지문 어휘
晴天 qíngtiān 명 맑은 날씨
还是 háishi 접 또는, 아니면(의문문에 쓰여 선택을 나타냄) ★
阴天 yīntiān 명 흐린 날씨
但 dàn 접 그러나
比 bǐ 전 ~에 비해, ~보다
穿 chuān 동 입다, 신다
次 cì 명 번, 차례(동작을 세는 단위)
裙子 qúnzi 명 치마 ★
别~了 bié~le ~하지 마라
那么 nàme 대 그렇게, 저렇게
접 그러면, 그렇다면
如果 rúguǒ 접 만약 ~한다면 ★
感冒 gǎnmào 동 감기에 걸리다 ★

정답 A

해설 보기를 통해 날씨를 묻는 문제임을 알 수 있다. 여자가 남자에게 내일의 날씨를 묻자 남자는 맑은 날씨지만 오늘 보다 더 추울거라고 말하고 있으므로 정답은 A이다.

HSK 3급 독해 실전 테스트

공략비법 01 의문형 문제

본서 p. 126

第1-5题

A 谢谢你的关心，现在走路没问题了。
B 你为什么突然决定要搬家？
C 不是，是我跟一个同事借的。
D 好，你们先去玩儿，我把这个灯换好了，就去找你们。
E 当然。我们先坐公共汽车，然后换地铁。
F 昨天的数学考试考得怎么样？

例如：你知道怎么去那儿吗？（ E ）

A 관심 가져줘서 고마워, 지금은 걷는 데 문제없어.
B 너는 왜 갑자기 이사하기로 결정했니?
C 아니야, 직장 동료에게 빌린 거야.
D 좋아. 너희 먼저 가서 놀고 있어. 나는 이 등만 갈아 끼우고 바로 너희를 찾으러 갈게.
E 당연하죠. 우리는 먼저 버스를 타고, 그 다음에 지하철로 갈아타면 돼요.
F 어제 수학 시험은 잘 봤니?

예제: 당신은 거기에 어떻게 가는지 아세요? (E)

보기 어휘

关心 guānxīn 명 관심 동 관심을 갖다 ⭐
现在 xiànzài 명 지금, 현재
走路 zǒu lù 동 길을 걷다
突然 tūrán 부 갑자기
决定 juédìng 동 결정하다, 결심하다 ⭐
搬家 bān jiā 동 이사하다 ⭐
跟 gēn 전 ~에게, ~와(과) ⭐
同事 tóngshì 명 직장 동료
借 jiè 동 빌리다, 빌려주다 ⭐
先 xiān 부 먼저 ⭐
把 bǎ 전 ~을(를) ⭐
灯 dēng 명 등, 램프
换 huàn 동 바꾸다, 교환하다 ⭐
找 zhǎo 동 찾다, 구하다
昨天 zuótiān 명 어제
数学 shùxué 명 수학
考试 kǎoshì 명 시험 동 시험을 치다
得 de 조 동사나 형용사 뒤에 쓰여 결과나 정도를 나타내는 보어와 연결시킴

考得不错，那些题都不太难。（ F ）

잘 봤어요. 그 문제들은 별로 어렵지 않았어요.

정답 F

해설 보기 F의 '考得怎么样? 시험은 잘 봤니?'와 1번의 '考得不错 잘 봤어요'가 핵심 키워드이다. F에서는 수학 시험을 잘 봤는지 물었으므로 잘 봤다고 대답하며 시험 문제에 대해 이야기하는 1번과 자연스럽게 연결된다.

지문 어휘

不错 búcuò 형 좋다, 괜찮다
那些 nà xiē 대 그것들, 그런 것들, 그들
题 tí 명 문제
难 nán 형 어렵다 ⭐

2

爸爸，跟我们一起去打篮球吧。（ D ）

아빠, 저희와 함께 농구하러 가요.

정답 D

해설 2번의 '跟我们一起~吧 저희와 함께 ~해요'와 보기 D의 '好，你们~ 좋아, 너희 ~'가 핵심 키워드이다. 2번에서 우리와 함께 농구하러 가자고 제안했으므로 제안을 받아들이며 너희 먼저 놀고 있으라고 답한 D와 서로 연결된다.

지문 어휘
跟~一起 gēn~yìqǐ ~와 함께
打篮球 dǎ lánqiú 농구하다

3

你的腿怎么样了？（ A ）

네 다리는 좀 어때?

정답 A

해설 3번의 '腿怎么样了? 다리는 좀 어때?'와 보기 A의 '走路没问题了 걷는 데 문제 없어'가 핵심 키워드이다. 3번에서 다리는 어떤지 물었으므로 관심에 감사를 표하며 걷는 데 문제없다고 대답한 A가 정답이다.

지문 어휘
腿 tuǐ 명 다리

4

这个行李箱是新买的？（ C ）

이 캐리어는 새로 산 것이니?

정답 C

해설 4번의 '是新买的? 새로 산 것이니?'와 보기 C의 '不是，借的 아니야, 빌린거야'가 핵심 키워드이다. 4번에서 캐리어는 새로 산 것인지 물었으므로 회사 동료에게 빌린 것이라고 대답한 C와 서로 연결된다.

지문 어휘
行李箱 xínglixiāng 명 캐리어, 여행용 가방 ⭐

5

主要是因为离公司很近，坐地铁十分钟就能到。（ B ）

가장 주된 이유는 회사에서 가깝기 때문이야. 지하철을 타고 10분이면 도착하거든.

정답 B

해설 보기 B의 '为什么 왜'와 5번의 '主要是因为 가장 주된 이유는'이 핵심 키워드이다. B에서 왜 이사하기로 결정했는지 물었으므로 회사에서 가깝기 때문이라고 대답한 5번과 자연스럽게 연결된다.

지문 어휘
主要 zhǔyào 부 주된, 주요한 형 주로, 대부분
因为 yīnwèi 접 왜냐하면
地铁 dìtiě 명 지하철 ⭐
分钟 fēnzhōng 명 분

공략비법 02 제안·청유형 문제

본서 p. 130

第1-5题

A 这几天我们不在家，你能帮我照顾小猫吗？
B 别着急，这会儿路上车不多，十分钟就能到。
C 菜点完了，我们喝瓶啤酒，怎么样？
D 放心吧，我今天早上就准备好了。
E 当然。我们先坐公共汽车，然后换地铁。
F 不用，你去把盘子和杯子拿过来就行了。

例如：你知道怎么去那儿吗？（ E ）

A 요 며칠 우리가 집을 비우는데, 네가 나 대신 새끼 고양이 좀 보살펴 줄 수 있니?
B 조급해하지 마. 지금은 도로에 차가 많지 않아서, 10분이면 바로 도착할 수 있어.
C 음식은 다 주문했어. 우리 맥주 한 병 마시는 거 어때?
D 안심하세요. 오늘 아침에 벌써 다 준비해 놓았어요.
E 당연하죠. 우리는 먼저 버스를 타고, 그 다음에 지하철로 갈아타면 돼요.
F 괜찮아요. 당신은 가서 접시와 컵만 가져다주면 돼요.

예제: 당신은 거기에 어떻게 가는지 아세요? (E)

보기 어휘

帮 bāng 동 돕다
照顾 zhàogù 동 보살피다, 돌보다 ★
小猫 xiǎomāo 명 새끼 고양이
着急 zháo jí 형 조급해하다, 초조해하다 ★
这会儿 zhè huìr 대 지금, 이 때
路上 lù shang 명 도로, 길 위
到 dào 동 도착하다, 이르다
菜 cài 명 음식, 채소
点 diǎn 동 주문하다
瓶 píng 양 병을 세는 단위
啤酒 píjiǔ 명 맥주
放心 fàng xīn 동 안심하다
准备 zhǔnbèi 동 준비하다, ~할 예정이다
把 bǎ 전 ~을(를)
盘子 pánzi 명 접시, 쟁반
杯子 bēizi 명 컵, 잔
拿过来 ná guòlai 가지고 오다

1

明天的考试要求带铅笔，你别忘了。（ D ）

내일 시험은 연필을 꼭 챙겨가야 해. 잊지 마.

지문 어휘

考试 kǎoshì 명 시험 동 시험을 치다
要求 yāoqiú 동 요구하다 명 요구, 요구사항 ★
带 dài 동 (몸에) 지니다, 휴대하다 ★
铅笔 qiānbǐ 명 연필
别~了 bié~le ~하지 마라

정답 **D**

해설 1번의 '别忘了 잊지 마'와 보기 D의 '放心吧 안심하세요'가 핵심 키워드이다. 1번에서 연필을 챙기는 것을 잊지 말라고 당부했으므로, 다 준비 했으니 안심하라고 말한 D와 서로 연결된다.

2

球赛马上就要开始了，能不能再开快点儿？（ B ）

경기가 곧 시작하려 해. 좀 더 빨리 갈 수 없어?

지문 어휘

球赛 qiúsài 명 구기 경기, 구기 시합
马上 mǎshàng 부 곧, 바로
就要~了 jiù yào~le 곧 ~하려고 하다
开始 kāishǐ 동 시작하다
能 néng 조동 ~할 수 있다
开(车) kāi (chē) 동 차를 몰다, 운전하다

정답 **B**

해설 2번의 '能不能再开快点儿? 좀 더 빨리 갈 수 없어?'와 보기 B의 '别着急 조급해하지 마'가 핵심 키워드이다. 2번에서 경기가 곧 시작하려고 한다고 말하며 좀 더 빨리 갈 수 없는지 묻자, B에서 10분이면 도착하니 조급해하지 말라고 했으므로 두 문장은 자연스럽게 연결된다.

3

没问题，你就放心吧。（ A ）

문제없어, 너는 안심해.

지문 어휘

放心 fàng xīn 동 안심하다 ★

정답 A

해설 보기 A의 '你能帮我照顾小猫吗？ 네가 나 대신 새끼 고양이 좀 보살펴 줄 수 있니?'와 3번의 '没问题 문제없어'가 핵심 키워드이다. 문장의 서두가 '没问题'인 것으로 보아 부탁에 대한 대답임을 짐작할 수 있다. A에서 집을 비우는 동안 고양이를 보살펴 줄 수 있는지 묻자, 문제없다고 답하며 상대방의 부탁을 수락한 3번과 자연스럽게 연결된다.

4

您累了一天，今天我来洗碗，您去休息吧。（ F ）

하루 종일 힘드셨을 텐데, 오늘은 제가 설거지할 테니 당신은 가서 쉬세요.

지문 어휘

一天 yì tiān 명 하루 종일, 온종일

来 lái 동 사람 뒤에 놓여 어떤 일을 하려고 하는 적극성을 나타내거나 상대방에게 어떤 행동을 하게 하는 어감을 나타냄

洗碗 xǐ wǎn 동 설거지를 하다

休息 xiūxi 동 쉬다, 휴식하다

정답 F

해설 4번의 '我来洗碗，您去休息吧 제가 설거지할 테니 당신은 가서 쉬세요'와 보기 F의 '不用 괜찮아요'가 핵심 키워드이다. 4번에서 상대방에게 쉴 것을 제안하였지만, F에서 괜찮다고 하였고 '洗碗 설거지를 하다'와 '盘子 접시', '杯子 컵' 등의 어휘가 서로 호응하므로 정답은 F이다.

5

晚上还要开车，下次吧。（ C ）

저녁에 또 운전을 해야 해서, 다음에 하자(마시자).

지문 어휘

还 hái 부 또, 여전히, 아직 ★

要 yào 조동 ~해야 한다, ~할 것이다 동 원하다

下次 xià cì 명 다음번

정답 C

해설 보기 C의 '喝瓶啤酒，怎么样？ 맥주 한 병 마시는 거 어때?'와 5번의 '下次吧 다음에 하자'가 핵심 키워드이다. C에서 상대방에게 맥주를 마시는 것을 제안했으나, 운전을 해야 하니 다음에 마시자고 거절한 5번과 자연스럽게 연결된다.

공략비법 03 단문형 문제

본서 p. 133

第1-5题

A 看书时，不能一遇到不认识的字就查词典。
B 换一个吧，这个很便宜，才三千块钱。
C 他已经做了好几遍了，但还是不明白。
D 他已经长大了，不是小孩儿了，知道怎么照顾自己。
E 当然。我们先坐公共汽车，然后换地铁。
F 北方的冬天一般都是这样的。

例如：你知道怎么去那儿吗？（ E ）

A 책을 볼 때, 모르는 글자가 나왔다고 해서 바로 사전을 찾아서는 안 된다.
B 하나 바꿔요. 이게 저렴하네요, 고작 3천 위안밖에 안 해요.
C 그는 이미 여러 번 풀어봤지만, 여전히 이해하지 못한다.
D 그는 이미 다 컸어요, 더 이상 어린아이가 아니에요, 스스로 어떻게 돌봐야 할지 알고 있어요.
E 당연하죠. 우리는 먼저 버스를 타고, 그 다음에 지하철로 갈아타면 돼요.
F 북방 지역의 겨울은 보통 이러해.

예제: 당신은 거기에 어떻게 가는지 아세요? (E)

보기 어휘

一~就~ yī~jiù~ ~하자마자 ~하다
遇到 yùdào 동 직면하다, 맞닥뜨리다 ★
认识 rènshi 동 (사람, 글자 등을) 알다, 인식하다
查 chá 동 찾아보다, 검사하다 ★
词典 cídiǎn 명 사전 ★
换 huàn 동 바꾸다, 교환하다 ★
才 cái 부 고작, 겨우, 비로소
已经 yǐjing 부 이미, 벌써
好 hǎo 부 아주, 꽤(수량이나 정도가 많음을 강조)
遍 biàn 양 번, 차례, 회(동작의 처음부터 끝까지의 전 과정을 가리킴)
还是 háishi 부 여전히, 아직도 ★
明白 míngbai 동 이해하다, 알다 ★
长大 zhǎng dà 동 자라다, 성장하다
小孩儿 xiǎoháir 명 어린아이, 아이
照顾 zhàogù 동 돌보다, 보살피다 ★
自己 zìjǐ 대 스스로, 자기, 자신
北方 běifāng 명 북방, 북부
一般 yìbān 형 보통이다, 일반적이다 ★
这样 zhèyàng 대 이렇다, 이와 같다, 이렇게

1

你的那块儿手表太旧了。（ B ）

당신의 그 손목시계는 너무 낡았어요.

정답 B

해설 1번의 '太旧了 너무 낡았어요'와 보기 B의 '换一个吧 하나 바꿔요'가 핵심 키워드이다. 1번에서 시계가 너무 낡았다고 말하며 B에서 하나 바꾸자고 제안했으므로 두 문장은 하나의 단문으로 자연스럽게 연결된다.

지문 어휘

块儿 kuàir 양 덩어리나 조각 형태로 된 것을 세는 단위
手表 shǒubiǎo 명 손목시계
旧 jiù 형 낡다, 오래 되다 ★

2

这个季节经常下大雪，非常冷，你慢慢儿就习惯了。（ F ）

이 계절에는 자주 폭설이 내리고, 매우 추워, 너도 점차 익숙해질 거야.

정답 F

해설 보기 F의 '冬天 겨울'과 2번의 '这个季节 이 계절', '下大雪 폭설이 내리다', '冷 춥다'가 핵심 키워드이다. F에서 북방의 겨울은 보통 이러하다고 말하며, 2번에서 북방의 겨울에 대해 구체적으로 설명했으므로 두 문장은 하나의 단문으로 서로 연결된다.

지문 어휘
季节 jìjié 명 계절 ★
经常 jīngcháng 부 자주
慢慢儿 mànmānr 부 점차, 천천히
就~了 jiù~le 곧 ~하다
习惯 xíguàn 동 익숙하다, 습관이 되다

3

虽然儿子一个人去旅游，但是你别太担心了。（ D ）

비록 아들이 혼자 여행을 가지만, 당신은 너무 걱정하지 말아요.

정답 D

해설 3번의 '儿子 아들'과 보기 D의 '他已经长大了 그는 이미 다 컸다'가 핵심 키워드이다. 3번에서 아들이 혼자 여행가는 것을 걱정하지 말라고 하며, D에서 그는 이미 다 컸고 스스로를 어떻게 돌봐야 할지 알고 있다고 했으므로 두 문장은 하나의 단문으로 자연스럽게 연결된다.

지문 어휘
虽然~, 但是~
suīrán~, dànshì~
비록 ~이지만, 그러나 ~하다
儿子 érzi 명 아들
旅游 lǚyóu 동 여행하다
担心 dān xīn 걱정하다, 염려하다 ★

4

小雨在教室里做数学题。（ C ）

샤오위는 교실에서 수학 문제를 풀고 있다.

정답 C

해설 4번의 '做数学题 수학 문제를 풀다'와 보기 C의 '做了好几遍了 여러 번 풀어봤다'가 핵심 키워드이다. 4번에서 샤오위가 수학 문제를 풀고 있다고 말하며, C에서 여러 번 풀었지만 여전히 이해하지 못한다고 했으므로 두 문장은 하나의 단문으로 자연스럽게 연결된다.

지문 어휘
教室 jiàoshì 명 교실
数学题 shùxuétí 수학 문제

5

应该先好好儿想想这个字的意思是什么。（ A ）

먼저 이 글자의 뜻이 무엇인지 곰곰이 잘 생각해봐야 한다.

정답 A

해설 보기 A의 '不认识的字 모르는 글자'와 '这个字的意思 이 글자의 뜻'이 핵심 키워드이다. A에서 책을 볼 때 모르는 글자의 뜻을 바로 사전을 찾지 말라고 말하며 5번에서 이 글자의 뜻을 곰곰 생각해보라고 했으므로 두 문장은 하나의 단문으로 자연스럽게 연결된다.

지문 어휘
应该 yīnggāi 조동 마땅히 ~해야 한다
好好儿 hǎohāor 부 잘, 제대로
想 xiǎng 동 생각하다 조동 ~하고 싶다
字 zì 명 글자
意思 yìsi 명 뜻, 의미

공략비법 04 명사 문제

第1-3题
본서 p. 147

A 成绩   B 重要   C 习惯   A 성적   B 중요하다   C 습관, 버릇
D 信   E 声音   F 一定   D 편지   E 소리, 목소리   F 반드시

例如：她说话的（ E ）多好听啊！

보기 어휘 成绩 chéngjì 명 성적 ★ | 重要 zhòngyào 형 중요하다 ★ | 习惯 xíguàn 명 습관, 버릇 | 信 xìn 명 편지 |
声音 shēngyīn 명 소리, 목소리 | 一定 yídìng 부 반드시 ★

1

这次妹妹的（ A 成绩 ）不太好，所以她很难过。

이번 여동생의 성적이 그다지 좋지 않아서, 그녀는 매우 괴로워한다.

정답 A

해설 빈칸 앞에 구조조사 '的'가 있으므로 빈칸에는 명사가 와야 한다. 여동생의 성적이 좋지 않아 괴로워한다는 내용이 문맥상 가장 자연스러우므로 정답은 A이다.

지문 어휘
次 cì 양 번, 차례(동작을 세는 단위)
所以 suǒyǐ 접 그래서
难过 nánguò 형 괴롭다, 슬프다 ★

2

弟弟去中国留学以后，常常给家人写（ D 信 ）。

남동생은 중국으로 유학간 후에 가족들에게 자주 편지를 쓴다.

정답 D

해설 동사 술어 '写 쓰다' 뒤에 빈칸이 있으므로 목적어 역할을 하는 명사가 와야 한다. '写'와 문맥상 가장 잘 어울리는 명사는 '信 편지'이므로 정답은 D이다.

지문 어휘
留学 liú xué 동 유학하다 명 유학 ★
以后 yǐhòu 명 이후
常常 chángcháng 부 자주
家人 jiārén 명 가족
写 xiě 동 쓰다

3

每天认真复习是一个很好的学习（ C 习惯 ）。

매일 성실하게 복습을 하는 것은 매우 좋은 공부 습관이다.

정답 C

해설 동사 술어 '是 ~이다' 뒤에 빈칸이 있으므로 목적어 역할을 하는 명사가 와야 한다. 매우 좋은 공부 습관이라는 내용이 문맥상 가장 자연스러우므로 정답은 C이다.

지문 어휘
认真 rènzhēn 형 성실(착실)하다, 진지하다 ★
复习 fùxí 동 복습하다 ★

第4-6题

| A 猫 | B 比较 | C 菜单 | A 고양이 | B 비교적, 비교하다 | C 메뉴, 메뉴판 |
| D 爱好 | E 皮鞋 | F 应该 | D 취미 | E 가죽 구두 | F 마땅히 ~해야 한다 |

例如： A: 你有什么（ D ）?
B: 我喜欢体育。

보기 어휘 猫 māo 몡 고양이 | 比较 bǐjiào 円 비교적 동 비교하다 | 菜单 càidān 몡 메뉴, 메뉴판 ★ | 爱好 àihào 몡 취미 ★ | 皮鞋 píxié 몡 가죽 구두 | 应该 yīnggāi 조동 마땅히 ~해야 한다

4

A: 小马，这双（ E 皮鞋 ）穿起来怎么样？
B: 很舒服，就买它吧。

A: 샤오마, 이 가죽 구두 신어보니 어때?
B: 아주 편해. 이걸로 사자.

지문 어휘
双 shuāng 양 켤레, 쌍(쌍이나 짝을 이룬 물건을 세는 단위)
穿起来 chuān qǐlai 신어보니, 입어보니
舒服 shūfu 형 편안하다 ★
它 tā 대 그것

정답 E

해설 빈칸 앞에 양사 '双 켤레, 쌍'이 있으므로 빈칸에는 명사가 와야 한다. '双'은 쌍이나 짝을 이룬 물건을 세는 단위로 빈칸에는 명사 '皮鞋 가죽 구두'가 들어가야 한다. 따라서 정답은 E이다.

5

A: 服务员，给我们拿一下（ C 菜单 ），我们要点菜。
B: 好的，我马上拿过去。

A: 종업원, 우리에게 메뉴판을 좀 가져다 주세요. 저희는 주문하려고 해요.
B: 알겠습니다. 제가 바로 가져가겠습니다.

지문 어휘
服务员 fúwùyuán 명 종업원 ★
拿 ná 동 가지다, 잡다, (손으로) 쥐다 ★
点菜 diǎn cài 동 음식을 주문하다
马上 mǎshàng 부 곧, 즉시, 바로

정답 C

해설 동사 술어 '拿 가지다, 잡다, (손으로) 쥐다' 뒤에 빈칸이 있으므로 빈칸에는 목적어 역할을 하는 명사가 와야 한다. 빈칸 뒤에 '点菜 음식을 주문하다'라는 내용이 나오는 것으로 보아 종업원에게 메뉴판을 가져다 달라는 상황이므로 정답은 C이다.

6

A: 你家的（ A 猫 ）真可爱。
B: 它是我去年过生日时奶奶送给我的。

A: 너희집 고양이 정말 귀엽다.
B: 그 고양이는 작년 내 생일 때 할머니께서 나에게 선물해주신 거야.

지문 어휘

可爱 kě'ài 형 귀엽다, 사랑스럽다
去年 qùnián 명 작년
过生日 guò shēngrì 생일을 보내다
时 shí 명 때, 시, 시기
奶奶 nǎinai 명 할머니
送 sòng 동 선물하다, 보내다 ★

정답 A

해설 빈칸 앞에 구조조사 '的'가 있으므로 빈칸에는 명사가 와야 한다. 보기 중 형용사 술어 '可爱 귀엽다'와 호응하는 명사는 '猫 고양이'이므로 정답은 A이다.

공략비법 05 동사 문제

第1-3题 본서 p. 154

| A 教 | B 筷子 | C 复习 | A 가르치다 | B 젓가락 | C 복습하다 |
| D 了解 | E 声音 | F 年轻 | D 이해하다, 알아보다 | E 소리, 목소리 | F 젊다 |

例如：她说话的（ E ）多好听啊!

보기 어휘 教 jiāo 동 가르치다 ★ | 筷子 kuàizi 명 젓가락 ★ | 复习 fùxí 동 복습하다 ★ | 了解 liǎojiě 동 이해하다, 알아보다 ★ | 声音 shēngyīn 명 소리, 목소리 | 年轻 niánqīng 형 젊다 ★

1

明天有数学考试，我（ C 复习 ）得不太好，所以很担心。

내일 수학 시험이 있는데, 복습을 제대로 하지 못해서 걱정이야.

지문 어휘

数学 shùxué 명 수학
考试 kǎoshì 명 시험 동 시험을 치다
担心 dān xīn 동 걱정하다, 염려하다 ★

정답 C

해설 빈칸 뒤에 정도보어가 있으므로 빈칸에는 동사 또는 형용사가 와야 한다. 앞 절에 '数学考试 수학 시험'이 있고, 복습을 제대로 못했다는 내용이 문맥상 가장 자연스러우므로 정답은 C이다.

2

你们应该先（ D 了解 ）事情的经过，然后再决定怎么解决。

너희는 먼저 사건(일)의 과정을 알아보고, 어떻게 해결할지 결정해야 한다.

정답 D

해설 빈칸 앞에 조동사 '应该 마땅히 ~해야 한다'와 부사 '先 먼저'가 있으므로, 빈칸에는 동사가 와야 한다. 목적어는 '经过 과정'으로 '经过'와 가장 잘 어울리는 동사는 '了解 이해하다, 알아보다'이다. 따라서 정답은 D이다.

지문 어휘

应该 yīnggāi 조동 마땅히 ~해야 한다
先 xiān 부 먼저 ★
事情 shìqing 명 일, 사건
经过 jīngguò 명 과정, 경과 동 거치다, 겪다
然后 ránhòu 접 그런 후에, 그 다음에 ★
决定 juédìng 동 결정하다, 결심하다 ★
解决 jiějué 동 해결하다 ★

3

他爸爸是一位大学老师，（ A 教 ）世界历史。

그의 아버지는 대학 교수이고 세계사를 가르친다.

정답 A

해설 빈칸 뒤에 목적어 '世界历史 세계사'가 있으므로 빈칸에는 동사가 와야 한다. 앞 절에 그의 아버지는 '大学老师 대학 교수'라고 했으므로 보기 중 목적어 '世界历史'와 호응하는 동사는 '教 가르치다'이다. 따라서 정답은 A이다.

지문 어휘

位 wèi 양 분, 명(공경의 뜻을 내포함) ★
大学 dàxué 명 대학
世界 shìjiè 명 세계, 세상
历史 lìshǐ 명 역사

第4-6题

본서 p. 155

| A 公斤 | B 锻炼 | C 参加 | A 킬로그램 | B 단련하다 | C 참가하다 |
| D 爱好 | E 新鲜 | F 遇到 | D 취미 | E 신선하다 | F 직면하다, 맞닥뜨리다 |

例如：A: 你有什么（ D ）？
　　　B: 我喜欢体育。

보기 어휘 公斤 gōngjīn 양 킬로그램(무게를 세는 단위) ★ | 锻炼 duànliàn 동 단련하다 ★ | 参加 cānjiā 동 참가하다 ★
爱好 àihào 명 취미 ★ | 新鲜 xīnxiān 형 신선하다 ★ | 遇到 yùdào 동 직면하다, 맞닥뜨리다 ★

4

A: 我又感冒了，下午想请假去医院。
B: 你怎么总是生病，应该好好儿（ B 锻炼 ）身体。

A: 나 또 감기에 걸렸어, 오후에 휴가내고 병원에 가려고 해.
B: 너는 어째서 항상 병이 나니, 몸을 잘 단련해야만 해.

지문 어휘

又 yòu 부 또, 다시, 또한, 게다가(의미가 더해짐을 나타냄) ★
感冒 gǎnmào 동 감기에 걸리다 명 감기 ★
下午 xiàwǔ 명 오후

정답	B
해설	빈칸 앞에 조동사 '应该 마땅히 ~해야 한다'와 부사 '好好儿 잘, 제대로'가 있으므로 빈칸에는 동사가 와야 한다. 목적어 '身体 몸, 신체'와 호응하는 동사는 '锻炼 단련하다'이므로 정답은 B이다.

请假 qǐng jià 동 휴가를 신청하다, 휴가를 내다 ★
医院 yīyuàn 명 병원
总是 zǒngshì 부 늘, 항상
生病 shēng bìng 동 병이 나다, 병에 걸리다
好好儿 hǎohāor 부 잘, 제대로

5

A: 我以前没有（ F 遇到 ）过这样的问题，不知道该怎么办。
B: 别着急，我觉得王叔叔能帮你解决。

A: 나는 예전에 이런 문제에 직면한 적이 없어서, 어떻게 해야 할지 모르겠어.
B: 조급해하지 마, 나는 왕 삼촌이 너를 도와 해결해줄 거라고 생각해.

지문 어휘

以前 yǐqián 명 이전, 예전
这样 zhèyàng 대 이렇다, 이와 같다, 이렇게
问题 wèntí 명 문제, 질문
该 gāi 조동 ~해야 한다
着急 zháo jí 형 조급해하다, 초조해하다 ★
觉得 juéde 동 ~라고 생각하다, ~라고 느끼다
叔叔 shūshu 명 삼촌, 숙부, 아저씨
解决 jiějué 동 해결하다 ★

정답	F
해설	빈칸 뒤에 과거의 경험을 나타내는 동태조사 '过'와 빈칸 앞에 과거 경험에 대한 부정을 나타내는 부사 '没有 ~않다, 없다'가 있으므로 빈칸에는 동사가 와야 한다. 목적어는 '问题 문제'이므로 보기 중 '问题'와 가장 잘 어울리는 동사는 '遇到 직면하다, 맞닥뜨리다'이다. 따라서 정답은 F이다.

6

A: 你能（ C 参加 ）明天的比赛吗?
B: 当然了，我已经准备很久了。

A: 너는 내일 경기에 참가할 수 있니?
B: 당연하지, 나는 이미 오래전부터 준비했어.

지문 어휘

能 néng 조동 ~할 수 있다
比赛 bǐsài 명 경기, 시합 ★
当然 dāngrán 형 당연하다, 물론이다 부 당연히 ★
已经 yǐjing 부 이미, 벌써
准备 zhǔnbèi 동 준비하다, ~할 예정이다

정답	C
해설	빈칸 앞에 조동사 '能 ~할 수 있다'가 있으므로 빈칸에는 동사가 와야 한다. 목적어는 '比赛 경기'이므로 보기 중 '比赛'와 가장 잘 어울리는 동사는 '参加 참가하다'이다. 따라서 정답은 C이다.

공략비법 06 형용사 문제

第1-3题
본서 p. 162

| A 提高 | B 有名 | C 行李箱 | A 향상시키다 | B 유명하다 | C 여행용 가방, 캐리어 |
| D 满意 | E 声音 | F 绿 | D 만족하다 | E 소리, 목소리 | F 푸르다 |

例如：她说话的（ E ）多好听啊!

보기 어휘 提高 tígāo 동 향상시키다, 높이다, 끌어올리다 | 有名 yǒumíng 형 유명하다 | 行李箱 xínglixiāng 명 여행용 가방, 캐리어 ★ | 满意 mǎnyì 형 만족하다 ★ | 声音 shēngyīn 명 소리, 목소리 | 绿 lǜ 형 푸르다

1

蓝天、白云、（ F 绿 ）树，太美了! 我真的希望住在这儿。

파란 하늘, 흰 구름, 푸르른 나무, 너무 아름다워요! 저는 정말 이곳에서 살고 싶어요.

지문 어휘
蓝天 lán tiān 파란 하늘
白云 bái yún 흰 구름
树 shù 명 나무
希望 xīwàng 동 희망하다, 바라다
住 zhù 동 살다, 거주하다

정답 F

해설 빈칸 뒤에 명사 '树 나무'가 있으므로 빈칸에는 나무를 꾸며주는 형용사가 올 수 있다. 문맥상 푸르른 나무가 가장 자연스러우므로 형용사 '绿 푸르다'가 정답이다. 일반적으로 형용사가 명사를 수식할 때 구조조사 '的'를 필요로 하지만 '蓝', '白', '绿'와 같은 단음절 형용사가 명사를 수식할 경우 '的'는 생략할 수 있다.

2

这家咖啡店非常（ B 有名 ），但晚上不开门，我们只能白天去。

이 커피숍은 매우 유명해. 하지만 저녁에는 영업을 하지 않기 때문에, 우리는 낮에 갈 수밖에 없어.

지문 어휘
家 jiā 양 집, 점포 등을 세는 단위
咖啡店 kāfēidiàn 명 커피숍
但 dàn 접 그러나
开门 kāi mén 문을 열다, 영업을 시작하다
只能 zhǐnéng 동 ~할 수 밖에 없다, 다만 ~할 뿐이다
白天 báitiān 명 낮, 대낮

정답 B

해설 빈칸 앞에 정도부사 '非常'이 있으므로 빈칸에는 형용사가 올 수 있다. 보기 중 커피숍을 설명하기에 가장 적절한 형용사는 '有名 유명하다'이므로 정답은 B이다.

3

我来北京已经两年多了。我对这里的环境非常（ D 满意 ）。

나는 베이징에 온지 이미 2년이 넘었다. 나는 이곳의 환경에 굉장히 만족한다.

지문 어휘
北京 Běijīng 고유 베이징
已经 yǐjing 부 이미, 벌써
环境 huánjìng 명 환경 ★

정답 D

해설 빈칸 앞에 정도부사 '非常'이 있으므로 빈칸에는 동사 또는 형용사가 와야 한다. 이곳의 환경에 만족한다는 내용이 문맥상 가장 자연스러우므로 정답은 D이다. 참고로 '对~满意'는 '~에 대해 만족하다'라는 뜻으로 3급에서 자주 출제되는 표현이니 함께 외워두자.

第4-6题

본서 p. 163

A 方便	B 清楚	C 要求	A 편리하다	B 분명하다	C 요구, 요구하다
D 爱好	E 干净	F 其他	D 취미	E 깨끗하다	F 기타, 그 외

例如: A: 你有什么 (D)?
B: 我喜欢体育。

보기 어휘 方便 fāngbiàn 형 편리하다 ★ | 清楚 qīngchu 형 분명하다 ★ | 要求 yāoqiú 명 요구, 요구사항 동 요구하다 ★ | 爱好 àihào 명 취미 ★ | 干净 gānjìng 형 깨끗하다 | 其他 qítā 대 기타, 그 외

4

A: 桌子上的那条裤子需不需要洗?
B: 不用洗了，我只穿了一次，很 (E 干净)。

A: 탁자 위의 그 바지는 빨아야 해요?
B: 세탁할 필요 없어. 단지 한 번밖에 입지 않아서, 매우 깨끗해.

지문 어휘
桌子 zhuōzi 명 탁자, 테이블
条 tiáo 양 치마, 바지, 강 등의 가늘고 긴 것을 세는 단위 ★
裤子 kùzi 명 바지 ★
需要 xūyào 동 필요하다
명 요구
洗 xǐ 동 세탁하다, 씻다
只 zhǐ 부 단지, 오직, 다만

정답 E

해설 빈칸 앞에 정도부사 '很'이 있으므로 빈칸에는 형용사가 올 가능성이 높다. 앞 절에서 한 번밖에 입지 않아서 옷을 세탁할 필요가 없다고 했으므로, 보기 중 옷의 상태를 설명하기에 가장 적합한 형용사는 '干净 깨끗하다'이다.

5

A: 我周末打算去北京动物园，你知道怎么去吗?
B: 坐334路就能到，但坐地铁可能更 (A 方便)。

A: 나는 주말에 베이징 동물원에 갈 계획인데, 너는 어떻게 가는지 아니?
B: 334번 타면 바로 도착해, 그런데 지하철을 타는 게 아마도 더 편할 거야.

지문 어휘
周末 zhōumò 명 주말
打算 dǎsuan 동 ~할 예정이다, ~할 생각이다 ★
动物园 dòngwùyuán 명 동물원
坐 zuò 동 (교통수단을) 타다, 앉다
路 lù 명 (교통수단의) 노선, 번
地铁 dìtiě 명 지하철 ★
可能 kěnéng 부 아마도
更 gèng 부 더, 더욱

정답 A

해설 빈칸 앞에 정도부사 '更 더'가 있으므로 빈칸에는 형용사가 올 가능성이 높다. 버스를 타는 것 보다 지하철을 타는 것이 더 편하다는 것이 문맥상 가장 자연스러우므로 정답은 A이다. 참고로 형용사 '方便 편리하다'는 독해 2부분에서 주로 교통수단과 함께 쓰인다.

6

A: 喂，下班了吗？我饿了，晚饭吃什么？
B: 我在电梯里，听不（ B 清楚 ），一会儿见了面再说吧。

A: 여보세요? 퇴근했어? 나 배고픈데, 저녁 뭐 먹을까?
B: 내가 엘리베이터 안이어서, 잘(정확하게) 안 들려. 잠시 후에 만나서 다시 얘기하자.

지문 어휘
下班 xià bān 통 퇴근하다
饿 è 형 배고프다
晚饭 wǎnfàn 명 저녁 밥
电梯 diàntī 명 엘리베이터
一会儿 yíhuìr 부 잠시 후에
명 잠시, 잠깐 동안 ★

[정답] B

[해설] 빈칸 앞의 '听不~'를 보고 빈칸은 동작의 가능과 불가능을 나타내는 가능보어 자리임을 알 수 있다. 엘리베이터 안에서 전화가 잘 들리지 않는다는 문장을 표현할 때는, 형용사 '清楚 분명하다'를 써서 '听不清楚'라고 쓴다. 간혹 보어로 쓰이는 형용사를 찾는 문제가 출제될 수 있으므로 자주 쓰이는 표현들을 함께 익혀두자.

공략비법 07 부사, 접속사 문제

第1-3题 본서 p. 174

| A 终于 | B 爬山 | C 还是 | A 드디어, 마침내 | B 등산하다 | C 또는, 아니면 |
| D 一直 | E 声音 | F 双 | D 계속, 줄곧 | E 소리, 목소리 | F 쌍, 켤레 |

例如: 她说话的（ E ）多好听啊!

보기 어휘 终于 zhōngyú 부 드디어, 마침내 ★ | 爬山 pá shān 통 산을 오르다, 등산하다 | 还是 háishi 접 또는, 아니면(의문문에 쓰여 선택을 나타냄) ★ | 一直 yìzhí 부 계속, 줄곧, 곧장 | 声音 shēngyīn 명 소리, 목소리 | 双 shuāng 양 쌍, 켤레(쌍이나 짝을 이룬 물건을 세는 단위)

1

他最近（ D 一直 ）忙着找工作，没时间见朋友。

그는 최근 줄곧 바쁘게 일을 찾고 있어서, 친구를 만날 시간이 없다.

지문 어휘
最近 zuìjìn 명 최근, 요즘
找 zhǎo 통 찾다, 구하다
工作 gōngzuò 명 일, 직업
통 일하다
时间 shíjiān 명 시간

[정답] D

[해설] 주어인 '他 그'와 술어인 '找 찾다' 사이에 빈칸이 있으므로 빈칸에는 부사가 올 가능성이 높다. 부사 '一直 계속, 줄곧'은 주로 어떠한 동작이나 상태가 지속될 때 쓰이며, 줄곧 바쁘게 일을 찾고 있다는 내용이 문맥상 가장 자연스러우므로 정답은 D이다.

2

晚上你是想吃米饭（ C 还是 ）面条?

저녁에 너는 쌀밥을 먹고 싶니 아니면 국수를 먹고 싶니?

지문 어휘
晚上 wǎnshang 명 저녁
米饭 mǐfàn 명 쌀밥
面条(儿) miàntiáo(r) 명 국수

정답 C

해설 목적어인 '米饭 쌀밥'과 '面条 국수' 사이에 빈칸이 있고 의문문이므로, 빈칸에는 선택 의문문을 만드는 접속사 '还是 아니면, 또는'이 와야 한다. 밥을 먹고 싶은지 아니면 국수를 먹고 싶은지 묻는 것이 문맥상 가장 자연스러우므로 정답은 C이다.

3

那个数学作业，我（ A 终于 ）做完了。

그 수학 숙제를 나는 드디어 다 끝냈다.

지문 어휘
数学 shùxué 명 수학
作业 zuòyè 명 숙제, 과제 ★

정답 A

해설 주어인 '我 나'와 술어인 '做完了 다 끝냈다' 사이에 빈칸이 있으므로 빈칸에는 부사가 올 가능성이 높다. 부사 '终于 드디어, 마침내'는 주로 원하던 일이 이루어졌을 때 쓰이며 드디어 숙제를 끝냈다는 것이 문맥상 가장 자연스러우므로 정답은 A이다.

第4-7题

본서 p. 175

| A 突然 | B 难过 | C 皮鞋 | A 갑자기 | B 괴롭다, 슬프다 | C 가죽 구두 |
| D 爱好 | E 然后 | F 马上 | D 취미 | E 그런 후에, 그 다음에 | F 곧, 즉시 |

例如： A: 你有什么（ D ）?
　　　 B: 我喜欢体育。

보기 어휘 突然 tūrán 부 갑자기 | 难过 nánguò 형 괴롭다, 슬프다 ★ | 皮鞋 píxié 명 가죽 구두 | 爱好 àihào 명 취미 ★ | 然后 ránhòu 접 그런 후에, 그 다음에 ★ | 马上 mǎshàng 부 곧, 즉시, 바로

4

A: 我的眼镜呢? 怎么（ A 突然 ）找不到了?
B: 是不是在洗手间里?

A: 내 안경은? 왜 갑자기 못 찾겠지(찾을 수 없지)?
B: 화장실 안에 있는 거 아니야?

지문 어휘
眼镜 yǎnjìng 명 안경
怎么 zěnme 대 어떻게, 어째서, 왜
找不到 zhǎo bu dào 찾을 수 없다
洗手间 xǐshǒujiān 명 화장실 ★

정답 A

해설 술어인 '找不到 찾을 수 없다'의 앞에 빈칸이 있으므로 빈칸에는 부사가 올 가능성이 높다. 안경이 갑자기 사라져 찾을 수 없다는 내용이 문맥상 가장 자연스러우므로 빈칸에는 '突然 갑자기'가 들어가야 한다. 참고로 어떤 물건이 갑자기 사라진 상황에 쓸 수 있는 표현인 '怎么突然找不到了? 왜 갑자기 못 찾겠지(찾을 수 없지)?'는 3급 듣기에서 자주 출제되는 표현이므로 문장 전체를 암기해두자.

5

A: 你饿不? 我想去买点儿面包。
B: 那你快点儿, 电影（ F 马上 ）就要开始了。

A: 너 배고프지 않니? 나는 빵을 좀 사러 가려고 해.
B: 그러면 좀 서둘러. 영화가 곧 시작하려고 해.

지문 어휘

饿 è 형 배고프다
面包 miànbāo 명 빵 ⭐
电影 diànyǐng 명 영화
就要~了 jiù yào~le 곧 ~하려고 하다
开始 kāishǐ 동 시작하다

정답 F

해설 주어인 '电影 영화'와 술어인 '就要开始了 곧 시작하려고 하다' 사이에 빈칸이 있으므로 빈칸에는 부사가 올 가능성이 높다. 빈칸 뒤의 '就要~了'는 '곧 ~하려고 하다'라는 뜻으로 주로 부사 '马上 곧, 즉시, 바로'와 함께 쓰여 어떠한 상황이나 사건이 매우 임박하였음을 나타낸다. 영화가 곧 시작하려고 한다는 것이 문맥상 가장 자연스러우므로 정답은 F이다.

6

A: 小马, 我现在要去公园散步, 你去不去?
B: 等我一下, 我先打扫房间, （ E 然后 ）和你一起去。

A: 샤오마, 나는 지금 공원에 가서 산책하려고 하는데, 너도 갈래?
B: 좀 기다려 줘, 내가 먼저 방을 좀 청소한 후에 너와 함께 갈게.

지문 어휘

现在 xiànzài 명 지금, 현재
公园 gōngyuán 명 공원 ⭐
散步 sàn bù 동 산책하다
等 děng 동 기다리다
一下 yíxià 양 (동사 뒤에 놓여) 좀(한번) ~하다
先 xiān 부 먼저 ⭐
打扫 dǎsǎo 동 청소하다
房间 fángjiān 명 방
一起 yìqǐ 부 함께

정답 E

해설 뒤 절의 앞머리에 빈칸이 있고, 빈칸 앞에 쉼표가 있으므로 빈칸에는 접속사나 부사가 올 수 있다. 접속사 '然后'는 일반적으로 부사 '先'과 함께 짝을 이루어 동작이나 사건의 선후 관계를 나타낸다. 먼저 청소를 한 후에 함께 가겠다는 것이 문맥상 가장 자연스러우므로 정답은 E이다.

공략비법 08 전치사, 양사 문제

第1-3题　　　　　　　　　　　　　　　　　　　　　　　본서 p. 188

| A 为了 | B 空调 | C 一下 | A ~을 위하여 | B 에어컨 | C 한번(좀) ~하다 |
| D 被 | E 声音 | F 经常 | D ~에 의해 | E 소리, 목소리 | F 자주 |

例如：她说话的（ E ）多好听啊!

보기 어휘 为了 wèile 전 ~을 위해서, ~을 위하여 | 空调 kōngtiáo 명 에어컨 ★ | 一下 yíxià 양 (동사 뒤에 놓여) 한번(좀) ~하다 | 被 bèi 전 ~에 의해 ★ | 声音 shēngyīn 명 소리, 목소리 | 经常 jīngcháng 부 자주

1

（ A 为了 ）身体健康，他每天都花一个小时锻炼身体。

신체 건강을 위해, 그는 매일 한 시간 씩 운동을 한다.

정답 A

해설 빈칸 뒤에 명사구 '身体健康 신체 건강'이 있으므로 빈칸에는 전치사가 올 수 있다. 건강을 위해 매일 한 시간씩 운동을 한다는 것이 문맥상 가장 자연스러우므로 정답은 A이다. 참고로 전치사 '为了'는 목적을 이끄는 전치사로 '为了'는 주로 '健康 건강', '提高成绩 성적 향상', '提高能力 능력 향상' 등의 표현과 함께 쓰인다.

지문 어휘
健康 jiànkāng 명 건강 형 건강하다
每天 měitiān 명 매일, 날마다
花 huā 동 쓰다, 소비하다 ★
小时 xiǎoshí 명 시간
锻炼 duànliàn 동 단련하다 ★

2

先生，请您在这儿写（ C 一下 ）您的名字。

선생님, 여기 성함을 좀 적어주십시오.

정답 C

해설 빈칸 앞에 동사 '写 쓰다'가 있고, 빈칸 뒤에는 목적어가 있으므로 빈칸에는 동작의 횟수를 보충해주는 동량사가 올 수 있다. 보기 중 '한번(좀) ~하다'라는 의미의 양사 '一下'는 동사 뒤에 쓰여 동작의 횟수를 보충해주는 보어역할을 한다. 문맥상 이름을 좀 적어달라는 내용이 가장 자연스러우므로 정답은 C이다.

지문 어휘
先生 xiānsheng 명 선생님, 씨(성인 남성에 대한 경칭)
请 qǐng 동 부탁하다, 초청하다, 요구하다

3

我的蛋糕一定是（ D 被 ）弟弟吃了。

내 케이크는 분명히 동생이 먹었을 것이다.

지문 어휘
蛋糕 dàngāo 명 케이크 ★
一定 yídìng 부 분명히, 반드시, 필히 ★

정답 D

해설 명사 '弟弟 남동생' 앞에 빈칸이 있으므로 빈칸에는 전치사가 올 수 있다. 대상이 되는 '蛋糕 케이크'가 먼저 언급되었고, 이 케이크가 동작의 주체인 남동생에 의해 먹혀진 상황이므로 전치사 '被 ~에 의해'를 써서 피동문을 만들어야 한다. 따라서 정답은 D이다.

第4-6题   본서 p. 189

| A 双 | B 离 | C 放心 | A 쌍, 켤레 | B ~로부터 | C 안심하다 |
| D 爱好 | E 种 | F 或者 | D 취미 | E 종류, 부류, 가지 | F 또는 |

例如：A: 你有什么（ D ）？
      B: 我喜欢体育。

보기 어휘 双 shuāng 양 쌍, 켤레(쌍이나 짝을 이룬 물건을 세는 단위) | 离 lí 전 ~로부터 | 放心 fàng xīn 동 안심하다 ★ | 爱好 àihào 명 취미 ★ | 种 zhǒng 양 종류, 부류, 가지 | 或者 huòzhě 접 또는(평서문에 쓰여 선택을 나타냄)

4

A: 服务员，请再给我拿一（ A 双 ）筷子，好吗？
B: 好的，我马上给你拿。

A: 종업원, 젓가락 (한 벌) 다시 가져다줄 수 있나요?
B: 네, 바로 가져다 드릴게요.

지문 어휘
服务员 fúwùyuán 명 종업원 ★
拿 ná 동 가지다, 잡다, (손으로) 쥐다 ★
筷子 kuàizi 명 젓가락 ★
马上 mǎshàng 부 곧, 즉시, 바로

 정답 A

해설 수사 '一'와 명사 '筷子 젓가락' 사이에 빈칸이 있으므로 빈칸에는 양사가 와야 한다. 보기 중 젓가락을 셀 때 쓰는 양사는 '双 쌍, 켤레'이므로 정답은 A이다.

5

A: 你看，这条红色的裙子怎么样？
B: 我不太喜欢那（ E 种 ）颜色。

A: 네가 좀 봐봐, 이 빨간 치마 어때?
B: 난 그런 종류의 색을 별로 안 좋아해.

지문 어휘
条 tiáo 양 치마, 바지, 강 등의 가늘고 긴 것을 세는 단위 ★
裙子 qúnzi 명 치마 ★
颜色 yánsè 명 색, 색깔

 정답 E

해설 지시대명사 '那 그, 그것'과 명사 '颜色 색, 색깔' 사이에 빈칸이 있으므로 빈칸에는 양사가 와야 한다. 보기 중 색깔 앞에 올 수 있는 양사는 '种 종류, 부류, 가지'이므로 정답은 E이다.

6

A: 请问，火车站（ B 离 ）这儿有多远？
B: 有点儿远，打车要20多分钟吧。

A: 말씀 좀 물을게요, 기차역은 여기에서 얼마나 먼가요?
B: 조금 멀어요, 택시 타고 20여 분 정도 걸려요.

지문 어휘

请问 qǐng wèn 말씀 좀 여쭙겠습니다
火车站 huǒchēzhàn 명 기차역
有点儿 yǒu diǎnr 부 조금, 약간
打车 dǎ chē 동 택시를 타다
(= 打的 dǎ dī)
分钟 fēnzhōng 명 분

정답 B

해설 장소 '火车站 기차역'과 '这儿 여기, 이곳' 사이에 빈칸이 있고 빈칸 뒤에 거리의 정도를 나타내는 '远 멀다'가 있으므로 빈칸에는 전치사 '离 ~로 부터'가 들어가야 한다. 기차역이 여기에서 얼마나 먼지 묻는 내용으로 정답은 B이다.

공략비법 09 정보 탐색 문제

본서 p. 196

1

这是我儿子，他今年就要上小学了。他不但喜欢唱歌，还喜欢跳舞。他几乎每天都给我和丈夫表演，让我们很高兴。

★ 关于儿子，可以知道什么？
 A 爱跳舞　　　B 喜欢讲故事　　　C 不喜欢画画

이 아이는 내 아들이다. 그는 올해 곧 초등학교에 들어간다. 그는 노래 부르는 것을 좋아할 뿐만 아니라, 춤추는 것도 좋아한다. 그는 거의 매일 나와 남편에게 공연을 보여주며, 우리를 즐겁게 해준다.

★ 아들에 관하여 무엇을 알 수 있는가?
 A 춤추는 것을 좋아한다
 B 이야기하는 것을 좋아한다
 C 그림 그리는 것을 싫어한다

지문 어휘

儿子 érzi 명 아들
就要~了 jiù yào~le 곧 ~하려고 하다
小学 xiǎoxué 명 초등학교
不但 búdàn 접 ~할 뿐만 아니라
唱歌 chàng gē 동 노래 부르다
跳舞 tiào wǔ 동 춤을 추다
几乎 jīhū 부 거의
丈夫 zhàngfu 명 남편
表演 biǎoyǎn 동 공연하다, 연기하다
让 ràng 동 ~에게 ~하게 하다 (시키다)
高兴 gāoxìng 형 기쁘다

보기 어휘

爱 ài 동 ~하는 것을 좋아하다
讲故事 jiǎng gùshi 이야기를 들려주다
画画 huà huà 동 그림을 그리다

정답 A

해설 지문의 '喜欢跳舞 춤추는 것을 좋아한다'와 보기 A의 '爱跳舞 춤추는 것을 좋아한다'는 동일한 의미이므로 정답은 A이다.

2

天黑了，妹妹想去超市买东西，但是因为没有路灯，她一个人出去有点儿害怕，所以让我陪她一起去，没办法，我只能回来再洗碗了。

★ 根据这段话，可以知道妹妹：
　A 想打扫房间　　　B 要去买东西　　　C 眼睛不好

날이 저물었다. 여동생이 물건을 사러 슈퍼마켓에 가고 싶어하는데, 가로등이 없어서 혼자 나가는 것을 조금 무서워한다. 그래서 나에게 함께 가달라고 한다. 어쩔 수 없이 설거지는 다녀와서 다시 해야겠다.

★ 이 글에 근거하여 여동생에 대해 알 수 있는 것은:
　A 방을 정리하려 한다　　B 물건을 사러 가려고 한다　　C 시력이 나쁘다

정답 B

해설 지문의 '想去买东西 물건을 사러 가고 싶어한다'와 보기 B의 '要去买东西 물건을 사러 가려고 한다'는 유사한 의미이므로 정답은 B이다.

지문 어휘
- **超市** chāoshì 명 슈퍼마켓, 마트 ★
- **东西** dōngxi 명 물건, (구체적인 혹은 추상적인) 것
- **但是** dànshì 접 그러나
- **因为** yīnwèi 접 ~때문에, 왜냐하면
- **路灯** lùdēng 명 가로등
- **出去** chū qu 동 나가다, 외출하다
- **有点儿** yǒu diǎnr 부 조금, 약간
- **害怕** hàipà 동 겁내다, 두려워하다
- **所以** suǒyǐ 접 그래서
- **让** ràng 동 ~에게 ~하게 하다 (시키다)
- **陪** péi 동 동반하다, 모시다
- **办法** bànfǎ 명 방법 ★
- **洗碗** xǐ wǎn 동 설거지를 하다

보기 어휘
- **打扫** dǎsǎo 동 청소하다 ★
- **房间** fángjiān 명 방
- **眼睛** yǎnjing 명 눈

3

虽然我的专业是英语，但我一直对汉语很感兴趣，所以我经常在网上查一些关于汉语学习的东西，现在我能用汉语聊天儿。

★ 关于他，可以知道什么？
　A 他不喜欢听汉语课
　B 他学的是历史
　C 他会说汉语

비록 내 전공은 영어이지만, 나는 줄곧 중국어에 매우 관심이 있었다. 그래서 나는 자주 인터넷에서 중국어 학습과 관련된 것(자료)들을 찾아보았고, 지금 나는 중국어로 이야기를 나눌 수 있게 되었다.

★ 그에 관하여 무엇을 알 수 있는가?
　A 그는 중국어 수업 듣는 것을 싫어한다
　B 그가 배운 것은 역사이다
　C 그는 중국어를 (말)할 줄 안다

정답 C

해설 지문의 '能用汉语聊天儿 중국어로 이야기를 나눌 수 있다'와 보기 C의 '会说汉语 중국어를 (말)할 줄 안다'는 유사한 의미이므로 정답은 C이다.

지문 어휘
- **虽然~, 但(是)~** suīrán~, dàn(shì)~ 비록 ~이지만, 그러나 ~하다
- **专业** zhuānyè 명 전공
- **英语** Yīngyǔ 명 영어
- **一直** yìzhí 부 계속, 줄곧, 곧장
- **对** duì 전 ~에 대해, ~에게
- **感兴趣** gǎn xìngqù 관심이 있다, 흥미를 느끼다 ★
- **经常** jīngcháng 부 자주
- **查** chá 동 찾아보다, 조사하다 ★
- **关于** guānyú 전 ~에 관한, ~관해서
- **东西** dōngxi 명 (구체적인 혹은 추상적인) 것, 물건
- **能** néng 조동 ~할 수 있다
- **聊天儿** liáo tiānr 동 이야기를 나누다, 수다 떨다

보기 어휘
- **历史** lìshǐ 명 역사

4

我的同学买了房子，我觉得真不错。那个房子在五层，不但干净，而且很安静，里面还有电视和空调。附近有医院、超市、电影院，交通也很方便，到地铁站只要5分钟。

★ 那个房子：
A 没有电梯
B 需要好好儿打扫
C 离地铁站很近

내 동창이 집을 샀는데 내가 생각하기에 정말 괜찮은 것 같다. 그 집은 5층이고, 깨끗할 뿐만 아니라 게다가 매우 조용하며, 안에는 텔레비전과 에어컨도 있다. 근처에는 병원, 슈퍼마켓, 영화관이 있고, 교통도 매우 편리해서, 지하철역까지 고작 5분밖에 걸리지 않는다.

★ 그 집은:
A 엘리베이터가 없다
B 청소를 잘 해야 한다
C 지하철역에서 가깝다

정답 C

해설 지문의 '到地铁站只要5分钟 지하철역까지 고작 5분밖에 걸리지 않는다'와 보기 C의 '离地铁站很近 지하철역에서 가깝다'는 유사한 의미이므로 정답은 C이다.

지문 어휘

同学 tóngxué 명 학우, 동창
房子 fángzi 명 집, 건물
觉得 juéde 동 ~라고 생각하다, ~라고 느끼다
不错 búcuò 형 좋다, 괜찮다
层 céng 양 층, 겹
干净 gānjìng 형 깨끗하다 ☆
安静 ānjìng 형 조용하다, 고요하다 ☆
电视 diànshì 명 텔레비전, TV
空调 kōngtiáo 명 에어컨 ☆
附近 fùjìn 명 부근, 근처
医院 yīyuàn 명 병원
超市 chāoshì 명 슈퍼마켓, 마트 ☆
电影院 diànyǐngyuàn 명 영화관 ☆
交通 jiāotōng 명 교통
方便 fāngbiàn 형 편리하다 ☆
地铁站 dìtiězhàn 지하철역
分钟 fēnzhōng 명 분

보기 어휘

电梯 diàntī 명 엘리베이터 ☆
需要 xūyào 동 필요하다 명 요구 ☆
好好儿 hǎohāor 부 잘, 제대로
打扫 dǎsǎo 동 청소하다 ☆
离 lí 전 ~로부터

5

那个地方冬天不是阴天就是下雪，只有两三个星期是晴天。一开始我不知道，但发现后，我的包里会常备一个毛帽子。

★ 关于那个地方，哪个是对的？
A 冬天天很晴   B 冬天经常下雪   C 帽子很便宜

그곳은 겨울에 날이 흐리거나, 눈이 오고, 단지 2, 3주 동안만 날이 맑다. 처음에는 내가 (잘) 알지 못했지만, 알게 된 후에 내 가방에는 항상 털모자 하나가 준비되어 있다.

★ 그곳에 관하여 다음 중 옳은 것은?
A 겨울에 날씨가 맑다   B 겨울에 자주 눈이 내린다   C 모자가 저렴하다

지문 어휘

地方 dìfang 명 장소, 곳
冬天 dōngtiān 명 겨울
不是~，就是~ búshì~, jiùshì~ ~이거나, 아니면 ~이다
阴天 yīntiān 명 흐린 날씨
星期 xīngqī 명 주, 요일
晴天 qíngtiān 명 맑은 날씨
开始 kāishǐ 명 처음, 시작 동 시작하다
发现 fāxiàn 동 알아차리다, 발견하다 ☆

정답	B
해설	지문의 '冬天不是阴天就是下雪 겨울에 날이 흐리거나, 눈이 온다'와 보기 B의 '冬天经常下雪 겨울에 자주 눈이 내린다'는 유사한 의미이므로 정답은 B이다.

包 bāo 명 가방
常备 chángbèi 통 항상 준비하다, 상비하다
毛帽子 máo màozi 털모자

보기 어휘

经常 jīngcháng 부 자주

공략비법 10 주제 파악 문제

본서 p. 200

1

有人说"今天工作不努力，明天努力找工作"。这句话告诉人们，不要等到没有工作了，才明白努力的重要性。

★ 这段话告诉我们什么？
　A 兴趣很重要
　B 要常检查身体
　C 要努力工作

어떤 이는 '오늘 열심히 일하지 않으면, 내일 열심히 일을 찾아야 한다'라고 말한다. 이 말은 사람들에게 일이 없어지고 난 후에야 비로소 노력의 중요성을 깨닫지 말라고 알려준다.

★ 이 글은 우리에게 무엇을 말하는가?
　A 흥미가 중요하다
　B 신체검사를 자주 해야 한다
　C 열심히 일해야 한다

지문 어휘

努力 nǔlì 통 노력하다
找 zhǎo 통 찾다, 구하다
句 jù 양 마디, 구
告诉 gàosu 통 알리다, 말하다
不要 búyào ~하지 마라, ~해서는 안 된다 (=别 bié)
才 cái 부 비로소, 겨우, 고작
明白 míngbai 통 이해하다, 알다 ★
重要性 zhòngyàoxìng 명 중요성

보기 어휘

兴趣 xìngqù 명 흥미 ★
检查 jiǎnchá 통 검사하다, 조사하다 ★

정답	C
해설	마지막 부분에서 일이 없어진 후에야 비로소 노력의 중요함을 깨닫지 말라고 언급했으므로 '열심히 일해야 한다'가 이 글의 주제임을 알 수 있다. 따라서 정답은 C이다.

2

中国有句话叫做"三人行，必有我师"。意思是说三个人在一起时，其中一定有可以成为我老师的人。

★ 这段话告诉我们：
　A 要向别人学习
　B 要多去旅游
　C 要常去见老师

지문 어휘

叫做 jiàozuò 통 ~라고 부르다, ~이다
意思 yìsi 명 의미, 뜻
其中 qízhōng 대 그 중
一定 yídìng 부 반드시 ★
成为 chéngwéi 통 ~이 되다, ~으로 되다

중국에는 '세 명이 갈 때, 분명 나의 스승이 있다'라는 말이 있다. 의미는 세 사람이 함께 있을 때 그 가운데 반드시 나의 스승이 될 만한 사람이 있다는 것이다.

★ 이 글이 우리에게 말하는 것은:
A 다른 사람에게 배워야 한다
B 여행을 자주 가야 한다
C 선생님을 자주 뵈러 가야 한다

보기 어휘

向~学习 xiàng~xuéxí ~로부터 배우다, ~에게 배우다
旅游 lǚ yóu 동 여행하다

정답 A

해설 마지막 부분에서 다른 사람들과 함께 있을 때 그 가운데 반드시 나의 스승이 될 만한 사람이 있다고 언급했으므로 '다른 사람에게 배워야 한다'가 이 글의 주제임을 알 수 있다. 따라서 정답은 A이다.

3

父母经常说"日久见人心"。这句话的意思是说时间长了，才能了解一个人的心。所以每次我认识新朋友时，都会想起这句话。

★ 这段话的意思是：
A 应该多交新朋友
B 知道人心需要很长时间
C 朋友的影响力很大

부모님께서는 '일구견인심(시간이 오래되면 사람의 마음이 보인다)'라고 자주 말씀하셨다. 이 말의 의미는 시간이 오래 지나야 비로소 한 사람의 마음을 이해할 수 있다는 것이다. 그래서 나는 매번 새로운 친구를 사귈 때마다 늘 이 말을 떠올린다.

★ 이 글의 의미는:
A 새 친구를 많이 사귀어야 한다
B 사람 마음을 알려면 오랜 시간이 필요하다
C 친구의 영향력이 크다

지문 어휘

经常 jīngcháng 부 자주
才 cái 부 비로소, 겨우, 고작
能 néng 조동 ~할 수 있다
了解 liǎojiě 동 이해하다, 알아보다 ★
所以 suǒyǐ 접 그래서
每次 měi cì 명 매번, 매 차
认识 rènshi 동 (사람, 글자 등을) 알다, 인식하다
想起 xiǎngqǐ 동 떠올리다, 생각해내다

보기 어휘

应该 yīnggāi 조동 마땅히 ~해야 한다
需要 xūyào 동 필요하다 ★
影响力 yǐngxiǎnglì 명 영향력

정답 B

해설 도입부에서 시간이 오래 지나야 비로소 한 사람의 마음을 이해할 수 있다고 했으므로 '사람의 마음을 알려면 오랜 시간이 필요하다'가 이 글의 주제임을 알 수 있다. 따라서 정답은 B이다.

4

很多人说下次还会有机会，但是下次真的还会有机会吗？那不一定。所以机会来到我们身边的时候，我们不能错过。

★ 这段话告诉我们:
  A 人要往上走
  B 机会不容易来
  C 要做感兴趣的事

많은 사람들이 다음에 또 기회가 있을 것이라고 말하지만, 정말 다음에 또 기회가 있을까? 그건 확실하지 않다. 따라서 기회가 우리 곁에 왔을 때 우리는 결코 놓쳐서는 안 된다.

★ 이 글이 우리에게 말하는 것:
  A 사람은 위로 올라가야 한다
  B 기회는 쉽게 오지 않는다
  C 흥미를 느끼는 일을 해야 한다

지문 어휘

下次 xià cì 몡 다음번
还 hái 튄 또, 더, 여전히 ★
机会 jīhuì 몡 기회
但是 dànshì 젭 그러나
不一定 bù yídìng 확실하지 않다, 확정할 수 없다
所以 suǒyǐ 젭 그래서
身边 shēnbiān 몡 곁
错过 cuòguò 동 (시기나 대상을) 놓치다, 엇갈리다

보기 어휘

往 wǎng 젠 ~쪽으로
容易 róngyì 형 쉽다, ~하기 쉽다 ★
感兴趣 gǎn xìngqù 흥미를 느끼다, 관심이 있다 ★

 정답 B

해설 이 글의 도입부에서 다음에 기회가 또 찾아 오는 것은 확실하지 않다고 언급했으므로 '기회는 쉽게 오지 않는다'가 이 글의 주제임을 알 수 있다. 따라서 정답은 B이다.

5

中国有句话说: "天下无难事，只怕有心人。"意思是说世界上没有不能完成的事，只要不放弃，努力去做，就一定能完成。

★ 这段话的意思是:
  A 努力最重要
  B 变化很快
  C 别用太长时间

중국에는 '천하에 어려운 일은 없다. 단지 뜻이 있는 자가 두려울 뿐이다(모든 일은 마음 먹기에 달려 있다).'라는 말이 있다. 이는 세상에는 완성할 수 없는 일은 없으며, 포기하지 않고 열심히 해 나간다면 일을 반드시 완수할 수 있다는 의미이다.

★ 이 글의 의미는:
  A 노력이 가장 중요하다
  B 변화가 빠르다
  C 너무 오랜 시간을 들이지 말아라

지문 어휘

世界 shìjiè 몡 세상, 세계
完成 wánchéng 동 완수하다, (예정대로) 끝내다, 완성하다 ★
只要~, 就~ zhǐyào~, jiù~ ~하기만 하면, 곧 ~하다
放弃 fàngqì 동 (권리나 주장·의견 등을) 포기하다, 버리다
一定 yídìng 튄 반드시 ★

보기 어휘

重要 zhòngyào 형 중요하다 ★
变化 biànhuà 몡 변화 동 변화하다 ★
别 bié 튄 ~하지 마라

정답 A

해설 마지막 부분에서 포기하지 않고 열심히 해 나간다면 일을 반드시 완수할 수 있다고 했으므로 '노력이 가장 중요하다'가 이 글의 주제임을 알 수 있다. 따라서 정답은 A이다.

HSK 3급 독해 미니 테스트

第1-5题
본서 p. 202

A 6个多月，1月28号去，8月10号回来。
B 得了第一名? 你这次成绩真不错啊。
C 我刚才去图书馆了，你找我什么事?
D 我们不但喜欢游泳，还很喜欢看电影。
E 我今天有点儿不舒服，想快点儿回家休息。

A 6개월 정도, 1월 28일에 가서, 8월 10일에 돌아 와.
B 1등이라고? 이번 성적이 정말 좋구나.
C 나는 방금 도서관 갔었어, 무슨 일로 나를 찾은 거야?
D 우리는 수영하는 것을 좋아할 뿐만 아니라 또 영화를 보는 것도 좋아해.
E 나는 오늘 좀 몸이 안 좋아서, 빨리 집에 돌아가서 쉬고 싶어.

보기 어휘

得 dé 동 획득하다, 얻다, 받다
第一名 dì yī míng 1등, 1위
次 cì 양 번, 차례(동작을 세는 단위)
成绩 chéngjì 명 성적 ★
不错 búcuò 형 좋다, 괜찮다
刚才 gāngcái 명 방금, 막
图书馆 túshūguǎn 명 도서관 ★
不但 búdàn 접 ~뿐만 아니라
游泳 yóu yǒng 동 수영하다
电影 diànyǐng 명 영화
有点儿 yǒu diǎnr 부 조금, 약간
舒服 shūfu 형 편안하다 ★
休息 xiūxi 동 쉬다, 휴식하다

1

我和我妻子的爱好一样。(D)

나와 내 부인의 취미는 같아.

지문 어휘

妻子 qīzi 명 아내
爱好 àihào 명 취미
一样 yíyàng 형 같다, 동일하다

정답 D

해설 1번의 '爱好 취미'와 보기 D의 '喜欢游泳 수영하는 것을 좋아하다', '喜欢看电影 영화 보는 것을 좋아하다'가 핵심 키워드이다. 1번에서 부부의 취미가 같다고 말하며, D에서 그 취미에 대해 구체적으로 설명했으므로 두 문장은 하나의 단문으로 자연스럽게 연결된다.

2

没什么问题的话，下午考试结束后我们就可以回家了。(E)

별 문제 없으면, 오후 시험이 끝난 후에 우리는 바로 집에 돌아가도 돼.

지문 어휘

问题 wèntí 명 문제, 질문
(如果)~的话
(rúguǒ)~de huà
접 만약 ~한다면

정답 E

해설   보기 E의 '想回家休息 집에 돌아가서 쉬고 싶다'와 2번의 '不舒服 불편하다', '可以回家 집에 돌아가도 돼'가 핵심 키워드이다. E에서 몸이 안 좋아서 집에 가서 쉬고 싶다고 했으므로 문제 없으면 시험이 끝난 후에 바로 집에 돌아가도 된다고 말한 2번과 서로 연결된다.

下午 xiàwǔ 몡 오후
考试 kǎoshì 몡 시험 동 시험을 치다
结束 jiéshù 동 끝나다 ⭐
可以 kěyǐ 조동 ~해도 된다, ~할 수 있다

3

你这次去北京留学, 打算去多久？（ A ）

너는 이번 베이징 유학을 얼마 동안이나 갈 계획이야?

정답   A

해설   3번의 '打算去多久? 얼마 동안이나 갈 계획이야?'와 보기 A의 '6个多月 6개월 정도'가 핵심 키워드이다. 3번에서 얼마 동안 갈 계획인지 물었으므로 6개월 정도라고 답하며 구체적인 일정에 대해 말한 A와 연결된다.

지문 어휘

北京 Běijīng 고유 베이징
留学 liú xué 동 유학하다 몡 유학
打算 dǎsuan 동 ~할 예정이다, ~할 생각이다 ⭐
多久 duōjiǔ 대 얼마 동안, 얼마나 오래

4

没想到才三个月的时间, 你的汉语水平就提高了这么多！（ B ）

고작 3개월만에 너의 중국어 실력이 이렇게나 많이 향상되다니!

정답   B

해설   보기 B의 '第一名 1등', '成绩 성적'과 4번의 '水平提高 실력이 향상되다'가 핵심 키워드이다. B에서 1등한 성적에 놀라며 4번에서 중국어 실력이 많이 향상되었다고 했으므로 두 문장은 하나의 단문으로 자연스럽게 연결된다.

지문 어휘

才 cái 부 겨우, 고작, 비로소
时间 shíjiān 몡 시간
水平 shuǐpíng 몡 수준, 능력 ⭐
提高 tígāo 동 향상시키다, 높이다, 끌어올리다

5

我想告诉你, 我明天得去医院检查身体, 所以不能去电影院了。（ C ）

내가 내일 병원에 신체 검사를 받으러 가야 해서, 영화관에 갈 수 없게 되었다고 너에게 알려주려고.

정답   C

해설   보기 C의 '你找我什么事? 무슨 일로 나를 찾은 거야?'와 5번의 '我想告诉你~ 내가 너에게 ~을 알려주다'가 핵심 키워드이다. C에서 무슨 일로 찾았는지 물었으므로 영화관에 갈 수 없게 된 것을 알려주려 했다고 대답한 5번과 서로 연결된다.

지문 어휘

告诉 gàosu 동 말하다, 알리다
医院 yīyuàn 몡 병원
检查 jiǎnchá 동 검사하다, 조사하다 ⭐
身体 shēntǐ 몡 몸, 건강
电影院 diànyǐngyuàn 몡 영화관

第6-10题   본서 p. 203

| A 生气 | B 离开 | C 难 | A 화내다 | B 떠나다 | C 어렵다 |
| D 一定 | E 蛋糕 | | D 반드시 | E 케이크 | |

보기 어휘 生气 shēng qì 동 화내다 | 离开 lí kāi 동 떠나다 ★ | 难 nán 형 어렵다 | 一定 yídìng 부 반드시 ★ | 蛋糕 dàngāo 명 케이크

6

25号桌要了两杯咖啡和一块儿（ E 蛋糕 ），你快送过去。

25번 테이블에서 커피 두 잔과 케이크 한 조각을 주문했어. 네가 빨리 가져다 드려.

지문 어휘
杯 bēi 양 잔, 컵
咖啡 kāfēi 명 커피
块儿 kuàir 양 덩어리나 조각 형태로 된 것을 세는 단위

정답 E

해설 빈칸 앞에 덩어리나 조각 형태로 된 것을 세는 단위인 양사 '块儿'이 있으므로 빈칸에는 명사 '蛋糕 케이크'가 와야 한다. 따라서 정답은 E이다.

7

放心，爸爸（ D 一定 ）会让你去旅游的。

안심해(걱정 마), 아빠는 반드시 네가 여행갈 수 있도록 해주실 거야.

지문 어휘
放心 fàng xīn 동 안심하다 ★
旅游 lǚ yóu 동 여행하다

정답 D

해설 주어 '爸爸 아빠'와 조동사 '会 ~할 것이다' 사이에 빈칸이 있으므로 빈칸에는 부사가 올 수 있다. 부사 '一定 반드시'는 주로 '要', '会'와 같은 조동사와 함께 쓰여 강한 의지 또는 확신을 나타낸다. 따라서 정답은 D이다.

8

别（ A 生气 ）了，这个先给弟弟，妈妈再给你买一个。

화내지 마. 이것은 먼저 남동생에게 주고, 엄마가 다시 네게 하나를 사줄게.

지문 어휘
别~了 bié~le ~하지 마라
再 zài 부 다시, 재차, 또

정답 A

해설 빈칸 앞에 부사 '别 ~하지 마라'가 있으므로 빈칸에는 동사가 와야 한다. '别~了'는 독해 2부분에서 주로 '生气 화내다', '担心 걱정하다'와 같은 심리동사와 함께 쓰이며, 화내지 말라고 타이르는 내용이 문맥상 가장 자연스러우므로 정답은 A이다.

9

她们打算10月（ **B 离开** ）北京。

그녀들은 10월에 베이징을 떠날 계획이다.

지문 어휘
打算 dǎsuan 동 ~할 예정이다, ~할 생각이다 ★

정답 B

해설 일반적으로 '打算 ~할 예정이다' 뒤에는 술목구(술어+목적어) 형태의 목적어가 온다. 빈칸 뒤에 '北京 베이징'이라는 명사가 있으므로 빈칸에는 동사가 와야 한다. 10월에 베이징을 떠날 계획이라는 내용이 문맥상 가장 자연스러우므로 정답은 B이다.

10

其实考试不像你想的那么（ **C 难** ）。

사실 시험이 네가 생각한 것만큼 그렇게 어렵진 않아.

지문 어휘
其实 qíshí 부 사실은
考试 kǎoshì 명 시험 동 시험을 치다
像 xiàng 동 ~와 같다, 닮다
那么 nàme 대 그렇게

정답 C

해설 '像'비교문의 기본형식은 '[A+像+B+这么/那么+형용사] A는 B처럼 이렇게/그렇게 ~하다'이므로 '那么' 뒤의 빈칸에는 형용사가 와야 한다. 시험은 네가 생각한 것처럼 그렇게 어렵지 않다는 의미로 정답은 C이다.

第11-20题

본서 p. 204~205

11

这里的啤酒非常有名，所以每年都会举行啤酒节，今年参加啤酒节的人比以前多。

★ 这个地方：

A 非常安静　　B 有公园　　C 啤酒很有名

이곳의 맥주는 굉장히 유명하다. 그래서 해마다 맥주 축제가 열리는데, 올해 맥주 축제에 참가한 사람은 예전보다 많다.

★ 이 곳은:

A 매우 조용하다　　B 공원이 있다　　C 맥주가 유명하다

지문 어휘
啤酒 píjiǔ 명 맥주 ★
有名 yǒumíng 형 유명하다
所以 suǒyǐ 접 그래서
每年 měinián 명 매년, 해마다
举行 jǔxíng 동 거행하다, 개최하다, 실시하다
啤酒节 píjiǔjié 맥주 축제
比 bǐ 전 ~보다, ~에 비해
以前 yǐqián 명 이전에

보기 어휘
安静 ānjìng 형 조용하다 ★
公园 gōngyuán 명 공원 ★

정답 C

해설 지문의 '啤酒非常有名 맥주는 굉장히 유명하다'와 보기 C의 '啤酒很有名 맥주가 유명하다'는 동일한 의미이므로 정답은 C이다.

12

王经理一整天脸色都不太好，同事们都以为他生病了，问他身体怎么了，他笑着回答说："昨晚看足球赛，一晚没睡。"

★ 王经理昨天晚上：
　A 发烧了　　　　B 看比赛了　　　C 喝酒了

왕 사장은 하루 종일 안색이 별로 좋지 않았다. 동료들은 모두 그가 병이 난 줄 알고 그에게 몸이 어떤지 물어보자, 그는 웃으며 '어제 저녁에 축구 경기를 보느라 밤새 잠을 자지 못했어.'라고 대답했다.

★ 왕 사장은 어제 저녁:
　A 열이 났다　　　B 경기를 봤다　　C 술을 마셨다

정답 B

해설 지문의 '看足球赛 축구 경기를 보다'와 보기 B의 '看比赛了 경기를 봤다'는 유사한 의미이므로 정답은 B이다. 참고로 지문의 '昨晚 어제 저녁'은 '昨天晚上'의 줄임말로, '昨晚 어제 저녁', '今晚 오늘 저녁', '明晚 내일 저녁'과 같이 변형하여 쓸 수 있다는 것을 기억해두자.

지문 어휘
经理 jīnglǐ 명 사장, 매니저 ★
一整天 yìzhěngtiān 명 하루 종일, 온종일
脸色 liǎnsè 명 안색
以为 yǐwéi ~라고 여기다, 생각하다(사실과 생각한 것이 다른 경우에 쓰임)
生病 shēng bìng 동 병이 나다
怎么了 zěnme le 무슨 일이야? 어떻게 된 거야?
着 zhe 조 ~하고 있다, ~하고 있는 중이다(동사 뒤에 쓰여 동작의 지속이나 상태를 나타냄)
回答 huídá 동 대답하다 ★
昨晚 zuówǎn 명 어제 저녁, 어젯밤
足球赛 zúqiúsài 축구 경기
睡 shuì 동 자다

보기 어휘
发烧 fā shāo 동 열이 나다 ★
比赛 bǐsài 명 경기, 시합 ★

13

我弟弟最喜欢旅游。这些年，他去过不少国家和城市。有一次我问他："你觉得哪个城市最漂亮？"他回答说："是下一个要去的地方。"

★ 弟弟：
　A 最近一直很高兴
　B 想去中国留学
　C 去过很多地方

내 남동생은 여행하는 것을 제일 좋아한다. 요 몇 년 동안, 그는 적지 않은 나라와 도시를 가봤다. 한 번은 내가 그에게 '너는 어느 도시가 가장 아름답다고 생각해?'라고 묻자, 그는 '다음에 갈 곳이야.'라고 대답했다.

★ 남동생은:
　A 요즘 줄곧 즐겁다
　B 중국으로 유학 가고 싶어한다
　C 많은 곳을 가봤다

지문 어휘
旅游 lǚ yóu 동 여행하다 ★
国家 guójiā 명 국가, 나라
城市 chéngshì 명 도시 ★
次 cì 양 번, 차례(동작을 세는 단위)
回答 huídá 동 대답하다 ★
要 yào 조동 ~할 것이다, ~해야 한다 동 원하다
地方 dìfang 명 장소, 곳 ★

보기 어휘
一直 yìzhí 부 계속, 줄곧, 곧장, 곧바로
留学 liú xué 명 유학 동 유학하다 ★

정답	C
해설	지문의 '去过不少国家和城市 적지 않은 나라와 도시를 가봤다'와 보기 C의 '去过很多地方 많은 곳을 가봤다'는 유사한 의미이므로 정답은 C이다.

14

我儿子今年上小学了，从上学开始他就经常问我们一些很难回答的问题，有时候，我和他妈妈真的不知道应该怎么回答他的这些问题。

★ 我儿子：
A 不想上学　　　B 爱问问题　　　C 个子很高

내 아들은 올해 초등학교에 입학했다. 학교에 다닌 후로부터 아들은 자주 우리에게 대답하기 어려운 질문을 한다. 종종 나와 아이 엄마는 아이의 이런 질문에 어떻게 대답해야 할지 정말 모르겠다.

★ 내 아들은:
A 등교하기 싫어한다　　B 질문하기를 좋아한다　　C 키가 크다

지문 어휘

儿子 érzi 명 아들
今年 jīnnián 명 올해
上 shàng 동 진학하다, 오르다
小学 xiǎoxué 명 초등학교
开始 kāishǐ 동 시작하다
经常 jīngcháng 부 자주
一些 yìxiē 양 몇 가지(번), 약간, 좀
难 nán 형 어렵다 ⭐
问题 wèntí 명 문제 ⭐
有时候 yǒushíhou 부 가끔씩, 종종
应该 yīnggāi 조동 ~해야 한다
怎么 zěnme 대 어떻게, 어째서, 왜
这些 zhè xiē 대 이것들, 이런 것들, 이들

보기 어휘

上学 shàng xué 동 등교하다, 진학하다
爱 ài 동 ~하는 것을 좋아하다, 툭하면 ~하다
个子 gèzi 명 키

정답	B
해설	지문의 '经常问问题 자주 질문을 한다'와 보기 B의 '爱问问题 질문하기를 좋아한다'는 유사한 의미이므로 정답은 B이다. 참고로 동사 '爱'는 뒤에 동작이 올 경우 '~하는 것을 좋아하다', '툭하면 ~하다'의 뜻으로 쓰일 수 있다.

15

晚上不能睡得太晚，每天都要睡八个小时左右，因为如果睡觉的时间太短了，会影响身体健康，并且容易感觉到累。

★ 根据这段话，可以知道什么？
A 睡觉的时间不能太短
B 可以晚点儿睡觉
C 每天需要睡六个小时

저녁에 잠을 너무 늦게 자면 안 된다. 매일 8시간 정도는 자야 한다. 만약 수면 시간이 너무 짧으면, 몸 건강에 영향을 줄 수 있고, 게다가 쉽게 피로를 느낄 수 있기 때문이다.

★ 이 글을 근거로 무엇을 알 수 있는가?
A 수면 시간이 너무 짧으면 안 된다
B 늦게 자도 된다
C 매일 6시간을 자야 한다

지문 어휘

睡 shuì 동 (잠을) 자다
得 de 조 동사나 형용사 뒤에 쓰여 정도나 가능을 나타내는 보어와 연결시킴
左右 zuǒyòu 명 가량, 쯤(수량사 뒤에 쓰여 대략적인 수를 나타냄)
因为 yīnwèi 접 왜냐하면, ~때문에
如果 rúguǒ 접 만약 ~한다면 ⭐
时间 shíjiān 명 시간
短 duǎn 형 짧다
影响 yǐngxiǎng 동 영향을 주다 (끼치다) 명 영향
健康 jiànkāng 형 건강하다 명 건강

정답	A
해설	이 글의 마지막 부분에서 수면 시간이 너무 짧으면 건강에 영향을 줄 수 있고, 쉽게 피로감을 느낄 수 있다고 했으므로 정답은 A이다.

并且 bìngqiě 접 게다가
容易 róngyì 형 쉽다, ~하기 쉽다 ★
感觉 gǎnjué 동 느끼다

보기 어휘

可以 kěyǐ 조동 ~해도 된다, ~할 수 있다
需要 xūyào 동 필요하다 ★

16

欢迎各位来这儿旅游。虽然我们这个城市不太大，但是已经有两千多年的历史了。现在我先带大家去一个很有名的地方，那儿不但有很多小吃，而且街道两边有很多漂亮的茶馆，来旅游的人是一定要去看看的。

★ 关于那个城市，可以知道：
　A 历史久远　　　B 房子很高　　　C 人很热情

이곳에 여행오신 여러분을 환영합니다. 비록 저희 이 도시는 별로 크지는 않지만, 이미 2천여 년의 역사를 가지고 있습니다. 지금 저는 먼저 여러분을 모시고 매우 유명한 곳으로 가보겠습니다. 그 곳에는 많은 먹거리들이 있을 뿐만 아니라, 길 양쪽에 아주 예쁜 찻집들도 있습니다. 여행오시는 분들이라면 반드시 가서 봐야 합니다.

★ 그 도시에 관하여 알 수 있는 것은:
　A 역사가 오래되다　　B 집이 높다　　C 사람들이 친절하다

정답	A
해설	지문의 '已经有两千多年的历史了 이미 2천여 년의 역사를 가지고 있다'와 보기 A의 '历史久远 역사가 오래되다'는 유사한 의미이므로 정답은 A이다.

지문 어휘

欢迎 huānyíng 동 환영하다 ★
位 wèi 양 분, 명(공경의 뜻을 내포함)
旅游 lǚyóu 동 여행하다
虽然~，但是~
suīrán~, dànshì~
비록 ~이지만, 그러나 ~하다
城市 chéngshì 명 도시 ★
已经 yǐjing 부 이미, 벌써
历史 lìshǐ 명 역사
带 dài 동 데리다, 인솔하다, (몸에) 지니다 ★
有名 yǒumíng 형 유명하다
不但~，而且~
búdàn~, érqiě~
~할 뿐만 아니라, 게다가 ~하다
小吃 xiǎochī 명 간식, 간단한 먹거리
街道 jiēdào 명 거리 ★
边 biān 명 쪽, 측, 방면
茶馆(儿) cháguǎn(r) 명 찻집

보기 어휘

久远 jiǔyuǎn 형 멀고 오래다, 까마득하다
房子 fángzi 명 집
热情 rèqíng 형 친절하다 ★

17

经理，我觉得我们饭店的服务员还是有点少，您再找几个人吧！最近来店里吃饭的客人变得很多，特别是晚上的时候，大家常常忙不过来，所以客人总是要等很长时间。

★ 说话人是什么意思？

A 服务员很少　　B 工作不多　　C 经理要求很低

사장님, 제 생각에 저희 식당의 종업원이 여전히 조금 적은 것 같습니다. 몇 명을 더 구해주세요(채용해주세요)! 최근 식당에 와서 식사하는 손님이 많아졌습니다. 특히 저녁에는 모두 쉴새 없이 바빠서, 손님들이 늘 오랜 시간 동안 기다려야 합니다.

★ 화자는(화자가 말하는 것은) 무슨 의미인가?

A 종업원이 적다　　B 일이 많지 않다　　C 사장의 요구가 낮다

정답 A

해설 이 글의 도입부에서 화자는 식당의 종업원이 여전히 적은 것 같다고 말하며, 몇 명을 더 채용해달라고 했으므로 정답은 A이다.

지문 어휘

经理 jīnglǐ 명 지배인, 매니저, 사장 ★
饭店 fàndiàn 명 식당, 호텔
服务员 fúwùyuán 명 종업원 ★
还是 háishi 부 여전히, 아직도, ~하는 편이 낫다 ★
找 zhǎo 동 구하다, 찾다
最近 zuìjìn 명 최근, 요즈음
客人 kèrén 명 손님
变 biàn 동 (성질, 상태가) 변하다, 바뀌다
特别 tèbié 부 특별히, 특히, 아주
大家 dàjiā 대 모두, 여러분
忙不过来 máng bú guòlai 쉴새 없이 바쁘다
所以 suǒyǐ 접 그래서
总是 zǒngshì 부 늘, 항상

보기 어휘

要求 yāoqiú 명 요구, 요구사항 동 요구하다 ★

18

当你只看眼前的东西时，你只能有一种选择；如果你看得远一点儿，就会发现还会有其他更好的选择。

★ 看远处，可以：

A 有更多选择
B 更相信自己
C 更了解它

당신이 단지 눈 앞의 것만 볼 때, 당신은 한 가지만을 선택할 수 있다; 만약 당신이 좀 더 멀리 바라본다면 다른 더 좋은 선택이 있을 수 있다는 것을 발견할 것이다.

★ 먼 곳을 보면 무엇을 할 수 있는가:

A 더 많은 선택이 생긴다
B 자신을 더욱 믿을 수 있다
C 그것을 더욱 이해하게 된다

정답 A

해설 지문의 '还会有其他更好的选择 다른 더 좋은 선택이 있을 수 있다'는 '有更多选择 더 많은 선택이 생긴다'의 의미를 내포하므로 정답은 A이다.

지문 어휘

当~时 dāng~shí ~할 때
只 zhǐ 부 오직, 단지 ★
眼前 yǎnqián 명 가까운 곳, 눈 앞
种 zhǒng 양 종류, 부류, 가지
选择 xuǎnzé 명 선택 동 선택하다 ★
如果 rúguǒ 접 만약 ~한다면 ★
发现 fāxiàn 동 발견하다, 알아차리다 ★
其他 qítā 대 기타, 그 외
更 gèng 부 더욱, 더

보기 어휘

远处 yuǎnchù 명 먼 곳, 먼 데
相信 xiāngxìn 동 믿다, 신뢰하다 ★
了解 liǎojiě 동 자세하게 알다, 이해하다 ★
它 tā 대 그것

19

我们家里的冰箱用了十年了，虽然买了很长时间了，但是我家人使用时都很注意，所以像新的一样干净。

★ 这个冰箱：
A 是新的　　　B 很干净　　　C 是借的

우리 집 냉장고는 10년째 사용하고 있다. 비록 산지는 오래됐지만, 우리 가족들이 조심스럽게 사용해서 마치 새 것처럼 깨끗하다.

★ 이 냉장고는:
A 새 것이다　　　B 깨끗하다　　　C 빌린 것이다

지문 어휘

冰箱 bīngxiāng 명 냉장고 ★
虽然~, 但是~ suīrán~, dànshì~ 비록 ~이지만, 그러나 ~하다
使用 shǐyòng 동 사용하다, 쓰다
注意 zhùyì 동 주의하다, 조심하다 ★
所以 suǒyǐ 그래서
像~一样 xiàng~yíyàng 마치 ~와 같다
干净 gānjìng 형 깨끗하다 ★

보기 어휘

借 jiè 동 빌리다, 빌려주다 ★

정답 B

해설 지문의 '像新的一样干净 마치 새 것처럼 깨끗하다'는 보기 B의 '很干净 깨끗하다'와 같은 의미이므로 정답은 B이다.

20

在上课的时候遇到不懂的问题一定要问老师，不要害怕问问题。如果不及时解决的话，问题就会变得越来越多。只有弄明白了，才能在考试中得到好成绩。

★ 根据这段话，可以知道什么？
A 不能问老师问题
B 别害怕问问题
C 一定要自己解决问题

수업시간에 이해되지 않는 문제가 생기면 반드시 선생님께 여쭤봐야 한다. 질문하는 것을 두려워해서는 안 된다. 만약 제때에 해결하지 않는다면, 문제는 갈수록 많아질 것이다. 정확하게 이해해야만, 비로소 시험에서 좋은 성적을 받을 수 있다.

★ 이 글을 근거로 무엇을 알 수 있는가?
A 선생님께 문제를 물어봐서는 안 된다
B 질문하는 것을 두려워해서는 안 된다
C 반드시 스스로 문제를 해결해야 한다.

지문 어휘

遇到 yùdào 동 직면하다, 맞닥뜨리다 ★
懂 dǒng 동 알다, 이해하다
一定 yídìng 부 반드시
害怕 hàipà 동 겁내다, 두려워하다
如果~的话，就~ rúguǒ~de huà, jiù~ 만약 ~한다면, 곧 ~하다
及时 jíshí 부 제때에, 즉시, 바로
解决 jiějué 동 해결하다 ★
变 biàn 동 (성질, 상태가) 변하다, 바뀌다
越来越 yuèláiyuè 부 점점, 갈수록
只有~，才~ zhǐyǒu~, cái~ ~해야만, 비로소 ~하다
弄 nòng ~하다(구체적인 동사를 대신해서 쓰임)
明白 míngbai 동 알다, 이해하다 ★
得到 dé dào 동 얻다, 받다, 획득하다
成绩 chéngjì 명 성적 ★

정답 B

해설 도입부에서 이해되지 않는 문제가 생기면 반드시 선생님께 여쭤봐야 하며 질문하는 것을 두려워해서는 안 된다고 말했으므로 정답은 B이다. 참고로 지문의 '不要 ~하지 마라'와 보기 B의 '别 ~하지 마라'는 동일한 의미로 쓰인다.

HSK 3급 쓰기 실전 테스트

공략비법 01 중국어의 기본 어순

본서 p. 220

1

带护照　我　忘了

[해설]

step 1 술어를 찾는다.

술어
忘了

step 2 '带护照'는 목적어로 술어 '忘了' 뒤에 놓는다. '带护照'와 같은 '술어+목적어'구조도 주어나 목적어로 쓰일 수 있다.

술어	목적어
忘了	带护照

step 3 주어는 '我'이다.

주어	술어	목적어
我	忘了	带护照

[정답] 我忘了带护照。

[해석] 나는 여권 챙기는 것을 잊어버렸다.

어휘
带 dài 동 (몸에) 지니다, 휴대하다, 인솔하다 ★
护照 hùzhào 명 여권 ★
忘 wàng 동 잊다

2

踢　经常　足球　弟弟周末

[해설]

step 1 술어를 찾는다.

술어
踢

step 2 동사 술어 '踢' 뒤에 목적어 '足球'를 연결한다.

술어	목적어
踢	足球

step 3 부사 '经常'은 술어를 수식하는 부사어로서 술어 '踢' 앞에 위치한다.

부사어	술어	목적어
经常	踢	足球

어휘
踢 tī 동 차다, 발길질하다
经常 jīngcháng 부 자주
足球 zúqiú 명 축구
周末 zhōumò 명 주말

실전 테스트 **101**

step 4 주어는 '弟弟'이고, '弟弟周末'에서 '周末'는 시간을 나타내는 시간 명사이다.

주어	부사어	술어	목적어
弟弟周末	经常	踢	足球

정답 弟弟周末经常踢足球。

해석 남동생은 주말에 자주 축구를 한다.

3

那家　　饭店的　　又便宜又好吃　　菜

어휘
家 jiā 양 점포, 집 등을 세는 단위 명 집
饭店 fàndiàn 명 식당, 호텔
又~又~ yòu~yòu~ ~하기도 하고 ~하기도 하다
便宜 piányi 형 (값이) 싸다
好吃 hǎochī 형 (음식, 요리 등이) 맛있다
菜 cài 명 음식, 채소

step 1 술어를 찾는다. '又~又~ ~하기도 ~하기도 하다'는 두 가지 상황이나 상태를 동시에 나타낼 때 쓴다.

술어
又便宜又好吃

step 2 주어는 '菜'이다. 주어를 꾸며주는 '那家'와 '饭店的'를 연결하여 주어 앞 관형어 자리에 놓는다.

관형어	주어	술어
那家　饭店的	菜	又便宜又好吃

정답 那家饭店的菜又便宜又好吃。

해석 그 식당의 음식은 저렴하면서도 맛있다.

4

了　　今天的　　已经　　结束　　会议

어휘
已经 yǐjing 부 이미, 벌써
结束 jiéshù 동 끝나다 ★

step 1 술어를 찾는다.

술어
结束

step 2 부사 '已经'은 술어를 수식하는 부사어로서 술어 '结束' 앞에 위치하고, 완료를 나타내는 조사 '了'는 술어 뒤에 위치한다.

부사어	술어	了
已经	结束	了

step 3 주어는 '会议'이고, 주어를 수식하는 '今天的'는 주어 앞에 위치한다.

관형어	주어	부사어	술어	了
今天的	会议	已经	结束	了

정답 今天的会议已经结束了。

해석 오늘 회의는 이미 끝났다.

5

| 老师 | 很满意 | 对 | 小张的回答 |

어휘
满意 mǎnyì 형 만족하다 ★
对 duì 전 ~에 대해, ~에게
형 맞다
回答 huídá 동 대답하다 ★

해설

step 1 술어를 찾는다.

| 술어 |
| 很满意 |

step 2 '对~很满意'는 '~에 대해 매우 만족하다'라는 뜻으로, 전치사 '对' 뒤에는 만족하는 대상인 '小张的回答'가 온다.

| 부사어(전치사구) | 술어 |
| 对小张的回答 | 很满意 |

step 3 주어는 '老师'이다.

| 주어 | 부사어(전치사구) | 술어 |
| 老师 | 对小张的回答 | 很满意 |

정답 老师对小张的回答很满意。

해석 선생님은 샤오장의 대답에 만족해하신다.

공략비법 02 다양한 형태의 술어문

본서 p. 227

1

| 上个月我 | 一万多 | 块钱 | 花了 |

어휘
上个月 shàng ge yuè 지난달
多 duō 수 (수량사 뒤에 쓰여) ~여(남짓) 형 많다
块 kuài 양 위안 (중국의 화폐 단위, '元 yuán'과 같은 의미)
花 huā 동 쓰다, 소비하다 ★

해설

step 1 술어를 찾는다.

| 술어 |
| 花了 |

step 2 동사 '花'는 '쓰다, 소비하다'라는 뜻으로, 함께 짝을 이루는 목적어로는 '钱', '时间' 등이 있다. 따라서 술어 뒤에 대략적인 수를 나타내는 '一万多'와 화폐 단위를 나타내는 '块钱'을 연결하여 목적어 부분을 완성한다.

| 술어 | 목적어 |
| 花了 | 一万多块钱 |

step 3 주어는 '我'이다. 여기에서 '上个月'는 시간 명사로 주어 앞, 뒤에 모두 올 수 있다.

| 주어 | 술어 | 목적어 |
| 上个月我 | 花了 | 一万多块钱 |

정답 上个月我花了一万多块钱。
해석 지난달에 나는 약 10,000위안을 썼다.

2

什么意思   课本上的   是   那个词

어휘
意思 yìsi 명 뜻, 의미
课本 kèběn 명 교재
词 cí 명 단어

해설 **step 1** 술어를 찾는다.

술어
是

step 2 동사 술어 '是' 뒤에 목적어 '什么意思'를 연결한다.

술어	목적어
是	什么意思

step 3 주어는 '词'이고, 주어를 수식하는 '课本上的'와 '那个'는 주어 앞 관형어 자리에 위치한다.

관형어	주어	술어	목적어
课本上的 那个	词	是	什么意思

정답 课本上的那个词是什么意思?
해석 교재에 있는 그 단어는 무슨 뜻이에요?

3

简单   今天的   英语考试   非常

어휘
简单 jiǎndān 형 쉽다, 간단하다 ★
今天 jīntiān 명 오늘
英语 Yīngyǔ 명 영어
考试 kǎoshì 명 시험

해설 **step 1** 술어를 찾는다.

술어
简单

step 2 정도부사 '非常'을 형용사 술어 '简单' 앞 부사어 자리에 놓는다.

부사어	술어
非常	简单

step 3 주어는 '英语考试'이고, 주어를 수식하는 '今天的'는 주어 앞 관형어 자리에 위치한다.

관형어	주어	부사어	술어
今天的	英语考试	非常	简单

정답 今天的英语考试非常简单。
해석 오늘 영어 시험은 굉장히 쉬웠다.

4

| 这条裙子 | 买 | 是昨天 | 的 |

어휘
条 tiáo 양 치마, 바지, 강 등의 가늘고 긴 것을 세는 단위 ★
裙子 qúnzi 명 치마 ★

step 1 술어를 찾는다.

| 술어 |
| 买 |

step 2 보기에 '是'와 '的'가 있으므로 '是~的' 강조 구문임을 알 수 있다. '是~的' 강조 구문에서는 '是'와 '的' 사이에 강조하고자 하는 내용이 들어간다.

| 是 | 강조 내용(시간) | 술어 | 的 |
| 是 | 昨天 | 买 | 的 |

step 3 주어는 '裙子'이고, '这条'는 주어를 수식하는 관형어이다.

| 관형어 | 주어 | 是 | 강조 내용(시간) | 술어 | 的 |
| 这条 | 裙子 | 是 | 昨天 | 买 | 的 |

정답 这条裙子是昨天买的。

해석 이 치마는 어제 산 것이다.

5

| 那个 | 了 | 已经 | 16岁 | 孩子 |

어휘
已经 yǐjing 부 이미, 벌써
岁 suì 양 살, 세(나이를 세는 단위)
孩子 háizi 명 아이, 자녀

step 1 술어를 찾는다. 가격, 시간, 나이, 날짜 등을 나타내는 일부 명사(구), 수량구는 술어가 될 수 있다.

| 술어 |
| 16岁 |

step 2 부사 '已经'은 술어를 수식하는 부사어로서 명사 술어 '16岁' 앞에 위치하고, 상태의 변화를 나타내는 조사 '了'는 술어 뒤에 위치한다.

| 부사어 | 술어 | 了 |
| 已经 | 16岁 | 了 |

step 3 주어는 명사 '孩子'이며 주어를 수식하는 '那个'는 주어 앞 관형어 자리에 위치한다.

| 관형어 | 주어 | 부사어 | 술어 | 了 |
| 那个 | 孩子 | 已经 | 16岁 | 了 |

정답 那个孩子已经16岁了。

해석 그 아이는 이미 16살이 되었다.

공략비법 03 술어 앞에 오는 부사어

본서 p. 239

1

我　　可以玩　　终于　　游戏了

어휘
玩 wán 동 놀다, 놀이하다
终于 zhōngyú 부 드디어, 마침내 ★
游戏 yóuxì 명 게임 ★

해설

step 1 술어를 찾는다. 술어가 포함된 어구는 '可以玩'이다. 여기에서 조동사 '可以'는 술어 '玩'을 수식하는 부사어이다.

술어
可以玩

step 2 술어 부분의 '玩'과 호응하는 '游戏'를 목적어로 연결한다. 여기에서 '了'는 상태의 변화를 나타낸다.

부사어(조동사)	술어	목적어	了
可以	玩	游戏	了

step 3 부사 '终于'는 술어 앞 부사어 자리에 위치하며, 부사어 배열순서 '부조전'에 따라 '부사+조동사' 순으로 배열한다.

부사어(부사+조동사)	술어	목적어	了
终于+可以	玩	游戏	了

step 4 주어는 '我'이다.

주어	부사어(부사+조동사)	술어	목적어	了
我	终于+可以	玩	游戏	了

정답 我终于可以玩游戏了。

해석 나는 드디어 게임을 할 수 있게 되었다.

2

还没有　　足球比赛　　结束　　呢

어휘
还没有~呢 hái méiyǒu~ne 아직 ~하지 않았다(어떤 동작이나 상태가 아직 끝나지 않았거나 발생하지 않았음을 나타냄)
足球 zúqiú 명 축구
比赛 bǐsài 명 경기, 시합 ★
结束 jiéshù 동 끝나다 ★

해설

step 1 술어를 찾는다.

술어
结束

step 2 '还没有~呢'는 '아직 ~하지 않았다'라는 뜻으로, 술어를 수식하는 '还没有'는 술어 앞 부사어 자리에 놓고, 어기조사 '呢'는 술어 뒤에 놓는다.

부사어	술어	呢
还没有	结束	呢

step 3 주어는 '足球比赛'이다.

주어	부사어	술어	呢
足球比赛	还没有	结束	呢

정답 足球比赛还没有结束呢。

해석 축구 경기는 아직 끝나지 않았다.

3

中国历史   我   对   很感兴趣

어휘
历史 lìshǐ 명 역사
对 duì 전 ~에 대해, ~에게
感兴趣 gǎn xìngqù 관심이 있다, 흥미를 느끼다 ★

해설 **step 1** 술어를 찾는다. 보기에서 술어가 포함된 어구는 '很感兴趣'이다.

술어
很感兴趣

step 2 '对~感兴趣'는 '~에 대해 관심이 있다, 흥미를 느끼다'라는 뜻으로 전치사 '对' 뒤에는 관심있는 대상인 '中国历史'를 놓는다.

부사어(전치사구)	술어
对中国历史	很感兴趣

step 3 주어는 '我'이다.

주어	부사어(전치사구)	술어
我	对中国历史	很感兴趣

정답 我对中国历史很感兴趣。

해석 나는 중국 역사에 관심이 있다.

4

你们国家   城市   有   多少个   一共

어휘
国家 guójiā 명 나라, 국가
城市 chéngshì 명 도시 ★
一共 yígòng 부 총, 전부, 합계 ★

해설 **step 1** 술어를 찾는다.

술어
有

step 2 술어 '有'와 호응하는 '城市'를 목적어로 연결한다. 목적어 '城市'를 수식하는 '의문대사+양사' 형태의 '多少个'를 목적어 앞 관형어 자리에 놓는다.

술어	관형어	목적어
有	多少个	城市

step 3 술어 '有'를 수식하는 부사 '一共'을 술어 앞 부사어 자리에 놓는다.

부사어	술어	관형어	목적어
一共	有	多少个	城市

step 4 주어는 '你们国家'이다.

주어	부사어	술어	관형어	목적어
你们国家	一共	有	多少个	城市

정답 你们国家一共有多少个城市?
해석 너희 나라는 모두 몇 개의 도시가 있니?

5

要　　你　　一定　　小心　　感冒

어휘
一定 yídìng 🈺 반드시 ⭐
小心 xiǎoxīn 🈺 조심하다, 주의하다
感冒 gǎnmào 🈺 감기 🈺 감기에 걸리다 ⭐

step 1 술어를 찾는다.

술어
小心

step 2 동사 술어 '小心' 뒤에 목적어 '感冒'를 연결한다.

술어	목적어
小心	感冒

step 3 부사어 배열 순서 '부사+조동사+전치사구'에 따라 부사 '一定' 뒤에 조동사 '要'를 연결하여 술어 앞에 놓는다.

부사어(부사+조동사)	술어	목적어
一定+要	小心	感冒

step 4 주어는 '你'이다.

주어	부사어(부사+조동사)	술어	목적어
你	一定+要	小心	感冒

정답 你一定要小心感冒。
해석 너는 반드시 감기를 조심해야 해.

공략비법 04 술어 뒤에 오는 보어

본서 p. 247

1

| 一次 | 我 | 中国电影 | 看过 |

어휘
次 cì 양 번, 차례(동작을 세는 단위)
电影 diànyǐng 명 영화

[해설]

step 1 보기에서 술어가 포함된 어구는 '看过'이다. 여기에서 '看'이 술어이고, '过'는 동사 뒤에 놓여 과거의 경험을 나타낸다.

술어
看过

step 2 동작의 횟수를 보충하는 동량보어 '一次'를 술어 뒤 보어 자리에 놓는다.

술어	过	보어
看	过	一次

step 3 동량보어는 일반명사가 목적어로 올 경우 [주어+술어+了/过+동량보어+목적어] 순으로 나열한다. 따라서 일반명사인 '中国电影'을 보어 뒤 목적어 자리에 놓는다.

술어	过	보어	목적어
看	过	一次	中国电影

step 4 주어는 '我'이다.

주어	술어	过	보어	목적어
我	看	过	一次	中国电影

[정답] 我看过一次中国电影。

[해석] 나는 중국 영화를 한 번 본 적 있다.

2

| 做得 | 很 | 她的菜 | 好吃 |

어휘
做 zuò 동 만들다, 하다
菜 cài 명 음식, 채소
好吃 hǎochī 형 (음식, 요리 등이) 맛있다

[해설]

step 1 술어를 찾는다. 보기에서 술어가 포함된 어구는 '做得'이다. 여기에서 '做'가 술어이고, '得'는 동사 뒤에 놓여 보어를 연결해주는 역할을 한다.

술어
做得

step 2 정도보어는 일반적으로 [술어+得+정도보어(정도부사+형용사)] 순으로 나열한다. 따라서 정도부사 '很'과 형용사 '好吃'를 연결하여 술어 뒤 보어 자리에 놓는다.

술어	得	보어
做	得	很好吃

step 3 주어는 '她的菜'이다.

주어	술어	得	보어
她的菜	做	得	很好吃

정답 她的菜做得很好吃。
해석 그녀의 음식은 매우 맛있다.

3

住了　　他　　三年　　在北京

어휘
住 zhù 동 살다, 거주하다
北京 Běijīng 고유 베이징

step 1 술어를 찾는다. 보기에서 술어가 포함된 어구는 '住了'이다. 여기에서 '住'가 술어이고, '了'는 동작의 완료를 나타낸다.

술어
住了

step 2 시량보어는 일반적으로 [술어+了+시량보어] 순으로 나열한다. 따라서 동작의 지속시간을 보충해주는 '三年'을 [술어+了] 뒤 보어 자리에 놓는다.

술어	了	보어
住	了	三年

step 3 전치사구 '在北京'을 술어 앞 부사어 자리에 놓는다.

부사어	술어	了	보어
在北京	住	了	三年

step 4 주어는 '他'이다.

주어	부사어	술어	了	보어
他	在北京	住	了	三年

정답 他在北京住了三年。
해석 그는 베이징에서 3년 동안 살았다.

4

他的　　很快　　体育成绩　　提高得

어휘
体育 tǐyù 명 체육, 스포츠 ★
成绩 chéngjì 명 성적 ★
提高 tígāo 동 향상시키다, 끌어올리다

step 1 술어를 찾는다. 보기에서 술어가 포함된 어구는 '提高得'이다 여기에서 '提高'가 술어이고, '得'는 동사 뒤에 놓여 보어를 연결해주는 역할을 한다.

술어
提高得

step 2   정도보어는 일반적으로 [술어+得+정도보어(정도부사+형용사)] 순으로 나열한다.

술어	得	보어
提高	得	很快

step 3   주어는 '体育成绩'이고, 주어를 수식하는 '他的'는 주어 앞 관형어 자리에 위치한다.

관형어	주어	술어	得	보어
他的	体育成绩	提高	得	很快

정답   他的体育成绩提高得很快。

해석   그의 체육 성적은 빠르게 향상되었다.

5

哭   我儿子   突然   起来了

어휘
哭 kū 동 울다 ★
儿子 érzi 명 아들
突然 tūrán 부 갑자기, 문득
起来 qǐlai 술어 뒤에 쓰여 동작의 시작·지속·예측·견해 등을 나타냄

해설

step 1   술어를 찾는다.

술어
哭

step 2   복합방향보어 '起来'가 있는 어구를 술어 뒤 보어 자리에 놓는다.

술어	보어
哭	起来了

step 3   술어를 수식하는 부사 '突然'은 술어 앞 부사어 자리에 놓는다.

부사어	술어	보어
突然	哭	起来了

step 4   주어는 '我儿子'이다.

주어	부사어	술어	보어
我儿子	突然	哭	起来了

정답   我儿子突然哭起来了。

해석   내 아들이 갑자기 울기 시작했다.

공략비법 05 把자문

본서 p. 252

1

| 妈妈 | 打扫得 | 把 | 干干净净 | 房间 |

어휘
打扫 dǎsǎo 동 청소하다 ★
干净 gānjìng 형 깨끗하다 ★
房间 fángjiān 명 방

[해설]

step 1 술어를 찾는다. 보기에서 술어가 포함된 어구는 '打扫得'이다. 여기에서 '打扫'가 술어이고, '得'는 술어를 보충해주는 기타성분인 정도보어를 연결하는 역할을 한다.

술어
打扫得

step 2 把자문의 술어 뒤에는 항상 기타성분이 와야 하므로 '得' 뒤에 술어의 정도를 보충해주는 정도보어 '干干净净'을 놓는다.

술어	기타성분
打扫	得干干净净

step 3 전치사 '把'가 이끄는 목적어는 동작의 영향을 받는 대상으로 '把' 뒤에 '房间'을 연결하여 술어 앞에 놓는다.

把+목적어	술어	기타성분
把房间	打扫	得干干净净

step 4 주어는 '妈妈'이다.

주어	把+목적어	술어	기타성분
妈妈	把房间	打扫	得干干净净

[정답] 妈妈把房间打扫得干干净净。

[해석] 엄마는 방을 매우 깨끗하게 청소했다.

2

| 本子上 | 您的名字 | 请把 | 写在 |

어휘
本子 běnzi 명 공책, 노트
名字 míngzi 명 이름
请 qǐng 동 ~하세요(경어), 초청하다, 부탁하다
写 xiě 동 쓰다

[해설]

step 1 술어를 찾는다. 보기에서 술어가 포함된 어구는 '写在'이다. 여기에서 '写'가 술어이고, '在'는 술어를 보충해주는 기타성분인 결과보어를 연결하는 역할을 한다.

술어
写在

step 2 把자문에서 술어 뒤에는 항상 기타성분이 와야 하므로 '在' 뒤에 장소를 나타내는 '本子上'을 연결한다.

술어	기타성분
写	在本子上

112 파고다 HSK 3급

step 3 전치사 '把'가 이끄는 목적어는 동작의 영향을 받는 대상으로 '请把' 뒤에 '您的名字'를 연결하여 술어 앞에 놓는다.

请+把+목적어	술어	기타성분
请把您的名字	写	在本子上

정답 请把您的名字写在本子上。

해석 당신의 이름을 공책에 써주세요.

3

把　车　他　终于　卖了

어휘
终于 zhōngyú 🖐 드디어, 마침내 ⭐

step 1 술어를 찾는다. 보기에서 술어가 포함된 어구는 '卖了'이다. 여기에서 '卖'가 술어이고, '了'는 술어를 보충해주는 기타성분이다.

술어
卖了

step 2 전치사 '把'가 이끄는 목적어는 동작의 영향을 받는 대상으로 '把' 뒤에 '车'를 연결하여 술어 앞에 놓는다.

把+목적어	술어	기타성분
把车	卖	了

step 3 일반적으로 부사와 조동사는 전치사 '把' 앞에 위치하므로, 부사 '终于'를 '把车' 앞에 놓는다.

부사	把+목적어	술어	기타성분
终于	把车	卖	了

step 4 주어는 '他'이다.

주어	부사	把+목적어	술어	기타성분
他	终于	把车	卖	了

정답 他终于把车卖了。

해석 그는 드디어 차를 팔았다.

4

你　关一下　吧　把房间里的　灯

어휘
关 guān 🖐 (문을) 닫다, (전등을) 끄다
一下 yíxià 🖐 (동사 뒤에 놓여) 한번(좀) ~하다
房间 fángjiān 🖐 방
灯 dēng 🖐 등, 램프

step 1 술어를 찾는다. 보기에서 술어가 포함된 어구는 '关一下'이다. 여기에서 '关'이 술어이고, 동량보어 '一下'는 술어를 보충해주는 기타성분이다.

술어
关一下

실전 테스트 **113**

step 2 전치사 '把' 뒤에는 동작의 영향을 받는 대상이 와야 하므로 '把房间里的'와 '灯'을 연결하여 술어 앞에 놓는다.

把+목적어	술어	기타성분
把房间里的灯	关	一下

step 3 주어는 '你'이고 문장 끝에 청유·명령·추측을 나타내는 조사 '吧'를 놓는다.

주어	把+목적어	술어	기타성분	吧
你	把房间里的灯	关	一下	吧

정답 你把房间里的灯关一下吧。

해석 네가 방 안의 불을 좀 꺼줘.

5

送给　我　把手机　弟弟了　已经

어휘
送 sòng 통 선물하다, 보내다 ★
手机 shǒujī 명 휴대폰
弟弟 dìdi 명 남동생
已经 yǐjing 부 이미, 벌써

해설

step 1 술어를 찾는다. 보기에서 술어가 포함된 어구는 '送给'이다. 여기에서 '送'이 술어이고 '给'는 술어를 보충해주는 기타성분인 결과보어를 연결하는 역할을 한다.

술어
送给

step 2 把자문에서 술어 뒤에는 항상 기타성분이 와야 하므로, '给' 뒤에 선물을 받는 대상인 '弟弟了'를 연결한다.

술어	기타성분
送	给弟弟了

step 3 '把+목적어' 형태의 '把手机'를 술어 앞에 놓는다.

把+목적어	술어	기타성분
把手机	送	给弟弟了

step 4 일반적으로 부사와 조동사는 전치사 '把' 앞에 위치하므로 부사 '已经'을 '把手机' 앞에 놓는다.

부사	把+목적어	술어	기타성분
已经	把手机	送	给弟弟了

step 5 주어는 '我'이다.

주어	부사	把+목적어	술어	기타성분
我	已经	把手机	送	给弟弟了

정답 我已经把手机送给弟弟了。

해석 나는 이미 휴대폰을 남동생에게 선물했다.

공략비법 06 被자문

본서 p. 256

1

| 昨天买的 | 被我 | 吃了 | 蛋糕 |

어휘
昨天 zuótiān 명 어제
蛋糕 dàngāo 명 케이크 ★

해설

step 1 술어를 찾는다. 보기에서 술어가 포함된 어구는 '吃了'이다. 여기에서 '吃'가 술어이고, '了'는 술어를 보충해주는 기타성분이다.

| 술어 |
| 吃了 |

step 2 먹는 행위를 한 주체는 사람으로, 전치사 '被' 뒤에 '我'를 연결하여 술어 앞에 배치한다.

| 被+행위의 주체 | 술어 | 기타성분 |
| 被我 | 吃 | 了 |

step 3 주어는 '蛋糕'이고, 주어를 수식하는 '昨天买的'는 주어 앞 관형어 자리에 놓는다.

| 관형어 | 주어 | 被+행위의 주체 | 술어 | 기타성분 |
| 昨天买的 | 蛋糕 | 被我 | 吃 | 了 |

정답 昨天买的蛋糕被我吃了。

해석 어제 산 케이크는 내가 먹었다(어제 산 케이크는 나에 의해 먹혔다).

2

| 刮跑了 | 爸爸的帽子 | 被 | 风 |

어휘
刮 guā 동 (바람이) 불다
跑 pǎo 동 (물체가 원래의 위치에서) 이탈하다, 벗어나다
帽子 màozi 명 모자
风 fēng 명 바람

해설

step 1 술어를 찾는다. 보기에서 술어가 포함된 어구는 '刮跑了'이다. 여기에서 '刮'가 술어이고, '跑了'는 술어를 보충해주는 기타성분이다.

| 술어 |
| 刮跑了 |

step 2 모자를 날아가게 한 행위의 주체는 바람으로, 전치사 '被' 뒤에 '风'을 연결하여 술어 앞에 놓는다.

| 被+행위의 주체 | 술어 | 기타성분 |
| 被风 | 刮 | 跑了 |

step 3 주어는 '帽子'이고, '爸爸的'는 주어를 수식하는 관형어 역할을 한다.

| 관형어 | 주어 | 被+행위의 주체 | 술어 | 기타성분 |
| 爸爸的 | 帽子 | 被风 | 刮 | 跑了 |

정답 爸爸的帽子被风刮跑了。

해석 아버지의 모자는 바람에 의해 날아갔다.

3

| 妈妈 | 这件事情 | 被 | 发现了 | 已经 |

어휘
件 jiàn ⑱ 옷, 일, 사건 등을 세는 단위
事情 shìqing ⑲ 일, 사건
发现 fāxiàn ⑧ 발견하다 ⭐
已经 yǐjing ⑭ 벌써, 이미

해설

step 1 술어를 찾는다. 보기에서 술어가 포함된 어구는 '发现了'이다. 여기에서 '发现'이 술어이고, '了'는 술어를 보충해주는 기타성분이다.

술어
发现了

step 2 발견한 행위를 한 주체는 사람으로, 전치사 '被' 뒤에 '妈妈'를 연결하여 술어 앞에 놓는다.

被+행위의 주체	술어	기타성분
被妈妈	发现	了

step 3 일반적으로 부사와 조동사는 전치사 '被' 앞에 위치하므로, 부사 '已经'을 '被妈妈' 앞에 놓는다.

부사	被+행위의 주체	술어	기타성분
已经	被妈妈	发现	了

step 4 주어는 '事情'이고, '这件'은 주어를 수식하는 관형어 역할을 한다.

관형어	주어	부사	被+목적어	술어	기타성분
这件	事情	已经	被妈妈	发现	了

정답 这件事情已经被妈妈发现了。

해석 이 일은 벌써 엄마에게 들켰다(이 일을 벌써 엄마에 의해 발견되었다).

4

| 自行车 | 哥哥 | 被 | 骑走了 |

어휘
自行车 zìxíngchē ⑲ 자전거 ⭐
骑 qí ⑧ (동물이나 자전거 등에) 타다

해설

step 1 술어를 찾는다. 보기에서 술어가 포함된 어구는 '骑走了'이다. 여기에서 '骑'가 술어이고, '走了'는 술어를 보충해주는 기타성분이다.

술어
骑走了

step 2 타고 간 행위를 한 주체는 사람으로, 전치사 '被' 뒤에 '哥哥'를 연결하여 술어 앞에 놓는다.

被+행위의 주체	술어	기타성분
被哥哥	骑	走了

step 3 주어는 '自行车'이다.

주어	被+행위의 주체	술어	기타성분
自行车	被哥哥	骑	走了

정답 自行车被哥哥骑走了。

해석 자전거는 형이 타고 갔다(자전거는 형에 의해 타고 가졌다).

5

| 我的行李箱 | 被 | 借走 | 没 | 他 |

어휘
行李箱 xínglixiāng 명 캐리어, 여행용 가방 ★

해설

step 1 술어를 찾는다. 보기에서 술어가 포함된 어구는 '借走'이다. 여기에서 '借'가 술어이고, '走'는 술어를 보충해주는 기타성분이다.

술어
借走

step 2 빌려가는 행위를 한 주체는 사람으로, 전치사 '被' 뒤에 '他'를 연결하여 술어 앞에 놓는다.

被+행위의 주체	술어	기타성분
被他	借	走

step 3 일반적으로 부사와 조동사는 전치사 '被' 앞에 위치하므로, 부정부사 '没'를 '被他' 앞에 놓는다.

부사	被+행위의 주체	술어	기타성분
没	被他	借	走

step 4 주어는 '行李箱'이고, '我的'는 주어를 수식하는 관형어 역할을 한다.

관형어	주어	부사	被+행위의 주체	술어	기타성분
我的	行李箱	没	被他	借	走

정답 我的行李箱没被他借走。

해석 내 캐리어는 그가 빌려가지 않았다(내 캐리어는 그에 의해 빌려가지지 않았다).

공략비법 07 비교문

본서 p. 263

1

| 比 | 我的 | 他的汉语 | 好 |

어휘
比 bǐ (전) ~보다, ~에 비해
汉语 Hànyǔ (명) 중국어

[해설]

step 1 술어를 찾는다.

| 술어 |
| 好 |

step 2 비교문에서 '比' 뒤에 오는 비교 대상을 더 간단하게 표현할 수 있으므로, 주어 자리에 '他的汉语'가 오고 비교 대상 자리에 '我的'가 온다.

| 주어 | 比 + 비교 대상 |
| 他的汉语 | 比我的 |

step 3 [주어 + 比 + 비교 대상 + 술어] 순으로 나열한다.

| 주어 | 比 + 비교 대상 | 술어 |
| 他的汉语 | 比我的 | 好 |

[정답] 他的汉语比我的好。

[해석] 그는 중국어를 나보다 잘한다.

2

| 不一样 | 现在出现的 | 跟以前 | 问题 |

어휘
现在 xiànzài (명) 지금, 현재
出现 chūxiàn (동) 나타나다, 출현하다
以前 yǐqián (명) 예전, 이전

[해설]

step 1 술어를 찾는다.

| 술어 |
| 不一样 |

step 2 비교문에서 '跟' 뒤에 오는 비교 대상을 더 간단하게 표현할 수 있으므로, 주어 자리에 '现在出现的问题'가 오고 비교 대상 자리에 '以前'이 온다.

| 주어 | 跟 + 비교 대상 |
| 现在出现的问题 | 跟以前 |

step 3 '跟(和)~不一样' 비교문으로 [주어 + 跟(和) + 비교 대상 + 不一样] 순으로 나열한다.

| 주어 | 跟 + 비교 대상 | 술어 |
| 现在出现的问题 | 跟以前 | 不一样 |

[정답] 现在出现的问题跟以前不一样。

[해석] 지금 나타난(생긴) 문제는 예전과 다르다.

3

| 坐地铁 | 多了 | 比公共汽车 | 快 |

어휘
坐 zuò 동 (교통수단을) 타다, 앉다
地铁 dìtiě 명 지하철
比 bǐ 전 ~보다, ~에 비해
公共汽车 gōnggòngqìchē 명 버스
快 kuài 형 빠르다

해설

step 1 술어를 찾는다.

술어
快

step 2 술어를 보충해주는 보어 '多了'는 술어 뒤 보어 자리에 놓는다.

술어	보어
快	多了

step 3 비교문에서 '比' 뒤에 오는 비교 대상을 더 간단하게 표현할 수 있으므로, 주어 자리에 '坐地铁'가 오고 비교 대상 자리에 '公共汽车'가 온다.

주어	比+비교 대상
坐地铁	比公共汽车

step 4 '比'비교문으로 [주어+比 +비교 대상+술어+보어] 순으로 나열한다.

주어	比+비교 대상	술어	보어
坐地铁	比公共汽车	快	多了

정답 坐地铁比公共汽车快多了。

해석 지하철 타는 것은 버스보다 훨씬 빠르다.

4

| 比那双 | 这双皮鞋 | 舒服 | 更 |

어휘
双 shuāng 양 쌍, 켤레(쌍이나 짝을 이룬 물건을 세는 단위)
皮鞋 píxié 명 가죽 구두
舒服 shūfu 형 편안하다 ★
更 gèng 부 더, 더욱

해설

step 1 술어를 찾는다.

술어
舒服

step 2 술어를 수식하는 정도부사 '更'은 술어 앞에 위치한다.

정도부사	술어
更	舒服

step 3 비교문에서 '比' 뒤에 오는 비교 대상을 더 간단하게 표현할 수 있으므로, 주어 자리에 '这双皮鞋'가 오고 비교 대상 자리에 '那双'이 온다.

주어	比+비교 대상
这双皮鞋	比那双

step 4 '比'비교문으로 [주어+比+비교 대상+更/还+술어] 순으로 나열한다.

주어	比+비교 대상	정도부사	술어
这双皮鞋	比那双	更	舒服

정답 这双皮鞋比那双更舒服。

해석 이 가죽 구두는 저것보다 더 편하다.

5

和游泳 　 一样 　 爬山 　 累

어휘
和 hé 전 ~와(과)
游泳 yóu yǒng 동 수영하다
爬山 pá shān 동 등산하다, 산을 오르다
累 lèi 형 힘들다, 피곤하다

해석 **step 1** 술어를 찾는다.

술어
累

step 2 '和~一样'비교문으로 주어는 '爬山'이고 비교 대상은 '游泳'이다.

주어	和+비교 대상
爬山	和游泳

step 3 [주어+和(跟)+비교 대상+一样+동사/형용사] 순으로 나열한다. 참고로 '一样' 뒤에 동사구나 형용사가 올 경우 '~와(과) 똑같이'로 해석한다.

주어	和+비교 대상	술어
爬山	和游泳一样	累

정답 爬山和游泳一样累。

해석 등산은 수영과 똑같이 힘들다.

공략비법 08 연동문, 겸어문

본서 p. 269

1

他每天　　自行车　　骑　　去学校

어휘
自行车 zìxíngchē 명 자전거 ★

해설

step 1 보기 중 동사가 두 개 있으므로 연동문임을 알 수 있다. '骑'와 '去' 두 개의 동사 중 먼저 동작의 수단과 방식을 나타내는 '骑'와 '自行车'를 각각 술어1, 목적어1 자리에 놓는다. 보기 중 또 다른 동사인 '去'와 목적어 '学校'는 각각 술어2, 목적어2 자리에 놓는다.

술어1	목적어1	술어2	목적어2
骑	自行车	去	学校

step 2 주어는 '他'이고 '每天'은 시간을 나타내는 시간 명사로 주어의 앞뒤에 모두 올 수 있다.

주어	시간 명사	술어1	목적어1	술어2	목적어2
他	每天	骑	自行车	去	学校

정답 他每天骑自行车去学校。

해석 그는 매일 자전거를 타고 학교에 간다.

2

明天我　　晚饭　　吃　　请你

어휘
明天 míngtiān 명 내일
请 qǐng 동 초대하다, 초청하다

해설

step 1 보기 중 동사 '请'이 보인다면 겸어문의 어순을 떠올리자. 동사 '请'은 '~에게 ~을(를) 청하다'라는 뜻으로 술어1 자리에 놓고, '你'는 겸어 자리에 놓는다. 보기 중 또 다른 동사인 '吃'는 술어2 자리에 놓고, '吃'와 호응하는 '晚饭'은 목적어2 자리에 놓는다.

술어1	겸어 (목적어1/주어2)	술어2	목적어2
请	你	吃	晚饭

step 2 주어는 '我'이고 '明天'은 시간을 나타내는 시간 명사로 주어의 앞뒤에 모두 올 수 있다.

시간 명사	주어1	술어1	겸어 (목적어1/주어2)	술어2	목적어2
明天	我	请	你	吃	晚饭

정답 明天我请你吃晚饭。

해석 내일 내가 너에게 저녁을 대접할게.

3

| 妈妈 | 水果了 | 去超市 | 买 |

어휘
水果 shuǐguǒ 명 과일
超市 chāoshì 명 슈퍼마켓, 마트 ★

해설

step 1 보기 중 동사가 두 개 있으므로 연동문임을 알 수 있다. '去'와 '买' 두 개의 동사 중 동작이 먼저 발생한 '去'를 술어1 자리에 놓고, '超市'를 목적어1 자리에 놓는다. 슈퍼마켓에 간 목적인 '买水果了'에서 '买'를 술어2 자리에 놓고 '水果了'를 목적어2 자리에 각각 놓는다.

술어1	목적어1	술어2	목적어2
去	超市	买	水果了

step 2 주어는 '妈妈'이다.

주어	술어1	목적어1	술어2	목적어2
妈妈	去	超市	买	水果了

정답 妈妈去超市买水果了。

해석 엄마는 과일을 사러 슈퍼마켓에 갔다.

4

| 一定会 | 使我们 | 很满意 | 他的服务态度 |

어휘
一定 yídìng 부 반드시 ★
会 huì 조동 ~할 것이다, 할 수 있다, 할 줄 알다
使 shǐ 동 ~에게 ~하게 하다 (시키다)
满意 mǎnyì 형 만족하다 ★
服务 fúwù 동 서비스하다, 근무하다
态度 tàidu 명 태도

해설

step 1 보기 중 동사 '使'가 보인다면 겸어문의 어순을 떠올리자. 동사 '使'는 '~에게 ~하게 하다(시키다)'라는 뜻으로 술어1 자리에 놓고, '我们'은 겸어 자리에 놓는다. 보기 중 또 다른 술어인 형용사 '满意'는 술어2 자리에 놓는다.

술어1	겸어 (목적어1/주어2)	술어2
使	我们	很满意

step 2 겸어문에서 부사와 조동사는 일반적으로 첫 번째 술어 앞에 놓이므로, '一定会'는 술어1 앞에 위치한다.

부사+조동사	술어1	겸어 (목적어1/주어2)	술어2
一定会	使	我们	很满意

step 3 주어는 '他的服务态度'이다.

주어1	부사+조동사	술어1	겸어 (목적어1/주어2)	술어2
他的服务态度	一定会	使	我们	很满意

정답 他的服务态度一定会使我们很满意。

해석 그의 서비스 태도는 분명히 우리를 만족하게 할 것이다.

5

不让　　医生一直　　喝酒　　爸爸

어휘
医生 yīshēng ❷ 의사
一直 yìzhí ❸ 줄곧, 계속, 곧장
酒 jiǔ ❷ 술

[해설] step 1 보기 중 동사 '让'이 보인다면 겸어문의 어순을 떠올리자. '让'의 부정 형태인 '不让'은 '~에게 ~하지 못하게 하다'라는 뜻으로 술어1 자리에 놓으며 '爸爸'는 겸어 자리에 놓는다. 보기 중 또 다른 동사인 '喝'가 포함된 어구 '喝酒'에서 '喝'를 술어2 자리에 놓고, '酒'를 목적어2 자리에 놓는다.

부정부사+술어1	겸어 (목적어1/주어2)	술어2	목적어2
不让	爸爸	喝	酒

step 2 주어는 '医生'이고, 부사 '一直'는 '不让' 앞에 위치한다.

주어1	부사	부정부사+술어1	겸어 (목적어1/주어2)	술어2	목적어2
医生	一直	不让	爸爸	喝	酒

[정답] 医生一直不让爸爸喝酒。

[해석] 의사 선생님은 줄곧 아빠에게 술을 마시지 말라고 한다.

공략비법 09 생김이 비슷한 한자

본서 p. 285

1

我家附近的（ huán ）境很不错，有山有水，特别安静，欢迎你们来我家玩儿。

어휘
附近 fùjìn ❷ 근처, 부근
不错 búcuò ❸ 좋다, 괜찮다
特别 tèbié ❸ 특히, 특별히, 아주
安静 ānjìng ❸ 조용하다, 고요하다 ★
欢迎 huānyíng ❸ 환영하다 ★

[해설] 빈칸 앞에 구조조사 '的'가 있으므로 뒤에는 명사가 와야 한다. 주거 환경에 대하여 이야기하고 있으므로 빈칸에는 '环境 huánjìng 환경'의 '环 huán'이 들어가야 한다. '环 huán'은 생김이 비슷한 한자인 '坏 huài 고장 나다, 상하다'와 혼동하지 않도록 주의해야 한다.

[정답] 环

[해석] 우리 집 근처의 환경은 매우 좋아. 산도 있고 물도 있고, 특히 조용해. 너희가 우리 집에 놀러 오는 것을 환영해.

2

( ) 个人都有自己的兴趣爱好，我的爱好就是爬山。
　　　　　　　　　　　měi

해설 부사 '都' 앞에는 복수명사가 와야 한다. 빈칸 뒤의 '个人'과 함께 쓰여 복수명사를 만들어줄 수 있는 어휘는 대명사 '每 měi'이다. 이어지는 내용에서 모두 자신만의 흥미와 취미가 있다고 했으므로 빈칸에는 '每个人 měi ge rén 매 사람(모든 사람)'의 '每 měi'가 들어가야 한다. '每 měi'는 생김이 비슷한 한자인 '母 mǔ 어머니, 모친'과 혼동하지 않도록 주의해야 한다.

정답 每

해석 매 사람마다 모두 자신만의 흥미와 취미가 있다. 내 취미는 바로 등산이다.

어휘
都 dōu 부 모두, 다, 이미, 벌써
自己 zìjǐ 대 자기, 자신, 스스로
兴趣 xìngqù 명 흥미 ★
爱好 àihào 명 취미 ★
爬山 pá shān 동 등산하다, 산을 오르다

3

服务员，再给我拿一双筷（ ）。
　　　　　　　　　　　　zi

해설 '双 쌍, 켤레'와 같은 양사 뒤에는 명사가 온다. 종업원에게 무엇인가를 가져다 달라는 상황이므로, 빈칸에는 식당에서 사용하는 식사도구인 '筷子 kuàizi 젓가락'의 '子 zi'가 들어가야 한다. '子 zi'는 생김이 비슷한 한자인 '字 zì 글자'와 혼동하지 않도록 주의해야 한다.

정답 子

해석 종업원, 저에게 젓가락 한 벌을 더 가져다 주세요.

어휘
再 zài 부 다시, 재차, 또
拿 ná 동 (손으로) 쥐다, 잡다, 가지다 ★
双 shuāng 양 쌍, 켤레(쌍이나 짝을 이룬 물건을 세는 단위)

4

我已经把今天的作业（ ）完了。
　　　　　　　　　　zuò

해설 전치사 '把'를 사용하여 목적어를 술어 앞으로 도치시킨 문장으로, 빈칸에는 동사 술어가 들어가야 한다. 오늘의 숙제를 이미 다 끝냈다고 했으므로 빈칸에는 '作业'와 호응하는 동사 '做 zuò 하다, 만들다'가 들어가야 한다. '做 zuò'는 생김이 비슷한 한자인 '故 사건, 원인, 옛 것'과 혼동하지 않도록 주의해야 한다.

정답 做

해석 나는 이미 오늘의 숙제를 다 끝냈다.

어휘
已经 yǐjīng 부 이미, 벌써
把 bǎ 전 ~을(를)

5

我看（　bīng　）箱里没有水果，今天下班以后我们一起去超市吧。

어휘
水果 shuǐguǒ 명 과일
下班 xià bān 통 퇴근하다
以后 yǐhòu 명 이후
一起 yìqǐ 부 함께
超市 chāoshì 명 슈퍼마켓, 마트 ★

해설   빈칸 뒤에 방위사 '里 ~안, 속'이 보이므로 그 앞에는 일반 사물 명사 또는 장소 명사가 올 수 있다. 어떠한 것의 안에 과일이 없다고 말하고 있으므로 빈칸에는 '冰箱 bīngxiāng 냉장고'의 '冰 bīng'이 들어가야 한다. '冰 bīng'은 생김이 비슷한 한자인 '水 shuǐ 물'과 혼동하지 않도록 주의해야 한다.

정답   冰

해석   내가 보니 냉장고에 과일이 없더라, 오늘 퇴근 후에 우리 함께 슈퍼마켓에 가자.

공략비법 10 발음이 비슷한 한자 & 다음자

본서 p. 304

1

因为我很想（　liǎo　）解中国，所以我准备去中国留学。

어휘
因为~所以~
yīnwèi~ suǒyǐ~
~하기 때문에, 그래서 ~하다
想 xiǎng 조동 ~하고 싶다
통 생각하다, ~라 생각하다
准备 zhǔnbèi 통 ~할 예정이다, 준비하다
留学 liú xué 명 유학 통 유학하다 ★

해설   빈칸 앞에 조동사 '想 ~하고 싶다'가 있고 빈칸 뒤에는 목적어 '中国 중국'이 있으므로 그 사이에는 동사가 들어가야 한다. 중국을 더 자세히 알고 싶다는 내용이 들어가야 하므로 빈칸에는 '了解 liǎojiě 이해하다, 알아보다'의 '了 liǎo'가 들어간다. '了'는 'le'와 'liǎo' 두 개의 발음을 가지고 있는 다음자로, 술어 뒤 혹은 문장 끝에 쓰이면 동작의 완료나 상태의 변화를 나타내는 동태조사 '了 le'로 발음된다는 것을 함께 기억하자.

정답   了

해석   나는 중국을 더 잘 이해하고 싶어서, 중국으로 유학을 갈 계획이다.

2

现在差一（　kè　）八点，马上就要上课了，你快来学校吧!

어휘
现在 xiànzài 명 지금, 현재
马上 mǎshàng 부 곧, 즉시, 바로
就要~了 jiù yào~le
곧 ~하려고 하다
上课 shàng kè 통 수업하다, 수업을 듣다
学校 xuéxiào 명 학교

해설   빈칸 뒤에 시간을 나타내는 '八点 8시'가 있고, 빈칸 앞에는 '差 모자라다, 부족하다'가 있으므로 빈칸에는 시간 관련 어휘가 들어가는 것을 알 수 있다. 따라서 빈칸에는 '一刻 yí kè 15분'의 '刻 kè'가 들어가야 한다. 발음이 같은 '课 kè 수업, 과목'과 혼동하지 않도록 주의해야 한다.

정답   刻

해석   지금 8시 15분 전이야, 곧 수업이 시작하려고 해, 빨리 학교에 와!

3

这件衣服穿起来很舒服，你（ jué ）得怎么样？

해설 앞 구절에서 옷에 대한 자기의 생각을 말한 다음 뒤 구절에서 상대방의 의견을 묻고 있으므로 빈칸에는 '觉得 juéde ~라고 느끼다, ~라고 생각하다'의 '觉 jué'가 들어간다. '觉'는 'jué'와 'jiào' 두 개의 발음을 가지고 있는 다음자로, '睡觉 shuì jiào 잠을 자다'로 쓰이면 'jiào'로 발음된다는 것을 함께 기억하자.

정답 觉

해석 이 옷은 입어보니 너무 편해. 네가 생각하기엔 어때?

어휘
件 jiàn 양 옷, 일, 사건 등을 세는 단위
衣服 yīfu 명 옷
穿 chuān 동 입다, 신다
起来 qǐlai 술어 뒤에 쓰여 동작의 시작·지속, 예측·견해 등을 나타냄
舒服 shūfu 형 편안하다 ★
怎么样 zěnmeyàng 어떠하다, 어떻다

4

我妈妈做（ cài ）做得很好吃，有时间你也来尝尝吧。

해설 빈칸 앞에 동사 '做 만들다, 하다'가 있고 빈칸 뒤에는 '做得很好吃 맛있게 만들다'가 나오므로, 빈칸에는 '做菜 zuò cài 요리를 하다'의 '菜 cài 음식, 채소'가 들어가야 한다. 발음이 유사한 '才 cái 비로소, 겨우'와 혼동하지 않도록 주의해야 한다.

정답 菜

해석 우리 엄마는 음식을 맛있게 만드셔. 시간 있을 때 너도 와서 한번 먹어봐.

어휘
做 zuò 동 만들다, 하다
得 de 조 동사나 형용사 뒤에 쓰여 정도나 가능을 나타내는 보어와 연결시킴
好吃 hǎochī 형 (음식, 요리 등이) 맛있다
时间 shíjiān 명 시간
尝 cháng 동 맛보다

5

最（ jìn ）我身体一直不舒服，所以医生不让我喝太多酒。

해설 주어 '我' 앞에는 시간 명사가 올 수 있다. 몸이 줄곧 좋지 않다고 말하고 있는 상황이므로 빈칸에는 '最近 zuìjìn 최근, 요즘'의 '近 jìn'이 들어가야 한다. 발음이 유사한 '进 jìn (밖에서 안으로) 들다'와 혼동하지 않도록 주의해야 한다.

정답 近

해석 최근 나의 건강이 줄곧 좋지 않아, 의사는 나에게 과음하지 못하게 한다.

어휘
身体 shēntǐ 명 몸, 건강
舒服 shūfu 형 편안하다 ★
一直 yìzhí 부 줄곧, 계속, 곧장
所以 suǒyǐ 접 그래서
医生 yīshēng 명 의사
让 ràng 동 ~에게 ~하게 하다 (시키다)

HSK 3급 쓰기 미니 테스트

第1-5题
본서 p. 306

1

非常　说得　她　好

해설

step 1 술어를 찾는다. 보기에서 술어가 포함된 어구는 '说得'이다. 여기에서 '说'가 술어이고, '得'는 동사 뒤에 놓여 보어를 연결해주는 역할을 한다.

술어
说得

step 2 정도보어는 일반적으로 [술어+得+정도보어(정도부사+형용사)] 순으로 나열한다. 따라서 정도부사 '非常'과 형용사 '好'를 연결하여 술어 뒤 보어 자리에 놓는다.

술어	得	보어
说	得	非常好

step 3 주어는 '她'이다.

주어	술어	得	보어
她	说	得	非常好

정답 她说得非常好。

해석 그는 말을 굉장히 잘한다.

어휘
非常 fēicháng 부 아주
得 de 조 동사나 형용사 뒤에 쓰여 정도나 가능을 나타내는 보어와 연결시킴

2

贵　比那条　三百块　这条裙子

해설

step 1 술어를 찾는다.

술어
贵

step 2 술어를 보충해주는 수량사 '三百块'는 술어 뒤 보어 자리에 놓는다.

술어	보어
贵	三百块

어휘
比 bǐ 전 ~보다, ~에 비해
条 tiáo 양 치마, 바지, 강 등의 가늘고 긴 것을 세는 단위 ⭐
块 kuài 양 위안(중국의 화폐 단위, '元 yuán'과 같은 의미)
裙子 qúnzi 명 치마 ⭐

step 3 비교문에서 '比' 뒤에 오는 비교 대상을 더 간단하게 표현할 수 있으므로, 주어 자리에 '这条裙子'가 오고 비교 대상 자리에 '那条'가 온다.

주어	比+비교 대상
这条裙子	比那条

step 4 '比'비교문으로 [주어+比+비교 대상+술어+보어] 순으로 나열한다.

주어	比+비교 대상	술어	보어
这条裙子	比那条	贵	三百块

[정답] 这条裙子比那条贵三百块。

[해석] 이 치마는 그것(치마)보다 300위안 비싸다.

3

我现在　　大熊猫的　　耳朵　　画

어휘
大熊猫 dàxióngmāo 명 판다
画 huà 동 (그림을) 그리다

[해설]

step 1 술어를 찾는다.

술어
画

step 2 동사 술어 '画' 뒤에 목적어 '耳朵'를 연결한다.

술어	목적어
画	耳朵

step 3 목적어를 수식하는 '大熊猫的'를 목적어 앞 관형어 자리에 놓는다.

술어	관형어	목적어
画	大熊猫的	耳朵

step 4 주어는 '我'이고, '现在'는 시간을 나타내는 시간 명사로 주어의 앞뒤에 모두 올 수 있다.

주어	시간 명사	술어	관형어	목적어
我	现在	画	大熊猫的	耳朵

[정답] 我现在画大熊猫的耳朵。

[해석] 나는 지금 판다의 귀를 그리고 있다.

4

已经　　把　　卖了　　他　　照相机

어휘
已经 yǐjing 부 이미, 벌써
把 bǎ 전 ~을(를) ★
照相机 zhàoxiàngjī
명 사진기 ★

[해설]

step 1 술어를 찾는다. 보기에서 술어가 포함된 어구는 '卖了'이다. 여기에서 '卖'가 술어이고, '了'는 술어를 보충해주는 기타성분이다.

술어
卖了

step 2 전치사 '把'가 이끄는 목적어는 동작의 영향을 받는 대상으로 '把' 뒤에 '照相机'를 연결하여 술어 앞에 놓는다.

把+목적어	술어	기타성분
把照相机	卖	了

step 3 일반적으로 부사와 조동사는 전치사 '把' 앞에 위치하므로, 부사 '已经'은 '把照相机' 앞에 위치한다.

부사	把+목적어	술어	기타성분
已经	把照相机	卖	了

step 4 주어는 '他'이다.

주어	부사	把+목적어	술어	기타성분
他	已经	把照相机	卖	了

정답 他已经把照相机卖了。

해석 그는 이미 사진기를 팔았다.

5

他周末   打篮球   去   经常

어휘
周末 zhōumò 명 주말
打篮球 dǎ lánqiú 농구하다
经常 jīngcháng 부 자주

step 1 보기 중 동사가 두 개 있으므로 연동문임을 알 수 있다. '打'와 '去' 두 개의 동사 중 먼저 '去'를 술어1 자리에 놓고, 가는 목적인 '打篮球'를 각각 술어2, 목적어2 자리에 놓는다.

술어1	술어2	목적어2
去	打	篮球

step 2 연동문에서 부사와 조동사는 일반적으로 첫 번째 동사 앞에 놓이므로, 부사 '经常'은 술어1 앞에 위치한다.

부사	술어1	술어2	목적어2
经常	去	打	篮球

step 3 주어는 '他'이고, '周末'는 시간을 나타내는 시간 명사로 주어의 앞뒤에 모두 올 수 있다.

주어	시간 명사	부사	술어1	술어2	목적어2
他	周末	经常	去	打	篮球

정답 他周末经常去打篮球。

해석 그는 주말에 자주 농구하러 간다.

第6-10题   본서 p. 307

6

跑步的时候会（ kě ），带点儿水吧。

해설 빈칸 앞에 조동사 '会 ~할 것이다'가 있으므로, 빈칸에는 형용사나 동사가 들어갈 수 있다. 앞 구절에서 달리기를 언급하며 이어지는 문장에서 물을 챙기라고 했으므로, 빈칸에는 '渴 kě 목마르다'가 들어가야 한다. '渴 kě'는 생김이 비슷한 한자인 '喝 hē 마시다'와 혼동하지 않도록 주의해야 한다.

정답 渴

해석 조깅할 때 목이 마를 거야, 물을 챙겨가.

어휘

跑步 pǎo bù 동 달리기하다, 조깅하다
会 huì 조동 ~할 것이다, 할 수 있다, 할 줄 알다
带 dài 동 (몸에) 지니다, 휴대하다 ★

7

我对这个（ jié ）目很感兴趣，最近一直在看。

해설 빈칸 앞에 양사 '个'가 있으므로, 뒤에는 명사가 온다. 무언가에 관심이 있어서 최근 계속해서 보고 있다고 했으므로 빈칸에는 '节目 jiémù 프로그램'의 '节 jié'가 들어가야 한다.

정답 节

해석 나는 이 프로그램에 관심이 있어서 최근에 계속 보고 있다.

어휘

对 duì 전 ~에 대해, ~에게
感兴趣 gǎn xìngqù 관심이 있다, 흥미를 느끼다 ★
一直 yìzhí 부 계속, 줄곧, 곧장

8

我的中文不太好，这个（ jù ）子是什么意思？

해설 빈칸 앞에 양사 '个'가 있으므로, 뒤에는 명사가 온다. 앞 구절에서 자신의 중국어 실력이 좋지 않다고 말하며, 무슨 뜻인지 묻고 있으므로 빈칸에는 '句子 jùzi 문장'의 '句 jù'가 들어가야 한다.

정답 句

해석 내 중국어 실력은 그다지 좋지 않아, 이 문장은 무슨 뜻이야?

어휘

中文 Zhōngwén 명 중국어
意思 yìsi 명 뜻, 의미

9

公园离这儿比较远，我们还是（ zuò ）地铁去吧。

해설 빈칸 앞에 부사 '还是 ~하는 편이 낫다'가 있고, 빈칸 뒤에 목적어 '地铁 지하철'이 있으므로 빈칸에는 동사가 들어간다. 따라서 빈칸에는 목적어 지하철과 호응하는 동사 '坐 zuò (교통수단을) 타다'가 들어가야 한다. '坐 zuò'와 발음이 유사한 '做 zuò 하다, 만들다'와 혼동하지 않도록 주의해야 한다.

정답 坐

해석 공원은 여기에서 비교적 멀어, 우리 아무래도 지하철을 타는 편이 낫겠어.

어휘
公园 gōngyuán 몡 공원 ⭐
离 lí 젠 ~로부터
比较 bǐjiào 뷔 비교적 동 비교하다
远 yuǎn 형 멀다
还是 háishi 뷔 ~하는 편이 낫다, 아직도, 여전히 ⭐
地铁 dìtiě 몡 지하철 ⭐

10

我和男朋友都喜欢（ tīng ）安静的音乐。

해설 동사 '喜欢 좋아하다'는 명사 목적어 말고도 '술어+목적어' 구조의 목적어를 취하기도 한다. 빈칸 뒤에 명사 '音乐 음악'이 있으므로 빈칸에는 동사가 들어간다. 따라서 빈칸에는 명사 '音乐'와 호응하는 동사인 '听 tīng 듣다'가 들어가야 한다.

정답 听

해석 나와 남자친구는 모두 조용한 음악을 듣는 것을 좋아한다.

어휘
和 hé 젠 ~와(과)
安静 ānjìng 형 조용하다, 고요하다 ⭐
音乐 yīnyuè 몡 음악

HSK 3급

실전모의고사 1회

HSK 3급 1회 모의고사 듣기 스크립트

大家好！欢迎参加HSK(三级)考试。
大家好！欢迎参加HSK(三级)考试。
大家好！欢迎参加HSK(三级)考试。

HSK(三级)听力考试分四部分，共40题。
请大家注意，听力考试现在开始。

第一部分

一共10个题，每题听两次。
例如：男：喂，请问张经理在吗？
　　　女：他正在开会，您半个小时以后再打，好吗？

现在开始第一到五题：

1.
女：这个行李箱太小了，我的东西放不进去！
男：那你用我的吧，我的比你的大一点儿。

2.
男：请问，电影院在哪儿？
女：您往前一直走，就能看到。

3.
女：吃了几天药，也没什么作用，鼻子还是不舒服。
男：明天早上跟我一起去医院看看吧。

4.
男：我买了些香蕉，特别甜，你也吃一个？
女：不吃，我刚刷了牙。

5.
女：这张照片是你自己照的吗？
男：不是。去年旅游时我朋友帮我照的。

现在开始第六到十题：

6.
男：这是什么茶？真好喝。
女：我去北京出差时买来的。

7.
女：这两双鞋，你觉得哪双更漂亮一些？
男：买左边的吧，颜色很好看。

8.
男：你的儿子怎么一直在哭呢？
女：我也不知道。他是想吃饭还是想睡觉呢？

9.
女：你看，我一个星期就瘦了四斤！
男：真的吗？太好了！

10.
男：骑自行车很简单，慢慢儿骑，我就在你后边。
女：爸，你别走了！我一个人害怕！

第二部分

一共10个题,每题听两次。

例如:为了让自己更健康,他每天都花一个小时去锻炼身体。

★ 他希望自己很健康。（ ✓ ）

今天我想早点儿回家。看了看手表,才5点。过了一会儿再看表,还是5点,我这才发现我的手表不走了。

★ 那块儿手表不是他的。（ X ）

现在开始第十一题:

11.

我们这里,夏天的水果不但很新鲜,还很便宜。

★ 夏天的水果不贵。

12.

怎么办?医生说他以后不能像以前一样打篮球了。我该怎么告诉他好呢?

★ 他现在就可以打篮球了。

13.

我女儿今年15岁了,她长得很快,去年买的那条裤子现在都不能穿了,现在她几乎跟我一样高了。

★ 我女儿个子很矮。

14.

八月十五的晚上,月亮大大的,非常漂亮。这一天中国人一般都会和家人一起吃饭,一起看月亮。

★ 八月十五的月亮很大。

15.

上个月我搬到了学校附近。虽然房子有点儿小,但是又干净又便宜。

★ 现在的房子很大。

16.

我家有一只小狗,我儿子特别喜欢它,所以他每天带它去公园玩儿,然后回家就给它洗澡。

★ 儿子特别喜欢小猫。

17.

这是我第一次坐飞机,在飞机上一个晚上没睡好觉,所以现在又困又累。

★ 他昨天晚上睡得很好。

18.

女儿,你在画熊猫吗?给爸爸看一下。你把它的眼睛和鼻子画得很像,但为什么没有耳朵呢?

★ 女儿在画熊猫。

19.

今天早上老师告诉他这次的数学成绩。他的成绩比上次提高了很多,所以他一天都很高兴。

★ 他的成绩有了很大提高。

20.

你在办公室吗?这件事情电话里我说不清楚,半个小时后我到公司,我们见了面再说吧。

★ 他要去公司。

第三部分

一共10个题，每题听两次。

例如：男：小王，帮我开一下门，好吗？谢谢！

女：没问题。您去超市了？买了这么多东西。

问：男的想让小王做什么？

现在开始第二十一题：

21.
男：老师，祝您生日快乐！这是我们班的同学送您的生日礼物！

女：太谢谢你们了，是衣服吗？真漂亮，我非常喜欢。

问：同学们送了什么礼物？

22.
女：小陈，张经理说他办公室里的空调坏了。你能不能过来看一下？

男：好的，没问题，我马上过去。

问：他们可能是什么关系？

23.
男：已经十一点了，你还不睡觉吗？

女：没办法，我还有很多事情要做，你先睡吧。

问：现在几点了？

24.
女：你怎么一回家就一直玩儿游戏呢？你还不做作业？

男：妈妈，我已经在学校做完了，你就让我玩儿一会儿吧。

问：男的正在做什么？

25.
男：你还想买什么？

女：我想给我妈买个帽子，下星期二是她的生日。

问：他们可能在哪儿？

26.
女：去年买的那条裙子我都不能穿了，才穿了一年。

男：你晚上总是吃很多东西，也不运动，又长胖了吧！

问：女的为什么不能穿那条裙子？

27.
男：我记得这里是一家中国饭店，怎么突然变成银行了？

女：是吗？你是不是很长时间没来了？

问：男的记得这里以前是什么地方？

28.
女：经理现在正在开会，马上就结束了，你先坐这里等一会儿。

男：好的，那我坐在这儿等他吧。

问：男的在等谁？

29.

男：妈，蛋糕是你自己做的吗？真好吃！

女：是吗？冰箱里还有呢。你肚子饿的话，自己拿来吃吧。

问：蛋糕是谁做的？

30.

女：这个帽子颜色真漂亮，我很喜欢，但是太贵了。

男：那我给你便宜二十块，怎么样？

问：这个帽子怎么样？

第四部分

一共10个题，每题听两次。

例如：女：晚饭做好了，准备吃饭了。

男：等一会儿，比赛还有三分钟就结束了。

女：快点儿吧，一起吃，菜冷了就不好吃了。

男：你先吃，我马上就看完了。

问：男的在做什么？

现在开始第三十一题：

31.

男：喂，请问，小王在吗？

女：他不在，您是哪位？

男：我是小张，我找他有些事。他什么时候回来？

女：他去银行了，可能半个小时后就能回来。

问：小王现在可能在哪儿？

32.

女：我们这儿的啤酒节特别有名，您有兴趣吗？

男：真的吗？当然有兴趣了！

女：我们可以在那儿一边喝啤酒，一边聊天儿。

男：太好了！现在差一刻十二点，我们现在就走吧。

问：现在几点了？

33.

男：小明，我下个月八号结婚。

女：下个月结婚？但是你们认识的时间太短了吧？

男：我觉得半年的时间不短，我有个朋友认识两个月就结婚了。

女：知道了，到时候我一定参加。

问：男的和他女朋友认识多长时间了？

34.

女：你好，我去火车站。

男：好的，没问题。

女：火车站离这儿远吗？要多长时间？

男：有点儿远，可能要半个小时吧。

问：男的是做什么的？

35.

男：小李，你儿子现在多高？
女：和他爸爸一样高，一米八三。您儿子呢？
男：他可能和你儿子一样高。
女：那你儿子的个子也很高啊！
问：女的的儿子有多高？

36.

女：你哥哥真聪明！什么都知道！
男：那是因为他书读得多，读书使人聪明。
女：那他对历史书也了解不少吧？能不能让他给我介绍几本？
男：好的，我帮你问问他吧。
问：关于哥哥，可以知道什么？

37.

男：刚迟到的那个同学，你叫什么名字？
女：我叫王丽。
男：你来回答一下这个问题吧。
女：我想应该是北京。
问：女的在做什么？

38.

女：您好，您要点什么？
男：我要一杯咖啡和一杯牛奶。
女：咖啡二十块，牛奶十五块，一共三十五块钱。
男：给你五十块。
问：女的应该找给男的多少钱？

39.

男：你昨天为什么突然请假了？
女：昨天早上我突然发烧，头也很疼，所以请假去了医院。
男：医生是怎么说的？
女：他让我多休息，不要太累。
问：昨天女的为什么没来上班？

40.

女：东西都买好了，我们去喝点儿咖啡吧。
男：这儿附近有咖啡馆吗？
女：有，这个商店的三层就有一家。
男：好啊，现在就去吧！
问：他们要去哪儿？

听力考试现在结束。

HSK 3급 1회 모의고사 정답

본서 p.314

一、听力

第一部分
1. C 2. B 3. A 4. F 5. E
6. C 7. B 8. A 9. E 10. D

第二部分
11. ✓ 12. ✗ 13. ✗ 14. ✓ 15. ✗
16. ✗ 17. ✗ 18. ✓ 19. ✓ 20. ✓

第三部分
21. B 22. B 23. B 24. C 25. A
26. A 27. B 28. B 29. A 30. B

第四部分
31. B 32. B 33. B 34. C 35. B
36. B 37. A 38. B 39. A 40. A

二、阅读

第一部分
41. D 42. F 43. A 44. B 45. C
46. A 47. C 48. E 49. B 50. D

第二部分
51. F 52. B 53. C 54. A 55. D
56. E 57. B 58. C 59. A 60. F

第三部分
61. A 62. C 63. B 64. A 65. C
66. A 67. B 68. C 69. B 70. A

三、书写

第一部分
71. 这些水果已经不新鲜了。
72. 王经理的办公室在三楼。
73. 那只小狗非常聪明。
74. 面包都被弟弟吃了。
75. 这条裙子卖得很好。

第二部分
76. 便 77. 只 78. 远 79. 情 80. 觉

HSK 3급 1회 듣기

제1부분 1~10번 문제는 남녀간의 대화를 듣고 대화의 내용과 관련있는 사진을 고르는 문제입니다.

第1-5题

A
B
C
D
E
F

例如: 男: 喂, 请问张经理在吗?
　　　女: 他正在开会, 您半个小时以后再打, 好吗?

1

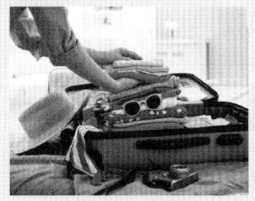

女: 这个行李箱太小了, 我的东西放不进去!
男: 那你用我的吧, 我的比你的大一点儿。

여: 이 캐리어는 너무 작아서, 내 물건이 들어가지 않아!
남: 그럼 내 것(캐리어)을 써, 내 것이 네 것보다 조금 더 커.

지문 어휘

行李箱 xínglixiāng 명 캐리어, 여행용 가방 ★
东西 dōngxi 명 물건, (구체적인 혹은 추상적인) 것
放 fàng 동 넣다, 놓다, 두다 ★
比 bǐ 전 ~보다, ~에 비해
一点儿 yìdiǎnr 양 조금, 약간

정답 C

해설 3급에서 자주 출제되는 사물 어휘인 '行李箱 캐리어'를 들었다면 캐리어 사진을 정답으로 찾을 수 있다. 여자는 남자에게 캐리어가 너무 작다고 이야기하고 있으므로 정답은 C이다.

2

男：请问，电影院在哪儿？
女：您往前一直走，就能看到。

남: 실례지만, 영화관이 어디에 있나요?
여: 앞쪽으로 쭉 가시다보면, 바로 보입니다.

지문 어휘

请问 qǐng wèn 말씀 좀 여쭙겠습니다
电影院 diànyǐngyuàn 명 영화관
往 wǎng 전 ~쪽으로
一直 yìzhí 부 계속, 줄곧, 곧장
能 néng 조동 ~할 수 있다

정답 B

해설 대화 중 남자가 여자에게 '电影院在哪儿? 영화관이 어디에 있나요?'라고 묻고 있으므로 길을 묻는 상황임을 알 수 있다. 따라서 정답은 B이다.

3

女：吃了几天药，也没什么作用，鼻子还是不舒服。
男：明天早上跟我一起去医院看看吧。

여: 약을 며칠 동안 먹었는데도, 효과가 없어, 코가 여전히 불편해.
남: 내일 아침 나와 함께 병원에 가보자.

지문 어휘

药 yào 명 약
作用 zuòyòng 명 효과, 작용, 역할
鼻子 bízi 명 코
还是 háishi 부 여전히, 아직도 ⭐
舒服 shūfu 형 편안하다 ⭐
医院 yīyuàn 명 병원

 정답 A

해설 대화 중 '鼻子 코', '不舒服 불편하다', '医院 병원' 등의 어휘를 들었다면 코를 풀고 있는 사진을 정답으로 찾을 수 있다. 따라서 정답은 A이다.

4

男：我买了些香蕉，特别甜，你也吃一个？
女：不吃，我刚刷了牙。

남: 내가 바나나를 좀 샀는데, 아주 달아. 너도 하나 먹을래?
여: 안 먹을래. 나는 방금 이를 닦았어.

지문 어휘

(一)些 (yì)xiē 양 조금, 약간, 몇 ★
香蕉 xiāngjiāo 명 바나나 ★
特别 tèbié 부 아주, 특히
甜 tián 형 달다
刚 gāng 부 방금, 막
刷牙 shuā yá 동 이를 닦다 ★

정답 F

해설 남자의 말 중 3급에 자주 출제되는 과일 '香蕉 바나나'를 들었다면, 바나나 사진인 F를 정답으로 찾을 수 있다.

5

女：这张照片是你自己照的吗？
男：不是。去年旅游时我朋友帮我照的。

여: 이 사진은 네가 직접 찍은 거야?
남: 아니야. 작년에 여행갔을 때 내 친구가 나를 도와 찍어준 것이야.

지문 어휘

张 zhāng 양 장(종이, 침대, 탁자 등을 세는 단위)
照片 zhàopiàn 명 사진
自己 zìjǐ 대 스스로, 자기, 자신
照 zhào 동 (사진, 영화를) 찍다
去年 qùnián 명 작년
旅游 lǚ yóu 동 여행하다
时 shí 명 때, 시, 시기
帮 bāng 동 돕다

정답 E

해설 여자의 말 중 '照片 사진'과 '照 (사진을) 찍다' 등의 어휘를 통해 두 사람이 사진을 보며 대화를 나누고 있는 상황임을 알 수 있다. 따라서 정답은 E이다.

第6-10题

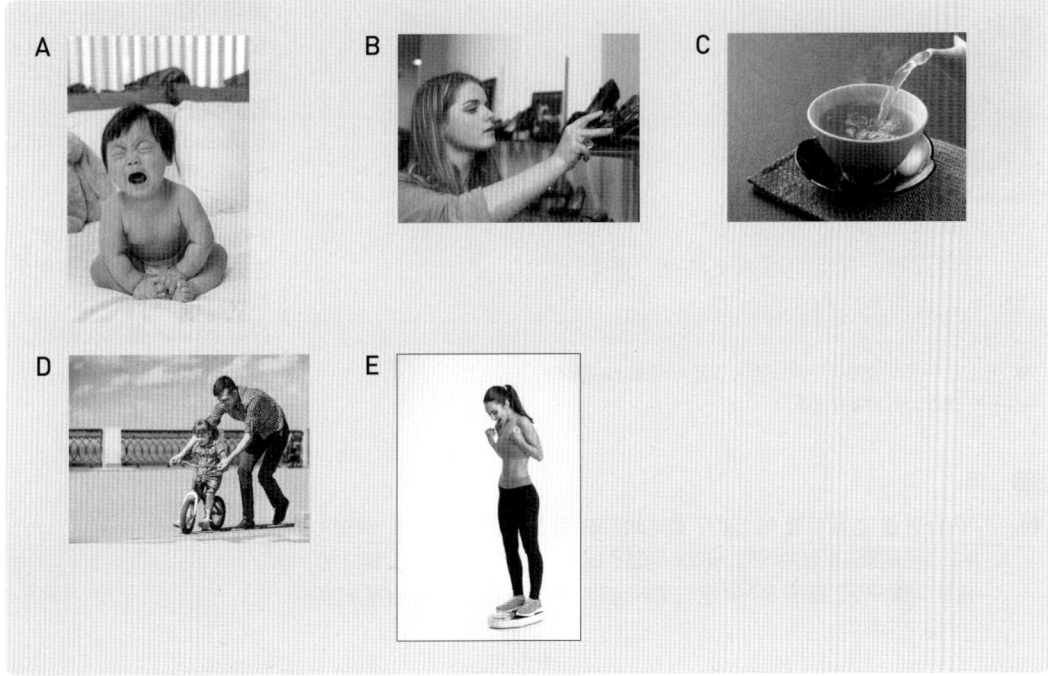

男：这是什么茶？真好喝。
女：我去北京出差时买来的。

남: 이건 무슨 차야? 정말 (마시는 것이) 맛있다.
여: 내가 베이징으로 출장 갔을 때 사온 거야.

지문 어휘

茶 chá 명 차
好喝 hǎohē 형 (음료, 국, 탕 등이) 맛있다
出差 chū chāi 통 출장 가다
时 shí 명 때, 시, 시기

정답 C

해설 남자의 말 중 '茶 차', '好喝 (마시는 것이) 맛있다'와 같은 어휘를 통해 차를 마시며 대화를 나누고 있는 상황임을 알 수 있다. 따라서 정답은 C이다.

7

女: 这两双鞋, 你觉得哪双更漂亮一些?
男: 买左边的吧, 颜色很好看。

여: 이 신발 두 켤레 중에 너는 어느 것이 조금 더 예쁘다고 생각해?
남: 왼쪽 것으로 사. 색이 예쁘네.

지문 어휘

双 shuāng 양 쌍, 켤레(쌍이나 짝을 이룬 물건을 세는 단위)
鞋 xié 명 신발
觉得 juéde 동 ~라고 생각하다, ~라고 느끼다
更 gèng 부 더, 더욱
一些 yìxiē 양 조금, 약간, 몇
左边 zuǒbian 명 왼쪽, 좌측
颜色 yánsè 명 색, 색깔
好看 hǎokàn 형 보기 좋다, 근사하다

정답 B

해설 여자의 말 중 '这两双鞋 이 신발 두 켤레'라는 표현을 통해 신발을 고르며 대화를 나누고 있는 상황임을 알 수 있다. 따라서 정답은 B이다. 참고로 양사 '双'은 '鞋 신발', '皮鞋 가죽 구두', '筷子 젓가락' 등과 같이 쌍이나 짝을 이룬 물건들과 함께 쓰인다는 것을 기억해두자.

8

男: 你的儿子怎么一直在哭呢?
女: 我也不知道。他是想吃饭还是想睡觉呢?

남: 네 아들은 왜 계속 울고 있는 거야?
여: 나도 모르겠어. 밥이 먹고 싶은 걸까 아니면 자고 싶은 걸까?

지문 어휘

儿子 érzi 명 아들
怎么 zěnme 대 왜, 어째서, 어떻게
一直 yìzhí 부 계속, 줄곧, 곧장
哭 kū 동 울다
想 xiǎng 조동 ~하고 싶다 동 생각하다
还是 háishi 접 아니면, 또는 (의문문에 쓰여 선택을 나타냄) ★
睡觉 shuì jiào 동 잠을 자다

정답 A

해설 남자의 말 중 '儿子 아들', '哭 울다' 등의 어휘를 통해 아이가 울고 있는 상황임을 알 수 있다. 따라서 울고 있는 남자아이의 사진인 A가 정답이다.

9

女: 你看,我一个星期就瘦了四斤!
男: 真的吗? 太好了!

여: 봐, 나 일주일 사이에 2킬로그램이나 빠졌어!
남: 정말? 너무 잘 됐다!

정답 E

해설 여자의 말 중 '瘦了四斤 2킬로그램 빠지다'가 들렸다면 체중계에서 몸무게를 재며 기뻐하는 여자 사진인 E를 정답으로 찾을 수 있다. 참고로 '一斤'이 500그램이므로 '四斤'은 2킬로그램이다. '四斤'을 4킬로그램으로 혼동하지 않도록 주의하자.

지문 어휘

星期 xīngqī 명 요일, 주
瘦 shòu 형 마르다
斤 jīn 양 근, 500g(무게를 세는 단위)

10

男: 骑自行车很简单,慢慢儿骑,我就在你后边。
女: 爸,你别走了! 我一个人害怕!

남: 자전거 타는 것은 아주 간단해. 천천히 타보렴, 내가 바로 네 뒤에 있어.
여: 아빠, 가지 마세요! 저 혼자는 무섭단 말이에요!

정답 D

해설 대화 중 '骑自行车 자전거를 타다'와 '骑 타다' 등의 표현을 통해 여자가 자전거 타는 연습을 하고 있음을 알 수 있다. 따라서 정답은 D이다.

지문 어휘

骑 qí 동 (동물이나 자전거 등에) 타다
自行车 zìxíngchē 명 자전거 ☆
简单 jiǎndān 형 간단하다, 쉽다
慢慢儿 mànmānr 부 천천히, 차츰
后边 hòubian 명 뒤, 뒤쪽
害怕 hàipà 동 두려워하다, 겁내다

제2부분
11~20번 문제는 제시된 문장이 녹음 내용과 일치하는지를 판단하는 문제입니다.

第11-20题

例如：为了让自己更健康，他每天都花一个小时去锻炼身体。

★ 他希望自己很健康。　　　　　　　　　　　　　　(✓)

今天我想早点儿回家。看了看手表，才5点。过了一会儿再看表，还是5点，我这才发现我的手表不走了。

★ 那块儿手表不是他的。　　　　　　　　　　　　　(X)

11

我们这里，夏天的水果不但很新鲜，还很便宜。
★ 夏天的水果不贵。(✓)

우리 이곳은 여름 과일이 신선할 뿐만 아니라, 또한 저렴하다.
★ 여름 과일이 비싸지 않다. (✓)

지문 어휘
夏天 xiàtiān 명 여름
水果 shuǐguǒ 명 과일
不但 búdàn 접 ~할 뿐만 아니라
新鲜 xīnxiān 형 신선하다 ★
还 hái 부 또, 아직, 여전히 ★
便宜 piányi 형 (값이) 싸다
贵 guì 형 (값이) 비싸다

정답 ✓

해설 제시된 문장의 '不贵 비싸지 않다'는 녹음 내용의 '很便宜 저렴하다'와 동일한 의미로 제시된 문장은 녹음 내용과 일치한다.

12

怎么办？医生说他以后不能像以前一样打篮球了。我该怎么告诉他好呢？
★ 他现在就可以打篮球了。(X)

어떡하지? 의사 선생님이 그가 이후에는 예전처럼 농구를 할 수 없다고 말했어. 내가 그에게 어떻게 말해야 좋을까?
★ 그는 지금 바로 농구를 할 수 있다. (X)

지문 어휘
医生 yīshēng 명 의사
以后 yǐhòu 명 이후
能 néng 조동 ~할 수 있다
像~一样 xiàng~yíyàng ~와(과) 같다 ★
以前 yǐqián 명 이전, 예전
打篮球 dǎ lánqiú 농구하다
该 gāi 조동 마땅히 ~해야 한다
怎么 zěnme 대 어떻게, 어째서
告诉 gàosu 동 말하다, 알리다
可以 kěyǐ 조동 ~할 수 있다, ~해도 된다

정답 X

해설 녹음 내용에서 그가 이후에는 예전처럼 농구를 할 수 없을 거라고 했으므로 제시된 문장과 녹음 내용은 일치하지 않는다.

13

我女儿今年15岁了，她长得很快，去年买的那条裤子现在都不能穿了，现在她几乎跟我一样高了。

★ 我女儿个子很矮。(✗)

내 딸은 올해 열다섯 살이 되었다. 그녀는 빨리 자라서, 작년에 샀던 그 바지를 지금은 이미 입을 수 없게 되었다. 지금 그녀는 거의 나만큼 크다.

★ 내 딸의 키는 작다. (✗)

정답 ✗

해설 녹음 내용에서 딸이 빨리 자라서 지금 그녀는 거의 나만큼 크다고 했으므로 제시된 문장과 녹음 내용은 일치하지 않는다.

지문 어휘

女儿 nǚ'ér 명 딸
今年 jīnnián 명 올해
岁 suì 양 살, 세(나이를 세는 단위)
去年 qùnián 명 작년
条 tiáo 양 치마, 바지, 강 등의 가늘고 긴 것을 세는 단위 ★
裤子 kùzi 명 바지 ★
都 dōu 부 이미, 벌써
穿 chuān 동 입다, 신다
几乎 jīhū 부 거의
跟~一样 gēn~yíyàng ~와(과) 같다
个子 gèzi 명 (사람의) 키, 체격
矮 ǎi 형 (키가) 작다, 낮다 ★

14

八月十五的晚上，月亮大大的，非常漂亮。这一天中国人一般都会和家人一起吃饭，一起看月亮。

★ 八月十五的月亮很大。(✓)

8월 15일 저녁, 달은 매우 크고, 굉장히 아름답다. 이날 중국인은 보통 가족과 함께 밥을 먹고 달 구경을 한다.

★ 8월 15일의 달은 크다. (✓)

정답 ✓

해설 제시된 문장의 '八月十五的月亮很大 8월 15일의 달은 크다'는 녹음 내용의 '八月十五的晚上，月亮大大的 8월 15일 저녁, 달은 매우 크다'와 동일한 의미로 제시된 문장은 녹음 내용과 일치한다.

지문 어휘

晚上 wǎnshang 명 저녁
月亮 yuèliang 명 달
漂亮 piàoliang 형 예쁘다
一般 yìbān 형 일반적이다, 보통이다 ★
家人 jiārén 명 가족

15

上个月我搬到了学校附近。虽然房子有点儿小，但是又干净又便宜。

★ 现在的房子很大。(✗)

지난 달에 나는 학교 근처로 이사했다. 비록 집이 조금 작지만, 깨끗하면서도 저렴하다.

★ 지금 집은 크다. (✗)

정답 ✗

해설 제시된 문장의 '房子很大 집이 크다'는 녹음 내용의 '房子有点儿小 집이 조금 작다'와 상반된 의미이므로 제시된 문장과 녹음 내용은 일치하지 않는다.

지문 어휘

上个月 shàng ge yuè 지난 달
搬 bān 동 이사하다, 운반하다, 옮기다 ★
学校 xuéxiào 명 학교
附近 fùjìn 명 근처, 부근
虽然~，但是~ suīrán~, dànshì~ 비록 ~이지만, 그러나 ~하다
房子 fángzi 명 집, 건물
又~又~ yòu~ yòu~ ~하기도 하고 ~하기도 하다
干净 gānjìng 형 깨끗하다 ★

16

我家有一只小狗，我儿子特别喜欢它，所以他每天带它去公园玩儿，然后回家就给它洗澡。

★ 儿子特别喜欢小猫。(✗)

우리 집에는 강아지가 한 마리 있는데, 내 아들은 강아지를 특히 좋아한다. 그래서 그는 매일 강아지를 데리고 공원에 가서 놀고, 그리고 나서 집에 돌아와 강아지를 목욕시킨다.

★ 아들은 특히 새끼 고양이를 좋아한다. (✗)

정답 ✗

해설 녹음 내용에서 아들은 고양이가 아닌 강아지를 좋아한다고 했으므로 제시된 문장은 녹음 내용과 일치하지 않는다. 참고로 정답의 근거가 되는 문장에서 구체적인 사물의 명칭이나 사람을 언급하지 않고 지시대명사(这, 那)나 인칭대명사(他, 它)를 사용하여 출제하는 경향이 있으므로, 지시대명사, 인칭대명사가 어떤 것을 가리키는지 주의하여 듣도록 하자.

지문 어휘

只 zhī 양 마리(짐승을 세는 단위)
小狗 xiǎogǒu 명 강아지
儿子 érzi 명 아들
特别 tèbié 부 특히, 아주 형 특별하다
它 tā 대 그것
所以 suǒyǐ 접 그래서
带 dài 동 데리다, (몸에) 지니다 ★
公园 gōngyuán 명 공원 ★
然后 ránhòu 접 그런 후에, 그 다음에 ★
回家 huí jiā 동 집으로 돌아가다(오다), 귀가하다
洗澡 xǐ zǎo 동 목욕하다 ★
小猫 xiǎomāo 명 새끼 고양이

17

这是我第一次坐飞机，在飞机上一个晚上没睡好觉，所以现在又困又累。

★ 他昨天晚上睡得很好。(✗)

이번이 내가 처음으로 비행기를 타는 것이라서, 비행기에서 밤새 잠을 제대로 자지 못했다. 그래서 지금 졸리고 피곤하다.

★ 그는 어제 저녁에 잘 잤다. (✗)

정답 ✗

해설 제시된 문장의 '昨天晚上睡得很好 어제 저녁에 잘 잤다'는 녹음 내용의 '一个晚上没睡好觉 밤새 잠을 제대로 자지 못했다'와 상반된 의미이므로 제시된 문장은 녹음 내용과 일치하지 않는다.

지문 어휘

第一次 dì yī cì 명 최초, 맨 처음
坐 zuò 동 (교통수단을) 타다, 앉다
飞机 fēijī 명 비행기
晚上 wǎnshang 명 저녁
所以 suǒyǐ 접 그래서
现在 xiànzài 명 지금, 현재
又~又~ yòu~ yòu~ ~하기도 하고 ~하기도 하다
困 kùn 형 졸리다
累 lèi 형 피곤하다, 힘들다

18

女儿，你在画熊猫吗？给爸爸看一下。你把它的眼睛和鼻子画得很像，但为什么没有耳朵呢？

★ 女儿在画熊猫。(✓)

딸아, 너는 판다를 그리고 있니? 아빠에게 좀 보여줘. 판다의 눈과 코를 매우 비슷하게 그렸구나, 그런데 왜 귀는 없어?

★ 딸은 판다를 그리고 있다. (✓)

지문 어휘

画 huà 동 (그림을) 그리다
熊猫 xióngmāo 명 판다
一下 yíxià 양 (동사 뒤에 놓여) 한번(좀) ~하다
把 bǎ 전 ~을(를) ★
它 tā 대 그것
眼睛 yǎnjing 명 눈
鼻子 bízi 명 코

정답 ✓

해설 녹음 내용의 첫 문장에서 딸에게 판다를 그리고 있는 중인지 물으며 딸이 그린 그림에 대해 이야기하고 있으므로 제시된 문장과 녹음 내용은 일치한다.

像 xiàng 동 비슷하다, 닮다 ★
但 dàn 접 그러나
耳朵 ěrduo 명 귀

19

今天早上老师告诉他这次的数学成绩。他的成绩比上次提高了很多，所以他一天都很高兴。

★ 他的成绩有了很大提高。(✓)

오늘 아침 선생님이 그에게 이번 수학 성적을 알려줬다. 그의 성적이 지난번보다 많이 향상되어서, 그는 하루 종일 매우 기쁘다.

★ 그의 성적은 크게 향상되었다. (✓)

정답 ✓

해설 제시된 문장의 '有了很大提高 크게 향상되었다'와 녹음 내용의 '比上次提高了很多 지난번보다 많이 향상되었다'는 동일한 의미로 제시된 문장은 녹음 내용과 일치한다.

지문 어휘

早上 zǎoshang 명 아침
告诉 gàosu 동 알리다, 말하다
次 cì 양 번, 차례(동작을 세는 단위)
数学 shùxué 명 수학
成绩 chéngjì 명 성적 ★
比 bǐ 전 ~에 비해, ~보다
上次 shàngcì 명 지난번, 저번
提高 tígāo 동 향상시키다, 높이다, 끌어올리다
所以 suǒyǐ 접 그래서
一天 yì tiān 명 하루 종일, 온종일
高兴 gāoxìng 형 기쁘다

20

你在办公室吗？这件事情电话里我说不清楚，半个小时后我到公司，我们见了面再说吧。

★ 他要去公司。(✓)

사무실에 계신가요? 이 일은 전화로는 제가 명확하게 말할 수 없어요(설명하기 어려워요). 30분 후에 제가 회사에 도착하니, 우리 만나서 다시 얘기해요.

★ 그는 회사에 가려 한다. (✓)

정답 ✓

해설 제시된 문장의 '要去公司 회사에 가려 한다'와 녹음 내용의 '半个小时后到公司 30분 후에 회사에 도착한다'는 같은 의미로 볼 수 있으므로 제시된 문장은 녹음 내용과 일치한다.

지문 어휘

办公室 bàngōngshì 명 사무실 ★
件 jiàn 양 옷, 일, 사건 등을 세는 단위
事情 shìqing 명 일, 사건
电话 diànhuà 명 전화
清楚 qīngchu 형 분명하다 ★
半 bàn 수 30분, 절반
小时 xiǎoshí 명 시간
到 dào 동 도착하다, 도달하다
再 zài 부 다시, 재차, 또

제3부분   21~30번 문제는 남녀의 대화를 듣고 관련된 질문에 대한 정답을 고르는 문제입니다.

第21-30题

例如：男：小王，帮我开一下门，好吗？谢谢！
女：没问题。您去超市了？买了这么多东西。
问：男的想让小王做什么？

A 开门 ✓   B 拿东西   C 去超市买东西

21

男：老师，祝您生日快乐！这是我们班的同学送您的生日礼物！
女：太谢谢你们了，是衣服吗？真漂亮，我非常喜欢。

问：同学们送了什么礼物？
    A 包   B 衣服   C 鞋子

지문 어휘
祝 zhù 통 기원하다, 축복하다
生日 shēngrì 명 생일
快乐 kuàilè 형 즐겁다, 유쾌하다
班 bān 명 반, 조, 그룹
同学 tóngxué 명 학우, 동창
送 sòng 통 선물하다, 보내다, 배웅하다 ★
礼物 lǐwù 명 선물 ★
衣服 yīfu 명 옷
漂亮 piàoliang 형 예쁘다

남: 선생님, 생신 축하드려요! 이것은 저희 반 친구들이 선생님께 드리는 생신 선물이에요!
여: 너희에게 너무 고마워, 옷이니? 정말 예쁘다. 너무 마음에 들어.

질문: 학생들은 무슨 선물을 했는가?
    A 가방   B 옷   C 신발

보기 어휘
包 bāo 명 가방
鞋子 xiézi 명 신발

정답 B

해설 보기를 통해 특정 사물을 묻는 문제임을 알 수 있다. 선물을 받은 여자가 고맙다는 인사 후에 옷인지 물으며 특정 사물을 그대로 언급하였으므로 정답은 B이다.

22

女：小陈，张经理说他办公室里的空调坏了。你能不能过来看一下？
男：好的，没问题，我马上过去。

问：他们可能是什么关系？
    A 同学   B 同事   C 邻居

지문 어휘
经理 jīnglǐ 명 사장, 지배인 ★
办公室 bàngōngshì 명 사무실 ★
空调 kōngtiáo 명 에어컨 ★
坏 huài 동 고장 나다, 상하다 ★
能 néng 조동 ~할 수 있다
一下 yíxià 양 (동사 뒤에 놓여) 한번(좀) ~하다
马上 mǎshàng 부 곧, 즉시, 바로

여: 샤오천, 장 사장님께서 사장님 사무실의 에어컨이 고장 났다고 하셨어요. 당신이 와서 좀 봐줄 수 있어요?
남: 알겠어요, 문제 없어요, 제가 곧 건너갈게요.

질문: 그들은 아마도 무슨 관계인가?
    A 동창   B 직장 동료   C 이웃

보기 어휘
同事 tóngshì 명 직장 동료
邻居 línjū 명 이웃 ★

정답 B

해설 보기를 통해 두 사람의 관계를 묻는 문제임을 알 수 있다. '经理 사장', '办公室 사무실'과 같은 어휘를 통해 두 사람은 직장 동료 관계임을 알 수 있으므로 정답은 B이다.

23

男: 已经十一点了, 你还不睡觉吗?
女: 没办法, 我还有很多事情要做, 你先睡吧。

问: 现在几点了?
　　A 八点　　　　　B 十一点　　　　C 十二点

남: 벌써 11시인데, 당신 아직도 안 자요?
여: 어쩔 수 없어요, 해야 할 일들이 너무 많아서요, 당신 먼저 자요.

질문: 지금은 몇 시인가?
　　A 8시　　　　　B 11시　　　　C 12시

지문 어휘

已经 yǐjing 🔵 벌써, 이미
还 hái 🔵 아직, 여전히, 또 ⭐
睡觉 shuì jiào 🟢 잠을 자다
办法 bànfǎ 🟠 방법 ⭐
事情 shìqing 🟠 일, 사건
先 xiān 🔵 먼저 ⭐

정답 B

해설 보기를 통해 시간을 묻는 문제임을 알 수 있다. 첫 문장에서 남자가 여자에게 벌써 11시라고 했으므로 정답은 B이다.

24

女: 你怎么一回家就一直玩儿游戏呢? 你还不做作业?
男: 妈妈, 我已经在学校做完了, 你就让我玩儿一会儿吧。

问: 男的正在做什么?
　　A 做作业　　　　B 看电视　　　　C 玩儿游戏

여: 너는 어째서 집에 오자마자 줄곧 게임만 하니? 너 숙제 안 해?
남: 엄마, 저 이미 학교에서 다 했어요, 잠깐만 놀게 해주세요.

질문: 남자는 무엇을 하고 있는 중인가?
　　A 숙제를 한다　　　B 텔레비전을 본다　　　C 게임을 한다

정답 C

해설 여자는 남자에게 집에 오자마자 줄곧 게임만 한다고 했으므로, 남자는 현재 게임을 하고 있음을 알 수 있다. 따라서 정답은 C이다.

지문 어휘

怎么 zěnme 🟣 어째서, 어떻게, 왜
一~就~ yī~ jiù~ ~하자마자 ~하다
回家 huí jiā 🟢 집으로 돌아가다(오다), 귀가하다
一直 yìzhí 🔵 줄곧, 곧장, 계속
游戏 yóuxì 🟠 게임 ⭐
已经 yǐjing 🔵 이미, 벌써
学校 xuéxiào 🟠 학교
让 ràng 🟢 ~에게 ~하게 하다 (시키다)
一会儿 yíhuìr 🟠 잠시, 잠깐 동안 🔵 잠시 후에 ⭐

보기 어휘

电视 diànshì 🟠 텔레비전, TV

25

男: 你还想买什么?
女: 我想给我妈买个帽子，下星期二是她的生日。

问: 他们可能在哪儿?
　　A 商店　　　　　B 饭店　　　　　C 电影院

남: 너는 또 무엇을 사고 싶어?
여: 나는 엄마에게 모자를 사드리고 싶어, 다음 주 화요일이 엄마의 생신이거든.

질문: 그들은 아마도 어디에 있는가?
　　A 상점　　　　　B 식당　　　　　C 영화관

지문 어휘
想 xiǎng 조동 ~하고 싶다
　　　　동 생각하다
帽子 màozi 명 모자
生日 shēngrì 명 생일

보기 어휘
商店 shāngdiàn 명 상점, 가게
饭店 fàndiàn 명 식당, 호텔
电影院 diànyǐngyuàn 명 영화관

정답 A

해설 보기를 통해 장소를 묻는 문제임을 알 수 있다. 남자가 여자에게 또 무엇을 사고 싶은지 묻자 여자는 엄마에게 선물할 모자를 사고 싶다고 했으므로 둘은 상점에 있음을 알 수 있다. 따라서 정답은 A이다.

26

女: 去年买的那条裙子我都不能穿了，才穿了一年。
男: 你晚上总是吃很多东西，也不运动，又长胖了吧!

问: 女的为什么不能穿那条裙子?
　　A 比去年胖了　　B 天气太冷了　　C 裙子太短了

여: 작년에 산 그 치마를 나는 이미 입을 수 없게 되었어, 고작 1년 밖에 입지 못했어.
남: 너는 저녁에 항상 음식을 많이 먹고, 운동도 하지 않더니, 또 살쪘구나!

질문: 여자는 왜 그 치마를 입을 수 없는가?
　　A 작년보다 살이 쪄서　　B 날씨가 너무 추워서　　C 치마가 너무 짧아서

지문 어휘
去年 qùnián 명 작년
条 tiáo 양 치마, 바지, 강 등의 가늘고 긴 것을 세는 단위 ★
裙子 qúnzi 명 치마 ★
穿 chuān 동 입다, 신다
才 cái 부 고작, 비로소, 겨우
晚上 wǎnshang 명 저녁
总是 zǒngshì 부 항상, 늘
运动 yùndòng 동 운동하다
　　　　명 운동
长胖 zhǎng pàng 동 살찌다, 뚱뚱해지다

보기 어휘
比 bǐ 전 ~보다, ~에 비해
天气 tiānqì 명 날씨
短 duǎn 형 짧다

정답 A

해설 마지막 부분에서 남자가 여자에게 저녁에 항상 음식을 많이 먹고 운동도 하지 않아서 또 살이 쪘다고 말하고 있으므로 정답은 A이다.

27

男: 我记得这里是一家中国饭店，怎么突然变成银行了？
女: 是吗？你是不是很长时间没来了？

问: 男的记得这里以前是什么地方？
　　A 银行　　　　B 饭店　　　　C 电影院

남: 나는 이곳에 중국 식당이 있었던 것으로 기억하는데, 어째서 갑자기 은행으로 바뀌었지?
여: 그래? 네가 너무 오랫동안 안 왔던 거 아니야?

질문: 남자는 이곳을 예전에 어떤 곳으로 기억하는가?
　　A 은행　　　　B 식당　　　　C 영화관

지문 어휘

记得 jìde 통 기억하고 있다, 잊지 않고 있다 ★
家 jiā 양 집, 점포 등을 세는 단위
饭店 fàndiàn 명 식당, 호텔
怎么 zěnme 대 어째서, 어떻게, 왜
突然 tūrán 부 갑자기 형 갑작스럽다
变成 biànchéng 통 ~(으)로 변하다, ~이(가) 되다
银行 yínháng 명 은행

정답 B

해설 보기를 통해 장소를 묻는 문제임을 알 수 있다. 첫 문장에서 남자는 여자에게 이곳에 중국 식당이 있었던 것으로 기억한다고 장소를 그대로 언급했으므로 정답은 B이다.

28

女: 经理现在正在开会，马上就结束了，你先坐这里等一会儿。
男: 好的，那我坐在这儿等他吧。

问: 男的在等谁？
　　A 校长　　　　B 经理　　　　C 邻居

여: 사장님은 지금 회의 중이세요. 곧 끝날 거예요. 우선 여기에 앉아서 잠시만 기다려주세요.
남: 알겠습니다. 그럼 여기에 앉아서 기다릴게요.

질문: 남자는 누구를 기다리고 있는가?
　　A 학교장　　　B 사장　　　C 이웃

지문 어휘

经理 jīnglǐ 명 사장, 지배인 ★
正在 zhèngzài 부 ~하고 있는 중이다
开会 kāi huì 통 회의를 하다
马上 mǎshàng 부 곧, 즉시, 바로
就~了 jiù~le 곧 ~하려고 하다
结束 jiéshù 통 끝나다 ★
先 xiān 부 먼저 ★
一会儿 yíhuìr 명 잠시, 잠깐 동안 부 잠시 후에 ★

보기 어휘

校长 xiàozhǎng 명 학교장 ★
邻居 línjū 명 이웃 ★

정답 B

해설 보기를 통해 특정 인물을 묻는 문제임을 알 수 있다. 첫 문장에서 여자는 남자에게 사장님은 지금 회의 중이니 잠시만 기다려 달라며 대상을 그대로 언급했으므로 정답은 B이다.

29

男：妈，蛋糕是你自己做的吗？真好吃！
女：是吗？冰箱里还有呢。你肚子饿的话，自己拿来吃吧。

问：蛋糕是谁做的？
　　A 妈妈　　　　B 妹妹　　　　C 爸爸

남: 엄마, 케이크는 엄마가 직접 만드신 거예요? 정말 맛있어요!
여: 그래? 냉장고에 더 있어. 배 고프면 직접 꺼내서 먹으렴.

질문: 케이크는 누가 만든 것인가?
　　A 엄마　　　　B 여동생　　　　C 아빠

지문 어휘

蛋糕 dàngāo 명 케이크 ⭐
好吃 hǎochī 형 (음식, 요리 등이) 맛있다
冰箱 bīngxiāng 명 냉장고 ⭐
肚子 dùzi 명 배, 복부
饿 è 형 배고프다
(如果)~的话 (rúguǒ)~de huà 접 만약 ~한다면 ⭐
拿 ná 동 가지다, (손으로) 쥐다, 잡다 ⭐

정답 A

해설 보기를 통해 특정 인물을 묻는 문제임을 알 수 있다. 인물 관련 문제의 경우 대화 속 호칭이 핵심 키워드가 되고, 이러한 호칭은 주로 첫 단락에서 언급되는 경우가 많으니 첫 부분을 더욱 집중하여 들어야 한다. 첫 문장에서 남자가 여자를 '妈 엄마'라고 불렀으므로 정답은 A이다.

30

女：这个帽子颜色真漂亮，我很喜欢，但是太贵了。
男：那我给你便宜二十块，怎么样？

问：这个帽子怎么样？
　　A 有点儿大　　　B 很贵　　　C 太红了

여: 이 모자 색깔이 정말 예뻐요. 마음에 드는데, 너무 비싸네요.
남: 그럼 제가 20위안 싸게 해드릴게요, 어때요?

질문: 이 모자는 어떤가?
　　A 조금 크다　　　B 비싸다　　　C 너무 빨갛다

지문 어휘

颜色 yánsè 명 색, 색깔
但是 dànshì 접 그러나
贵 guì 형 (값이) 비싸다
便宜 piányi 형 (값이) 싸다

보기 어휘

有点儿 yǒu diǎnr 부 조금, 약간
红 hóng 형 빨갛다, 붉다

정답 B

해설 보기를 통해 사물의 특징을 묻는 문제임을 알 수 있다. 사물의 특징을 묻는 문제에서는 주로 사물의 여러 가지 특징을 함께 나열하므로 녹음을 들으면서 보기와 대조하여 정답을 찾는 연습이 필요하다. 여자는 이 모자의 색깔이 예쁘고 마음에 들지만 너무 비싸다고 했으므로 정답은 B이다.

제4부분

31~40번 문제는 남녀의 대화를 듣고 관련된 질문에 대한 정답을 고르는 문제입니다.

第31-40题

例如：女：晚饭做好了，准备吃饭了。
男：等一会儿，比赛还有三分钟就结束了。
女：快点儿吧，一起吃，菜冷了就不好吃了。
男：你先吃，我马上就看完了。
问：男的在做什么？

A 洗澡　　　　B 吃饭　　　　C 看电视 ✓

31

男：喂，请问，小王在吗？
女：他不在，您是哪位？
男：我是小张，我找他有些事。他什么时候回来？
女：他去银行了，可能半个小时后就能回来。

问：小王现在可能在哪儿？

A 超市　　　　B 银行　　　　C 办公室

지문 어휘

喂 wéi ② 여보세요
请问 qǐng wèn 말씀 좀 여쭙겠습니다
位 wèi ③ 분, 명(공경의 뜻을 내포함) ⭐
找 zhǎo ⑧ 찾다, 구하다
银行 yínháng ⑲ 은행
可能 kěnéng ⑨ 아마도 ⑳ 가능하다
半 bàn ㉔ 30분, 절반
小时 xiǎoshí ⑲ 시간

보기 어휘

超市 chāoshì ⑲ 슈퍼마켓, 마트 ⭐
办公室 bàngōngshì ⑲ 사무실 ⭐

남: 여보세요, 실례지만, 샤오왕 씨 있나요?
여: 없습니다, 당신은 누구세요?
남: 저는 샤오리입니다, 그에게 볼일이 좀 있어서요. 그는 언제 돌아오나요?
여: 은행에 갔는데, 아마도 30분 후에 곧 돌아올 거예요.

질문: 샤오왕은 지금 아마도 어디에 있는가?

A 슈퍼마켓　　　　B 은행　　　　C 사무실

정답 B

해설 보기를 통해 장소를 묻는 문제임을 알 수 있다. 마지막 여자의 말을 통해 샤오왕은 현재 은행에 갔음을 알 수 있다. 따라서 정답은 B이다.

32

女：我们这儿的啤酒节特别有名，您有兴趣吗？
男：真的吗？当然有兴趣了！
女：我们可以在那儿一边喝啤酒，一边聊天儿。
男：太好了！现在差一刻十二点，我们现在就走吧。

问：现在几点了？
　　A 11:15　　　　B 11:45　　　　C 12:00

지문 어휘

啤酒 píjiǔ 명 맥주 ★
节 jié 명 축제, 명절, 기념일
特别 tèbié 부 특히, 아주
형 특별하다
有名 yǒumíng 형 유명하다
兴趣 xìngqù 명 흥미 ★
当然 dāngrán 형 당연히 ★
부 당연하다, 물론이다
一边~, 一边~
yìbiān~, yìbiān~
~하면서, ~하다
聊天儿 liáo tiānr 동 이야기를
나누다, 수다 떨다 ★
差 chà 동 부족하다, 모자라다[시
간을 나타낼 때는 '~(분) 전'의 의
미로 쓰임] ★
刻 kè 양 15분의 단위를 나타냄
(一刻: 15분, 三刻: 45분) ★

여: 우리 이곳의 맥주 페스티벌은 특히 유명해요. 관심 있으세요?
남: 정말요? 당연히 관심 있죠!
여: 우리는 그곳에서 맥주를 마시면서 이야기를 나눌 수 있어요.
남: 너무 좋아요! 지금 12시 15분 전이네요, 우리 지금 바로 가요.

질문: 지금은 몇 시인가?
　　A 11 : 15　　　　B 11 : 45　　　　C 12 : 00

정답　B

해설　보기를 통해 시간을 묻는 문제임을 알 수 있다. 마지막 문장에서 남자가 지금은 12시 15분 전이라고 말했으므로, 현재 11시 45분이라는 것을 알 수 있다. 따라서 정답은 B이다.

33

男：小明，我下个月八号结婚。
女：下个月结婚？但是你们认识的时间太短了吧？
男：我觉得半年的时间不短，我有个朋友认识两个月就结婚了。
女：知道了，到时候我一定参加。

问：男的和他女朋友认识多长时间了？
　　A 两个月　　　B 六个月　　　C 一年

지문 어휘

结婚 jié hūn 동 결혼하다 ★
但是 dànshì 접 그러나
认识 rènshi 동 (사람, 글자 등
을) 알다, 인식하다
短 duǎn 형 짧다
半 bàn 수 절반, 30분
到 dào 동 이르다, 도달하다,
도착하다
时候 shíhou 명 때, 시각
参加 cānjiā 동 참석하다,
참가하다 ★

남: 샤오밍, 나는 다음 달 8일에 결혼해.
여: 다음 달에 결혼한다고? 하지만 너희 서로 알고 지낸 시간이 너무 짧지 않니?
남: 나는 반년의 시간이 짧지 않다고 생각해, 내 친구는 알고 지낸지 두 달 만에 결혼했는걸.
여: 알겠어, 그때 꼭 참석할게.

질문: 남자와 그의 여자친구는 알고 지낸 지 얼마나 되었는가?
　　A 2개월　　　B 6개월　　　C 1년

정답　B

해설　보기를 통해 기간을 묻는 문제임을 알 수 있다. 여자가 남자에게 여자친구와 알고 지낸 시간이 너무 짧지 않은지 묻자, 남자는 반년의 시간이 짧지 않다고 대답했으므로 정답은 B이다.

34

女：你好，我去火车站。
男：好的，没问题。
女：火车站离这儿远吗？要多长时间？
男：有点儿远，可能要半个小时吧。

问：男的是做什么的？
　　A 医生　　　　B 老师　　　　C 司机

여: 안녕하세요, 기차역으로 가주세요.
남: 알겠습니다, 문제없습니다.
여: 기차역은 여기에서 먼가요? 어느 정도 걸리나요?
남: 조금 멀어요, 아마도 30분 정도 걸릴 거예요.

질문: 남자는 무엇을 하는 사람인가?
　　A 의사　　　　B 선생님　　　　C 운전 기사

지문 어휘

火车站 huǒchēzhàn
명 기차역
离 lí 전 ~로부터
远 yuǎn 형 멀다
有点儿 yǒu diǎnr 부 조금, 약간
可能 kěnéng 부 아마도
　　 형 가능하다
小时 xiǎoshí 명 시간

보기 어휘

医生 yīshēng 명 의사
司机 sījī 명 운전 기사 ★

정답 C

해설 보기를 통해 직업을 묻는 문제임을 알 수 있다. 여자가 남자에게 기차역으로 가달라고 말하며 기차역까지 어느 정도 걸리는지 물었으므로 남자의 직업은 운전 기사임을 알 수 있다. 따라서 정답은 C이다.

35

男：小李，你儿子现在多高？
女：和他爸爸一样高，一米八三。您儿子呢？
男：他可能和你儿子一样高。
女：那你儿子的个子也很高啊！

问：女的的儿子有多高？
　　A 一米八　　　　B 一米八三　　　　C 一米八四

남: 샤오리, 당신 아들은 지금 키가 얼마나 돼요?
여: 아빠만큼 커요, 183cm예요. 당신 아들은요?
남: 제 아들도 아마 당신 아들과 같을 거예요.
여: 그럼 당신 아들도 키가 크네요!

질문: 여자의 아들은 키가 몇 인가?
　　A 180cm　　　　B 183cm　　　　C 184cm

지문 어휘

儿子 érzi 명 아들
现在 xiànzài 명 지금, 현재
高 gāo 형 (키가) 크다, 높다
和~一样 hé~yíyàng
~와(과) 같다
米 mǐ 양 미터(m) 명 쌀
可能 kěnéng 부 아마도
　　 형 가능하다

정답 B

해설 남자가 여자에게 그녀 아들의 키를 묻자, 여자는 아들의 키가 그의 아빠만큼 크고 183cm라고 대답했으므로 정답은 B이다.

36

女: 你哥哥真聪明! 什么都知道!
男: 那是因为他书读得多, 读书使人聪明。
女: 那他对历史书也了解不少吧? 能不能让他给我介绍几本?
男: 好的, 我帮你问问他吧。

问: 关于哥哥, 可以知道什么?
    A 不喜欢看书   B 很聪明   C 是历史老师

여: 너희 형은 정말 똑똑해! 뭐든지 다 알고 있어!
남: 그것은 형이 책을 많이 읽기 때문이야, 독서는 사람을 똑똑하게 만들어 주거든.
여: 그럼 역사 책에 대해서도 잘 알고 있겠네? 형한테 내게 책 몇 권을 좀 소개해달라고 해줄 수 있어?
남: 알겠어, 내가 너를 도와 그에게 좀 물어볼게.

질문: 형에 관하여 무엇을 알 수 있는가?
    A 책 읽는 것을 싫어한다   B 똑똑하다   C 역사 선생님이다

지문 어휘

聪明 cōngming 형 똑똑하다
因为 yīnwèi 접 ~때문에, 왜냐하면
读 dú 동 읽다, 공부하다
使 shǐ 동 ~에게 ~하게 하다(시키다)
对 duì 전 ~에 대해, ~에게
历史 lìshǐ 명 역사
了解 liǎojiě 동 이해하다, 알아보다 ★
让 ràng 동 ~에게 ~하게 하다(시키다)
介绍 jièshào 동 소개하다
本 běn 양 권(책을 세는 단위)
帮 bāng 동 돕다

정답 B

해설 보기를 통해 인물에 대한 정보를 묻는 문제임을 알 수 있다. 대화의 첫 문장에서 여자가 남자에게 너희 형은 정말 똑똑하고 뭐든지 다 알고 있다고 했으므로 정답은 B이다.

37

男: 刚迟到的那个同学, 你叫什么名字?
女: 我叫王丽。
男: 你来回答一下这个问题吧。
女: 我想应该是北京。

问: 女的在做什么?
    A 回答问题   B 问问题   C 做作业

남: 방금 지각한 학생, 자네 이름이 뭔가?
여: 왕리입니다.
남: 자네가 이 문제를 대답해보게.
여: 제 생각에는 베이징인 것 같습니다.

질문: 여자는 무엇을 하고 있는 중인가?
    A 문제에 대답한다   B 질문을 한다   C 숙제를 한다

지문 어휘

刚 gāng 부 방금, 막
迟到 chídào 동 지각하다 ★
同学 tóngxué 명 학우, 동창
回答 huídá 동 대답하다 ★
一下 yíxià 양 (동사 뒤에 놓여) 한번(좀) ~하다
问题 wèntí 명 문제, 질문
应该 yīnggāi 조동 분명히 ~일 것이다, 마땅히 ~해야 한다
北京 Běijīng 고유 베이징

정답 A

해설 보기를 통해 행동 관련 문제임을 알 수 있다. 남자가 여자에게 이 문제에 대답해보라고 했고, 여자가 그 문제에 대한 자신의 생각을 말하고 있으므로 정답은 A이다.

38

女: 您好，您要点什么?
男: 我要一杯咖啡和一杯牛奶。
女: 咖啡二十块，牛奶十五块，一共三十五块钱。
男: 给你五十块。

问: 女的应该找给男的多少钱?
A 50元　　　　B 15元　　　　C 25元

지문 어휘

点 diǎn 동 (음식을) 주문하다
杯 bēi 양 잔, 컵
咖啡 kāfēi 명 커피
牛奶 niúnǎi 명 우유
一共 yígòng 부 총, 전부, 합계 ★
找 zhǎo 동 거슬러 주다, 찾다, 구하다

보기 어휘

元 yuán 양 위안(중국의 화폐 단위)

여: 안녕하세요, 당신은 어떤 것을 주문하시겠습니까?
남: 커피 한 잔과 우유 한 잔 주세요.
여: 커피는 20위안이고, 우유는 15위안입니다. 총 35위안입니다.
남: 50위안 드릴게요.

질문: 여자는 남자에게 얼마를 거슬러 줘야 하는가?
A 50위안　　　　B 15위안　　　　C 25위안

정답 B

해설 간단한 계산이 필요한 문제이다. 여자는 주문한 금액이 총 35위안이라고 말했고, 남자는 50위안을 지불했으므로 여자는 남자에게 15위안을 거슬러 줘야 한다. 따라서 정답은 B이다.

39

男: 你昨天为什么突然请假了?
女: 昨天早上我突然发烧，头也很疼，所以请假去了医院。
男: 医生是怎么说的?
女: 他让我多休息，不要太累。

问: 昨天女的为什么没来上班?
A 生病了　　　　B 准备搬家　　　　C 去旅游

지문 어휘

突然 tūrán 부 갑자기 형 갑작스럽다
请假 qǐng jià 동 휴가를 내다, 휴가를 신청하다 ★
发烧 fā shāo 동 열이 나다 ★
头疼 tóu téng 형 머리가 아프다 명 두통
所以 suǒyǐ 접 그래서
医院 yīyuàn 명 병원
医生 yīshēng 명 의사
让 ràng 동 ~에게 ~하게 하다 (시키다)
休息 xiūxi 동 쉬다, 휴식하다
不要 bú yào 부 ~하지 마라, ~해서는 안된다

보기 어휘

生病 shēng bìng 동 병이 나다, 병에 걸리다
搬家 bān jiā 동 이사하다 ★
旅游 lǚ yóu 동 여행하다

남: 너는 어제 왜 갑자기 휴가를 냈어?
여: 어제 아침에 갑자기 열이 나고, 머리도 아파서, 휴가를 내고 병원에 다녀왔어.
남: 의사가 뭐라고 해?
여: 나에게 많이 쉬고, 너무 무리하지 말라고 했어.

질문: 어제 그녀는 왜 출근하지 않았는가?
A 병이 나서　　　　B 이사 준비를 해서　　　　C 여행을 가서

정답 A

해설 남자가 여자에게 어제 왜 휴가를 냈는지 묻자 여자는 어제 아침 갑자기 열이 나고 머리가 아파서 병원에 다녀왔다고 했으므로 정답은 A이다.

40

女: 东西都买好了，我们去喝点儿咖啡吧。
男: 这儿附近有咖啡馆吗？
女: 有，这个商店的三层就有一家。
男: 好啊，现在就去吧！

问: 他们要去哪儿？

　　A 咖啡店　　　B 书店　　　C 学校

여: 물건을 다 샀으니, 우리 커피 마시러 가자.
남: 이 근처에 커피숍이 있어?
여: 있어, 이 상점 3층에 바로 하나 있어(한 집 있어).
남: 좋아, 지금 바로 가자!

질문: 그들은 어디에 가려고 하는가?

　　A 커피숍　　　B 서점　　　C 학교

지문 어휘

东西 dōngxi 명 물건, (구체적인 혹은 추상적인) 것
附近 fùjìn 명 근처, 부근
咖啡馆 kāfēiguǎn 명 커피숍
商店 shāngdiàn 명 상점, 가게
层 céng 양 층, 겹
家 jiā 양 집, 점포 등을 세는 단위

보기 어휘

咖啡店 kāfēidiàn 명 커피숍
书店 shūdiàn 명 서점
学校 xuéxiào 명 학교

정답 A

해설 여자가 남자에게 물건을 다 샀으니 커피를 마시러 가자고 제안하자 남자는 지금 바로 가자고 대답했으므로 정답은 A이다.

HSK 3급 1회 독해

제1부분 41~50번 문제는 제시된 문장에 문맥상 앞뒤로 연결되는 보기를 찾는 문제입니다.

第41-45题

A 这种小鸟我第一次见。
B 小王，这块手表真好看，谢谢你的礼物。
C 你看，这双蓝色的鞋怎么样？
D 你看见我的词典了吗？刚才做作业我还用了呢。
E 当然。我们先坐公共汽车，然后换地铁。
F 请问，哪个自行车是小李的？

例如：你知道怎么去那儿吗？ （ E ）

A 나는 이런 종류의 새를 처음 본다.
B 샤오왕, 이 손목시계 정말 예뻐요. 선물 고마워요.
C 당신이 보기에 이 파란색 신발 어때요?
D 내 사전 봤어? 방금 숙제하면서 내가 사용했었는데.
E 당연하죠. 우리는 먼저 버스를 타고, 그 다음에 지하철로 갈아타면 돼요.
F 실례지만, 어느 자전거가 샤오리의 것인가요?

예제: 당신은 거기에 어떻게 가는지 아세요? (E)

보기 어휘

种 zhǒng 양 종류, 부류, 가지
小鸟 xiǎoniǎo 명 (작은)새
第一次 dì yī cì 명 최초, 맨 처음
块(儿) kuài(r) 양 덩어리나 조각 형태로 된 것을 세는 단위
手表 shǒubiǎo 명 손목시계
好看 hǎokàn 형 보기 좋다, 근사하다
礼物 lǐwù 명 선물 ☆
双 shuāng 양 쌍, 켤레(쌍이나 짝을 이룬 물건을 세는 단위)
蓝色 lánsè 명 파란색
鞋 xié 명 신발
看见 kàn jiàn 동 보다, 보이다
词典 cídiǎn 명 사전 ☆
刚才 gāngcái 명 방금, 막
自行车 zìxíngchē 명 자전거 ☆

41

你去电脑旁边找找吧！(D)

너는 컴퓨터 옆쪽으로 가서 좀 찾아봐!

지문 어휘

电脑 diànnǎo 명 컴퓨터
旁边 pángbiān 명 옆쪽, 옆
找 zhǎo 동 찾다, 구하다

정답 D

해설 보기 D의 '看见~了吗? ~봤어?'와 41번의 '找找吧 좀 찾아봐'가 핵심 키워드이다. D에서 자신의 사전을 봤는지 물었으므로, 컴퓨터 옆을 찾아보라고 말한 41번과 연결된다.

42

最左边黑色的那辆。（ F ）

제일 왼쪽 검은색의 그 것(자전거)이에요.

지문 어휘

左边 zuǒbian 명 왼쪽, 좌측
黑色 hēisè 명 검은색, 흑색
辆 liàng 양 대, 량(차량을 세는 단위)

정답 F

해설 보기 F의 '自行车 자전거'와 42번의 '自行车'가 생략된 '那辆 그것(자전거)'이 핵심 키워드이다. F에서 샤오리의 자전거가 어느 것인지 물었으므로, 자전거에 대해 묘사한 42번과 연결된다.

43

它的嘴真奇怪。（ A ）

그것의 입은(부리는) 정말 희한하다.

지문 어휘

它 tā 대 그것
嘴 zuǐ 명 부리, 입
奇怪 qíguài 형 희한하다, 이상하다 ★

정답 A

해설 보기 A의 '小鸟 작은 새'와 43번의 '它的嘴 그것의 입(부리)'이 핵심 키워드이다. A에서 이런 종류의 새를 처음 본다고 말하며, 43번에서 그 새의 부리를 설명하고 있으므로 두 문장은 하나의 단문으로 자연스럽게 연결된다.

44

不客气，你喜欢就好。（ B ）

별말씀을요, 당신이 좋으면 됐어요(좋다니 다행이에요).

지문 어휘

不客气 búkèqi 별말씀을요, 천만에요

정답 B

해설 보기 B의 '谢谢 고맙습니다'와 44번의 '不客气 별말씀을요'가 핵심 키워드이다. B에서 손목시계를 선물해줘서 고맙다고 인사하고 있으므로, '별말씀을요'라고 대답한 44번과 연결된다.

45

还不错，但她更喜欢红色，送她红的吧。（ C ）

그런대로 괜찮아요, 그런데 그녀는 빨간색을 더 좋아해요, 그녀에게 빨간색의 것으로 선물해요.

지문 어휘

还 hái 부 그럭저럭, 여전히, 아직 ★
不错 búcuò 형 괜찮다, 좋다
但 dàn 접 그러나
更 gèng 부 더, 더욱
红色 hóngsè 명 빨간색
送 sòng 동 선물하다, 보내다 ★

정답 C

해설 보기 C의 '怎么样? 어때?'와 45번의 '还不错 그런대로 괜찮다'가 핵심 키워드이다. C에서 파란 신발이 어떤지 묻자, 45번에서 그런대로 괜찮다고 대답했으므로 두 문장은 자연스럽게 연결된다.

第46-50题

A 应该有，等一下，我找找。
B 这本书介绍了很多国家的历史和文化。
C 好的，我把电脑关了就走。
D 我们星期五晚上一起去看电影好吗？
E 外面真热，家里有什么喝的？

A 분명히 있을 거예요. 잠시만요, 제가 좀 찾아볼게요.
B 이 책은 여러 나라의 역사와 문화를 소개하고 있어.
C 알겠어, 나는 컴퓨터만 끄고 바로 갈게.
D 우리 금요일 저녁에 함께 영화보러 가는 거 어때?
E 밖에 정말 덥다. 집에 마실 게 뭐가 있어?

보기 어휘

应该 yīnggāi 조동 분명히 ~일 것이다, 마땅히 ~해야 한다
一下 yíxià 양 (동사 뒤에 놓여) 한번(좀) ~하다
找 zhǎo 동 찾다, 구하다
本 běn 양 권(책을 세는 단위)
介绍 jièshào 동 소개하다
国家 guójiā 명 나라, 국가
历史 lìshǐ 명 역사
文化 wénhuà 명 문화
把 bǎ 전 ~을(를) ★
电脑 diànnǎo 명 컴퓨터
关 guān 동 (전등 등을) 끄다, (문을) 닫다
一起 yìqǐ 부 함께
电影 diànyǐng 명 영화
外面 wàimian 명 밖, 바깥

您有三块钱吗？我找给您八十块。(A)

당신은 3위안이 있으신가요? 제가 당신에게 80위안을 거슬러 드릴게요.

정답 A

해설 46번의 '有~吗? ~이 있나요?'와 보기 A의 '应该有 분명히 있을 거예요'가 핵심 키워드이다. 46번에서 3위안이 있는지 물었으므로, 분명히 있을 거라고 대답한 A와 자연스럽게 연결된다.

지문 어휘

找 zhǎo 동 거슬러 주다, 찾다

出租车司机已经到楼下了，快点儿。(C)

택시 기사님이 이미 아래층 도착했어, 서둘러.

정답 C

해설 47번의 '快点儿 서둘러'와 보기 C의 '好的 알겠어'가 핵심 키워드이다. 47번에서 택시 기사님이 이미 도착했으니 서두르라고 말하자, C에서 알겠다고 대답했으므로 두 문장은 자연스럽게 연결된다.

지문 어휘

出租车 chūzūchē 명 택시
司机 sījī 명 운전 기사 ★
已经 yǐjing 부 이미, 벌써
到 dào 동 도착하다, 도달하다, 이르다
楼下 lóuxià 명 아래층

48

冰箱里有饮料和水，你要哪个？(E)

냉장고 안에 음료수와 물이 있어, 너는 어떤 걸 원해?

정답 E

해설 보기 E의 '有什么喝的？마실 게 뭐가 있어?'와 48번의 '有饮料和水 음료수와 물이 있어'가 핵심 키워드이다. E에서 마실 것이 있는지 물었으므로, 냉장고 안의 마실거리를 말한 48번과 서로 연결된다.

지문 어휘

饮料 yǐnliào 명 음료수
冰箱 bīngxiāng 명 냉장고 ★

49

你读给孩子听一听。(B)

너는 아이에게 좀 읽어줘.

정답 B

해설 보기 B의 '这本书 이 책'과 49번의 '读给孩子 아이에게 읽어주다'가 핵심 키워드이다. B에서 책의 내용에 대해 설명하며, 49번에서 이 책을 아이에게 읽어주라고 권하고 있으므로 두 문장은 하나의 단문으로 자연스럽게 연결된다.

지문 어휘

读 dú 동 읽다, 공부하다
孩子 háizi 명 아이, 자녀

50

对不起，我星期六早上有考试，应该在家里复习。(D)

미안해, 나는 토요일 아침에 시험이 있어서, 집에서 복습해야 해.

정답 D

해설 보기 D의 '一起去看电影好吗？함께 영화 보러 가는 게 어때?'와 50번의 '对不起 미안해'가 핵심 키워드이다. D에서 영화 보러 가는 것을 제안하자, 50번에서 미안하다고 말하며 거절했으므로 두 문장은 자연스럽게 연결된다.

지문 어휘

考试 kǎoshì 명 시험 동 시험을 치다
应该 yīnggāi 조동 마땅히 ~해야 한다, 분명히 ~일 것이다
复习 fùxí 동 복습하다 ★

제2부분

51~60번 문제는 빈칸에 들어갈 알맞은 어휘를 보기에서 고르는 문제입니다.

第51-55题

| A 旧 | B 回答 | C 城市 | A 오래 되다, 낡다 | B 대답하다 | C 도시 |
| D 花 | E 声音 | F 多么 | D 쓰다, 소비하다 | E 소리, 목소리 | F 얼마나 |

例如：她说话的（ E ）多好听啊!

보기 어휘　旧 jiù 형 오래 되다, 낡다 | 回答 huídá 동 대답하다 | 城市 chéngshì 명 도시 | 花 huā 동 쓰다, 소비하다 | 声音 shēngyīn 명 소리, 목소리 | 多么 duōme 부 얼마나

51

这是（ F 多么 ）好的机会啊! 你应该好好儿准备。

이것이 얼마나 좋은 기회니! 너는 마땅히 잘 준비해야 해.

지문 어휘
机会 jīhuì 명 기회
好好儿 hǎohāor 부 잘, 제대로
准备 zhǔnbèi 동 준비하다, ~할 예정이다

정답　F

해설　감탄문에 쓰이는 부사를 찾는 문제이다. '多么'는 '얼마나'라는 의미로 형용사 앞에 쓰여 그 정도가 심함을 나타낸다. '多么~啊! 얼마나 ~한가!'는 '매우 ~하다'라는 뜻으로 해석할 수 있으며, 주로 '多么+형용사+啊'의 형태로 쓰인다. 매우 좋은 기회이니 잘 준비해야 한다는 문장이 문맥상 가장 자연스러우므로 정답은 F이다.

52

大家都想好了吗? 谁能（ B 回答 ）这个问题?

모두 충분히 생각해봤어요? 누가 이 문제에 대답해줄 수 있나요?

지문 어휘
大家 dàjiā 대 모두, 여러분
想 xiǎng 동 생각하다
　　　조동 ~하고 싶다
能 néng 조동 ~할 수 있다
问题 wèntí 명 문제, 질문

정답　B

해설　빈칸 앞에 조동사 '能 ~할 수 있다'가 있으므로 빈칸에는 동사가 와야 한다. 목적어 '问题 문제'와 문맥상 가장 잘 어울리는 동사는 '回答 대답하다'이므로 정답은 B이다.

53

我来中国10年了，但只去过北方的几个（ C 城市 ），有机会的话还想去其他地方看看。

나는 중국에 온지 10년이 되었다. 하지만 단지 북쪽의 몇 개 도시만 가봤다. 기회가 된다면 다른 지역에도 좀 가보고 싶다.

정답 C

해설 빈칸 앞에 수사 '几'와 양사 '个'가 있으므로 빈칸에는 명사가 와야 한다. 빈칸은 목적어 자리로 동사 '去'와 가장 잘 어울리는 명사는 '城市 도시'이다. 따라서 정답은 C이다.

지문 어휘

但 dàn 접 그러나
只 zhǐ 부 오직, 단지, 다만 ★
北方 běifāng 명 북방, 북부
(如果)~的话 (rúguǒ)~de huà 접 만약 ~한다면 ★
其他 qítā 대 기타, 그 외
地方 dìfang 명 장소, 곳

54

我的自行车太（ A 旧 ）了，想买一辆新的。

내 자전거는 너무 낡았다. 새 자전거를 한 대 사고 싶다.

정답 A

해설 빈칸 앞에 정도부사 '太'가 있으므로 빈칸에는 형용사나 동사가 와야 한다. 보기 중 주어인 '自行车 자전거'와 가장 잘 어울리는 어휘는 형용사 '旧 낡다'이므로 정답은 A이다. 정도부사 '太'는 주로 '太~了'의 형식으로 쓰여 '매우 ~하다, 너무 ~하다'의 뜻을 나타낸다.

지문 어휘

自行车 zìxíngchē 명 자전거 ★
想 xiǎng 조동 ~하고 싶다
동 생각하다
辆 liàng 양 대, 량(차량을 세는 단위)

55

我们这次去中国玩了一星期，一共（ D 花 ）了一万多块钱。

우리는 이번에 중국으로 일주일 동안 놀러 갔다. 총 10,000여 위안을 썼다.

정답 D

해설 빈칸 앞에 부사 '一共 총, 전부'가 있고 빈칸 뒤에 동작의 완료를 나타내는 동태조사 '了'가 있으므로 빈칸에는 동사가 와야 한다. 목적어인 '钱 돈'과 문맥상 가장 잘 어울리는 동사는 '花 쓰다, 소비하다'이므로 정답은 D이다. 참고로 '花'는 동사로 쓰일 때 주로 '钱 돈', '时间 시간'과 같은 목적어와 함께 쓰인다는 것을 함께 기억해두자.

지문 어휘

次 cì 양 번, 차례(동작을 세는 단위)
星期 xīngqī 명 주, 요일
一共 yígòng 부 총, 전부, 합계 ★
万 wàn 수 10000, 만

第56-60题

| A 条 | B 打扫 | C 附近 | | A 치마, 바지 등을 세는 단위 | B 청소하다 | C 부근, 근처 |
| D 爱好 | E 渴 | F 比赛 | | D 취미 | E 목마르다 | F 경기, 시합 |

例如： A: 你有什么（ D ）?
　　　 B: 我喜欢体育。

보기 어휘 条 tiáo 양 치마, 바지, 강 등의 가늘고 긴 것을 세는 단위 | 打扫 dǎsǎo 동 청소하다 | 附近 fùjìn 명 부근, 근처 | 爱好 àihào 명 취미 | 渴 kě 형 목마르다 | 比赛 bǐsài 명 경기, 시합

56

A: 我有点儿（ E 渴 ）了，我们去买点儿水吧。
B: 好啊，旁边就有超市。

A: 나는 목이 조금 말라, 우리 물을 좀 사러 가자.
B: 좋아, 옆에 바로 슈퍼마켓이 있어.

지문 어휘
有点儿 yǒu diǎnr 부 조금, 약간
旁边 pángbiān 명 옆, 옆쪽
超市 chāoshì 명 슈퍼마켓, 마트 ★

정답 E

해설 빈칸 앞에 정도부사 '有点儿 조금, 약간'이 있으므로 빈칸에는 형용사나 동사가 와야 한다. 이어지는 뒤 절에서 물을 사러 가자고 제안했으므로 빈칸에는 형용사 '渴 목마르다'가 들어가는 것이 가장 자연스럽다. 따라서 정답은 E이다.

57

A: 我来（ B 打扫 ）房间，你来洗碗筷怎么样?
B: 没问题，我先把这个苹果吃完就去做。

A: 내가 방을 청소할 테니, 당신이 설거지 하는 게 어때요?
B: 문제없어? 먼저 이 사과를 다 먹고 난 후에 바로 할게.

지문 어휘
来 lái 동 사람 뒤에 놓여 어떤 일을 하려고 하는 적극성을 나타내거나, 상대방에게 어떤 행동을 하게 하는 어감을 나타냄
房间 fángjiān 명 방
洗 xǐ 동 씻다, 세탁하다 ★
碗 wǎn 명 그릇, 공기 양 그릇, 공기 등을 세는 단위
筷 kuài 명 젓가락 ★
先 xiān 부 먼저 ★
把 bǎ 전 ~을(를) ★
苹果 píngguǒ 명 사과

정답 B

해설 빈칸 앞에 주어 '我'가 있고 빈칸 뒤에 목적어 '房间 방'이 있으므로 빈칸에는 동사가 와야 한다. 목적어 '房间'과 문맥상 가장 잘 어울리는 동사는 '打扫 청소하다'이므로 정답은 B이다. 참고로 동사 '来'는 '오다'라는 뜻 이외에도 다양하게 사용되는데 여기에서는 동사 앞에 쓰여 어떠한 동작을 적극적으로 하는 어감을 나타낸다.

58

A: 我们今天在哪儿做运动?
B: 去你家（ C 附近 ）的体育馆怎么样? 那儿的环境很不错。

A: 우리 오늘 어디에서 운동할까?
B: 너희 집 근처 체육관은 어때? 그 곳의 환경이 괜찮아.

지문 어휘

运动 yùndòng 몡 운동 통 운동하다
体育馆 tǐyùguǎn 몡 체육관
环境 huánjìng 몡 환경 ⭐
不错 búcuò 혱 괜찮다, 좋다

정답 C

해설 빈칸 뒤에 구조조사 '的'가 있으므로 빈칸에는 목적어 '体育馆 체육관'을 꾸며줄 수 있는 관형어가 들어가야 한다. 보기 중 '你家 너희 집'과 함께 쓰여 체육관을 꾸며 줄 수 있는 어휘는 명사 '附近 근처'이다. 따라서 정답은 C이다.

59

A: 你看, 哪（ A 条 ）裙子更好看?
B: 我觉得红色的比黄色的好看, 你去试一下吧。

A: 네가 보기에 어떤 치마가 예쁜 것 같아?
B: 내 생각에는 빨간색 치마가 노란색 치마보다 더 예쁜 것 같아. 가서 한번 입어봐.

지문 어휘

裙子 qúnzi 몡 치마 ⭐
更 gèng 부 더, 더욱
觉得 juéde 통 ~라고 생각하다, ~라고 느끼다
红色 hóngsè 몡 빨간색
比 bǐ 전 ~보다, ~에 비해
黄色 huángsè 몡 노란색
试 shì 통 시험 삼아 해 보다 ⭐
一下 yíxià 양 (동사 뒤에 놓여) 한번(좀) ~하다

정답 A

해설 의문대명사 '哪 어느, 어떤'과 명사 '裙子 치마' 사이에 빈칸이 있으므로 빈칸에는 양사가 와야 한다. 보기 중 치마, 바지, 강 등 가늘고 긴 것을 세는 단위인 양사 '条'가 정답이다.

60

A: 你喜欢看什么节目?
B: 我对体育节目很感兴趣, 特别是篮球（ F 比赛 ）。

A: 너는 어떤 프로그램을 보는 것을 좋아하니?
B: 나는 스포츠 프로그램에 관심이 있어, 특히 농구 경기.

지문 어휘

节目 jiémù 몡 프로그램 ⭐
对 duì 전 ~에 대해, ~에게
体育 tǐyù 몡 스포츠, 체육 ⭐
特别 tèbié 부 특히, 아주
혱 특별하다
篮球 lánqiú 몡 농구

정답 F

해설 빈칸에는 '篮球 농구'와 함께 쓰여 목적어 부분을 완성시켜줄 어휘가 와야 한다. 보기 중 '篮球'와 함께 쓰여 스포츠 프로그램을 설명할 수 있는 어휘는 '比赛 경기, 시합'이다. 따라서 정답은 F이다.

제3부분
61~70번 문제는 지문을 읽고 보기에서 알맞은 정답을 고르는 문제입니다.

第61-70题

例如：您是来参加今天会议的吗？您来早了一点儿，现在才8点半。您先进来坐吧。

★ 会议最可能几点开始？
A 8点　　　　　B 8点半　　　　　C 9点 ✓

61

这个房子很不错，环境也很安静，但还是我丈夫过来看了以后再决定吧！

★ 说话人是什么意思？
A 现在不能决定　　B 丈夫同意了　　C 对房子很不满意

이 집이 괜찮네요, 환경도 매우 조용하고요. 하지만 역시나 제 남편이 와서 본 후에 다시 결정할게요!

★ 화자는 무슨 의미인가?
A 지금 결정할 수 없다　　B 남편이 동의했다　　C 방이 만족스럽지 못하다

정답 A

해설 화자의 의도를 파악하는 문제이다. 화자는 마지막 부분에서 남편이 와서 본 후에 다시 결정하겠다고 말했으므로, 지금 당장 결정할 수 없는 상황임을 알 수 있다. 따라서 정답은 A이다.

지문 어휘

房子 fángzi 명 집, 건물
不错 búcuò 형 괜찮다, 좋다
环境 huánjìng 명 환경 ★
安静 ānjìng 형 조용하다, 고요하다 ★
还是 háishi 부 ~하는 편이 낫다, 아직도, 여전히
丈夫 zhàngfu 명 남편
以后 yǐhòu 명 이후
决定 juédìng 동 결정하다, 결심하다 ★

보기 어휘

同意 tóngyì 동 동의하다
对 duì 전 ~에 대해, ~에게
满意 mǎnyì 형 만족하다 ★

62

我和小高不但个子差不多，长得也有点儿像，而且名字也只差一个字，所以刚开始很多同学都以为我们是一家人。

★ 他和小高：
A 名字一样　　B 是一家人　　C 长得比较像

나와 샤오가오는 키가 비슷할 뿐만 아니라, 생긴 것도 조금 닮았다. 게다가 이름 또한 겨우 한 글자 밖에 차이 나지 않아서, 처음에는 많은 친구들이 우리가 한 가족인 줄 알았다.

★ 그와 샤오가오는:
A 이름이 같다　　B 한 가족이다　　C 생긴 게 비교적 닮았다

지문 어휘

不但~，而且~
búdàn~, érqiě~
~할 뿐만 아니라, 게다가 ~하다
个子 gèzi 명 (사람의) 키, 체격
差不多 chà bu duō 형 (시간·정도·거리 등이) 비슷하다, 큰 차이가 없다
长 zhǎng 동 생기다, 자라다
有点儿 yǒu diǎnr 부 조금, 약간
像 xiàng 동 닮다, 비슷하다 ★
只 zhǐ 부 오직, 단지 ★
差 chà 형 다르다 동 부족하다, 모자라다 ★

정답	C
해설	지문의 '长得也有点儿像 생긴 것도 조금 닮았다'와 보기 C의 '长得比较像 생긴 게 비교적 닮았다'는 유사한 의미이므로 정답은 C이다.

所以 suǒyǐ 젭 그래서
刚 gāng 뷔 막, 방금
开始 kāishǐ 몡 처음, 시작 통 시작하다
以为 yǐwéi 통 ~라고 여기다, 생각하다(사실과 생각한 것이 다른 경우에 쓰임)

63

以前我每天早上都去公园跑一个小时，所以身体一直都很健康，但最近工作太忙，没时间跑了。

★ 他现在：
A 不太忙　　　B 不跑步了　　　C 身体不舒服

예전에 나는 매일 아침 공원에 가서 한 시간씩 달렸다. 그래서 몸이 줄곧 건강했다. 그러나 최근 일이 너무 바빠서 뛸 시간이 없다.

★ 그는 지금:
A 그다지 바쁘지 않다　　B 조깅을 하지 않는다　　C 몸이 좋지 않다

지문 어휘

以前 yǐqián 몡 예전, 이전
公园 gōngyuán 몡 공원 ★
小时 xiǎoshí 몡 시간
所以 suǒyǐ 젭 그래서
一直 yìzhí 뷔 줄곧, 계속, 곧장
健康 jiànkāng 톙 건강하다 몡 건강
最近 zuìjìn 몡 최근, 요즘

보기 어휘

跑步 pǎo bù 통 조깅하다, 달리기하다
舒服 shūfu 톙 편안하다 ★

정답	B
해설	지문의 '没时间跑了 뛸 시간이 없다'와 보기 B의 '不跑步了 조깅을 하지 않는다'는 유사한 의미이므로 정답은 B이다.

64

小王，如果你想在这次考试中拿到好成绩，就一定要认真复习。学过的东西，如果不经常看，很容易就会忘记的。

★ 为了拿到好成绩，应该：
A 认真复习　　　B 常常问老师　　　C 向同学学习

샤오왕, 만약 네가 이번 시험에서 좋은 성적을 받고 싶다면, 반드시 열심히 복습해야 해. 배운 것들을 자주 보지 않는다면, 쉽게 잊어버릴 수 있어.

★ 좋은 성적을 받기 위해 마땅히:
A 열심히 복습한다　　B 자주 선생님께 여쭤본다　　C 친구들로부터 배운다

지문 어휘

如果~，就~ rúguǒ~, jiù~ 만약 ~한다면, 곧 ~하다 ★
次 cì 양 번, 차례(동작을 세는 단위)
考试 kǎoshì 몡 시험 통 시험을 치다
拿 ná 통 받다, (손으로) 쥐다, 잡다 ★
成绩 chéngjì 몡 성적 ★
认真 rènzhēn 톙 성실(착실)하다, 진지하다 ★
复习 fùxí 통 복습하다 ★
经常 jīngcháng 뷔 자주
容易 róngyì 톙 ~하기 쉽다, 쉽다 ★
忘记 wàngjì 통 잊어버리다, 잊다
为了 wèile 젠 ~을 위해서, ~을 위하여

정답	A
해설	지문에서 만약 시험에서 좋은 성적을 받고 싶다면 반드시 열심히 복습해야 한다고 했으므로 정답은 A이다.

现在很多孩子都用电脑做作业或者玩游戏，但长时间坐在电脑前不运动，就会影响孩子的身体健康。父母应该让孩子们少用电脑，多带他们去锻炼身体。

★ 根据这段话，不应该让孩子：
A 做作业　　　　B 锻炼身体　　　　C 长时间用电脑

현재 많은 아이들이 컴퓨터로 숙제를 하거나 게임을 한다. 하지만 오랜 시간 컴퓨터 앞에 앉아서 운동을 하지 않으면 아이들의 신체 건강에 영향을 줄 수 있다. 부모는 마땅히 아이로 하여금 컴퓨터를 적게 사용하도록 하고, 그들을 자주 데리고 나가서 신체를 단련해야 한다.

★ 이 글에 근거하여 아이들에게 하지 못하도록 해야 하는 것은:
A 숙제를 한다　　B 신체를 단련한다　　C 오랜 시간 컴퓨터를 사용한다

정답 C

해설 아이들에게 하지 못하도록 해야 하는 것을 묻는 문제이다. 지문의 마지막 부분에서 '应该让孩子们少用电脑 마땅히 아이들로 하여금 컴퓨터를 적게 사용하도록 해야 한다'라고 했으므로 보기 C의 '长时间用电脑 오랜 시간 컴퓨터를 사용한다'가 정답이다.

지문 어휘

电脑 diànnǎo 명 컴퓨터
或者 huòzhě 접 ~이든지, 혹은~
游戏 yóuxì 명 게임 ⭐
运动 yùndòng 동 운동하다 명 운동
会 huì 조동 할 수 있다, ~할 것이다
影响 yǐngxiǎng 동 영향을 주다 (끼치다) 명 영향
健康 jiànkāng 명 건강 형 건강하다
父母 fùmǔ 명 부모
应该 yīnggāi 조동 마땅히 ~해야 한다, 분명히 ~일 것이다
让 ràng 동 ~에게 ~하게 하다 (시키다)
带 dài 동 데리다, (몸에) 지니다, 휴대하다
锻炼 duànliàn 동 단련하다 ⭐

我们等了一个半小时，但那条街上一直都没有公共汽车经过，后来我们没办法只能坐出租车过去了。

★ 他们一开始打算：
A 坐公共汽车　　B 往北走　　　　C 打车去

우리가 한 시간 반 동안 기다렸지만, 그 거리에는 줄곧 버스가 지나가지 않았다. 후에 우리는 할 수 없이 택시를 타고 갈 수밖에 없었다.

★ 그들이 처음에 계획한 것은 :
A 버스를 탄다　　B 북쪽으로 걸어간다　　C 택시를 타고 간다

정답 A

해설 한 시간 반 동안 기다렸지만 버스가 지나가지 않았다고 했으므로 처음에는 버스를 타려고 했다는 것을 알 수 있다. 따라서 정답은 A이다.

지문 어휘

条 tiáo 양 치마, 바지, 강 등의 가늘고 긴 것을 세는 단위 ⭐
街 jiē 명 거리, 길거리 ⭐
公共汽车 gōnggòngqìchē 명 버스
经过 jīngguò 동 지나다, 겪다 명 경과, 과정
后来 hòulái 명 그 후, 그 다음
出租车 chūzūchē 명 택시
开始 kāishǐ 명 처음, 시작 동 시작하다
打算 dǎsuan 동 ~할 예정이다, ~할 생각이다 ⭐

보기 어휘

往 wǎng 전 ~쪽으로
打车 dǎ chē 동 택시를 타다 (= 打的 dǎ dī)

67

你们先去饭店吧，我突然想起来房间里的空调没有关。我先回去一下，然后去饭店找你们。

★ 他回家要做什么？
  A 吃饭
  B 关空调
  C 找朋友

너희 먼저 식당에 가. 나는 갑자기 방 안의 에어컨을 끄지 않은 것이 생각났어. 내가 먼저 돌아갔다가, 그리고나서 너희를 찾으러 식당으로 갈게.

★ 그는 집으로 돌아가 무엇을 하려고 하는가?
  A 밥을 먹는다
  B 에어컨을 끈다
  C 친구를 찾는다

정답 B

해설 지문에서 갑자기 방 안의 에어컨을 끄지 않은 것이 생각나서 먼저 돌아가겠다고 했으므로, 보기 B의 '关空调 에어컨을 끈다'가 정답이다.

지문 어휘

饭店 fàndiàn 명 식당, 호텔
突然 tūrán 부 갑자기 형 갑작스럽다
想起来 xiǎng qǐlai 생각이 나다, 생각해내다
房间 fángjiān 명 방
空调 kōngtiáo 명 에어컨 ★
关 guān 동 (전등 등을) 끄다, (문을) 닫다
先~，然后~ xiān~, ránhòu~ 먼저 ~하고, 그런 후에 ~하다 ★
一下 yíxià 양 (동사 뒤에 놓여) 한번(좀) ~하다
找 zhǎo 동 찾다, 구하다, 거슬러 주다

68

这个冰箱用了七年了，到现在几乎没有出过问题。但是儿子担心它的声音太大，晚上会影响我和他妈妈休息，所以说一定要给我们换一个新的。

★ 根据这段话，儿子：
  A 很高兴
  B 不同意换冰箱
  C 关心爸妈

이 냉장고는 7년째 사용하고 있다. 지금까지 거의 문제가 생긴 적이 없었다. 하지만 아들은 냉장고의 소리가 너무 커서 저녁에 나와 그의 엄마의 휴식에 영향을 줄까봐 걱정한다. 그래서 우리에게 꼭 새 것으로 바꿔주겠다고 말한다.

★ 이 글에 근거하여 아들은：
  A 기쁘다
  B 냉장고를 바꾸는 것에 동의하지 않는다
  C 아빠, 엄마에게 관심을 갖는다

지문 어휘

冰箱 bīngxiāng 명 냉장고 ★
几乎 jīhū 부 거의
但是 dànshì 접 그러나
儿子 érzi 명 아들
担心 dān xīn 동 걱정하다, 염려하다 ★
它 tā 대 그것
声音 shēngyīn 명 소리, 목소리
影响 yǐngxiǎng 동 영향을 주다 (끼치다) 명 영향
休息 xiūxi 동 휴식하다, 쉬다
所以 suǒyǐ 접 그래서
一定 yídìng 부 반드시 ★
换 huàn 동 바꾸다, 교환하다 ★

보기 어휘

高兴 gāoxìng 형 기쁘다
同意 tóngyì 동 동의하다
关心 guānxīn 동 관심을 갖다 명 관심 ★

> [정답] C
>
> [해설] 사용 중인 냉장고의 소리가 너무 커서 부모님의 휴식에 영향을 줄까봐 아들이 걱정한다는 말을 통해 아들은 부모님께 관심을 갖고 있다는 것을 알 수 있다. 따라서 정답은 C이다.

69

现在差五分十二点，我们十二点一刻在医院附近的电影院门口见面吧。现在外面下雪了，你出来的时候多穿点儿衣服，注意安全。

★ 他们要：
  A 去图书馆
  B 在电影院门口见
  C 骑自行车去

지금은 12시 5분 전이야, 우리 12시 15분에 병원 근처에 있는 영화관 입구에서 만나자. 지금 밖에 눈이 오니, 나올 때 옷을 많이 챙겨 입고, 안전에 주의해.

★ 그들이 하려는 것은 :
  A 도서관에 간다
  B 영화관 입구에서 만난다
  C 자전거를 타고 간다

> [정답] B
>
> [해설] 12시 15분에 병원 근처에 있는 영화관 입구에서 만나자고 했으므로 정답은 B이다.

지문 어휘

刻 kè 양 15분의 단위를 나타냄
(一刻: 15분, 三刻: 45분) ★
医院 yīyuàn 명 병원
附近 fùjìn 명 근처, 부근
电影院 diànyǐngyuàn
명 영화관
门口 ménkǒu 명 입구, 현관
外面 wàimian 명 밖, 바깥
时候 shíhou 명 때, 시각
穿 chuān 동 입다, 신다
衣服 yīfu 명 옷
注意 zhùyì 동 주의하다, 조심하다 ★
安全 ānquán 명 안전
형 안전하다

보기 어휘

图书馆 túshūguǎn
명 도서관 ★
骑 qí 동 (동물이나 자전거 등에) 타다
自行车 zìxíngchē 명 자전거 ★

70

过去的几年，爸爸一直很努力工作，很早就去上班，很晚才回家，他现在已经是公司的经理了。他告诉他的同事，要成功除了认真工作以外，没有其他的办法。

★ 爸爸说的话主要是什么意思？
 A 应该努力工作
 B 向同事学习
 C 要出国留学

지난 몇 년간, 아빠는 줄곧 열심히 일하셨다. 아주 일찍 출근하셨다가, 매우 늦게 집에 돌아오셨고, 지금은 이미 회사의 사장님이 되셨다. 그는 그의 동료들에게 성공하고 싶다면 열심히 일하는 것 말고는 다른 방법이 없다고 말씀하셨다.

★ 아빠가 한 말은 주로 무엇을 의미하는가？
 A 마땅히 열심히 일해야 한다
 B 동료들에게 배워야 한다
 C 해외로 유학가야 한다

[정답] A

[해설] 마지막 부분에서 '要成功除了认真工作以外，没有其他的办法 성공하고 싶다면 열심히 일하는 것 말고는 다른 방법이 없다'라고 결론을 말하고 있으므로, 아빠가 말하고자 하는 주요 내용은 '应该努力工作 마땅히 열심히 일해야 한다'임을 알 수 있다. 따라서 정답은 A이다.

지문 어휘

过去 guòqù 몡 과거 동 지나가다, 지나다
一直 yìzhí 분 줄곧, 계속, 곧장
努力 nǔlì 동 노력하다 형 열심이다
上班 shàng bān 동 출근하다
才 cái 분 비로소, 겨우, 고작
回家 huí jiā 동 집으로 돌아가다(오다), 귀가하다
经理 jīnglǐ 명 사장, 지배인, 매니저 ★
告诉 gàosu 동 말하다, 알리다
同事 tóngshì 명 직장 동료
成功 chénggōng 동 성공하다
除了~以外 chúle~ yǐwài ~을 제외하고 ★
认真 rènzhēn 형 성실(착실)하다, 진지하다 ★
其他 qítā 때 그 외, 기타
办法 bànfǎ 명 방법 ★

보기 어휘

向 xiàng 전 ~(으)로, ~을 향하여
出国 chū guó 동 출국하다
留学 liú xué 동 유학하다 명 유학 ★

 쓰기

제1부분 71~75번 문제는 제시된 어휘를 어순에 맞게 배열하여 하나의 문장을 완성하는 문제입니다.

第71-75题

例如： 小船　　上　　一　　河　　条　　有

河上有一条小船。

71

这些水果　　新鲜　　了　　已经不

어휘

这些 zhè xiē 때 이것들, 이런 것들, 이들
新鲜 xīnxiān 형 신선하다 ★
已经 yǐjing 부 이미, 벌써

해설

step 1 술어를 찾는다.

술어
新鲜

step 2 술어를 수식하는 '已经不'를 술어 앞 부사어 자리에 배치하고, 술어 뒤에는 상태의 변화를 나타내는 '了'를 배치한다.

부사어	술어	了
已经不	新鲜	了

step 3 주어는 '水果'이고, '这些'는 주어를 수식하는 관형어 역할을 한다.

관형어	주어	부사어	술어	了
这些	水果	已经不	新鲜	了

정답 这些水果已经不新鲜了。

해석 이 과일들은 이미 신선하지 않다.

72

| 在 | 王经理的 | 三楼 | 办公室 |

어휘
经理 jīnglǐ 명 사장, 지배인, 매니저 ⭐
楼 lóu 명 층, 건물
办公室 bàngōngshì 명 사무실 ⭐

해설

step 1 술어를 찾는다.

| 술어 |
| 在 |

step 2 술어 '在' 뒤에 장소 목적어 '三楼'를 연결한다.

| 술어 | 목적어 |
| 在 | 三楼 |

step 3 주어는 '办公室'이고, '王经理的'는 주어를 꾸며주는 관형어 역할을 한다.

| 관형어 | 주어 | 술어 | 목적어 |
| 王经理的 | 办公室 | 在 | 三楼 |

정답 王经理的办公室在三楼。
해석 왕 사장의 사무실은 3층에 있다.

73

| 小狗 | 那 | 只 | 聪明 | 非常 |

어휘
小狗 xiǎogǒu 명 강아지
只 zhī 양 마리(짐승을 세는 단위)
聪明 cōngming 형 똑똑하다

해설

step 1 술어를 찾는다.

| 술어 |
| 聪明 |

step 2 형용사 술어 앞에 정도부사 '非常'을 연결한다.

| 정도부사 | 술어 |
| 非常 | 聪明 |

step 3 주어는 '小狗'이다. 관형어 배열 순서에 따라 '那+只'를 연결하여 주어 '小狗' 앞 관형어 자리에 놓는다.

| 관형어 | 주어 | 정도부사 | 술어 |
| 那只 | 小狗 | 非常 | 聪明 |

정답 那只小狗非常聪明。
해석 그 강아지는 굉장히 똑똑하다.

74

面包   弟弟   吃了   都被

어휘
面包 miànbāo 명 빵
都 dōu 부 모두, 이미, 벌써
被 bèi 전 ~에 의해 ★

해설

step 1 술어를 찾는다. 보기에서 술어가 포함된 어구는 '吃了'이다. 여기에서 '吃'가 술어이고 '了'는 술어를 보충해주는 기타성분이다.

술어
吃了

step 2 먹는 행위를 한 주체는 사람으로 전치사 '被' 뒤에 '弟弟'를 연결하여 술어 앞에 놓는다. 여기에서 '被' 앞의 부사 '都'는 '모두, 전부'라는 뜻으로 해석된다.

被+행위의 주체	술어	기타성분
都被弟弟	吃	了

step 3 주어는 '面包'이다.

주어	被+행위의 주체	술어	기타성분
面包	都被弟弟	吃	了

정답 面包都被弟弟吃了。

해석 빵은 남동생이 모두 먹었다.

75

卖得   裙子   这条   很好

어휘
卖 mài 동 팔다
得 de 조 동사나 형용사 뒤에 쓰여 정도나 가능을 나타내는 보어와 연결시킴
裙子 qúnzi 명 치마 ★
条 tiáo 양 치마, 바지, 강 등의 가늘고 긴 것을 세는 단위 ★

해설

step 1 술어를 찾는다. 보기에서 술어가 포함된 어구는 '卖得'이다. 여기에서 '卖'가 술어이고, '得'는 동사 뒤에 놓여 보어를 연결해주는 역할을 한다.

술어
卖得

step 2 정도보어는 일반적으로 [술어+得+정도보어(정도부사+형용사)] 순으로 나열한다.

술어	得	정도보어
卖	得	很好

step 3 주어는 '裙子'이고, '这条'는 주어를 꾸며주는 관형어 역할을 한다.

관형어	주어	술어	得	정도보어
这条	裙子	卖	得	很好

정답 这条裙子卖得很好。

해석 이 치마는 매우 잘 팔린다.

제2부분   76~80번 문제는 빈칸 위의 병음을 보고 빈칸에 들어갈 알맞은 한자를 쓰는 문제입니다.

第76-80题

例如：没（ 关 ）系，别难过，高兴点儿。
　　　　guān

76

去中国的时候，坐飞机比坐船更方（ 便 ）。
　　　　　　　　　　　　　　　　　　biàn

어휘
坐 zuò 동 (교통수단을) 타다, 앉다
飞机 fēijī 명 비행기
比 bǐ 전 ~보다, ~에 비해
船 chuán 명 배
更 gèng 부 더, 더욱

해설 빈칸 앞에 정도부사 '更'이 있으므로 뒤에는 형용사가 올 수 있다. 앞 부분에서 비행기 타는 것과 배 타는 것을 비교하고 있으므로 빈칸에는 '方便 fāngbiàn 편리하다'의 '便 biàn'이 들어가야 한다. '便'은 'biàn'과 'pián' 두 개의 발음을 가지고 있는 다음자로, '便宜 piányi (값이) 싸다'로 쓰이면 'pián'으로 발음된다는 것을 함께 기억해두자.

정답 便

해석 중국에 갈 때, 비행기를 타는 것은 배를 타는 것보다 더 편리하다.

77

本子上的这（ 只 ）鸟是谁画的?
　　　　　　zhī

어휘
本子 běnzi 명 노트, 공책
鸟 niǎo 명 새
画 huà 동 (그림을) 그리다

해설 지시대명사 '这'와 명사 '鸟 새' 사이에 빈칸이 있으므로 빈칸에는 양사가 들어가야 한다. 따라서 새나 짐승 등을 세는 단위인 '只 zhī 마리'가 정답이다. '只'는 'zhī'와 'zhǐ' 두 개의 발음을 가지고 있는 다음자로, '오직, 단지, 고작'이라는 뜻으로 쓰일 경우에는 'zhǐ'로 발음된다는 것을 함께 기억해두자.

정답 只

해석 공책 위의 이 새는 누가 그린 거야?

78

去年我搬家了，现在我家离学校非常（ 远 ）。
　　　　　　　　　　　　　　　　　　yuǎn

어휘
去年 qùnián 명 작년
搬家 bān jiā 동 이사하다 ★
离 lí 전 ~로부터
学校 xuéxiào 명 학교

해설 빈칸 앞에 정도부사 '非常 굉장히'가 있으므로 빈칸에는 형용사가 올 가능성이 높다. 두 장소의 거리를 나타낼 때 쓰이는 전치사 '离 ~로부터'가 있으므로 빈칸에는 '远 yuǎn 멀다'가 들어가야 한다.

정답 远

해석 작년에 나는 이사를 했다. 지금 우리 집은 학교에서 굉장히 멀다.

79

那家饭店的菜非常好吃，而且服务员也都很热（ 情 ）。
qíng

어휘
家 jiā 양 집, 점포 등을 세는 단위
饭店 fàndiàn 명 식당, 호텔
菜 cài 명 음식, 채소
好吃 hǎochī 형 (음식, 요리 등이) 맛있다
服务员 fúwùyuán 명 종업원 ⭐

해설 빈칸 앞에 정도부사 '很 매우'가 있으므로 뒤에는 형용사가 올 수 있다. 그 식당의 종업원에 대해 이야기하고 있으므로 빈칸에는 '热情 rèqíng 친절하다'의 '情qíng'이 들어가야 한다.

정답 情

해석 그 식당의 음식은 굉장히 맛있다. 게다가 종업원도 모두 다 친절하다.

80

我（ 觉 ）得今天比昨天还要冷，多穿点儿衣服，小心感冒。
jué

어휘
今天 jīntiān 명 오늘
昨天 zuótiān 명 어제
冷 lěng 형 춥다
穿 chuān 동 입다, 신다
衣服 yīfu 명 옷
小心 xiǎoxīn 동 조심하다, 주의하다
感冒 gǎnmào 명 감기 동 감기에 걸리다 ⭐

해설 앞 절에서 오늘이 어제보다 더 춥게 느껴진다는 것을 말하고 있으므로 빈칸에는 '觉得 juéde ~라고 느끼다, ~라고 생각하다'의 '觉 jué'가 들어가야 한다. '觉'는 'jué'와 'jiào' 두 개의 발음을 가지고 있는 다음자로, '睡觉 shuì jiào 잠을 자다'로 쓰이면 'jiào'로 발음된다는 것을 함께 기억해두자.

정답 觉

해석 나는 오늘이 어제보다 더 춥게 느껴져, 옷 많이 챙겨 입고, 감기 조심해.

HSK 3급

실전모의고사 2회

HSK 3급 2회 모의고사 듣기 스크립트

大家好！欢迎参加HSK(三级)考试。
大家好！欢迎参加HSK(三级)考试。
大家好！欢迎参加HSK(三级)考试。

HSK(三级)听力考试分四部分，共40题。
请大家注意，听力考试现在开始。

第一部分

一共10个题，每题听两次。

例如：男：喂，请问张经理在吗？
　　　女：他正在开会，您半个小时以后再打，好吗？

现在开始第一到五题：

1.
女：吃点儿蛋糕吧，很好吃。
男：不，谢谢。我现在吃饱了，不想吃。

2.
男：你们家每天谁洗碗啊？
女：我先生洗。我每天做饭，他来洗也是应该的。

3.
女：你身体好些了吗？还不舒服吗？
男：好多了，医生说我明天就可以出院了。

4.
男：你看见我的钱包了吗？怎么突然找不到了！
女：你别着急，好好儿想一想，我帮你一起找吧。

5.
女：这是我们结婚的时候照的，你看，我是不是老了很多？
男：没有啊！虽然已经过去了八年了，但你还是那么漂亮！

现在开始第六到十题：

6.
男：刚才还是晴天，怎么突然天就阴了？
女：今天下午可能要下雨，你一定要带伞出门。

7.
女：饭好了，叫弟弟下来吃饭吧。
男：好的，我先把筷子放好，然后就去叫他！

8.
女：你最近怎么天天都去打篮球呢？
男：这个周末我参加学校的篮球比赛，所以每天都要练习。

9.
女：我刚才给您发了个电子邮件，您看一下。
男：好的，我马上就看。

10.

男：您看，头发的长短可以吗？

女：再短一些吧，现在天气这么热，还是短一点儿好。

第二部分

一共10个题，每题听两次。

例如：为了让自己更健康，他每天都花一个小时去锻炼身体。

★ 他希望自己很健康。（ ✓ ）

今天我想早点儿回家。看了看手表，才5点。过了一会儿再看表，还是5点，我这才发现我的手表不走了。

★ 那块儿手表不是他的。（ X ）

现在开始第十一题：

11.

去中国留学之前，我以为中国人都喜欢红色，在中国住了三年后，才发现不是这样的。

★ 中国人都喜欢红色。

12.

今天下午三点你到我办公室来找我，我在五零七。如果我不在，你就给我打电话。

★ 他的办公室在五楼。

13.

你们在哪儿？我已经到了，电影票也买好了，快过来吧！

★ 他快到了。

14.

这个电脑现在能卖三千块钱吧？我两年前买的时候花了八千多。

★ 这是新电脑。

15.

他每天早上起床后做的第一件事情就是一边喝咖啡，一边看报纸，然后再准备上班。

★ 他不喜欢喝咖啡。

16.

我这次要去上海出差，只能住两天，所以我准备去一两个最有名的地方看看，以后有机会的话，我还想去上海其他地方儿玩儿。

★ 这次他打算去上海的很多地方玩儿。

17.

每个星期天，王明和他的妻子都会去买很多东西，除了吃的、喝的，还会买一些衣服。

★ 王明和他的妻子每个周末都去买东西。

18.

他对运动很感兴趣，游泳、打篮球、踢足球都会，但是水平不太高。

★ 他打篮球打得不太好。

19.

这次数学考试，我们班除了小高没来，其他同学都参加了。听老师说，十五号就可以知道考试成绩了。

★ 小高没参加考试。

20.

马明，你看，这条裙子怎么样？颜色很漂亮，还很便宜，只需要一百块钱。听说最近这种裙子卖得很好。

★ 他们在买衣服。

第三部分

一共10个题，每题听两次。

例如：男：小王，帮我开一下门，好吗？谢谢！

　　　女：没问题。您去超市了？买了这么多东西。

　　　问：男的想让小王做什么？

现在开始第二十一题：

21.

女：你的身体怎么样？现在好点儿了吗？

男：还是有点儿发烧，真不好意思，我想早点儿回家休息。

问：男的想做什么？

22.

男：服务员，这儿少了一个杯子。

女：对不起，先生，我马上让人拿一个过去。

问：他们最可能在哪里？

23.

女：今天大家怎么这么安静？

男：明天有考试，大家都在复习呢，别影响他们。

问：关于明天，可以知道什么？

24.

男：又下雨了！这个月下过几次雨了？

女：上个星期下了三次，这是第四次了。

问：这个月下了几次雨了？

25.

女：你说的宾馆在哪儿啊？我找了半天也没找到。

男：从学校出来，向北走三百米就能看到了。我在宾馆门口等你。

问：女的要去哪儿？

26.

男：您喜欢中国历史吗？我看您对中国历史很了解。

女：是的，我是教历史的，我对中国历史特别感兴趣。

问：女的是教什么的？

27.

女：你常常踢足球吗？

男：我很少踢球，但喜欢看足球比赛。

问：关于男的，可以知道什么？

28.

男：晚饭做完了吗？需不需要我帮忙？

女：不用了，快做完了。你先去洗手吧。

问：女的是什么意思？

29.

女：前面有个学校，学生快要下课回家了，人一定很多，你开慢点儿吧！

男：知道了，别担心，我会注意的。

问：男的最可能在做什么？

30.

男：这本书应该有很长的历史了吧？

女：是的，已经有两百多年的历史了。

问：那本书有多少年历史了？

第四部分

一共10个题，每题听两次。

例如：女：晚饭做好了，准备吃饭了。

男：等一会儿，比赛还有三分钟就结束了。

女：快点儿吧，一起吃，菜冷了就不好吃了。

男：你先吃，我马上就看完了。

问：男的在做什么？

现在开始第三十一题：

31.

男：外面天气怎么样？是晴天吗？

女：不是，下大雪呢。

男：这几天怎么一直在下雪呢？你们南方这个季节怎么样？也常常下雪吗？

女：几乎不下雪。

问：他们在说什么？

32.

女：筷子都拿了吗？

男：都拿了，放了两双。

女：再拿一双，爸爸今天早下班，一会儿就回来，我们一起吃。

男：好的，妈。

问：他们两个人最可能是什么关系？

33.

男：您的行李箱在哪儿？我帮您搬吧。

女：真是太谢谢你了。那个就是。

男：右边的那个吗？

女：不是，左边那个最大的、黑色的才是我的。

问：女的的行李箱是什么样的？

34.

男：这次运动会你们班有多少人参加？

女：非常多，有十五个人。

男：你也参加吗？

女：我对体育不感兴趣，所以不参加。

问：女的为什么不参加运动会？

35.

男：张老师，照片上的这个男孩儿是谁？

女：是我儿子。

男：是吗？那旁边的这个女孩儿呢？

女：她是我们邻居的女儿，是我儿子的同学。

问：那个男孩儿是谁的孩子？

36.

男：别吃了，你已经吃了三个苹果了。

女：可是我还有点儿饿。

男：奇怪，你每次吃得那么多，但是怎么不长胖呢？

女：我每天都运动两个小时，周末还去游泳，所以吃不胖。

问：关于女的，可以知道什么？

37.

男：请问，电影什么时候开始？

女：十点一刻。

男：谢谢，现在可以进去了吗？

女：当然可以，请给我看一下您的票。

问：关于电影，下面哪个是对的？

38.

女：听说你要去北京工作？

男：是的，下周六的火车。

女：那祝你在新的一年里身体健康、天天快乐！

男：谢谢你！你也是！

问：关于男的，可以知道什么？

39.

男：我的护照在你那儿吗？

女：没有啊，只有我和小李的。你的放哪儿了？

男：我记得把护照和机票一块儿给你了。

女：你看，不是在你的包里吗？

问：男的的护照在哪儿？

40.

女：你每天都在忙什么呢？我刚才打你的手机，你也不接。

男：不好意思，我刚才在打扫房间，没听见，有什么事吗？

女：我想问问，上次我跟你说的那件事情怎么样了？

男：对不起，我最近太忙了，还没问呢。

问：男的最近怎么样？

听力考试现在结束。

HSK 3급 2회 모의고사 정답

본서 p. 330

一、听力

第一部分

1. E   2. A   3. C   4. F   5. B
6. E   7. A   8. C   9. B   10. D

第二部分

11. X   12. ✓   13. X   14. X   15. X
16. X   17. ✓   18. ✓   19. ✓   20. ✓

第三部分

21. C   22. A   23. B   24. C   25. B
26. A   27. B   28. C   29. A   30. C

第四部分

31. A   32. C   33. B   34. B   35. C
36. A   37. A   38. A   39. B   40. A

二、阅读

第一部分

41. F   42. D   43. B   44. A   45. C
46. D   47. E   48. A   49. B   50. C

第二部分

51. C   52. D   53. A   54. F   55. B
56. B   57. A   58. C   59. F   60. E

第三部分

61. C   62. A   63. B   64. A   65. B
66. B   67. A   68. C   69. A   70. C

三、书写

第一部分

71. 妈妈让我打扫一下房间。
72. 我忘了带自己的雨伞。
73. 我的笔记本就在书包里。
74. 我们一会儿去医院检查身体吧。
75. 请您把办公室里的空调关一下。

第二部分

76. 白   77. 月   78. 太   79. 文   80. 出

듣기

제1부분　1~10번 문제는 남녀간의 대화를 듣고 대화의 내용과 관련있는 사진을 고르는 문제입니다.

第1-5题

A

B

C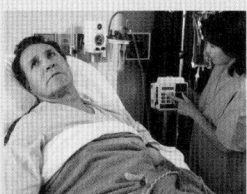

D

E

F

例如: 男: 喂, 请问张经理在吗?
　　　女: 他正在开会, 您半个小时以后再打, 好吗?

1

女: 吃点儿蛋糕吧, 很好吃。
男: 不, 谢谢。我现在吃饱了, 不想吃。

여: 케이크 좀 먹어봐. 맛있어.
남: 아니야, 고마워. 지금 배불러서, 먹고 싶지 않아.

지문 어휘

蛋糕 dàngāo 명 케이크 ☆
好吃 hǎochī 형 (음식, 요리 등이) 맛있다
饱 bǎo 형 배부르다
想 xiǎng 조동 ~하고 싶다
　동 생각하다, ~라 생각하다

> **정답** E
>
> **해설** 여자의 말 중 3급에 자주 출제되는 음식 관련 어휘 '蛋糕 케이크'가 언급되었으므로 보기 중 케이크 사진인 E가 정답이다.

2

男：你们家每天谁洗碗啊？
女：我先生洗。我每天做饭，他来洗也是应该的。

남: 너희 집은 매일 누가 설거지를 하니?
여: 우리집 양반이 설거지 해. 내가 매일 밥을 하니, 그가 설거지 하는 것은 당연하지.

지문 어휘

每天 měitiān 명 매일, 날마다
洗碗 xǐ wǎn 동 설거지를 하다
做饭 zuò fàn 동 밥을 하다(짓다)
来 lái 동 사람 뒤에 놓여 어떤 일을 하려고 하는 적극성을 나타내거나 상대방에게 어떤 행동을 하게 하는 어감을 나타냄
应该 yīnggāi 조동 마땅히 ~해야 한다, 분명히 ~일 것이다

> **정답** A
>
> **해설** 두 사람의 대화 중 '洗碗 설거지를 하다'가 언급되었으므로 보기 중 설거지를 하는 사진인 A가 정답이다.

3

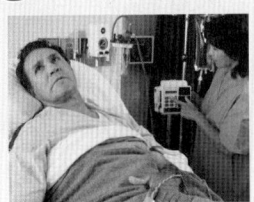

女：你身体好些了吗？还不舒服吗？
男：好多了，医生说我明天就可以出院了。

여: 당신 몸은 좀 괜찮아졌어요? 아직도 아파요?
남: 많이 좋아졌어요, 의사 선생님이 내일 바로 퇴원해도 된다고 했어요.

지문 어휘

舒服 shūfu 형 편안하다 ★
医生 yīshēng 명 의사
明天 míngtiān 명 내일
可以 kěyǐ 조동 ~해도 된다, ~할 수 있다
出院 chū yuàn 동 퇴원하다

> **정답** C
>
> **해설** 두 사람의 대화 중 '医生 의사', '出院 퇴원하다' 등의 어휘를 통해 두 사람이 대화하는 장소가 병원임을 알 수 있다. 따라서 정답은 C이다.

男: 你看见我的钱包了吗? 怎么突然找不到了!
女: 你别着急, 好好儿想一想, 我帮你一起找吧。

남: 당신 내 지갑 봤어요? 왜 갑자기 못 찾겠지(찾을 수 없지)!
여: 서두르지 말고 잘 생각해봐요. 제가 당신을 도와 함께 찾아볼게요.

지문 어휘

看见 kàn jiàn 동 보다, 보이다, 눈에 띄다
钱包 qiánbāo 명 지갑
突然 tūrán 부 갑자기 형 갑작스럽다
找不到 zhǎo bu dào 찾을 수 없다
着急 zháo jí 형 조급해하다, 초조해하다 ★
好好儿 hǎohāor 부 잘, 제대로
帮 bāng 동 돕다
一起 yìqǐ 부 함께

정답 F

해설 남자의 말 중 사물 명사 '钱包 지갑'이 언급되었으므로 보기 중 지갑 사진인 F가 정답이다.

女: 这是我们结婚的时候照的, 你看, 我是不是老了很多?
男: 没有啊! 虽然已经过去了八年了, 但你还是那么漂亮!

여: 이것은 우리가 결혼할 때 찍은 거예요, 봐요, 저 많이 늙지 않았어요?
남: 아니야! 비록 벌써 8년이나 지났지만, 당신은 여전히 그렇게 아름다운걸!

지문 어휘

结婚 jié hūn 동 결혼하다 ★
时候 shíhou 명 때, 시각
照 zhào 동 (사진, 영화를) 찍다
老 lǎo 형 늙다, 오래되다
虽然~, 但(是)~ suīrán~, dàn(shì)~ 비록 ~이지만, 그러나 ~하다
过去 guòqù 동 지나다, 지나가다 명 과거
还是 háishi 부 여전히, 아직도 ★
那么 nàme 대 그렇게 접 그러면, 그렇다면

정답 B

해설 여자의 말 중 '结婚 결혼하다', '照 찍다'와 같은 어휘를 통해 두 사람은 결혼사진을 보며 이야기하고 있음을 알 수 있다. 따라서 정답은 B이다.

第6-10题

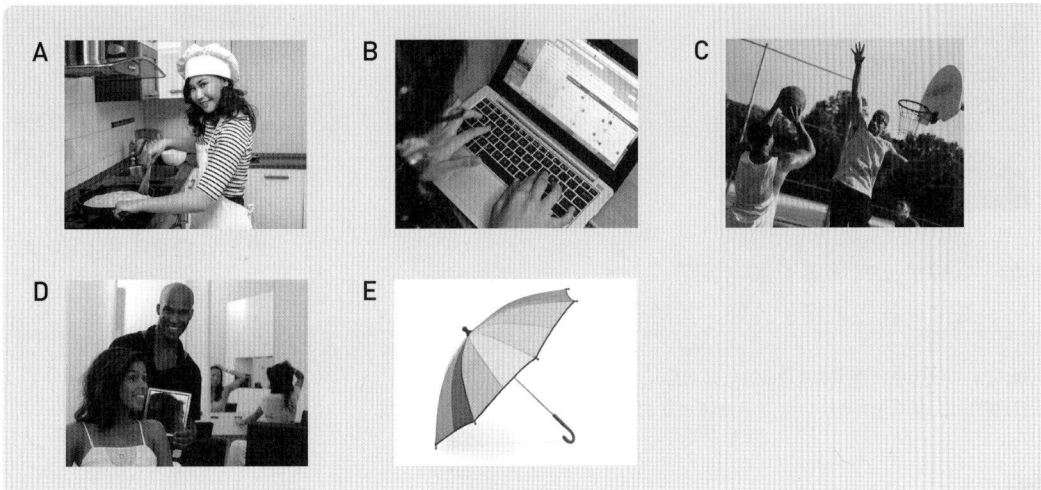

6

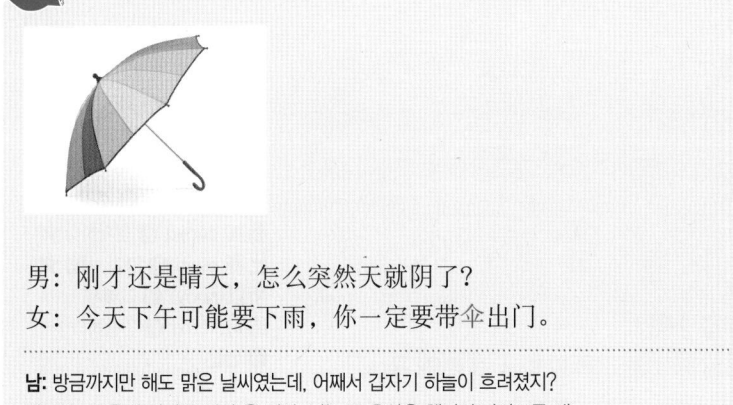

男: 刚才还是晴天，怎么突然天就阴了？
女: 今天下午可能要下雨，你一定要带伞出门。

남: 방금까지만 해도 맑은 날씨였는데, 어째서 갑자기 하늘이 흐려졌지?
여: 오늘 오후에 아마도 비가 올 거야. 너는 꼭 우산을 챙겨서 나가도록 해.

정답 E

해설 여자의 말 중 '伞 우산'이 언급되었으므로 보기 중 우산 사진인 E가 정답이다.

지문 어휘

刚才 gāngcái 명 방금, 막
晴天 qíngtiān 명 맑은 날씨
阴 yīn 형 흐리다
下午 xiàwǔ 명 오후
可能 kěnéng 부 아마도
一定 yídìng 부 반드시 ★
带 dài 동 (몸에) 지니다, 휴대하다 ★
伞 sǎn 명 우산 ★
出门 chū mén 동 외출하다, 집을 나서다

7

女: 饭好了, 叫弟弟下来吃饭吧。
男: 好的, 我先把筷子放好, 然后就去叫他!

여: 밥이 다 되었으니, 동생에게 내려와서 밥 먹으라고 해.
남: 알겠어요. 먼저 젓가락을 다 놓고 난 후에 바로 그를 부르러 갈게요.

> **지문 어휘**
> 叫 jiào 동 ~에게 ~하게 하다(시키다), 부르다
> 先~, 然后~ xiān~, ránhòu~ 먼저 ~하고, 그런 후에 ~하다 ★
> 把 bǎ 전 ~을(를) ★
> 筷子 kuàizi 명 젓가락 ★
> 放 fàng 동 놓다, 두다, 넣다 ★

정답 **A**

해설 여자의 말 중 '饭好了 밥이 다 되었다', '吃饭 밥을 먹다' 등의 표현을 통해 음식을 만들고 있는 사진을 정답으로 찾을 수 있다. 따라서 정답은 A이다.

8

女: 你最近怎么天天都去打篮球呢?
男: 这个周末我参加学校的篮球比赛, 所以每天都要练习。

여: 너는 요즘 왜 매일마다 농구하러 가는 거야?
남: 이번 주말에 나는 학교 농구 경기에 참가하거든. 그래서 매일마다 연습해야 해.

> **지문 어휘**
> 最近 zuìjìn 명 최근, 요즘
> 天天 tiāntiān 명 매일, 날마다
> 打篮球 dǎ lánqiú 농구하다
> 周末 zhōumò 명 주말
> 参加 cānjiā 동 참가하다 ★
> 比赛 bǐsài 명 경기, 시합 ★
> 所以 suǒyǐ 접 그래서
> 练习 liànxí 동 연습하다 명 연습

정답 **C**

해설 두 사람의 대화 중 '打篮球 농구하다', '篮球比赛 농구 경기' 등이 언급되었으므로 보기 중 농구하는 사진인 C가 정답이다.

9

女: 我刚才给您发了个电子邮件，您看一下。
男: 好的，我马上就看。

여: 제가 방금 당신에게 이메일을 하나 보냈어요, 확인해보세요.
남: 알겠어요, 제가 바로 확인해볼게요.

지문 어휘

刚才 gāngcái 명 방금, 막
发 fā 동 보내다, 발송하다 ⭐
电子邮件 diànzǐ yóujiàn 명 이메일 ⭐
一下 yíxià 양 (동사 뒤에 놓여) 한번(좀) ~하다
马上 mǎshàng 부 바로, 곧, 즉시

정답 B

해설 여자가 남자에게 방금 보낸 이메일을 확인해달라고 말했으므로 컴퓨터를 보고 있는 사진을 정답으로 찾을 수 있다. 따라서 정답은 B이다.

10

男: 您看，头发的长短可以吗?
女: 再短一些吧，现在天气这么热，还是短一点儿好。

남: 보세요, 머리 길이는 이 정도면 될까요?
여: 조금만 더 짧게 해주세요. 지금 날씨가 이렇게나 더운데 아무래도 조금 짧은 게 좋겠어요.

지문 어휘

头发 tóufa 명 머리카락
长短 chángduǎn 명 길이
短 duǎn 형 짧다
一些 yìxiē 양 조금, 약간, 몇
现在 xiànzài 명 지금, 현재
天气 tiānqì 명 날씨
这么 zhème 대 이렇게, 이런, 이러한
热 rè 형 덥다
还是 háishi 부 ~하는 편이 낫다, 아직도, 여전히 ⭐

정답 D

해설 남자의 말 중 '头发的长短可以吗? 머리 길이는 이 정도면 될까요?'라는 표현을 통해 헤어샵에서 머리를 자르고 있는 상황임을 알 수 있다. 따라서 정답은 D이다.

제2부분 11~20번 문제는 제시된 문장이 녹음 내용과 일치하는지를 판단하는 문제입니다.

第11-20题

例如: 为了让自己更健康, 他每天都花一个小时去锻炼身体。
★ 他希望自己很健康。 (✓)

今天我想早点儿回家。看了看手表, 才5点。过了一会儿再看表, 还是5点, 我这才发现我的手表不走了。
★ 那块儿手表不是他的。 (X)

11

去中国留学之前, 我以为中国人都喜欢红色, 在中国住了三年后, 才发现不是这样的。
★ 中国人都喜欢红色。(X)

중국으로 유학 가기 전까지만 해도, 나는 중국인은 모두 빨간색을 좋아한다고 생각했었다. 중국에서 산 지 3년이 된 후에야 이렇지 않다는 것을 비로소 알게됐다.
★ 중국인은 모두 빨간색을 좋아한다. (X)

지문 어휘

留学 liú xué 통 유학하다 명 유학 ★
之前 zhīqián 명 ~이전, ~의 앞(전)
以为 yǐwéi 통 ~라고 여기다, 생각하다(사실과 생각한 것이 다른 경우에 쓰임)
才 cái 부 비로소, 겨우, 고작
发现 fāxiàn 통 알아차리다, 발견하다 ★

정답 X

해설 이 문제의 경우 '以为 ~라고 생각하다(사실과 생각한 것이 다름)'와 '不是这样的 이렇지 않다'라는 표현에 주의해야 한다. 녹음 내용에서 화자는 중국으로 유학 가기 전까지만 해도 중국인들이 모두 빨간색을 좋아한다고 생각했었지만 3년이 지난 지금에서야 이렇지 않다는 것을 알게 되었다고 했으므로 제시된 문장은 녹음 내용과 일치하지 않는다.

12

今天下午三点你到我办公室来找我, 我在五零七。如果我不在, 你就给我打电话。
★ 他的办公室在五楼。(✓)

오늘 오후 3시에 너는 내 사무실로 나를 찾아와. 나는 507호에 있어. 만약 내가 자리에 없으면, 나에게 바로 전화해.
★ 그의 사무실은 5층에 있다. (✓)

지문 어휘

下午 xiàwǔ 명 오후
到 dào 통 도착하다, 도달하다, 이르다
办公室 bàngōngshì 명 사무실 ★
找 zhǎo 통 찾다, 구하다

정답 ✓

해설 녹음 내용에서 화자는 본인의 사무실이 507호라고 말했으므로 그의 사무실은 5층인 것을 알 수 있다. 따라서 제시된 문장은 녹음 내용과 일치한다.

13

你们在哪儿？我已经到了，电影票也买好了，快过来吧！
★ 他快到了。(✗)

지문 어휘
已经 yǐjing 〔부〕 이미, 벌써
电影票 diànyǐngpiào
〔명〕 영화표

너희는 어디야? 나는 이미 도착했어, 영화표도 모두 샀으니, 빨리 와!
★ 그는 곧 도착한다. (✗)

정답 ✗

해설 제시된 문장의 '快到了 곧 도착한다'와 녹음 내용의 '已经到了 이미 도착했다'는 상반된 의미이므로 제시된 문장은 녹음 내용과 일치하지 않는다.

14

这个电脑现在能卖三千块钱吧？我两年前买的时候花了八千多。
★ 这是新电脑。(✗)

지문 어휘
电脑 diànnǎo 〔명〕 컴퓨터
花 huā 〔동〕 쓰다, 소비하다 ★

이 컴퓨터는 지금 3,000위안에 팔 수 있겠죠? 제가 2년 전에 샀을 때는 8,000위안 넘게 줬거든요.
★ 이것은 새 컴퓨터이다. (✗)

정답 ✗

해설 녹음 내용에서 이 컴퓨터를 2년 전에 샀을 때는 8,000위안이었다고 하였으므로 이 컴퓨터는 새 컴퓨터가 아닌 것을 알 수 있다. 따라서 제시된 문장은 녹음 내용과 일치하지 않는다.

15

他每天早上起床后做的第一件事情就是一边喝咖啡，一边看报纸，然后再准备上班。
★ 他不喜欢喝咖啡。(✗)

지문 어휘
起床 qǐ chuáng 〔동〕 일어나다, 기상하다
第一 dì yī 〔수〕 최초, 맨 처음
件 jiàn 〔양〕 옷, 일, 사건 등을 세는 단위
事情 shìqing 〔명〕 일, 사건
一边~, 一边~
yìbiān~, yìbiān~
~하면서, ~하다
咖啡 kāfēi 〔명〕 커피
报纸 bàozhǐ 〔명〕 신문
然后 ránhòu 〔접〕 그런 후에, 그 다음에 ★
准备 zhǔnbèi 〔동〕 준비하다, ~할 예정이다
上班 shàng bān 〔동〕 출근하다

그가 매일 아침 일어나서 제일 먼저 하는 일은 커피를 마시며 신문을 보는 것이고, 그런 다음 출근 준비를 한다.
★ 그는 커피 마시는 것을 좋아하지 않는다. (✗)

정답 ✗

해설 녹음 내용에서 그가 매일 아침 일어나서 제일 먼저 하는 일이 커피를 마시며 신문을 보는 것이라고 했으므로 제시된 문장은 녹음 내용과 일치하지 않는다.

16

我这次要去上海出差，只能住两天，所以我准备去一两个最有名的地方看看。以后有机会的话，我还想去上海其他地方玩儿玩儿。

★ 这次他打算去上海的很多地方玩儿玩儿。(✗)

나는 이번에 상하이로 출장을 가야 한다. 이틀만 묵을 수 있어서, 나는 가장 유명한 한두 곳만 가볼 예정이다. 이후에 기회가 있다면 나는 상하이의 다른 곳도 놀러 가고 싶다.

★ 이번에 그는 상하이의 많은 곳을 놀러 갈 계획이다. (✗)

지문 어휘

次 cì 양 번, 차례(동작을 세는 단위)
上海 Shànghǎi 고유 상하이
出差 chū chāi 통 출장을 가다
只能 zhǐ néng 조동 ~할 수밖에 없다, 단지 ~할 수 있을 뿐이다
所以 suǒyǐ 접 그래서
有名 yǒumíng 형 유명하다
地方 dìfang 명 곳, 장소 ★
以后 yǐhòu 명 이후
机会 jīhuì 명 기회
(如果)~的话 (rúguǒ)~de huà 접 만약 ~한다면 ★
打算 dǎsuan 통 ~할 예정이다, ~할 생각이다 ★

정답 ✗

해설 제시된 문장의 '很多地方 많은 곳'은 녹음 내용의 '一两个最有名的地方 가장 유명한 한두 곳'과 상반된 의미이므로 제시된 문장은 녹음 내용과 일치하지 않는다.

17

每个星期天，王明和他的妻子都会去买很多东西，除了吃的、喝的、还会买一些衣服。

★ 王明和他的妻子每个周末都去买东西。(✓)

매주 일요일, 왕밍과 그의 아내는 많은 물건을 사러 간다. 먹을 것, 마실 것 외에 옷도 산다.

★ 왕밍과 그의 아내는 매주 주말마다 물건을 사러 간다. (✓)

지문 어휘

星期天 xīngqītiān 명 일요일
妻子 qīzi 명 아내
除了 chúle 전 ~을 제외하고 ★
衣服 yīfu 명 옷
周末 zhōumò 명 주말

정답 ✓

해설 녹음 내용에서 매주 일요일마다 왕밍과 그의 아내는 물건을 사러 간다고 했으므로 제시된 문장은 녹음 내용과 일치한다.

18

他对运动很感兴趣，游泳、打篮球、踢足球都会，但是水平不太高。

★ 他打篮球打得不太好。(✓)

그는 운동에 매우 관심이 있다. 수영, 농구, 축구 모두 할 줄 안다. 하지만 실력이 그다지 높지 않다.

★ 그는 농구를 그다지 잘하지 못한다. (✓)

지문 어휘

对 duì 전 ~에 대해, ~에게
형 맞다
运动 yùndòng 명 운동
통 운동하다
感兴趣 gǎn xìngqù 관심이 있다, 흥미를 느끼다 ★
游泳 yóu yǒng 통 수영하다
打篮球 dǎ lánqiú 농구하다
踢足球 tī zúqiú 축구하다
但是 dànshì 접 그러나
水平 shuǐpíng 명 수준, 능력 ★

정답	✓
해설	제시된 문장에서의 '打篮球打得不太好 농구를 그다지 잘하지 못한다'와 녹음 내용에서의 '水平不太高 실력이 그다지 높지 않다'는 유사한 의미로 제시된 문장은 녹음 내용과 일치한다.

19

这次数学考试，我们班除了小高没来，其他同学都参加了。听老师说，十五号就可以知道考试成绩了。

★ 小高没参加考试。(✓)

이번 수학 시험에서, 우리 반은 샤오가오가 안 온 것을 제외하고, 다른 학생들은 모두 참가하였다. 선생님 말씀에 따르면, 15일이면 시험 성적을 바로 알 수 있다고 한다.

★ 샤오가오는 시험에 참가하지 않았다. (✓)

지문 어휘
数学 shùxué 명 수학
其他 qítā 대 그 외, 기타
同学 tóngxué 명 학우, 동창
参加 cānjiā 동 참가하다, 참석하다 ★
听说 tīng shuō 동 듣자 하니
成绩 chéngjì 명 성적 ★

정답	✓
해설	녹음 내용에서 샤오가오를 제외하고 다른 학생들은 모두 시험에 참가했다고 했으므로, 샤오가오가 참가하지 않았다는 제시 문장과 일치한다.

20

马明，你看，这条裙子怎么样？颜色很漂亮，还很便宜，只需要一百块钱。听说最近这种裙子卖得很好。

★ 他们在买衣服。(✓)

마밍, 봐봐, 이 치마 어때? 색상이 예쁘고 또 저렴해, 100위안 밖에 안해. 요즘 이런 종류의 치마가 잘 팔린다고 들었어.

★ 그들은 옷을 사고 있는 중이다. (✓)

지문 어휘
条 tiáo 양 치마, 바지, 강 등의 가늘고 긴 것을 세는 단위 ★
裙子 qúnzi 명 치마 ★
颜色 yánsè 명 색, 색깔 ★
还 hái 부 또, 여전히, 아직, 더 ★
便宜 piányi 형 (값이) 싸다
需要 xūyào 동 필요하다 명 요구 ★
最近 zuìjìn 명 최근, 요즘
种 zhǒng 양 종류, 부류, 가지

정답	✓
해설	녹음 내용에서 상대방에게 자신이 고른 치마에 대해 의견을 구하며 치마의 색상과 가격을 말하고 있으므로 옷을 사고 있는 상황임을 알 수 있다. 따라서 제시된 문장은 녹음 내용과 일치한다.

제3부분

21~30번 문제는 남녀의 대화를 듣고 관련된 질문에 대한 정답을 고르는 문제입니다.

第21-30题

例如：男：小王，帮我开一下门，好吗？谢谢！
　　　女：没问题。您去超市了？买了这么多东西。
　　　问：男的想让小王做什么？

　　A 开门 ✓　　　　　B 拿东西　　　　　C 去超市买东西

21

女：你的身体怎么样？现在好点儿了吗？
男：还是有点儿发烧，真不好意思，我想早点儿回家休息。

问：男的想做什么？
　　A 去公司　　　　B 去学校　　　　C 回家

지문 어휘
还是 háishi 📕 여전히, 아직도, ~하는 편이 낫다 ⭐
有点儿 yǒu diǎnr 📕 조금, 약간
发烧 fā shāo 📗 열이 나다 ⭐
不好意思 bùhǎoyìsi 죄송합니다, 미안합니다
回家 huí jiā 📗 집으로 돌아가다(오다), 귀가하다
休息 xiūxi 📗 쉬다, 휴식하다

보기 어휘
公司 gōngsī 📕 회사

여: 당신 건강은 어때요? 지금은 좀 괜찮아졌어요?
남: 여전히 열이 좀 나요, 정말 죄송하지만, 저는 일찍 집에 가서 쉬고 싶어요.

질문: 남자는 무엇을 하고 싶은가?
　　A 회사에 간다　　B 학교에 간다　　C 집에 간다

정답 C

해설 여자가 남자의 건강 상태에 대해 묻자 남자는 여전히 열이 나서 일찍 집에 돌아가 쉬고 싶다고 했으므로 정답은 C이다.

22

男：服务员，这儿少了一个杯子。
女：对不起，先生，我马上让人拿一个过去。

问：他们最可能在哪里？
　　A 饭店　　　　　B 教室　　　　　C 机场

지문 어휘
服务员 fúwùyuán 📕 종업원 ⭐
少 shǎo 📗 모자라다 📕 (수량이) 적다
杯子 bēizi 📕 잔, 컵
马上 mǎshàng 📕 곧, 즉시, 바로
让 ràng 📗 ~에게 ~하게 하다 (시키다)

보기 어휘
饭店 fàndiàn 📕 식당, 호텔
机场 jīchǎng 📕 공항 ⭐

남: 종업원, 여기 잔이 하나 부족해요.
여: 죄송합니다, 선생님, 바로 사람을 시켜 가져다 드리라고 하겠습니다.

질문: 그들은 어디에 있을 가능성이 가장 큰가?
　　A 식당　　　　B 교실　　　　C 공항

정답 A

해설 보기를 통해 장소를 묻는 문제임을 알 수 있다. 남자가 종업원을 부르며 잔이 하나 부족하다고 했으므로 대화하는 장소는 식당임을 알 수 있다. 따라서 정답은 A이다.

23

女: 今天大家怎么这么安静?
男: 明天有考试，大家都在复习呢，别影响他们。

问: 关于明天，可以知道什么?
　　A 很安静　　　　B 有考试　　　　C 很冷

여: 오늘 다들 왜 이렇게 조용해?
남: 내일 시험이 있어서, 다들 복습하고 있는 중이야, 그들을 방해하지 마.

질문: 내일에 관하여 무엇을 알 수 있는가?
　　A 조용하다　　　B 시험이 있다　　C 춥다

지문 어휘

大家 dàjiā 대 모두, 여러분
怎么 zěnme 대 왜, 어째서
这么 zhème 대 이렇게, 이러한
安静 ānjìng 형 조용하다, 고요하다 ★
考试 kǎoshì 명 시험 동 시험을 치다
在~呢 zài~ne ~하고 있는 중이다
复习 fùxí 동 복습하다 ★
别 bié 부 ~하지 마라
影响 yǐngxiǎng 동 영향을 주다 (끼치다) 명 영향

정답 B

해설 왜 이렇게 조용한지 묻는 여자의 물음에 남자는 내일 시험이 있어서 모두 복습하는 중이라고 했으므로 정답은 B이다.

24

男: 又下雨了! 这个月下过几次雨了?
女: 上个星期下了三次，这是第四次了。

问: 这个月下了几次雨了?
　　A 一次　　　　B 两次　　　　C 四次

남: 또 비가 내리네요! 이번 달에 비가 몇 번이나 왔어요?
여: 지난주에 세 번 내렸고, 이번이 네 번째예요.

질문: 이번 달에 비가 몇 번 내렸는가?
　　A 한 번　　　　B 두 번　　　　C 네 번

지문 어휘

又 yòu 부 또, 다시, 또한
这个月 zhè ge yuè 이번 달
次 cì 양 번, 차례(동작을 세는 단위)
上个星期 shàng ge xīngqī 지난주
第 dì 접두 제(수사 앞에 쓰여 차례의 몇 째를 가리킴)

정답 C

해설 남자가 이번 달에 비가 내린 횟수를 묻자 여자는 이번이 네 번째라고 대답했으므로 정답은 C이다.

25

女: 你说的宾馆在哪儿啊? 我找了半天也没找到。
男: 从学校出来, 向北走三百米就能看到了。我在宾馆门口等你。

问: 女的要去哪儿?
　　A 书店　　　　B 宾馆　　　　C 公司

지문 어휘

宾馆 bīnguǎn 명 호텔
找 zhǎo 동 찾다, 구하다
半天 bàntiān 명 한참 동안, 한나절
出来 chū lai 동 (안에서 밖으로) 나오다
向 xiàng 전 ~(으)로, ~을 향하여
米 mǐ 양 미터(m) 명 쌀
门口 ménkǒu 명 입구, 현관

보기 어휘

书店 shūdiàn 명 서점

여: 네가 말한 호텔이 어디에 있어? 내가 한참을 찾았는데도 찾지 못했어.
남: 학교에서 나와서, 북쪽으로 300미터 걸어가면 바로 볼 수 있어. 내가 호텔 입구에서 너를 기다릴게.

질문: 여자는 어디에 가려고 하는가?
　　A 서점　　　　B 호텔　　　　C 회사

정답 B

해설 보기를 통해 장소를 묻는 문제임을 알 수 있다. 여자가 호텔의 위치를 묻자 남자가 호텔을 찾아가는 방법을 설명해주며, 호텔 입구에서 기다리겠다고 했으므로 정답은 B이다.

26

男: 您喜欢中国历史吗? 我看您对中国历史很了解。
女: 是的, 我是教历史的, 我对中国历史特别感兴趣。

问: 女的是教什么的?
　　A 历史　　　　B 数学　　　　C 英语

지문 어휘

历史 lìshǐ 명 역사
对 duì 전 ~에 대해, ~에게
了解 liǎojiě 동 이해하다, 알아보다 ★
教 jiāo 동 가르치다 ★
感兴趣 gǎn xìngqù 관심이 있다, 흥미를 느끼다 ★

보기 어휘

数学 shùxué 명 수학
英语 Yīngyǔ 명 영어

남: 당신은 중국 역사를 좋아하세요? 제가 보기에 당신은 중국 역사에 대해 잘 알고 있는 것 같아요.
여: 맞아요, 저는 역사를 가르쳐요, 저는 특히 중국 역사에 대해 관심이 있어요.

질문: 여자는 무엇을 가르치는가?
　　A 역사　　　　B 수학　　　　C 영어

정답 A

해설 남자가 여자에게 중국 역사를 좋아하는지 묻자, 여자는 역사를 가르치고 특히 중국 역사에 관심이 있다고 대답했으므로 정답은 A이다.

27

女：你常常踢足球吗？
男：我很少踢球，但喜欢看足球比赛。

问：关于男的，可以知道什么？
　　A 常常踢足球
　　B 喜欢看足球赛
　　C 足球踢得不太好

여: 너는 자주 축구를 하니?
남: 나는 거의 축구를 하지 않아, 하지만 축구 경기를 보는 것은 좋아해.

질문: 남자에 관하여 무엇을 알 수 있는가?
　　A 자주 축구를 한다
　　B 축구 경기 보는 것을 좋아한다
　　C 축구를 그다지 잘하지 못한다

지문 어휘
常常 chángcháng 📢 자주
踢足球 tī zúqiú 축구를 하다
踢球 tī qiú 📢 축구하다, 공을 차다
但 dàn 📢 그러나
比赛 bǐsài 📢 경기, 시합 ⭐

보기 어휘
得 de 📢 동사나 형용사 뒤에 쓰여 정도나 가능을 나타내는 보어와 연결시킴

> 정답 B

> 해설 특정 인물에 대한 정보를 묻는 문제이다. 여자가 남자에게 축구를 자주 하는지 묻자 남자는 축구는 거의 하지 않지만 축구 경기 보는 것을 좋아한다고 했으므로 정답은 B이다. 참고로 특정 인물 혹은 특정 사물에 대한 문제는 이 문제와 같이 전환을 나타내는 접속사인 '但是', '可是'의 뒷 부분에 정답이 언급되는 경우가 많으므로 주의하여 들어야 한다.

28

男：晚饭做完了吗？需不需要我帮忙？
女：不用了，快做完了。你先去洗手吧。

问：女的是什么意思？
　　A 没时间打扫　　B 要洗澡　　C 不需要帮忙

남: 저녁 밥은 다 됐어요? 내가 좀 도와줄까요?
여: 괜찮아요, 다 돼가요. 당신은 먼저 가서 손부터 씻으세요.

질문: 여자는 무슨 의미인가?
　　A 청소할 시간이 없다　　B 목욕을 해야 한다　　C 도와줄 필요가 없다

지문 어휘
晚饭 wǎnfàn 📢 저녁 식사
需要 xūyào 📢 필요하다 📢 요구 ⭐
帮忙 bāng máng 📢 일을 돕다 ⭐
先 xiān 📢 먼저 ⭐
洗手 xǐ shǒu 📢 손을 씻다

보기 어휘
打扫 dǎsǎo 📢 청소하다 ⭐
洗澡 xǐ zǎo 📢 목욕하다 ⭐

> 정답 C

> 해설 남자가 여자에게 저녁 밥 하는 것을 도와줄지 묻자 여자는 괜찮다고 말하며 거의 다 되어간다고 했으므로 정답은 C이다.

29

女: 前面有个学校, 学生快要下课回家了, 人一定很多, 你开慢点儿吧!
男: 知道了, 别担心, 我会注意的。

问: 男的最可能在做什么?
　A 开车　　　　B 玩游戏　　　C 做作业

여: 앞에 학교가 있어요. 학생들이 곧 수업을 마치고 집에 돌아가서, 사람이 분명 많을 거예요, 천천히 운전해요!
남: 알겠어요, 걱정 말아요, 주의할게요.

질문: 남자는 무엇을 하고 있을 가능성이 가장 큰가?
　A 운전을 한다　　B 게임을 한다　　C 숙제를 한다

정답 A

해설 보기를 통해 행동을 묻는 문제임을 알 수 있다. 여자가 남자에게 앞에 학교가 있으니 천천히 운전하라고 했으므로 남자는 운전하고 있는 상황임을 알 수 있다. 따라서 정답은 A이다.

지문 어휘
前面 qiánmian 명 앞, 앞쪽
学校 xuéxiào 명 학교
快要~了 kuài yào~le 곧 ~이다, 곧 ~할 것이다
一定 yídìng 부 반드시 ★
开 kāi 동 (자동차 등을) 운전하다, 열다, 켜다
慢 màn 형 느리다
别 bié 부 ~하지 마라
担心 dān xīn 동 걱정하다, 염려하다 ★
注意 zhùyì 동 주의하다, 조심하다 ★

보기 어휘
开车 kāi chē 동 차를 몰다, 운전하다
玩游戏 wán yóuxì 게임을 하다
做作业 zuò zuòyè 숙제를 하다

30

男: 这本书应该有很长的历史了吧?
女: 是的, 已经有两百多年的历史了。

问: 那本书有多少年历史了?
　A 50多年　　　B 100多年　　　C 200多年

남: 이 책은 분명히 오랜 역사를 지니고 있을 것 같은데요?
여: 네, 이미 200여 년의 역사를 지니고 있어요.

질문: 그 책은 몇 년의 역사를 지니고 있는가?
　A 50여 년　　　B 100여 년　　　C 200여 년

정답 C

해설 보기를 통해 기간을 묻는 문제임을 알 수 있다. 여자는 남자에게 이 책은 이미 200여 년의 역사를 지니고 있다고 했으므로 정답은 C이다.

지문 어휘
本 běn 양 권(책을 세는 단위)
应该 yīnggāi 조동 분명히 ~일 것이다, 마땅히 ~해야 한다
历史 lìshǐ 명 역사
已经 yǐjing 부 이미, 벌써

제4부분 31~40번 문제는 남녀의 대화를 듣고 관련된 질문에 대한 정답을 고르는 문제입니다.

第31-40题

例如： 女：晚饭做好了，准备吃饭了。
　　　 男：等一会儿，比赛还有三分钟就结束了。
　　　 女：快点儿吧，一起吃，菜冷了就不好吃了。
　　　 男：你先吃，我马上就看完了。
　　　 问：男的在做什么？

　　　 A 洗澡　　　　　B 吃饭　　　　　C 看电视 ✓

31

男：外面天气怎么样？是晴天吗？
女：不是，下大雪呢。
男：这几天怎么一直在下雪呢？你们南方这个季节怎么样？
　　也常常下雪吗？
女：几乎不下雪。

问：他们在说什么？
　　A 天气　　　　　B 文化　　　　　C 历史

지문 어휘

外面 wàimian 명 밖, 바깥
天气 tiānqì 명 날씨
晴天 qíngtiān 명 맑은 날씨
一直 yìzhí 부 계속, 줄곧, 곧장
南方 nánfāng 명 남방, 남부
季节 jìjié 명 계절 ★
常常 chángcháng 부 자주
几乎 jīhū 부 거의

보기 어휘

文化 wénhuà 명 문화

남: 바깥 날씨는 어때? 맑은 날씨야?
여: 아니, 눈이 많이 내리고 있어.
남: 요 며칠 어째서 계속 눈이 내리지? 너희 남방은 이 계절에 어때? 역시 자주 눈이 내리니?
여: 거의 눈이 내리지 않아.

질문: 그들은 무엇을 이야기하고 있는가?
　　A 날씨　　　　　B 문화　　　　　C 역사

정답 A

해설 남자가 여자에게 바깥의 날씨가 어떠한지 묻자 여자는 눈이 온다고 대답하고 있으므로 날씨에 관하여 이야기하고 있음을 알 수 있다. 따라서 정답은 A이다.

32

女: 筷子都拿了吗?
男: 都拿了, 放了两双。
女: 再拿一双, 爸爸今天早下班, 一会儿就回来, 我们一起吃。
男: 好的, 妈。

问: 他们两个人最可能是什么关系?
　　A 丈夫和妻子　　B 老师和学生　　C 妈妈和儿子

지문 어휘

筷子 kuàizi 명 젓가락 ★
拿 ná 동 (손으로) 쥐다, 잡다, 가지다 ★
放 fàng 동 놓다, 두다, 넣다 ★
双 shuāng 양 쌍, 켤레(쌍이나 짝을 이룬 물건을 세는 단위)
下班 xià bān 동 퇴근하다
一会儿 yíhuìr 부 잠시 후에 명 잠시, 잠깐 동안 ★
一起 yìqǐ 부 같이, 함께

보기 어휘

丈夫 zhàngfu 명 남편
妻子 qīzi 명 아내
儿子 érzi 명 아들

여: 젓가락은 다 가져갔니?
남: 다 가져갔고, 두 벌 놓었요.
여: 한 벌 더 가져가렴, 아빠가 오늘 일찍 퇴근하셔서 잠시 후에 곧 오실거야, 우리 같이 식사하자.
남: 네, 엄마.

질문: 그들 둘은 무슨 관계일 가능성이 가장 큰가?
　　A 남편과 아내　　B 선생님과 학생　　C 엄마와 아들

정답 C

해설 보기를 통해 두 사람의 관계를 묻는 문제임을 알 수 있다. 대화 마지막 부분에서 남자가 여자에게 '好的, 妈 네, 엄마'라고 대답했으므로 정답은 C이다.

33

男: 您的行李箱在哪儿? 我帮您搬吧。
女: 真是太谢谢你了。那个就是。
男: 右边的那个吗?
女: 不是, 左边那个最大的、黑色的才是我的。

问: 女的的行李箱是什么样的?
　　A 很小的　　B 黑色的　　C 旧的

지문 어휘

行李箱 xínglixiāng 명 캐리어, 여행용 가방 ★
帮 bāng 동 돕다
搬 bān 동 옮기다, 운반하다, 이사하다 ★
右边 yòubian 명 우측, 오른쪽
左边 zuǒbian 명 좌측, 왼쪽
黑色 hēisè 명 검은색
才 cái 부 비로소, 겨우, 고작

보기 어휘

旧 jiù 형 낡다, 오래 되다 ★

남: 당신의 캐리어는 어디에 있나요? 제가 당신을 도와 옮겨 드릴게요.
여: 정말 고맙습니다. 바로 저거예요.
남: 오른쪽의 저 것이요?
여: 아니요, 왼쪽의 저 가장 크고 검은색인 캐리어가 제 것이에요.

질문: 여자의 캐리어는 어떠한 것인가?
　　A 작은 것　　B 검은색의 것　　C 낡은 것

정답 B

해설 남자가 여자의 캐리어를 옮겨 준다고 하자 여자는 남자에게 왼쪽의 가장 크고 검은색인 캐리어가 자신의 것이라고 대답하고 있으므로 정답은 B이다.

34

男: 这次运动会你们班有多少人参加?
女: 非常多, 有十五个人。
男: 你也参加吗?
女: 我对体育不感兴趣, 所以不参加。

问: 女的为什么不参加运动会?
  A 在学习　　　　B 没兴趣　　　　C 不会唱歌

남: 이번 운동회에 너희 반은 몇 명이나 참가해?
여: 매우 많아, 15명이야.
남: 너도 참가하니?
여: 나는 스포츠에 흥미가 없어서, 참가하지 않아.

질문: 여자는 왜 운동회에 참가하지 않는가?
  A 공부하고 있어서　　B 흥미가 없어서　　C 노래를 부르지 못해서

지문 어휘

次 cì 양 번, 차례(동작을 세는 단위)
运动会 yùndònghuì 명 운동회
参加 cānjiā 동 참가하다, 참석하다 ★
对 duì 전 ~에 대해, ~에게
体育 tǐyù 명 스포츠, 체육 ★
感兴趣 gǎn xìngqù 관심이 있다, 흥미를 느끼다 ★

보기 어휘

兴趣 xìngqù 명 흥미 ★
唱歌 chàng gē 동 노래 부르다

정답　B

해설　보기를 통해 특정 인물에 대한 정보를 묻는 문제임을 알 수 있다. 여자는 스포츠에 흥미가 없어서 운동회에 참가하지 않는다고 대답했으므로 정답은 B이다.

35

男: 张老师, 照片上的这个男孩儿是谁?
女: 是我儿子。
男: 是吗? 那旁边的这个女孩儿呢?
女: 她是我们邻居的女儿, 是我儿子的同学。

问: 那个男孩儿是谁的孩子?
  A 校长的　　　　B 邻居的　　　　C 张老师的

남: 장 선생님, 사진에 있는 이 남자아이는 누구예요?
여: 제 아들이에요.
남: 그래요? 그럼 옆의 이 여자아이는요?
여: 그녀는 우리 이웃집 딸이고, 제 아들의 학교 친구예요.

질문: 그 남자아이는 누구의 아이인가?
  A 교장 선생님의 아이　　B 이웃의 아이　　C 장 선생님의 아이

지문 어휘

照片 zhàopiàn 명 사진
男孩儿 nánháir 명 남자아이
儿子 érzi 명 아들
女孩儿 nǚháir 명 여자아이
邻居 línjū 명 이웃 ★
女儿 nǚ'ér 명 딸
同学 tóngxué 명 학우, 동창

보기 어휘

校长 xiàozhǎng 명 학교장 ★

정답　C

해설　남자가 여자를 '张老师 장 선생님'이라고 부르며 사진 속의 남자아이를 묻자 여자는 자신의 아들이라고 했으므로 정답은 C이다.

36

男：别吃了，你已经吃了三个苹果了。
女：可是我还有点儿饿。
男：奇怪，你每次吃得那么多，但是怎么不长胖呢？
女：我每天都运动两个小时，周末还去游泳，所以吃不胖。

问：关于女的，可以知道什么？
　　A 不胖　　　　B 很可爱　　　　C 吃得很少

남：그만 먹어. 너 이미 사과 세 개나 먹었어.
여：그런데 나 여전히 좀 배고파.
남：희한하다. 너는 매번 그렇게 많이 먹는데 어째서 살이 안 찌지？
여：나는 매일마다 두 시간씩 운동하고, 주말에는 또 수영하러 가거든, 그래서 먹어도 살이 안 쪄.

질문：여자에 관하여 무엇을 알 수 있는가？
　　A 뚱뚱하지 않다　　B 매우 귀엽다　　C 적게 먹는다

정답 A

해설 남자가 여자에게 그렇게 많이 먹는데 어째서 살이 찌지 않는지 묻자 여자는 운동을 해서 먹어도 살이 찌지 않는다고 했으므로 여자는 뚱뚱하지 않다는 것을 알 수 있다. 따라서 정답은 A이다.

지문 어휘

别~了 bié~le ~하지 마라
已经 yǐjing 벌써, 이미
苹果 píngguǒ 명 사과
可是 kěshì 접 그러나, 하지만
还 hái 부 여전히, 아직, 또, 더 ★
有点儿 yǒu diǎnr 부 조금, 약간
饿 è 형 배고프다
奇怪 qíguài 형 이상하다, 희한하다 ★
但是 dànshì 접 그러나
长胖 zhǎng pàng 동 살찌다, 뚱뚱해지다
运动 yùndòng 동 운동하다 명 운동
小时 xiǎoshí 명 시간
周末 zhōumò 명 주말
游泳 yóu yǒng 동 수영하다
所以 suǒyǐ 접 그래서

보기 어휘

可爱 kě'ài 형 귀엽다, 사랑스럽다

37

男：请问，电影什么时候开始？
女：十点一刻。
男：谢谢，现在可以进去了吗？
女：当然可以，请给我看一下您的票。

问：关于电影，下面哪个是对的？
　　A 还没开始　　　B 很有意思　　　C 已经结束了

남：말씀 좀 여쭙겠습니다. 영화가 언제 시작하나요？
여：10시 15분입니다.
남：감사합니다. 지금 들어가도 되나요？
여：당연히 됩니다. 저에게 당신의 표를 좀 보여주세요.

질문：영화에 관하여 다음 중 옳은 것은 무엇인가？
　　A 아직 시작하지 않았다　　B 재미있다　　C 이미 끝났다

정답 A

해설 남자가 여자에게 영화 시작 시간을 물으며 들어갈 수 있는지 묻자 여자가 당연히 된다고 대답하였으므로 영화가 아직 시작하지 않았음을 알 수 있다. 따라서 정답은 A이다.

지문 어휘

请问 qǐng wèn 말씀 좀 여쭙겠습니다
电影 diànyǐng 명 영화
开始 kāishǐ 동 시작하다 명 처음, 시작
刻 kè 양 15분의 단위를 나타냄 (一刻: 15분, 三刻: 45분) ★
可以 kěyǐ 조동 ~해도 된다, ~할 수 있다
进去 jìn qu 동 들어가다
当然 dāngrán 부 당연히 형 당연하다, 물론이다 ★
一下 yíxià 양 (동사 뒤에 놓여) 한번(좀) ~하다
票 piào 명 표, 티켓

보기 어휘

有意思 yǒu yìsi 형 재미있다
结束 jiéshù 동 끝나다 ★

38

女: 听说你要去北京工作?
男: 是的，下周六的火车。
女: 那祝你在新的一年里身体健康、天天快乐!
男: 谢谢你! 你也是!

问: 关于男的，可以知道什么?
　　A 还没去北京
　　B 坐飞机去北京
　　C 要去上海

여: 듣자 하니 너는 베이징에 가서 일하게 됐다며?
남: 맞아, 다음 주 토요일 기차야.
여: 그럼 새해에는 몸 건강하고 매일매일 즐겁길 바라!
남: 고마워! 너도 그러길 바라!

질문: 남자에 관하여 무엇을 알 수 있는가?
　　A 아직 베이징에 가지 않았다
　　B 비행기를 타고 베이징에 간다
　　C 상하이에 가려고 한다

정답 A

해설 남자는 여자에게 다음 주 토요일 기차로 베이징에 간다고 했으므로 아직 떠나지 않은 상황임을 알 수 있다. 따라서 정답은 A이다.

지문 어휘

听说 tīng shuō 동 듣자 하니
北京 Běijīng 고유 베이징
工作 gōngzuò 동 일하다
명 일, 직업
下周 xiàzhōu 명 다음 주
火车 huǒchē 명 기차
祝 zhù 동 기원하다, 축복하다
健康 jiànkāng 형 건강하다
명 건강
快乐 kuàilè 형 즐겁다, 유쾌하다

보기 어휘

坐 zuò 동 (교통수단을) 타다, 앉다
飞机 fēijī 명 비행기
上海 Shànghǎi 고유 상하이

39

男: 我的护照在你那儿吗?
女: 没有啊，只有我和小李的。你的放哪儿了?
男: 我记得把护照和机票一块儿给你了。
女: 你看，不是在你的包里吗?

问: 男的的护照在哪儿?
　　A 桌子上　　　B 包里　　　C 床上

남: 내 여권 너한테 있어?
여: 없는데, 내 거랑 샤오리 것만 있어. 네 것은 어디에 둔거야?
남: 내가 여권과 비행기표를 함께 너에게 준 걸로 기억하는데.
여: 봐. 네 가방 안에 있지 않니(네 가방 안에 있잖아)?

질문: 남자의 여권은 어디에 있는가?
　　A 탁자 위　　　B 가방 안　　　C 침대 위

지문 어휘

护照 hùzhào 명 여권 ★
放 fàng 동 놓다, 두다, 넣다 ★
记得 jìde 동 기억하고 있다, 잊지 않고 있다 ★
把 bǎ 전 ~을(를) ★
机票 jīpiào 명 비행기표, 항공권
一块儿 yíkuàir 부 함께, 같이
不是~吗? búshì~ma?
~아니야?(어떤 사실을 확인하기 위해 반대로 질문하는 반어문)

보기 어휘

桌子 zhuōzi 명 탁자, 테이블
床 chuáng 명 침대

정답 B

해설 보기를 통해 장소를 묻는 문제임을 알 수 있다. 남자가 자신의 여권을 찾자 마지막 문장에서 여자가 남자의 가방 안에 있음을 확인시켜주고 있으므로 정답은 B이다.

40

女: 你每天都在忙什么呢？我刚才打你的手机，你也不接。
男: 不好意思，我刚才在打扫房间，没听见，有什么事吗？
女: 我想问问，上次我跟你说的那件事情怎么样了？
男: 对不起，我最近太忙了，还没问呢。

问: 男的最近怎么样？
　　A 很忙　　　　B 很高兴　　　　C 感冒了

여: 너 매일 뭐가 그렇게 바쁜 거야? 방금 네 휴대폰으로 전화해도 받지를 않던데.
남: 미안해. 내가 방금 방 청소를 하는 중이어서 못 들었어. 무슨 일 있어?
여: 저번에 내가 너에게 말한 그 일은 어떻게 되었는지 물어보고 싶어서.
남: 미안해. 내가 요즘 너무 바빠서 아직 물어보지 못했어.

질문: 남자는 요즘 어떠한가?
　　A 바쁘다　　　　B 기쁘다　　　　C 감기에 걸렸다

지문 어휘

刚才 gāngcái 명 방금, 막
手机 shǒujī 명 휴대폰
接 jiē 통 받다, 마중하다 ⭐
不好意思 bùhǎoyìsi
미안합니다, 죄송합니다
打扫 dǎsǎo 통 청소하다 ⭐
房间 fángjiān 명 방
上次 shàngcì 명 지난번, 저번
件 jiàn 양 옷, 일, 사건 등을 세는 단위
事情 shìqing 명 일, 사건
对不起 duìbuqǐ 통 미안하다
最近 zuìjìn 명 최근, 요즘

보기 어휘

高兴 gāoxìng 형 기쁘다
感冒 gǎnmào 통 감기에 걸리다
명 감기 ⭐

정답 A

해설 마지막 문장에서 남자는 여자에게 요즘 너무 바빠서 여자가 말했던 일을 아직 물어보지 못했다고 했으므로 정답은 A이다.

HSK 3급 2회 독해

阅读

제1부분 41~50번 문제는 제시된 문장에 문맥상 앞뒤로 연결되는 보기를 찾는 문제입니다.

第41-45题

A 弟弟爱打篮球，也喜欢踢足球。
B 我昨天洗了，今天你穿别的衣服吧。
C 一起去吧，我也想去书店看看书。
D 你先喝点儿水，吃点儿饭，休息一会儿。
E 当然。我们先坐公共汽车，然后换地铁。
F 哥，你要看的那个电影马上就要开始了。

例如：你知道怎么去那儿吗？　（ E ）

A 남동생은 농구하는 것을 좋아하고, 축구하는 것도 좋아한다.
B 내가 어제 세탁했어, 오늘은 다른 옷을 입으렴.
C 같이 가자. 나도 책을 좀 보러 서점에 가고 싶어.
D 먼저 물을 좀 마시고, 밥도 좀 먹고, 잠시 쉬어.
E 당연하죠. 우리는 먼저 버스를 타고, 그 다음에 지하철로 갈아타면 돼요.
F 형, 형이 보려고 하던 그 영화가 곧 시작하려고 해.

예제: 당신은 거기에 어떻게 가는지 아세요? (E)

보기 어휘

弟弟 dìdi 명 남동생
爱 ài 동 ~하기를 좋아하다, 사랑하다
打篮球 dǎ lánqiú 농구를 하다
踢足球 tī zúqiú 축구를 하다
洗 xǐ 동 세탁하다, 씻다
穿 chuān 동 입다, 신다
衣服 yīfu 명 옷
一起 yìqǐ 부 함께
书店 shūdiàn 명 서점
休息 xiūxi 동 휴식하다, 쉬다
一会儿 yíhuìr 명 잠시, 잠깐 동안 부 잠시 후에
电影 diànyǐng 명 영화
马上 mǎshàng 부 곧, 즉시, 바로
就要~了 jiù yào~le 곧 ~하려고 하다
开始 kāishǐ 동 시작하다 명 처음, 시작

好的，我马上过去。（ F ）

알았어. 바로 갈게.

지문 어휘

过去 guòqù 동 지나가다, 지나다 명 과거

정답　F

해설　보기 F의 '电影马上就要开始了 영화가 곧 시작하려고 하다'와 41번의 '马上过去 바로 갈게'가 핵심 키워드이다. F에서 영화가 곧 시작하려고 한다고 했으므로, 바로 가겠다고 대답한 41번과 연결된다.

42

爬了两个小时的山，真累啊!（ D ）

두 시간 동안 산을 올랐더니, 정말 힘들다!

지문 어휘

爬山 pá shān 동 산을 오르다, 등산하다
小时 xiǎoshí 명 시간

정답 D

해설 42번의 '累 힘들다'와 보기 D의 '休息一会儿 잠시 쉬다'가 핵심 키워드이다. 42번에서 두 시간 동안 산에 올라 힘들다고 말하자 D에서 잠시 쉬라고 제안했으므로 두 문장은 자연스럽게 연결된다.

43

妈妈，我那条红色的裙子呢?（ B ）

엄마, 제 그 빨간 치마는요?

지문 어휘

条 tiáo 양 치마, 바지, 강 등의 가늘고 긴 것을 세는 단위 ⭐
红色 hóngsè 명 빨간색, 붉은색
裙子 qúnzi 명 치마 ⭐

정답 B

해설 43번의 '裙子 치마'와 보기 B의 '洗了 세탁했다', '穿别的衣服 다른 옷을 입다'가 핵심 키워드이다. 43번에서 빨간 치마가 어디에 있는지 묻자, B에서 어제 세탁했으니 다른 옷을 입으라고 답했으므로 두 문장은 자연스럽게 연결된다.

44

他常常说他长大了要做个体育老师。（ A ）

그는 커서 체육 교사가 될 거라고 자주 말한다.

지문 어휘

长大 zhǎng dà 동 자라다, 성장하다
体育 tǐyù 명 체육, 스포츠 ⭐

정답 A

해설 44번의 '体育老师 체육 교사'와 보기 A의 '爱打篮球 농구하는 것을 좋아하다', '喜欢踢足球 축구하는 것을 좋아하다'가 핵심 키워드이다. A에서 남동생이 스포츠 종목을 좋아하는 것을 이야기하며, 44번에서 그런 남동생의 꿈이 체육 교사라고 소개하고 있으므로 두 문장은 하나의 단문으로 자연스럽게 연결된다.

45

我现在要去买本词典，你也去吗?（ C ）

나는 지금 사전을 사러 가려고 하는데, 너도 갈래?

지문 어휘

本 běn 양 권(책을 세는 단위)
词典 cídiǎn 명 사전 ⭐

정답 C

해설 45번의 '去买本词典 사전을 사러 가다'와 보기 C의 '书店 서점'이 핵심 키워드이다. 45번에서 사전을 사러 함께 갈 것인지를 물었으므로, 서점에 함께 가자고 대답한 C와 연결된다.

第46-50题

A 冰箱里只有啤酒和苹果，没有其他吃的了。
B 请问，这附近有宾馆吗？
C 我这就回房间，马上睡。
D 可以用一下你的电脑吗？我想上网查查地图。
E 我也有点儿担心，希望不要晚点。

A 냉장고 안에 맥주와 사과만 있고, 다른 먹을 것이 없어.
B 말씀 좀 여쭙겠습니다. 이 근처에 호텔이 있나요?
C 지금 바로 방에 가서 곧 잘게요.
D 네 컴퓨터를 좀 써도 될까? 인터넷으로 지도를 좀 검색해 보려고.
E 나도 좀 걱정돼. 연착하지 않기를 바라.

보기 어휘

冰箱 bīngxiāng 명 냉장고 ⭐
只 zhǐ 부 오직, 단지, 다만 ⭐
啤酒 píjiǔ 명 맥주 ⭐
其他 qítā 대 기타, 그 외
附近 fùjìn 명 부근, 근처
宾馆 bīnguǎn 명 호텔
房间 fángjiān 명 방
睡 shuì 동 (잠을) 자다
电脑 diànnǎo 명 컴퓨터
上网 shàng wǎng 동 인터넷을 하다 ⭐
查 chá 동 찾아보다, 검사하다 ⭐
地图 dìtú 명 지도
有点儿 yǒu diǎnr 부 조금, 약간
担心 dān xīn 동 걱정하다, 염려하다 ⭐
希望 xīwàng 동 희망하다, 바라다
晚点 wǎn diǎn 동 (차, 비행기 등이) 연착하다, 규정시간보다 늦다

46

被我哥哥借走了，你问问他。（ D ）

우리 형이 빌려 갔어. 네가 그에게 물어봐.

지문 어휘

被 bèi 전 ~에 의해 ⭐
借 jiè 동 빌리다, 빌려주다 ⭐

정답 D

해설 보기 D의 '可以用一下~吗? ~좀 써도 될까?'와 46번의 '被~借走了 ~에 의해 빌려 가졌다'가 핵심 키워드이다. D에서 컴퓨터를 사용해도 되는지 묻자, 46번에서 형이 빌려 갔으니 형에게 물어보라고 말했으므로 두 문장은 서로 연결된다.

47

听说今天晚上北京下大雪，会不会影响飞机起飞呢？（ E ）

듣자 하니 오늘 저녁에 베이징에 눈이 많이 내린대. 비행기가 이륙하는데 영향을 주지는 않을까?

지문 어휘

听说 tīng shuō 동 듣자 하니
影响 yǐngxiǎng 동 영향을 주다 (끼치다) 명 영향
起飞 qǐ fēi 동 이륙하다

정답 E

해설 47번의 '飞机起飞 비행기가 이륙하다'와 보기 E의 '晚点 (차, 비행기 등이) 연착하다'가 핵심 키워드이다. 47번에서 눈이 많이 내려 비행기 이륙에 영향을 주는 것이 아닌지 묻자, E에서 연착하지 않기를 바란다고 했으므로 두 문장이 자연스럽게 연결된다.

48

那我们一会儿去超市买些东西吧。（ A ）

그러면 우리 잠시 후에 물건을 좀 사러 슈퍼마켓에 가자.

정답 A

해설 보기 A의 '没有其他吃的了 다른 먹을 것이 없다'와 48번의 '去超市买些东西吧 물건을 좀 사러 슈퍼마켓에 가자'가 핵심 키워드이다. A에서 맥주와 사과 외에는 다른 먹을 것이 없다고 말했으므로, 잠시 후에 물건을 사러 슈퍼마켓에 가자고 말한 48번과 연결된다.

지문 어휘

那(么) nà(me) 접 그러면, 그렇다면
一会儿 yíhuìr 부 잠시 후에 명 잠시, 잠깐 동안 ★
超市 chāoshì 명 슈퍼마켓, 마트 ★
(一)些 (yì)xiē 양 조금, 약간, 몇
东西 dōngxi 명 물건, (구체적인 혹은 추상적인) 것

49

不好意思，我也不太清楚，你问问别人吧。（ B ）

죄송해요. 저도 잘 모르겠어요. 다른 사람에게 물어보세요.

정답 B

해설 보기 B의 '请问 말씀 좀 여쭙겠습니다'와 49번의 '不好意思，我也不太清楚 죄송해요, 저도 잘 모르겠어요'가 핵심 키워드이다. B에서 근처에 호텔이 있는지 물었으므로, 잘 모르겠다고 대답한 49과 연결된다.

지문 어휘

不好意思 bùhǎoyìsi 죄송합니다, 미안합니다
清楚 qīngchu 형 분명하다 ★
别人 biéren 대 다른 사람

50

你不是说明天要六点起床吗？怎么还不睡觉？（ C ）

너는 내일 6시에 일어나야 한다고 하지 않았니? 어째서 아직도 안 자고 있어?

정답 C

해설 50번의 '怎么还不睡觉？어째서 아직도 안 자고 있어?'와 보기 C의 '马上睡 곧 잔다'가 핵심 키워드이다. 50번에서 왜 아직도 안 자고 있는지 묻자, C에서 지금 바로 방에 가서 곧 잘거라고 대답했으므로 두 문장은 서로 연결된다.

지문 어휘

不是~吗? búshì~ma? ~아니야? (어떤 사실을 확인하기 위해 반대로 질문하는 반어문)
起床 qǐ chuáng 동 일어나다, 기상하다
怎么 zěnme 대 어째서, 왜, 어떻게
睡觉 shuì jiào 동 잠을 자다

제2부분

51~60번 문제는 빈칸에 들어갈 알맞은 어휘를 보기에서 고르는 문제입니다.

第51-55题

A 像	B 生日	C 照相机	A 비슷하다, 닮다	B 생일	C 사진기
D 把	E 声音	F 重要	D ~을(를)	E 소리, 목소리	F 중요하다

例如: 她说话的 (E) 多好听啊!

보기 어휘 像 xiàng 동 비슷하다, 닮다 | 生日 shēngrì 명 생일 | 照相机 zhàoxiàngjī 명 사진기 | 把 bǎ 전 ~을(를) | 声音 shēngyīn 명 소리, 목소리 | 重要 zhòngyào 형 중요하다

51

下周我要去旅游, 能借一下你的 (C 照相机) 吗?

다음 주에 나는 여행을 가려고 해. 네 사진기 좀 빌려줄 수 있어?

지문 어휘
下周 xiàzhōu 명 다음 주
旅游 lǚyóu 동 여행하다
借 jiè 동 빌리다, 빌려주다 ★
一下 yíxià 양 (동사 뒤에 놓여) 한번(좀) ~하다

정답 C

해설 빈칸 앞에 구조조사 '的'가 있으므로 빈칸에는 명사가 와야 한다. 다음 주에 여행을 가는데 사진기를 좀 빌려줄 수 있는지 묻는 것이 문맥상 가장 자연스러우므로 정답은 C이다.

52

你是不是忘记 (D 把) 蛋糕放冰箱里了? 都坏了, 不能吃了。

당신 케이크를 냉장고 안에 넣는 것을 잊어버린 것 아니에요? 상해서 먹을 수 없게 되었어요.

지문 어휘
忘记 wàngjì 동 잊다, 잊어버리다
蛋糕 dàngāo 명 케이크 ★
放 fàng 동 넣다, 놓다, 두다 ★
冰箱 bīngxiāng 명 냉장고 ★
坏 huài 동 상하다, 고장 나다
형 나쁘다 ★

정답 D

해설 명사 '蛋糕 케이크' 앞에 빈칸이 있으므로 전치사가 올 수 있다. 빈칸에는 목적어인 '蛋糕'를 술어 '放 넣다, 두다' 앞에 도치시켜줄 수 있는 전치사가 필요한데, 이때 필요한 것이 바로 '~을(를)'이라는 뜻을 나타내는 전치사 '把'이다. 케이크를 냉장고에 넣는 것을 잊어버려서 먹을 수 없게 되었다는 의미로 정답은 D이다.

53

从照片上看，你的鼻子很（ A 像 ）爸爸。

사진으로 보니, 네 코는 아빠를 닮았어.

정답 A

해설 빈칸 뒤에 목적어 '爸爸 아빠'가 있으므로 빈칸에는 동사가 와야 한다. 코가 아빠를 닮았다는 내용이 문맥상 가장 자연스러우므로 정답은 A이다.

지문 어휘

从 cóng 전 ~(로)부터
照片 zhàopiàn 명 사진
鼻子 bízi 명 코

54

今天的会议非常（ F 重要 ），你必须要参加。

오늘 회의는 매우 중요해, 너는 반드시 참석해야만 해.

정답 F

해설 빈칸 앞에 정도부사 '非常'이 있으므로 빈칸에는 형용사가 올 가능성이 높다. 보기 중 주어인 '会议 회의'와 가장 잘 어울리는 형용사는 '重要 중요하다'이다. 오늘 회의는 매우 중요하니 반드시 참석해야 한다는 내용이 가장 자연스러우므로 정답은 F이다.

지문 어휘

会议 huìyì 명 회의
必须 bìxū 부 반드시 ~해야 한다
参加 cānjiā 동 참석하다, 참가하다 ★

55

祝你（ B 生日 ）快乐，这是我送你的礼物，希望你喜欢。

생일 축하해, 이것은 내가 너에게 주는 선물이야, 네가 좋아하길 바라.

정답 B

해설 빈칸 앞의 '祝'는 '기원하다, 축복하다'라는 뜻으로, 누군가에게 기원이나 축복을 전할 때 쓰이며 주로 '祝+대상+기원 내용' 형태로 쓰인다. 빈칸 뒤의 '快乐 즐겁다'와 '礼物 선물' 등의 어휘를 통해 생일을 축하하는 상황임을 알 수 있으므로 정답은 B이다. '祝你生日快乐'는 '생일 축하해'라는 뜻의 생일 축하 표현으로, 듣기, 독해, 쓰기 세 영역에서 모두 자주 출제되는 표현이니 반드시 기억해두자.

지문 어휘

祝 zhù 동 기원하다, 축복하다
快乐 kuàilè 형 즐겁다, 유쾌하다
送 sòng 동 선물하다, 보내다, 배웅하다 ★
礼物 lǐwù 명 선물 ★
希望 xīwàng 동 바라다, 희망하다

第56-60题

| A 突然 | B 左边 | C 甜 | A 갑자기 | B 좌측, 왼쪽 | C 달다 |
| D 爱好 | E 当然 | F 骑 | D 취미 | E 당연히 | F 타다 |

例如： A: 你有什么（ D ）?
　　　 B: 我喜欢体育。

보기 어휘　突然 tūrán 부 갑자기 형 갑작스럽다 | 左边 zuǒbian 명 좌측, 왼쪽 | 甜 tián 형 달다 | 爱好 àihào 명 취미 | 当然 dāngrán 부 당연히 | 骑 qí 동 (동물이나 자전거 등에) 타다

56

A: 妈,（ B 左边 ）那个西瓜怎么样?
B: 太小了，大一点儿的西瓜更好吃，右边那个不错。

A: 엄마, 왼쪽의 저 수박 어때요?
B: 너무 작아, 조금 큰 수박이 더 맛있어, 오른쪽의 그게 괜찮네.

지문 어휘
西瓜 xīguā 명 수박
太~了 tài~le 너무 ~하다
一点儿 yìdiǎnr 양 조금, 약간
更 gèng 부 더, 더욱
好吃 hǎochī 형 (음식, 요리 등이) 맛있다
右边 yòubian 명 우측, 오른쪽
不错 búcuò 형 괜찮다, 좋다

정답 B

해설 수박을 고르고 있는 상황에서 B가 오른쪽의 것이 더 괜찮다고 했으므로 빈칸에는 '右边 오른쪽'과 같이 방향을 나타내는 '左边 왼쪽'이 들어가야 한다. 따라서 정답은 B이다.

57

A: 你怎么这么晚才到?
B: 对不起，公共汽车在路上（ A 突然 ）坏了。

A: 너는 왜 이렇게 늦게 도착한 거야?
B: 미안해, 버스가 도로에서 갑자기 고장 났거든.

지문 어휘
怎么 zěnme 대 왜, 어째서
这么 zhème 대 이렇게, 이런, 이러한
才 cái 부 비로소, 겨우, 고작
公共汽车 gōnggòngqìchē 명 버스
坏 huài 동 고장 나다, 상하다 형 나쁘다 ★

정답 A

해설 동사 술어 앞 빈칸에는 부사가 올 수 있다. 부사 '突然 갑자기'는 예상치 못한 상황이 갑작스레 발생했을 때 쓰는 부사이며, 버스가 갑자기 고장 났다고 하는 것이 문맥상 가장 자연스러우므로 정답은 A이다.

58

A: 这个香蕉真（ C 甜 ），你在哪儿买的?
B: 就在学校附近的超市。

A: 이 바나나는 정말 달다, 너는 어디에서 산거니?
B: 바로 학교 근처에 있는 슈퍼마켓에서 샀어.

지문 어휘

香蕉 xiāngjiāo 명 바나나 ⭐
学校 xuéxiào 명 학교
附近 fùjìn 명 부근, 근처
超市 chāoshì 명 슈퍼마켓, 마트 ⭐

정답 C

해설 빈칸 앞에 정도부사 '真'이 있으므로 빈칸에는 형용사가 올 가능성이 높다. 주어인 '香蕉 바나나'와 보기 중 가장 잘 어울리는 형용사는 '甜 달다'이므로 정답은 C이다.

59

A: 从你家到公司要多长时间?
B: 不太远, 如果（ F 骑 ）自行车的话, 只要十分钟就能到。

A: 너희 집에서 회사까지 얼마나 걸리니?
B: 그다지 멀지 않아, 만약 자전거를 탄다면, 10분이면 바로 도착해.

지문 어휘

从~到~ cóng~ dào~
~에서 ~까지, ~부터 ~까지
公司 gōngsī 명 회사
远 yuǎn 형 멀다
如果~的话 rúguǒ~de huà
접 만약 ~한다면 ⭐
自行车 zìxíngchē 명 자전거
分钟 fēnzhōng 명 분
到 dào 동 도착하다, 도달하다, 이르다

정답 F

해설 빈칸 뒤에 목적어 '自行车 자전거'가 있으므로 빈칸에는 동사가 와야 한다. 자전거를 타면 10분이면 바로 도착한다는 내용이 문맥상 가장 자연스러우므로 정답은 F이다.

60

A: 你下班了吗? 回家的路上能帮我买些水果吗?
B: （ E 当然 ）可以, 要买什么水果呢?

A: 당신 퇴근했어요? 집에 오는 길에 나를 도와 과일을 좀 사다줄 수 있어요?
B: 당연히 되죠, 어떤 과일을 사야 해요?

지문 어휘

下班 xià bān 동 퇴근하다
回家 huí jiā 동 집으로 돌아가다(오다), 귀가하다
路上 lù shang 명 길 위, 도로
帮 bāng 동 돕다
(一)些 (yì)xiē 양 조금, 약간, 몇
水果 shuǐguǒ 명 과일
可以 kěyǐ 조동 가능하다, ~할 수 있다

정답 E

해설 빈칸 뒤에 조동사 '可以 가능하다'가 있으므로 빈칸에는 부사가 올 가능성이 높다. '当然'은 형용사로 '당연하다'라는 뜻이지만, '当然' 뒤에 조동사나 동사, 형용사 등이 오면 부사 '당연히'라는 뜻으로 쓰인다. '당연히 된다(가능하다)'는 내용이 문맥상 가장 자연스러우므로 정답은 E이다.

제3부분   61~70번 문제는 지문을 읽고 보기에서 알맞은 정답을 고르는 문제입니다.

第61-70题

例如：您是来参加今天会议的吗？您来早了一点儿，现在才8点半。您先进来坐吧。

★ 会议最可能几点开始？
A 8点   B 8点半   C 9点 ✓

61

小张，我们把这个冰箱搬到左边去吧，放在中间用起来不方便。

★ 他们要把冰箱：
A 放中间   B 换个新的   C 搬到左边去

샤오장, 우리 이 냉장고를 왼쪽으로 옮기자. 가운데에 놓으니 사용하기 불편해.

★ 그들은 냉장고를:
A 가운데에 놓는다   B 새것으로 바꾼다   C 왼쪽으로 옮긴다

정답 C

해설 도입부의 냉장고를 왼쪽으로 옮기자는 내용이 보기 C에 그대로 출제되었으므로 정답은 C이다.

지문 어휘
把 bǎ 전 ~을(를) ★
冰箱 bīngxiāng 명 냉장고 ★
搬 bān 동 옮기다, 운반하다, 이사하다 ★
左边 zuǒbian 명 좌측, 왼쪽
放 fàng 동 놓다, 두다, 넣다 ★
中间 zhōngjiān 명 중간, 가운데
用起来 yòng qǐlai 사용하기에, 쓰기에
方便 fāngbiàn 형 편리하다 ★

보기 어휘
换 huàn 동 바꾸다, 교환하다 ★

62

我家附近有个图书馆，不但很安静，而且环境也不错，我们周末去那儿一边做作业，一边复习吧。

★ 那家图书馆：
A 环境很好   B 离学校近   C 周末不开门

우리 집 근처에 도서관이 하나 있는데, 조용할 뿐만 아니라, 게다가 환경도 좋아. 우리 주말에 그 곳에 가서 숙제하면서 복습도 하자.

★ 그 도서관은:
A 환경이 좋다   B 학교에서 가깝다   C 주말에 열지 않는다

정답 A

해설 지문의 '环境也不错 환경도 좋다'와 보기 A의 '环境很好 환경이 좋다'는 동일한 표현이므로 정답은 A이다. 참고로 '不错'와 '很好'는 유사 표현으로 자주 바꿔 출제되니 함께 기억해두도록 하자.

지문 어휘
附近 fùjìn 명 부근, 근처
图书馆 túshūguǎn 명 도서관 ★
不但~, 而且~ búdàn~, érqiě~ ~할 뿐만 아니라, 게다가 ~하다
安静 ānjìng 형 조용하다, 고요하다 ★
环境 huánjìng 명 환경 ★
不错 búcuò 형 좋다, 괜찮다
周末 zhōumò 명 주말
一边~, 一边~ yìbiān~, yìbiān~ ~하면서, ~하다
复习 fùxí 동 복습하다 ★
家 jiā 양 집, 점포 등을 세는 단위

보기 어휘
离 lí 전 ~로부터

63

如果想了解一个国家的节日文化，就不能只看电视节目里的介绍，还必须到那个国家去看一看，过一过节日，这样才能明白节日文化。

★ 根据这段话，要了解一个国家的节日文化，必须：
A 多看电视节目
B 去那个国家看看
C 上网查一查

한 나라의 명절 문화를 제대로 이해하고 싶다면, TV 프로그램에서 소개하는 것만 봐서는 안 되고, 반드시 그 나라에 가서 보고, 명절을 지내봐야 한다. 이렇게 해야만 비로소 명절 문화를 제대로 이해할 수 있다.

★ 이 글을 근거로 한 나라의 명절 문화를 이해하려면, 반드시:
A TV 프로그램을 많이 본다
B 그 나라에 가서 본다
C 인터넷으로 찾아본다

정답 B

해설 한 나라의 명절 문화를 제대로 이해하기 위해서는 단지 TV 프로그램에서 소개하는 것만 보는 것이 아니라, 반드시 그곳에 가서 보고, 명절을 지내봐야 한다고 했으므로 정답은 B이다.

지문 어휘

如果 rúguǒ 접 만약 ~한다면 ★
了解 liǎojiě 동 이해하다, 알아보다 ★
国家 guójiā 명 국가
节日 jiérì 명 명절, 기념일
文化 wénhuà 명 문화
电视 diànshì 명 TV, 텔레비전
节目 jiémù 명 프로그램 ★
介绍 jièshào 동 소개하다
必须 bìxū 부 반드시 ~해야 한다
才 cái 부 비로소, 겨우, 고작
明白 míngbai 동 알다, 이해하다 ★

보기 어휘

上网 shàng wǎng 동 인터넷을 하다
查 chá 동 찾아보다, 검사하다, 조사하다 ★

64

我的电脑突然不能上网了，你一会儿叫小李过来帮我看一下吧。对了！我下午要参加会议，可能不在公司，有事儿就给我打电话或者发短信吧。

★ 他下午，可能：
A 不在办公室   B 去运动   C 回家休息

내 컴퓨터가 갑자기 인터넷이 안 돼. 네가 잠시 후에 샤오리에게 와서 나를 도와 좀 봐달라고 해줘. 맞다! 내가 오후에 회의에 참석해야 해서, 아마도 회사에 없을 거야, 무슨 일이 있으면 바로 내게 전화하거나 메시지를 보내줘.

★ 그는 오후에 아마도:
A 사무실에 없다   B 운동하러 간다   C 집에 돌아가서 쉰다

정답 A

해설 지문의 '不在公司 회사에 없다'를 보기 A에서 '不在办公室 사무실에 없다'로 바꿔 표현하였다. 그는 오후에 회의에 참석해야 해서 아마도 회사에 없을 것이라고 했으므로 정답은 A이다.

지문 어휘

突然 tūrán 부 갑자기 형 갑작스럽다
一会儿 yíhuìr 부 잠시 후에 명 잠시, 잠깐 동안 ★
叫 jiào 동 ~에게 ~하게 하다(시키다), 부르다
帮 bāng 동 돕다
一下 yíxià 양 (동사 뒤에 놓여) 한번(좀) ~하다
参加 cānjiā 동 참석하다, 참가하다 ★
可能 kěnéng 부 아마도 형 가능하다
打电话 dǎ diànhuà 전화를 걸다
或者 huòzhě 접 ~이든지, 혹은~
发短信 fā duǎnxìn 메시지를 보내다

보기 어휘

办公室 bàngōngshì 명 사무실 ★
运动 yùndòng 동 운동하다 명 운동

65

她听完这个故事就哭起来了，因为这个故事让她想起了爸爸、妈妈，还想起了很多过去的事情。

★ 关于这个故事，可以知道什么？
　A 很有意思　　　B 让她很难过　　　C 很多人知道

그녀는 이 이야기를 듣고 곧 울기 시작했다. 왜냐하면 이 이야기는 그녀로 하여금 아빠, 엄마를 생각나게 했고, 또한 지난간 많은 일들을 생각나게 했다.

★ 이 이야기에 관하여 무엇을 알 수 있는가?
　A 재미있다　　　B 그녀를 슬프게 했다　　　C 많은 사람들이 알고 있다

정답 B

해설 이 이야기는 그녀로 하여금 부모님과 지난 일들을 떠오르게 하여 그녀가 울었다고 했으므로, 그녀를 슬프게 만들었다고 한 B가 정답이다.

지문 어휘
故事 gùshi 명 이야기 ★
哭起来 kū qǐlai 울기 시작하다
因为 yīnwèi 접 왜냐하면, ~때문에
让 ràng 동 ~에게 ~하게 하다 (시키다)
过去 guòqù 동 지나가다, 지나다 명 과거
事情 shìqing 명 일, 사건

보기 어휘
有意思 yǒu yìsi 재미있다
难过 nánguò 형 괴롭다, 슬프다 ★

66

这个药吃了几天也没什么作用，我丈夫的牙还是疼，他昨天晚上疼得没睡好，我担心会影响他的工作，所以我打算明天早上带他去医院检查一下。

★ 说话人是什么意思？
　A 要小心感冒　　　B 要去看医生　　　C 应该锻炼身体

이 약을 며칠 동안 먹었는데도 별 효과가 없다. 내 남편은 여전히 이가 아프다. 그는 어젯밤 아파서 잠을 제대로 이루지 못했다. 나는 그의 업무에 영향이 갈까 봐 걱정된다. 그래서 나는 내일 아침 그를 데리고 병원에 가서 검사를 좀 받아 보려고 한다.

★ 화자는(화자가 말하는 것은) 무슨 의미인가?
　A 감기를 조심해야 한다　　　B 진찰을 받으러 가야 한다　　　C 몸을 단련해야 한다

정답 B

해설 지문의 '去医院检查 병원에 가서 검사를 받는다'를 보기 B에서 '去看医生 진찰을 받으러 간다'로 바꿔 표현하였다. 마지막 부분에서 내일 오전 남편을 데리고 병원에 가서 검사를 받아보려 한다고 했으므로 정답은 B이다.

지문 어휘
药 yào 명 약
作用 zuòyòng 명 효과, 작용, 역할
丈夫 zhàngfu 명 남편
牙 yá 명 이, 치아
疼 téng 형 아프다 ★
担心 dān xīn 동 걱정하다, 염려하다 ★
影响 yǐngxiǎng 동 영향을 주다 (끼치다) 명 영향
所以 suǒyǐ 접 그래서
打算 dǎsuan 동 ~할 예정이다, ~할 생각이다 ★
带 dài 동 데리다, (몸에) 지니다, 휴대하다 ★
医院 yīyuàn 명 병원
检查 jiǎnchá 동 검사하다, 조사하다 ★

보기 어휘
小心 xiǎoxīn 동 조심하다, 주의하다
感冒 gǎnmào 명 감기 동 감기에 걸리다 ★
医生 yīshēng 명 의사
锻炼 duànliàn 동 단련하다 ★

67

妈，我刚才在超市遇见您以前的同事张阿姨了，她比以前瘦了些，一开始我都没认出来。她说她最近搬到咱们家附近了，会找个时间过来看你。

★ 张阿姨：
　A 变瘦了　　　　　B 最近休息　　　C 是南方人

엄마, 방금 슈퍼마켓에서 우연히 엄마의 예전 동료인 장 씨 아주머니를 만났어요. 아주머니가 예전보다 살이 조금 빠져서 처음에는 몰라봤어요. 아주머니께서 최근 우리 집 근처로 이사 오셨다며, 시간 내서 엄마를 보러 온다고 하셨어요.

★ 장 씨 아주머니는:
　A 살이 빠졌다　　　B 요즘 쉬고 있다　C 남방 사람이다

정답 A

해설 지문의 '比以前瘦了些 예전보다 살이 조금 빠지다'와 보기 A의 '变瘦了 살이 빠졌다'는 유사한 표현이므로 정답은 A이다.

지문 어휘

刚才 gāngcái 명 방금, 막
超市 chāoshì 명 슈퍼마켓, 마트 ★
遇见 yùjiàn 동 우연히 만나다, 마주치다
以前 yǐqián 명 이전, 예전
同事 tóngshì 명 직장 동료
阿姨 āyí 명 아주머니, 이모 ★
比 bǐ 전 ~에 비해, ~보다
瘦 shòu 형 마르다
认出来 rèn chūlai 알아보다
最近 zuìjìn 명 최근, 요즘
搬 bān 동 이사하다, 옮기다 ★
咱们 zánmen 대 우리(들)

보기 어휘

变 biàn 동 (성질, 상태가) 변하다, 바뀌다
休息 xiūxi 동 휴식하다, 쉬다
南方人 nánfāngrén 명 남방 사람

68

三年前，这个宾馆的左边是一些又老又旧的房子，但现在变成了一个大公园，那儿有很多花草树木，还可以看到很多小鸟，非常漂亮。

★ 以前，宾馆的左边是：
　A 公园　　　　　　B 电影院　　　　C 老房子

3년 전, 이 호텔의 왼쪽에는 오래되고 낡은 집들이 있었다. 하지만 지금은 큰 공원으로 변했다, 그곳에는 많은 화초와 나무들이 있고, 또한 작은 새들도 볼 수 있다. 굉장히 아름답다.

★ 이전에 호텔의 왼쪽은:
　A 공원　　　　　　B 영화관　　　　C 오래된 집

정답 C

해설 지문의 첫 부분에서 3년 전에는 이 호텔의 왼쪽에 오래되고 낡은 집들이 있었다고 했으므로 정답은 C이다.

지문 어휘

宾馆 bīnguǎn 명 호텔
左边 zuǒbian 명 좌측, 왼쪽
一些 yìxiē 양 조금, 약간, 몇
又~又~ yòu~ yòu~ ~하기도 하고 ~하기도 하다
旧 jiù 형 낡다, 오래 되다 ★
房子 fángzi 명 집, 건물
变成 biàn chéng 동 ~(으)로 변하다, ~이(가) 되다
公园 gōngyuán 명 공원 ★
花草 huācǎo 명 화초
树木 shùmù 명 나무, 수목
可以 kěyǐ 조동 ~할 수 있다, ~해도 된다
小鸟 xiǎoniǎo 명 작은 새

보기 어휘

电影院 diànyǐngyuàn 명 영화관

虽然手机给人们带来了很大的方便，但是长时间用手机，会影响人们的健康，特别是眼睛。

★ 长时间用手机，会：
A 影响身体健康
B 变得更聪明
C 认识很多朋友

비록 휴대폰은 사람들에게 많은 편리함을 가져다주었지만, 오랜 시간 휴대폰을 사용하면, 사람들의 건강에 영향을 줄 수 있다. 특히 눈에 영향을 줄 수 있다.

★ 오랜 시간 휴대폰을 사용하면:
A 몸 건강에 영향을 줄 수 있다
B 더 똑똑해진다
C 많은 친구들을 알고 지낼 수 있다

지문 어휘

虽然~，但是~ suīrán~, dànshì~ 비록 ~이지만, 그러나 ~하다
手机 shǒujī 명 휴대폰
带来 dàilái 동 가져오다, 가져다주다
方便 fāngbiàn 형 편리하다 ★
影响 yǐngxiǎng 동 영향을 주다 (끼치다) 명 영향
健康 jiànkāng 명 건강 형 건강하다
特别 tèbié 부 특히, 아주
眼睛 yǎnjing 명 눈

보기 어휘

更 gèng 부 더, 더욱
聪明 cōngming 형 똑똑하다
认识 rènshi 동 (사람, 글자 등을) 알다, 인식하다

정답 A

해설 마지막 부분에서 오랜 시간 휴대폰을 사용하면 사람들의 건강에 영향을 줄 수 있다고 했으므로 정답은 A이다.

70

这张地图是我八岁生日时奶奶送给我的，已经很多年了，虽然现在看上去很旧，颜色也变黄了，但是我还是很喜欢它。

★ 这张地图：
A 是春节礼物
B 是为奶奶买的
C 已经变旧了

이 지도는 내 8살 생일 때 할머니께서 나에게 선물해주신 것이다. 이미 오랜 시간이 지나서, 비록 지금 보기에 매우 낡았고, 색도 누렇게 변했지만, 나는 여전히 그 것(지도)을 좋아한다.

★ 이 지도는:
A 춘절(음력설) 선물이다
B 할머니를 위해 산 것이다
C 이미 낡았다

지문 어휘

张 zhāng 양 장(종이, 침대, 탁자 등을 세는 단위)
地图 dìtú 명 지도 ★
岁 suì 양 살, 세(나이를 세는 단위)
奶奶 nǎinai 명 할머니
送 sòng 동 선물하다, 보내다, 배웅하다 ★
看上去 kàn shàngqu 보아하니 ~하다, ~해 보이다
旧 jiù 형 낡다, 오래 되다 ★
颜色 yánsè 명 색, 색깔
黄 huáng 형 누렇다, 노랗다
还是 háishi 부 여전히, 아직도 ★
它 tā 대 그것

보기 어휘

春节 Chūnjié 명 춘절(음력설)
礼物 lǐwù 명 선물 ★
为 wèi 전 ~를 위하여, ~때문에

정답 C

해설 지도에 대한 특징을 묻는 문제로 지문과 보기를 대조하며 풀어야 한다. 글의 중간 부분에서 지도는 이미 오랜 시간이 지나서 보기에 낡았고, 색도 누렇게 변했다고 했으므로 정답은 C이다.

HSK 3급 2회 쓰기

제1부분 71~75번 문제는 제시된 어휘를 어순에 맞게 배열하여 하나의 문장을 완성하는 문제입니다.

第71-75题

例如: 小船　　上　　一　　河　　条　　有

河上有一条小船。

71

一下　　打扫　　妈妈　　房间　　让我

어휘
一下 yíxià 양 (동사 뒤에 놓여) 한번(좀) ~하다
打扫 dǎsǎo 동 청소하다 ★
房间 fángjiān 명 방
让 ràng 동 ~에게 ~하게 하다 (시키다)

[해설]

step 1 보기 중 동사 '让'이 보인다면 겸어문의 어순을 떠올리자. 동사 '让'은 '~에게 ~하게 하다(시키다)'라는 뜻으로 술어1 자리에 놓고, '我'는 겸어 자리에 위치한다. 보기 중 또 다른 동사 '打扫'는 술어2 자리에 놓는다.

술어1	겸어 (목적어1/ 주어2)	술어2
让	我	打扫

step 2 동작의 횟수를 보충해주는 동량보어 '一下'를 두 번째 술어 '打扫' 뒤에 놓은 후, '打扫'와 호응하는 명사 '房间'을 목적어2 자리에 놓는다.

술어1	겸어 (목적어1/ 주어2)	술어2	보어	목적어2
让	我	打扫	一下	房间

step 3 주어는 '妈妈'이다.

주어1	술어1	겸어 (목적어1/ 주어2)	술어2	보어	목적어2
妈妈	让	我	打扫	一下	房间

[정답] 妈妈让我打扫一下房间。

[해석] 엄마는 나에게 방을 좀 청소하라고 한다(시킨다).

72

| 我 | 带自己的 | 忘了 | 雨伞 |

어휘
带 dài 동 (몸에) 지니다, 휴대하다, 인솔하다 ★
自己 zìjǐ 대 자기, 자신, 스스로
忘 wàng 동 잊다
雨伞 yǔsǎn 명 우산 ★

해설

step 1 술어를 찾는다.

| 술어 |
| 忘了 |

step 2 술어 '忘'과 호응하는 목적어를 찾는다. 일반적으로 동사 술어는 명사나 대명사를 목적어로 취하지만, 동사 '忘'과 같은 일부 동사들은 '술목구(술어+목적어)' 형태의 목적어를 취하기도 한다. 따라서 술어 '忘了' 뒤에 '带自己的雨伞'을 연결하여 목적어 부분에 놓는다.

| 술어 | 목적어 |
| 忘了 | 带自己的雨伞 |

step 3 주어는 '我'이다.

| 주어 | 술어 | 목적어 |
| 我 | 忘了 | 带自己的雨伞 |

정답 我忘了带自己的雨伞。

해석 나는 우산 챙기는 것을 잊었다.

73

| 我的笔记本 | 书包 | 就在 | 里 |

어휘
笔记本 bǐjìběn 명 공책, 노트
书包 shūbāo 명 책가방

해설

step 1 술어를 찾는다. '就在'에서 술어는 동사 '在'이고, '就'는 '바로'라는 뜻의 부사로 여기에서는 강조하는 역할을 한다.

| 술어 |
| 就在 |

step 2 동사 '在'는 '~에 있다'라는 뜻으로 '在' 뒤에는 장소가 온다. 일반적으로 '书包', '桌子'와 같은 일반명사 뒤에 방향을 나타내는 '上', '里'와 같은 방위사를 붙여주면 장소를 나타낼 수 있다. 제시어 중 뒤에 '里'를 붙여서 장소를 나타낼 수 있는 어휘는 '书包'이다. 따라서 '书包+里'를 술어 뒤 목적어 자리에 놓는다.

| 술어 | 목적어 |
| 就在 | 书包里 |

step 3 '我的笔记本'에서 주어는 명사 '笔记本'이고, '我的'는 주어를 꾸며주는 관형어 역할을 한다.

| 관형어 | 주어 | 술어 | 목적어 |
| 我的 | 笔记本 | 就在 | 书包里 |

정답 我的笔记本就在书包里。
해석 내 공책은 바로 책가방 안에 있다。

74

去　　检查身体吧　　我们一会儿　　医院

어휘
检查 jiǎnchá 동 검사하다, 조사하다 ★
一会儿 yíhuìr 부 잠시 후에 명 잠시, 잠깐 동안 ★
医院 yīyuàn 명 병원

해설 **step 1** 보기 중 동사가 두 개 있으므로 연동문임을 알 수 있다. 두 개의 동사 중 먼저 동사 '去'를 술어 자리에 놓고 장소 명사 '医院'을 목적어1 자리에 놓는다. 병원에 가는 목적인 '检查身体'를 각각 술어2, 목적어2 자리에 놓는다. 어기조사 '吧'는 문장 맨 마지막에 놓는다.

술어1	목적어1	술어2	목적어2	吧
去	医院	检查	身体	吧

step 2 '我们一会儿'에서 주어는 '我们'이고, '잠시 후에'라는 뜻의 부사 '一会儿'은 술어1을 꾸며주는 부사어로 쓰였다.

주어	술어1	목적어1	술어2	목적어2	吧
我们一会儿	去	医院	检查	身体	吧

정답 我们一会儿去医院检查身体吧。
해석 우리 잠시 후에 건강 검진하러 병원에 가자。

75

办公室里的　　关一下　　空调　　请您　　把

어휘
办公室 bàngōngshì 명 사무실 ★
关 guān 동 (전등 등을) 끄다, (문을) 닫다
空调 kōngtiáo 명 에어컨 ★
请 qǐng 동 부탁하다, 요구하다, 초청하다
把 bǎ 전 ~을(를) ★

해설 **step 1** 술어를 찾는다. 보기에서 술어가 포함된 어구는 '关一下'이다. 여기에서 '关'이 술어이고, 동량보어 '一下'는 술어를 보충해주는 기타성분이다.

술어
关一下

step 2 전치사 '把' 뒤에 목적어를 꾸며주는 관형어 '办公室里的'와 목적어 '空调'를 연결하여 술어 앞에 놓는다.

把+목적어	술어	기타성분
把办公室里的空调	关	一下

step 3 '请您'에서 주어는 '您'이다. 여기에서 '请'은 '~해주세요'라는 뜻으로 상대방에게 정중히 권하거나 부탁할 때 쓰인다.

주어	把+목적어	술어	기타성분
请您	把办公室里的空调	关	一下

정답 请您把办公室里的空调关一下。
해석 사무실 안의 에어컨을 좀 꺼주세요。

제2부분

76~80번 문제는 빈칸 위의 병음을 보고 빈칸에 들어갈 알맞은 한자를 쓰는 문제입니다.

第76-80题

例如: 没（**关**）系，别难过，高兴点儿。
    guān

76

您能再说一遍吗? 我没听明(**白**)。
          bai

어휘
能 néng 조동 ~할 수 있다
再 zài 부 다시, 재차, 또
遍 biàn 양 번, 차례, 회(동작의 처음부터 끝까지의 전 과정을 가리킴)

해설 빈칸 앞에 동사 '听 듣다'가 있고, '听' 뒤에 '明'이 있는 것으로 보아 동사 뒤에서 결과를 보충해주는 결과보어가 올 수 있다. '没听明白'는 '듣고 이해하지 못하다'라는 뜻으로 빈칸에는 '明白 míngbai 알다, 이해하다'의 '白 bai'가 들어가야 한다. '白'는 원래 2성이지만 '明白'로 쓰일 때는 경성이라는 것에 주의하자.

정답 白

해석 당신은 다시 한 번 말씀해주실 수 있나요? 저는 듣고 이해하지 못했습니다.

77

下个(**月**)我打算去中国旅游，你说我去哪个地方比较好?
  yuè

어휘
打算 dǎsuan 동 ~할 예정이다, ~할 생각이다 ★
旅游 lǚyóu 동 여행하다
地方 dìfang 명 장소, 곳
比较 bǐjiào 부 비교적 동 비교하다

해설 빈칸 앞에 양사 '个'가 있으므로 빈칸에는 명사가 온다. 여기에서 '下'는 '나중, 다음'을 뜻하며 '月 월, 달'이나 '星期 주, 요일'과 같은 시간 명사와 함께 쓰일 경우 '下个月 xià ge yuè 다음 달', '下个星期 xià ge xīngqī 다음 주'와 같이 나타낼 수 있다. 따라서 빈칸에는 '月 yuè 월, 달'이 들어가야 한다.

정답 月

해석 다음 달에 나는 중국으로 여행 갈 예정인데, 내가 어느 지역으로 가는 게 비교적 좋을지 말해줘.

78

我今天(**太**)累了，我们别出去了，就在家吃吧。
   tài

어휘
累 lèi 형 힘들다, 피곤하다
别~了 bié-le ~하지 마라
出去 chū qu 동 나가다

해설 빈칸 뒤에 형용사 술어 '累 힘들다'가 있으므로 빈칸에는 정도부사가 들어가야 한다. 정도부사 '太'는 '너무, 아주'라는 뜻으로 주로 '太~了 너무 ~하다'로 쓰여 그 뜻을 한층 더 강조한다. 따라서 빈칸에는 '太 tài'가 들어가야 한다.

정답 太

해석 나는 오늘 너무 힘들어. 우리 나가지 말고, 집에서 먹자.

79

我想多了解一些中国的(文)化和历史。
(wén)

해설 빈칸 앞 구조조사 '的' 뒤에는 명사가 와야 한다. 빈칸 앞 부분에 동사 '了解 이해하다, 알아보다'가 있고, 뒷 부분에 '历史 역사'가 있으므로 빈칸에는 '文化 wénhuà 문화'의 '文 wén'이 들어가야 한다.

정답 文

해석 나는 중국의 문화와 역사를 좀 더 많이 알고 싶다.

어휘
想 xiǎng 조동 ~하고 싶다
동 생각하다, ~라 생각하다
了解 liǎojiě 동 이해하다, 알아보다 ★
一些 yìxiē 양 조금, 약간, 몇
历史 lìshǐ 명 역사

80

你今天怎么坐(出)租车来了？你的自行车呢？
(chū)

해설 빈칸 앞 동사 술어 '坐 (교통수단을) 타다' 뒤에는 교통수단이 와야 한다. 따라서 빈칸에는 교통수단 '出租车 chūzūchē 택시'의 '出 chū'가 들어가야 한다.

정답 出

해석 너는 오늘 어째서 택시를 타고 왔어? 네 자전거는?

어휘
怎么 zěnme 대 왜, 어떻게, 어째서
坐 zuò 동 (교통수단을) 타다, 앉다
自行车 zìxíngchē 명 자전거 ★

파고다
HSK

3급 종합서

해설서